五大区域战略环境评价系列丛书

成渝经济区重点产业发展战略环境评价研究

主　编　舒俭民
副主编　李彦武　李小敏

中国环境出版社・北京

图书在版编目（CIP）数据

成渝经济区重点产业发展战略环境评价研究 / 舒俭民主编 .—北京：中国环境出版社，2012.4

（五大区域战略环境评价系列丛书）

ISBN 978-7-5111-0930-9

Ⅰ. ①成… Ⅱ. ①舒… Ⅲ. ①经济区—产业发展—战略环境评价—研究—四川省 ②经济区—产业发展—战略环境评价—研究—重庆市 Ⅳ. ① F127.7

中国版本图书馆 CIP 数据核字（2012）第 037825 号

出 版 人 王新程
丛书统筹 丁 枚
责任编辑 黄晓燕
文字编辑 张维娣 李兰兰
责任校对 扣志红
封面设计 金 喆
排版制作 杨曙荣

出版发行 中国环境出版社
（100062 北京市东城区广渠门内大街16号）
网 址：http://www.cesp.com.cn
联系电话：010-67112765（编辑管理部）
010-67112735（环评与监察图书出版中心）
发行热线：010-67125803 010-67112705
印装质量热线：010-67113404
印 刷 北京盛通印刷股份有限公司
经 销 各地新华书店
版 次 2013年1月第1版
印 次 2013年1月第1次印刷
开 本 889×1194 1/16
印 张 15.75
字 数 363千字
定 价 103.00元

五大区域战略环境评价系列丛书
编 委 会

本书编委会

主　编　舒俭民

副主编　李彦武　李小敏

编　委　杨荣金　李　娟　富　国　段　宁　香　宝

杨三明　叶　宏　廖正军　邓新华　钱　骏

曹　慧　冯　祯　佟洪金

审　定　祝兴祥

序

党中央、国务院高度重视环境保护工作，把保护环境确立为基本国策，大力实施可持续发展战略。“十一五”以来，我国环境保护从认识到实践都发生了重要变化，环境保护投入和能力建设力度明显加大，环境保护优化经济发展的作用逐步显现，污染防治和主要污染物减排成效明显，环境保护工作取得了显著成绩。在环保事业发展的宏伟进程中，不断涌现出探索中国环保新道路的新理念、新举措和新实践。战略环境评价就是从宏观战略层面切入解决环境问题、努力参与综合决策的成功典范之一。

环渤海沿海地区、海峡西岸经济区、北部湾经济区沿海、成渝经济区和黄河中上游能源化工区等五大区域战略环境评价，是战略环评理念引入我国以来，地域最大、行业最广、层级最高、效果最好的一次生动实践。五大区域在经济发展和环境保护上的地位重要。在经济上，五大区域在国家区域发展战略的推动下，正在发展成为国家宏观经济战略的重要指向区域和新的经济增长极；在环保上，“十一五”期间五大区域主要污染物 SO_2 和 COD 减排任务分别占全国的 75% 和 64%，同时拥有占全国 1/3 的生物多样性保护重要功能区，直接关系到我国中长期生态环境安全。处理好五大区域重点产业发展与生态环境保护的关系，对加快推进经济发展方式转变具有突出的示范作用，对我国中长期生态环境的战略性保护具有重大意义。

五大区域战略环境评价历时近三年，涵盖 15 个省（区、市）的 67 个地级市和 37 个县（区），关系石化、能源、冶金、装备制造等 10 多个重点行业，涉及国家、省、市等层面的发改、财政、国土、建设、环保等多个部门，汇集环境、生态、经济、地理等多学科近 100 家技术牵头、协作单位的集体智慧。五大区域战略环境评价在全面分析资源环境禀赋和承载能力的基础上，系统评估了重点产业发展可能带来的中长期环境影响和生态风险，提出了重点产业优化发展调控建议和环境保护战略对策，研究了在决策阶段和宏观布局层面预防布局性环境风险、确保区域生态环境安全的新思路和新机制。其最终报告是多学科集成的成果，堪称“环保教科书”，是战略环境评价的力作，已经成为制定国家重大区域战略的重要参考，成为编制“十二五”规划、制定地方环保政策的重要支撑，成为相关地区火电、化工、石化、钢铁等行业环境准入的重要依据。五大区域战略环境评价拓展了环境保护参与综合决策的广度和深度，构建了从源头防范布局性环境风险的重要平台，探索了破解区域资源环境约束的有效途径，是环保部门参与综合决策，探索代价小、效益好、排放低、可持续的环境保护新道路的重大创新和突破。

“十二五”时期是我国全面建设小康社会的关键时期，是加快转变经济发展方式的攻坚时期，环境保护工作任重道远。在“十二五”开局之年，国务院召开了第七次全国环境保护大会，印发了《关于加强环境保护重点工作的意见》和《国家环境保护“十二五”规划》，标志着环境保护的战略地位更加强化，也为环境保护提出了新的更高要求。在新的发展阶段，环境保护工作必须坚持“在发展中保护，在保护中发展”的战略思想，用全局视野和战略思维统筹考虑环保工作，不断推进环境管理的战略转型，努力在宏观经济政策制定、转变经济发展方式、调整结构优化布局等方面发挥更大作用，这为战略环境评价工作提供了新的历史机遇和广阔舞台。随着区域发展总体战略和主体功能区战略的深入实施，环境保护参与综合决策机制的不断健全，区域性战略环境评价大有发展，大有作为。希望广大环境影响评价工作者以探索环保新道路为契机，以服务国家重大战略需求为己任，创新战略环境评价思路，深化战略环境评价实践，增强战略环境评价工作的积极性、主动性和创造性，为不断提高生态文明水平，建设资源节约型和环境友好型社会，促进经济社会环境的全面协调可持续发展作出新的更大的贡献！

周生贤

前言

为深入落实科学发展观，探索中国环保新道路，加快推进经济发展方式转变，从战略层面促进国土空间开发与环境保护相协调，环境保护部组织开展成渝经济区等五大区域的重点产业发展战略环境影响评价工作。利用战略环境评价的工具，对经济社会快速发展区域进行环境影响评价，有利于从源头防范布局性环境风险，破解区域资源环境约束，推动区域环境保护优化经济增长新格局的形成，实现区域经济社会可持续发展并确保中长期的生态环境安全。

在五大区域中，成渝经济区与其他区域同属国家宏观经济战略的重要指向区域和新的经济增长极，但又具有与其他区域不同的特征，是西部地区经济最活跃、产业门类最齐全，但却缺少在国家层面具有明显优势的产业；三峡水库是国家淡水资源库、水生态系统处于急剧演替阶段，生态保护地位既重要又敏感。

近年成渝经济区区域性酸雨污染依然严重，局部区域地表水环境污染较突出；长江上游干支流水生生物原有生境发生显著改变，一些珍稀物种已经或正在消失；水体污染、水电开发、水土流失等影响三峡库区的水环境安全和长江干支流的生态功能维护，区域经济发展与资源环境承载力矛盾日益凸显。

本书是成渝经济区重点产业发展战略环评项目成果的集中反映。本次战略环评研究涉及的时空尺度较大，在梳理国家、地方多项规划后概化的重点产业发展情景，具有一定的不确定性，因此在研究中更加关注多方案比选、情景分析、累积影响评价、资源环境承载力分析等内容。

战略环评的综合性较强，涉及的学科很多，需要根据评价对象来选择适用的方法，并没有固定的模式。在成渝经济区战略环评研究中，一方面从国家层面战略需求确定区域发展和保护的需求，另一方面站在维系生态系统完整性、区域安全格局的角度分析区域的环境问题和环境保护目标。在评价方法上，采用传统环评的模式预测法的同时，更多运用政策系统分析、决策科学和战略学等理论与方法。

在组织形式上，采用地区与要素交叉进行，分重庆市和四川省辖区设置两个子项目，力求摸清每个行政区域内的经济社会、资源环境状况和地区产业发展需求；同时按照资源环境要素，以成渝经济区为整体，对大气环境、水环境、生态环境、资源环境利用效率和资源环境承载力设置专题研究。

成渝经济区重点产业发展战略环境评价是五大区域重点产业发展战略环境评价项目的分项目之一。技术牵头单位中国环境科学研究院，联合国家和地方高水平科研单位组成了技术工作组，主要参加单位包括重庆市环境科学研究院、四川省环境科学研究院、重庆市环境监测中心站、四川省环境监测中心站、成都市环境监测中心站、资阳市环境监测站、四川省水利水电勘察设计院、重庆市发改委经济发展研究院、四川省发改委经济发展研究院、重庆大学、武汉大学、成都理工大学、成都信息工程学院、中科院山地所。

本书的总体框架由舒俭民、李彦武设计。各章的具体分工如下：第一章，由舒俭民、李彦武、李小敏撰写；第二章，由杨荣金、许亚宣、胡萌撰写；第三章，由赵健、刘玉洁、张丹、邓新华、左园园执笔；第四章，由冯祯、谢德嫦、周谐、蒋厦、郑颖执笔；第五章，由李彦武、李强、易小光、肖杰、杨康年执笔；第六章，由李小敏、李娟、曹慧、周志恩、佟洪金、廖瑞雪执笔；第七章，由富国、段宁、香宝、廖正军、袁兴中、钱骏、谢强执笔；第八章，由舒俭民、李彦武、杨三明、邓春光、叶宏、王小刚执笔。全书由舒俭民、李彦武和李小敏定稿。

本书在编撰过程中参考了重庆和四川子项目报告和大气环境、水环境、生态环境、资源环境利用效率和资源环境承载力专题研究报告。易鹏、李咏红、田贻燕、付琴、刘红、刘宏立、余贵玲、王利、黄程、颜文涛、杜敏、毛竹、赵磊、刘志红、石娟、刘永康、罗孟华、王建平等同志参加了此项工作，为本书的编纂奠定了基础。

成渝经济区重点产业发展战略环境评价项目实施过程和本书编辑整理过程中得到了环境保护部环境影响评价司、环境工程评估中心，重庆市、四川省人民政府及环境保护厅（局）等有关部门的大力支持，得到了项目专家顾问团队的悉心指导和项目主要承担单位的共同努力，谨此向他们表示诚挚的谢意！

编　者

2012 年 3 月

目　录

第一章　概述……1

第一节　研究背景……1

一、项目由来……1

二、研究意义……2

第二节　研究目标……3

一、研究目的……3

二、研究对象……3

三、研究基准……5

第三节　研究思路……6

一、研究采用的表征指标……6

二、研究思路……6

三、重点研究内容……8

第二章　区域资源环境与社会经济特征……9

第一节　区域资源环境特征……9

一、自然条件……9

二、资源环境的区位特征……12

三、优势资源及分布……13

第二节　社会经济特征……14

一、人口分布……14

二、经济发展水平……16

三、产业结构演变……20

第三章　生态环境演变与主要资源环境问题……23

第一节　水环境现状与安全……24

一、水环境质量现状……24

二、饮用水源地水质达标率持续提高……27

三、三峡库区营养状态呈加重趋势……28

四、长江上游珍稀特有鱼类自然保护区水环境存在隐患……32

五、河流沉积物中的重金属和有毒有机物……32

六、水污染物排放现状与分析……35

七、长江三峡水库生态安全状态……37

第二节　水资源现状及变化趋势 44
一、水资源数量 44
二、水资源分布特点 45
三、水资源变化趋势分析 46
四、水资源开发利用现状评价 47
五、水资源量现状短缺区域识别 48
第三节　环境空气质量现状与酸雨 53
一、大气污染物排放与演变趋势 53
二、环境空气质量及变化趋势 57
三、酸雨发展趋势与空间分布特征 59
四、复合型大气污染 61
第四节　能源消费演变趋势分析 64
一、区域能源消费及演变趋势 64
二、能源消费与经济增长的耦合 66
三、区域能源生产与消费中存在的主要问题 67
第五节　区域生态环境与长江上游生态屏障 69
一、生态环境现状与演变特征 69
二、生态服务功能重要性评价 78
三、三峡库区生态环境演变趋势 82
四、矿产资源利用分布与开发利用现状 83
第六节　区域主要资源环境问题 88
一、工程型缺水和潜在资源型缺水并存 88
二、水污染控制与饮水健康风险存在“瓶颈”河段 89
三、三峡水库水生态安全处于“一般安全”状态 89
四、区域性酸雨污染尚未扭转 90
五、区域主导生态功能有待提升，重要河段水生生境受损 91
第四章　区域重点产业发展特征与资源环境利用效率分析 92
第一节　区域产业发展现状与重点产业确定 92
一、区域产业发展历史演变 92
二、成渝经济区重点发展产业评价范畴确定 94
三、重点产业发展特征与空间布局 98
四、区域工业发展结构分析 101
第二节　重点产业资源环境效率分析 106
一、区域资源环境绩效水平分析 106
二、重点产业资源环境效率分析 107
三、区域污染物排放水平分析 115

第三节　区域重点产业资源环境利用效率......120

第五章　成渝经济区重点产业情景分析与资源环境压力......121

第一节　成渝经济区产业发展的战略定位......121

一、成渝经济区发展定位......121
二、在国家产业发展战略中的地位......122
三、拟发展的优势特色产业......122
四、经济发展带和产业集群空间格局......123

第二节　成渝经济区重点产业发展情景设计......124

一、社会经济发展目标与产业发展目标......124
二、重点产业发展规模......124
三、重点产业空间布局情景......125

第三节　重点产业发展情景下的资源环境压力分析......128

一、资源环境效率情景分析方案......128
二、重点产业发展的资源环境压力......130

第四节　区域传统产业升级改造情景分析......131

一、传统产业升级改造方向......131
二、传统产业升级改造目标......133

第六章　资源环境承载能力综合评估......136

第一节　水资源承载能力......136

一、水资源供需发展趋势分析......136
二、水资源承载力分析......138

第二节　河流水环境承载能力......141

一、水环境承载能力概念......141
二、规划控制单元划分......141
三、水环境容量及总量规划分析......142
四、水环境容量与允许排放量......144
五、水环境承载力实证......146
六、水环境承载力的比较分析......153
七、水环境承载力综合评估结论......154

第三节　能源支撑能力......155

一、区域能源发展概况......155
二、能源需求预测......156
三、重点产业发展的能源供给分析......157
四、能源生产消费的主要环境问题......159

第四节　主要大气污染物允许排放总量……161

一、区域大气污染物总量优化模型……162

二、区域主要大气污染物允许排放总量……164

第七章　重点产业发展的主要中长期环境影响与生态风险……168

第一节　重点产业发展对水环境安全的影响分析……169

一、现状产业布局带来的水环境问题……169

二、规划产业布局对水环境的压力……170

三、有机化工、石化产业发展与长期的水环境风险……172

四、三峡库区水安全影响分析……173

第二节　资源开发对长江上游生态屏障功能的影响……176

一、构建区域生态安全格局……176

二、生态安全分区的生态建设调控……182

三、重点产业发展影响区域生态质量的主要因素……185

四、支撑重点产业发展的矿产资源的分布特征……185

五、水电梯级开发的叠加影响效应导致珍稀特有鱼类生境在逐渐丧失……191

六、农业资源开发对长江上游生态屏障建设的影响……194

第三节　大气环境质量与酸雨影响分析……196

一、区域污染气象模拟与输送特征分析……196

二、区域空气质量与硫沉降模拟……203

三、区域空气质量现状模拟……206

四、火电行业的现状排放模拟与分析……208

五、2010 年火电行业减排后 SO_2 环境影响分析……213

六、规划火电发展对环境空气质量和酸雨的影响分析……216

七、大气复合型污染风险……219

第八章　重点产业优化发展的调控对策与建议……221

第一节　成渝经济区三大环境保护战略目标……221

第二节　调控对策与建议……223

一、资源节约型、环境友好型为主导推进经济增长方式转变……223

二、重点产业优化发展的调控建议……225

三、重点产业与资源环境协调发展的对策建议……228

参考文献……230

附录……236

第一章　概　述

第一节　研究背景

一、项目由来

当前，我国环境形势仍十分严峻，一些重点流域、海域水污染严重，部分区域和城市大气灰霾现象突出，许多地区主要污染物排放量超过环境容量，节能减排压力巨大，资源环境问题已成为制约经济社会可持续发展的关键瓶颈。如何促进环境保护历史性转变，构建资源节约型、环境友好型社会，直接关系到我国可持续发展战略的顺利实施。

从国际经验看，资源环境问题归根到底是发展方式问题。我国以珠三角和长三角为代表的东部先发地区在带动区域经济发展的同时，由于发展方式不尽合理，产业发展的规模、结构和布局与资源环境承载力不相匹配，付出了过大的“资源环境代价”，严重影响了经济社会又好又快发展。随着国家区域发展战略的进一步实施，在制定区域产业发展战略时，必须深刻吸取这一教训，处理好生产力布局与区域生态安全格局、产业结构和规模与资源环境承载能力之间的两大突出矛盾，特别是在确定重点产业的规模、结构和布局时，避免在资源环境问题上重蹈先发地区的覆辙。

成渝经济区是我国经济发展的重要战略区域，在西部崛起中具有举足轻重的地位，成渝经济区以占川渝两省市总面积 37% 的土地面积，承载占川渝两省市 87% 的人口，占川渝两省市近 90% 的 GDP，区域经济发展与资源环境承载力矛盾显著。同时成渝经济区在我国生态安全格局中占有重要地位，是我国生物多样性最丰富的地区之一，属于长江上游生态屏障建设的重要组成部分。三峡水库是我国最大的淡水资源库，其生态环境质量的好坏将直接关系到我国未来中长期生态安全的总体水平和环境质量的演变趋势。

近年来不合理的产业结构和能源利用模式，导致了局部区域地表水环境污染、酸雨污染严重；长江上游干支流大规模、高强度的水电航电梯级开发以及水污染也导致了水生生物原有生境发生改变，一些珍稀物种已经或正在消失；水体污染、水电开发、水土流失等影响三峡库区的水环境安全和长江干支流的生态功能维护。目前，成渝经济区产业快速发展与资源环境矛盾突出，可持续发展面临着严峻的资源环境制约等问题。

成渝经济区作为国家新一轮国土开发的重点区域，经济发展需求强烈，为推动成渝经济区经济发展方式的战略性转变，探索中国特色环保新道路，加快调整区域经济结构和空间开发布局，促进区域经济社会和资源环境协调可持续发展，环境保护部特将成渝经济区作为重点区域，组织开展成渝经济区重点产业发展战略环境评价研究。本研究项目为五大区域战略环评课题的分项目之一。

本研究主要围绕成渝经济区重大、敏感的区域性环境问题，分析重点产业发展战略导致的区域性资源、环境和生态的影响，提出重点产业发展调控建议与环境保护对策。旨在为区域“十二五”重点产业发展方向和布局提供科学决策依据，探索川、渝两省市乃至我国西部地区的可持续发展的新途径。

二、研究意义

1. 开展区域战略环评研究是国家区域发展政策背景的需要

汲取先发地区资源环境代价过高的教训，按照科学发展观的要求，国家已将资源环境承载能力作为区域发展的重要约束条件，区域经济发展方式、产业布局与结构，必将以区域资源环境禀赋、环境承载力的分析论证为前提条件。从这个意义上看，本项研究工作是国家新发展理念的应用与延伸。

强调区域发展的约束性（即关注经济发展的资源环境约束），区域管理的精细化（关注科学合理的产业发展地域分工），以及关注区域发展的生态文明将成为国家未来的区域政策框架。

根据我国区域发展组织结构调整的意向，一些重点城市群将是我国区域发展空间组织的主要支点。作为中西部地区具有活力的重要经济区，成渝经济区的发展在国家未来的区域战略中具有重要地位，也是国家未来着力引导有序发展的重点地区。因此，研究成渝经济区重点产业发展战略环境影响，符合国家层面的发展需求。

2. 开展区域战略环评研究是区域发展与环境保护的需要，势在必行

成渝经济区承接东部产业转移，将装备制造、电子信息、化工、能源等作为主导产业，产业布局主要在长江干流沿岸城市和主要支流流经的重点城市。

成渝经济区进入经济快速发展的同时，面临着严重的区域性酸雨污染，局部地表水环境污染，长江上游干支流水生生物的原有生境发生重大改变，一些珍稀物种已经或正在消失，以及盆周山地水土流失严重等问题。水体污染、水电开发、水土流失等影响三峡库区的水环境安全和长江干支流的流域生态功能维护；汶川地震引发的地质灾害、环境灾害和生态破坏的影响将持续很长时间，灾区的产业发展受资源、环境等条件的多重制约，同时灾区产业的发展也可能对受损的资源、环境和生态造成进一步破坏。生态环境破坏对于区域经济社会发展的制约作用已经日益凸显。成渝经济区区域性的资源、环境和生态问题对于区域经济社会发展的影响将是长期、深远和全局性的。

参照国际先进经验，以科学发展观为指引，组织开展成渝经济区重点产业发展战略环境评价，全面分析区域的发展优势、环境资源限制因素和承载能力，综合论证重点产业的发展目标与定位，引导产业错位发展和合理布局，提出产业结构优化调整和重大项目布局的环保要求，构建区域性和流域性的环境影响防治措施和风险防控体系，制定重大环境基础设施建设和生态恢复治理策略，推动其成为落实科学发展观、建设生态文明、构建资源节约型和环境友好型社会的示范区。

国内外的经验证明，战略环境评价是在发展战略层面促使产业发展与资源环境承载力相协调的最有效手段之一。从现实国情看，开展成渝经济区重点产业发展战略环评，有利于在区域层面推动建立节约能源资源和保护生态环境的产业结构与增长方式，对于解决区域的共性资源环境约束问题也具有普遍的指导意义。这既是环境保护落实科学发展观的重要举措，也是促进区域可持续发展、探索生态文明建设途径的创新性工作。

3．开展区域战略环评研究是构建跨流域、跨行政单元、前瞻性的环境综合管理模式的有益尝试

成渝经济区涉及两个省级行政区，按照现有基础和重点产业发展规划，成渝经济区重点产业的发展水平对于实现西部地区经济崛起具有举足轻重的作用。未来十年，预计该区域经济社会将会出现快速发展的局面，同时带来的环境资源压力也将会进一步增大。三峡库区水环境安全、流域生态功能的维护、区域酸雨控制以及汶川地震灾害引发的地质灾害与环境灾害等重大区域性环境问题对经济社会发展具有长远和全局性的影响。岷江、沱江、乌江等主要支流在此汇入长江干流，三峡库区水量的 80% 来自四川境内，成渝经济区水环境的优劣直接决定了三峡库区的水环境状况发展趋势，当前，三峡库区上游河流水环境质量不容乐观，库区支流河流存在富营养化的趋势。在水资源开发利用与水环境保护上，四川与重庆间的协调问题较为突出。

本研究旨在以区域协调发展视角，按照地理单元、河流水系，跨流域、跨行政单元分析区域存在的资源环境问题，尝试提出区域协同发展的前瞻性的环境综合管理模式。这是一项促进区域可持续发展、探索生态文明建设途径的创新性研究。

第二节　研究目标

一、研究目的

以科学发展观为指导，针对成渝经济区重点产业发展的目标、定位，围绕产业的规模、结构和布局三大核心问题，以区域资源环境承载力为约束条件，全面分析产业发展现状、趋势及关键性的资源环境制约因素；深入评估成渝经济区重点产业发展战略可能产生的环境影响和潜在的生态环境风险，系统研究基于资源环境承载力的产业发展规模、结构和布局，科学制定产业适度发展、生产力优化布局、资源合理配置、环境有效管理的调控对策，为成渝经济区“十二五”相关规划编制提供依据，充分发挥环境保护优化经济增长的作用，进一步促进成渝经济区重点产业与资源环境协调发展。

二、研究对象

成渝经济区是我国经济发展的重要战略区域，在西部崛起中具有举足轻重的地位，是《全国主体功能区规划》中确定的国家层面的重点开发区域之一。随着西部大开发的进一步深化，正在成长为西部重要的经济增长极。

图 1-1 成渝经济区行政区划

1．成渝经济区的范围

成渝经济区是指包括重庆、成都两大都市圈在内的四川盆地，范围大致包括：西至成都为中心的成—雅—乐沿线，东至重庆为中心的丰都—涪陵—忠县等长江沿线区域，北至成达铁路，南至长江上游的重庆—宜宾沿线的区域，与四川攀西、川西北及陕西、甘肃、湖北、贵州、云南接壤（见图 1-1）。

成渝经济区面积总计 20.9 万 km^2，占重庆市和四川省总面积的 37%。其中，重庆部分面积为 5.1 万 km^2，四川部分面积为 15.8 万 km^2。成渝经济区重庆地区包含主城 9 区、潼南、铜梁、大足、双桥、荣昌、永川、合川、江津、綦江、长寿、涪陵、南川、万盛、璧山、万州、梁平、丰都、垫江、忠县、开县、云阳、石柱等地；四川地区有成都、绵阳、德阳、内江、资阳、遂宁、自贡、泸州、宜宾、南充、广安、达州、眉山、乐山、雅安 15 个地市。

2．确定的重点产业

本次研究中的重点产业指在区域经济发展中拉动作用大，且已经或可能对环境造成显著影响的产业。依据国家工业统计部门的行业门类划分标准，按照如下原则对成渝经济区内现有和规划发展的产业进行筛选确定：

- 占区域经济比重大；
- 是“十二五”和 2020 年区域经济发展重点；
- 对生态环境影响显著（特别是可能影响国家层面重点关注的三峡库区水安全、长江中上游生态屏障保护、酸雨控制等环境问题）。

成渝经济区产业门类齐全、传统产业比重较大、技术水平相对落后，区域发展需要优化产业结构。因此，本研究的重点产业既包括区域未来重点发展产业，也包括区域传统产业的升级改造。具体如下：

- 能源产业：能源资源（煤、天然气、水电）和电力；
- 化工产业：天然气化工、盐化工、磷化工；
- 装备制造业：成德绵比重大。含汽车、矿山机械、成套设备；
- 矿产资源开发：重点为盆周山区的矿产开发；
- 冶金产业：有色冶炼、钢铁；
- 轻工：食品、纺织和林浆纸一体化工程；
- 制药：重庆比重大；
- 高新技术产业：电子、信息和软件。

三、研究基准

基于国家环保战略需求，结合区域自然资源环境条件以及生态环境现状，本研究把保障长江上游和三峡库区的水环境安全、构建长江上游生态屏障、扭转区域酸雨污染趋势作为成渝经济区的三大环境战略。

本次战略环境评价以重点产业发展战略和重大环境战略为导向，研究成渝经济区重点产业发展与保障三峡库区水环境安全的协调、与构建长江上游生态屏障的协调以及与区域酸雨控制的协调。为实现三大环境战略目标而拟定的环境保护基线如下：

水环境：

- 长江干流主要控制断面目标为Ⅱ类，主要支流岷江、沱江、嘉陵江、乌江等入长江干流水质目标为Ⅱ类，沱江入长江干流水质目标为基本达到Ⅱ类；可接受的底线是干流水质不降低，主要支流不允许超过Ⅲ类，持久性有机污染物和重金属在水生生物自然保护区内应满足"渔业水质标准"。
- 长江干流和三峡库区沉积物重金属生态危害水平目标为轻度生物危害水平，可接受底线是中度危害水平；沉积物持久性有机物不构成明显累积。
- 三峡水库水环境达到"安全"水平，氮、磷负荷得到大幅度削减；可接受底线是水环境保持在"一般安全"水平。
- 饮用水水源保护区水环境质量全面达标（基线）。
- 城市径流非点源、畜禽养殖和农田径流非点源污染得到有效控制。
- 河流流量不低于十年一遇枯水期的月平均流量，最小生态流量不低于多年平均流量的10%。

生态环境：

- 生物多样性受到有效保护（水生生物和陆地生物）；各类自然保护区和天然林的面积不减少。
- 水源涵养极重要区和重要区得到有效保护，整体水源涵养功能达到加强。
- 土壤退化趋势得到缓解，区域整体生态环境质量得到提升，达到优良水平。
- 水土流失敏感区得到有效保护。
- 矿山资源开采的水土流失控制和生态恢复的质量得到大幅提高。

环境空气：

- 城市环境空气质量达到或优于二级标准，可接受的底线是主要指标达到二级标准。
- 成渝都市圈环境质量持续改善，灰霾和光化学烟雾等潜在复合型大气污染趋势得到有效控制；可接受底线为满足环境空气质量二级标准。
- 工业化初—中期过渡的城市（区县）环境质量有所改善，可接受底线是满足环境空气二级标准。
- 区域性酸雨污染得到明显改善；可接受底线是酸雨污染趋势得到有效遏制。
- 区域主要大气污染物排放总量显著下降。

第三节 研究思路

一、研究采用的表征指标

围绕保障长江上游和三峡库区的水环境安全、构建长江上游生态屏障、扭转区域酸雨污染趋势三大环境战略，在研究中确定评价其状态的表征指标如下。

（1）长江上游生态屏障

从生物多样性、水土流失、水源涵养等方面构建表征长江上游生态屏障的主要指标体系。

生物多样性保护：珍稀濒危物种数量、生物多样性极重要区和重要区面积、分布。

水源涵养功能：森林覆盖率、植被覆盖率、水源涵养极重要区和重要区面积、分布。

土壤保持：水土流失强度、水土流失面积、土壤保持极重要区和重要区面积、分布。

生态保护关键区：自然保护区、风景名胜区、森林公园的面积；与重点产业主要集中活动区域的邻近度。

（2）三峡库区及上游水生态安全

分为内部指标和外部指标，其中，内部指标项涉及水环境质量、水体富营养化水平、集中式饮用水源有毒有机物、沉积物中有毒有机污染物、沉积物中重金属等。外部指标包括水土流失控制水平、水源涵养功能水平、有毒化学品风险的控制水平等。具体指标如下。

•水环境质量（Ⅱ / Ⅲ类）：COD、氨氮、总磷、重金属等。

•富营养化水平（基准）：总氮（TN）、总磷（TP）、透明度（TD）、叶绿素 a（Chl-a）、高锰酸盐指数（COD_{Mn}）、富营养化指数。

•有毒有机物（集中式饮用水标准、饮用水卫生标准）：80 种有毒有机物中选取与重点产业关联度高的指标项。

•沉积物中重金属（参考基准）：经现状评价确定的主要重金属（铬、铜、镍、锌、镉、铅、砷、汞）。

•有毒化学品风险的控制水平：主要风险源风险概率、区域风险概率。

（3）大气污染与酸雨控制

环境空气质量：SO_2、NO_2、PM_{10}。

酸雨：降水量、降水 pH 值、酸雨频率、降水中硫酸根离子、硝酸根浓度浓度、酸雨临界负荷值。

复合大气污染：O_3、VOC、$PM_{2.5}$、能见度。

二、研究思路

成渝经济区作为国家主体功能区规划确定的重要开发区域，经济快速发展的需求强烈，如何在发展中处理好重点产业布局与区域生态安全格局、产生结构和规模扩张与资源环境承载能力之间的两大突出矛盾是本次研究工作的主线。

以区域经济发展战略目标和环境保护战略目标为引导，采用“驱动力 - 压力 - 状态 - 响应”的基本模式，围绕重点产业发展定位、布局、结构、规模等重要议题，开展战略环境评价工作。

本研究采用的基础资料均为现有的、已公开的环境监测资料、社会经济统计资料，专项研究报告，以及相关规划引用的基础数据和资料。对区域前瞻性环境问题，如大气复合污染、水环境中重金属和持久性有机物污染，通过监测获取一手数据。以 2007 年为现状基准年（部分数据更新到 2008 年），部分数据回溯分析到 1995 年，重点研究为 2015 年，兼顾考虑 2020 年。

（1）认识区域生态安全格局和区域资源环境发展演变趋势

在保障国家生态安全战略需求下，说明成渝经济区在国家层面的主要生态服务功能和重要性分区，确定区域生态安全格局。

认识成渝经济区经济社会发展现状和区域资源环境现状特征，以及在国家层面的发展水平和所处地位，辨识目前经济发展存在的问题及其成因。回溯十年经济社会发展、环境和资源利用状态及演变，分析存在的主要资源环境问题及演变趋势，确定制约成渝经济区可持续发展的资源环境隐患和亟待解决的问题。

（2）区域重点产业现状导致的资源环境问题分析

回顾成渝经济区产业发展历程，分析区域产业发展的规模、结构、空间布局特征，构建产业发展的资源环境效率评价指标体系，分析重点产业的规模、结构、布局等对区域资源环境的压力，解析区域经济与环境协调发展水平以及存在的主要矛盾。

（3）设计产业发展情景，分析资源环境压力

梳理成渝经济区在“十二五”期间及 2020 年中长期重点产业发展战略以及各重点产业专项发展规划，研究分析区域产业发展的规模扩张、结构演变及空间布局趋势，预测产业发展态势，包括产业发展的规模、结构、布局和技术水平等；按照地方发展愿景、国家发展愿景、生态环境愿景三个层次或角度，设计未来重点发展产业和传统产业升级改造的情景，分析不同产业情景下的资源环境压力。

（4）分析区域重点产业发展情景和布局下，可能进一步凸显的“两大矛盾”

根据区域水资源、能源等资源禀赋，预测重点产业发展情景下的资源、能源需求，分析区域满足重点产业发展的资源、能源支撑能力下带来的环境问题。以满足区域环境质量达标为目标约束，分区域、流域开展大气环境和水环境容量预测。在传统的水环境容量计算成果的基础上，进一步分析三峡库区生态安全层次的水环境承载能力。建立成渝经济区层面上大气污染物总量控制模型。

针对区域经济发展战略和重点产业发展情景，辨识中长期生态环境影响特征和关键影响因子；从水环境安全的影响、资源开发对长江上游生态屏障功能的影响和区域大气环境质量与酸雨影响三个方面预测、分析重点产业发展的主要中长期环境影响与生态风险，评价重点产业发展对关键生态功能单元和环境敏感目标的长期性、累积性影响。

（5）破解“两大矛盾”的对策与建议

以确保区域战略性红线不突破，规避和减缓对生态屏障功能、长江上游和三峡水库水环境区域长期累积性环境影响和风险，扭转酸雨污染趋势为目标，研究提出优先支持的重点产业发展目标和生产力空间格局策略建议，以及构建循环经济体系，提升区域资源环境效率的产业发展策略建议；根据区域资源环境承载力水平和经济社会发展水平，研究提出区域重点产业发展适度规模的建议。

三、重点研究内容

针对成渝经济区重点产业发展，本次研究的重点内容包括如下内容。

1．区域资源环境现状及其演变趋势评估

充分利用已有资源、生态、环境等领域的调查、监测数据和科研成果，针对区域经济社会发展的阶段性特点和产业特征，分析区域生态环境状况，分析经济社会发展的资源环境压力和演变趋势，厘清区域经济社会发展导致的突出的区域性、累积性资源环境问题，识别对区域资源开发和重点产业发展的关键性制约因素。

对区域重点城市和长江流域分别开展大气复合污染（$PM_{2.5}$和VOCs）及河流沉积物重金属和持久性有机物监测，反映区域累积性影响的指示性生物指标和反映污染发展阶段的特征性污染指标。

2．重点产业发展的资源环境压力评估

了解区域产业发展演变过程，分析重点产业发展现状、空间布局特征，评估重点产业的资源环境效率。根据国家有关区域协调发展战略和主体功能区战略，结合地区经济发展规划梳理重点产业发展情景，分析区域不同发展阶段下重点产业的规模、结构、布局等对区域资源环境的压力的时空分布特征。

3．区域资源环境承载力综合评估

根据区域经济社会发展水平和资源环境禀赋，分析评估区域资源环境承载力（如水环境、大气环境、水资源、能源）及其利用状况和空间分布特征。分析重点产业情景下区域水环境、大气环境的环境容量需求，并对其进行区域尺度上的整体性评估；分析重点产业情景下水资源和能源需求，可能对环境产生的影响，基于区域重点产业发展的资源环境压力，提出区域资源环境承载力可持续利用的对策。

4．重点产业发展的环境影响评价和生态风险评估

针对区域经济发展战略和重点产业发展情景，辨识中长期生态环境影响特征和关键影响因子；从水环境安全、长江上游生态屏障和区域大气环境质量与酸雨三个方面预测、分析重点产业发展的主要中长期环境影响与生态风险，评价重点产业发展对关键生态功能单元和环境敏感目标的长期性、累积性影响。

5．重点产业优化发展的调控对策与建议

根据国家区域协调发展战略、主体功能区战略，结合资源环境承载力综合评估、资源环境压力评估，以及重点产业布局的生态环境风险，依据区域产业发展阶段和重点产业特点，从建设资源节约型、环境友好型产业体系、促进区域经济社会又好又快发展出发，研究提出优先支持的重点产业发展目标和生产力空间格局策略建议，以及构建循环经济体系，快速提升区域资源环境效率的产业发展策略建议；根据区域资源环境承载力水平和经济社会发展水平，研究提出区域重点产业发展适度规模的建议。

第二章

区域资源环境与社会经济特征

从区位自然特征、资源环境特征、社会经济特征三个方面展示本研究对成渝经济区的基本认识。成渝经济区是一个相对封闭的地理单元，长江、岷江、沱江、嘉陵江四条重要河流从腹地流过，是一个生态环境既重要又敏感，资源禀赋既丰富又脆弱的地区，以占川渝两省市37%的土地面积，承载着87%的人口、90%的GDP，但经济发展表现出明显的不平衡，两大都市圈经济密度较高，总体呈现两核突出、盆中高、盆周低的分布特征。

第一节　区域资源环境特征

一、自然条件

1．地形地貌

成渝经济区位于我国自然地势的第二级台阶上的四川盆地，是西部地区自然地理条件最优越的地区之一。主要分为四川盆地低海拔平原丘陵区和盆周中海拔山地区。

四川盆地低海拔平原丘陵区：盆地内海拔高度多在200～750 m，多数地区地貌以丘陵和低山为主，龙泉山和龙门山之间为一片地势平坦的冲积、洪积平原——成都平原，地表开阔平坦。盆周中海拔山地区：四川盆地周边为一系列中海拔山地所围绕，其高度多在海拔1000～2500 m，盆地西缘有龙门山、邛崃山、大相岭等；盆地东部为华蓥山平行岭谷低山丘陵区和中山地貌区；北缘主要以米仓山和大巴山为主；南缘山地多在长江以南，南接云贵高原。

四川盆地是我国最大的外流盆地，总体地势北高南低，垂直地带性明显，平原、丘陵、山地和高原等地貌齐全。盆地边缘多低山和中山，山势陡峻，发源于盆地边缘山地的河流大多为“V”形谷，岭谷高差都逾500～1000 m，地表崎岖；盆地底部海拔多数在250～700 m，地势东南倾，盆地内各河流均由边缘山地汇聚盆地底部的长江干流，形成向心状水系，见图2-1。

2．气候条件

成渝经济区地处长江上游的四川盆地，属亚热带湿润季风气候区，具有夏热冬暖、光热同季、无霜期长、雨量充沛、湿润多阴等特点。

四川盆地地形闭塞，年均气温16～18℃。盆地最冷月均气温5～8℃，较同纬度的上海、武汉高出2～4℃；盆地最热月均气温25～29℃，长江河谷近30℃，盆地东南部极端最高温往往超过40℃。总体来说，盆地的气温是东高西低，南高北低，盆底高而边缘低。盆地

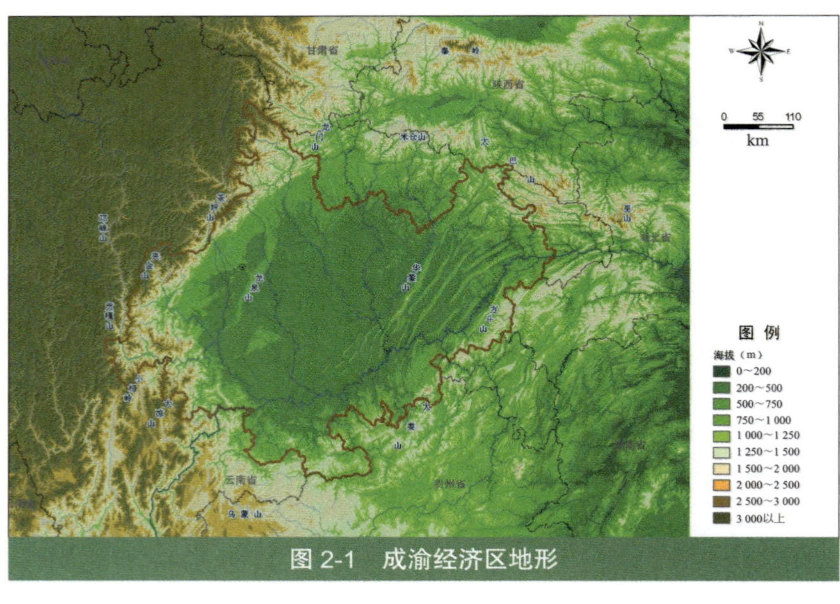
图 2-1　成渝经济区地形

内积温丰富，有利于各种作物的生长。

冬季受蒙古高压和阿留申低压影响，区内盛行从偏北方向吹来的强劲干冷冬季风；夏季受太平洋高压与印度洋低压控制，盛行从偏南方向吹进的暖湿季风。盆地降水充沛，年总降雨量多在 900 ～ 1200 mm 之间。降雨量时空分布不均，80% 降雨量集中在 5—10 月；春季盆地东部多于西部，夏季盆地西部多于东部。全年日照时数为 1000 ～1600 h，是我国日照最少的地区之一。

3. 水系与水文

成渝经济区的水系主要为长江水系，包括长江上游的金沙江、金沙江至三峡库区的长江干流、三峡库区（为长江干流截流形成），以及长江一级支流：岷江、沱江、嘉陵江、乌江和赤水河，二级支流：岷江的支流青衣江和大渡河，嘉陵江的支流涪江和渠江，见图 2-2。

长江是流经区域的最大河流，上游称金沙江，金沙江流至宜宾纳岷江后称长江。长江水系河川年径流量为 3083.4 亿 m^3，约占长江全流域河川年径流量的 1/3，占四川全省河川年径流量的 90% 以上。在长江水系中，除川东北的汉江支流流出省界外，盆地内所有水系都由南北两方汇入长江（嘉陵江与其支流渠江、涪江在重庆市境内汇合并汇入长江）。北岸支流多而长，南岸支流少而短，构成极不对称的向心状水系。主要支流有雅砻江、岷江（包括大渡河、青衣江）、沱江、嘉陵江（包括涪江、渠江）、赤水河等。

图 2-2　成渝经济区水系

金沙江为长江上游宜宾市以上干流江段，在石渠县真达寺处进入四川省，境内干流长为 1584 km，流域面积为 18.7 万 km^2。金沙江水流湍急，险滩较多，干流落差 3300 m，平均比降为 2‰，水量丰沛而稳定，水力资源十分丰富。

雅砻江是金沙江主要支流之一，发源于青海巴颜喀拉山，于石渠县尼达坎多入四川省境，纵贯整个高原地区，在攀枝花市三堆子注入金沙江。其在四川省境内流域面积和干流长分别为 12.04 万 km^2 和 1357 km。年径流量 586 亿 m^3，占金沙江流域总水量的 40%。

岷江是长江上游主要支流之一，全长 711 km，流域面积为 13.6 万 km^2。岷江上游从河源（在松潘县弓杠岭）至都江堰市全长 340 km，流域面积为 2.3 万 km^2，落差 3009 m。岷江经都江堰市进入成都平原，河道分汊，人工渠系密布。

大渡河是岷江最大的一级支流，发源于青海省境内阿尼玛卿山系的果洛山南麓，在乐山城南注入岷江，干流全长 1062 km，流域面积 7.68 万 km^2（不包括青衣江）。其中在四川境内的流域面积为 6.82 万 km^2，干流河长 852km。河源至河口，海拔自 4530 m 降至 357 m，天然落差 4177 m。

青衣江系岷江水系二级支流，大渡河一级支流，发源于巴颜喀拉山南麓蚂蝗沟，由宝兴河、天全河、荥经河在飞仙关汇合后始称青衣江，至乐山注入大渡河。全长 276 km（包括主源宝兴河），流域面积为 13300 km^2。流域形状呈扇形，境内雨量丰沛，径流丰富。河口多年平均径流量为 182 亿 m^3。

沱江是长江上游的一级支流，为四川盆地腹部区重要水系之一。在泸县小市附近注入长江，干流全长 629 km，流域面积为 27860 km^2。

嘉陵江是长江上游重要支流之一，发源于秦岭南麓，南经阳平关进入四川境内，在广元市昭化镇纳入最大支流白龙江，南流至重庆市合川区城左纳渠江，右纳涪江，于重庆市注入长江。干流全长 1120 km，流域面积为 13.4 万 km^2，占长江流域面积的 9%。昭化以上河段为上游。

涪江是嘉陵江一级支流，发源于松潘县岷山雪宝顶北坡的三岔子，于重庆市合川区汇入嘉陵江。干流全长 660 km，流域面积为 3.23 万 km^2。

渠江是嘉陵江一级支流，发源于米仓山、大巴山南麓，有巴河、州河二源。巴、州二河于渠县三汇镇合流后始称渠江，于重庆市合川区汇入嘉陵江。干流河长 720 km，流域面积为 3.92 万 km^2。

赤水河是长江南岸较大的支流，发源于云南镇雄县芒部区与落甸区，在四川省合江县城处注入长江。落差 525 m，河床平均比降为 1.5‰。在四川境内的流域面积为 6000 km^2，干流河长 450 km。

乌江是长江上游南岸最大的一条支流，发源于贵州省西北部乌蒙山东麓，有南、北两源，南源三岔河为主源，北源六冲河为次源。三岔河在清镇、黔西、织金交界的化屋基与六冲河汇合，至涪陵区注入长江，全长 1037 km，天然落差 2123.5 m，流域面积为 87920 km^2。乌江干流在化屋基以上为上游，化屋基至思南为中游，思南至涪陵为下游。

三峡库区重庆段江河纵横，水系发达，除了前述嘉陵江和乌江是库区最大的两条支流外，库区内总计有流域面积大于 50 km^2 的河流约 374 条。其中流域面积 50 ～ 100 km^2 的约 167 条，流域面积 100 ～ 500 km^2 的河流 152 条，流域面积 500 ～ 1000 km^2 的 19 条，流域面积 1000 ～ 3000 km^2 的 18 条，流域面积大于 3000 km^2 的 18 条。除任河注入汉江、酉水注入北河汇入沅江（入洞庭湖）、濑溪河和大清流河注入沱江外，其余均在市境内汇入长江。

4．土壤

成渝经济区内土壤类型复杂多样，西部成都平原地势低平，由岷江、沱江挟带的泥沙冲积而成，其水稻土广泛分布，土质肥沃，农业发达；东部有许多东北、西南走向的低山丘陵，中部为低山丘陵，主要由紫红色砂岩、页岩组成，岩性疏松，其风化物富含磷钾，自然肥力较高，适宜种植多种农作物和经济林木；黄壤土则主要分布在成渝经济区盆周地区，其他土壤类型呈零星分布。

5．动植物

成渝经济区所在的四川盆地地带性植被多为亚热带常绿阔叶林，其代表树种有栲树、峨眉栲、刺果米槠、青冈、曼青冈、包石栎、华木荷、大包木荷、四川大头茶、桢楠、润楠等，一般分布在海拔1600～1800m以下地带。其次有马尾松、杉木、柏木组成的亚热带针叶林及竹林。边缘山地从下而上是常绿阔叶林、常绿阔叶与落叶阔叶混交林，寒温带山地针叶林，局部有亚高山灌丛草甸。

四川盆地是中国动物种类最多、最齐全的地区之一，动物种类多而齐全，特有、古老种集中分布。除鱼类外，盆地底部共有动物417种，盆地西缘、北缘和南缘山地分别为487种、317种与288种，其中经济动物均占一半以上。

盆地西缘山地是中国特有而古老动物保存最好、最集中的地区，属于国家Ⅰ类保护动物的有大熊猫、川金丝猴、牛角羚、白唇鹿等。还有珍贵特有动物小熊猫、雪豹、鬣羚、藏酋猴、猕猴、毛冠鹿、水獭及鸳鸯、血雉、红腹角雉、绿尾虹雉、白腹锦鸡、红腹锦鸡等。盆地西缘为中国大熊猫的主要分布区，乐山马边和绵阳平武等盆地边缘山地溪沟中的大鲵和长江、金沙江中的中华鲟、白鲟为四川盆地特有种，且均属于国家保护动物。

二、资源环境的区位特征

1．长江上游生态屏障建设的重要组成部分

成渝经济区属于长江上游生态屏障的重要组成部分，全国第一大河流长江干流及主要支流岷江、沱江、嘉陵江流经本区域，与全国最重要的水源涵养区相接，涵盖成都平原和低山丘陵传统农业区、盆东平行岭谷区、盆周山区、三峡库区，区域生态环境质量和演变在相当大程度上影响长江上游生态屏障功能的发挥。

2．三峡库区是生态环境敏感与社会环境敏感交织点

三峡水库是举世瞩目的水利工程。三峡水库在取得防洪、发电、航运等一系列综合效益的同时，导致了区域生态环境发生重大演变。生态建设与保护、移民安稳致富、地质灾害防治是当前三峡库区面临的三大问题。三峡库区已经成为并在相当长一个时期内是区域生态环境敏感与社会环境敏感的交织点。

3．生物多样性与环境脆弱区

生态系统由平原丘陵生态系统向高山高原生态系统类型急剧过渡，盆周丘陵山地生物多样性极其丰富，是我国乃至全世界极其珍贵的生物基因库之一。重要的生物多样性保护区密集分布，加上水土流失、地质灾害交织在一起，盆周地带生态环境相当脆弱。成渝经济区也是我国自然和人文景观最为丰富，受到联合国保护的遗产最多的旅游资源富集带。“5·12”汶川特大地震产生的生态破坏使得长江上游生态屏障建设的任务更加艰巨。

4. 水资源丰富与水资源缺乏交织

长江干流、岷江、沱江、嘉陵江纵横成渝经济区。区域水资源空间分布不均，自产水量有限，水资源丰富的地区主要为盆周地带，盆地中部等相当一部分地区属于资源型缺水地区。对区域水资源与水环境保护有更高的要求。

5. 具有水能资源优势，也是水电开发生态影响后果的主要承受地

位于成渝经济区上游的长江干流和主要支流具有水电资源的绝对优势，但成渝经济区是水能资源开发不当引发生态环境后果的主要承受地。

三、优势资源及分布

1. 我国可开发水能资源最富集的区域

四川河流众多，径流充沛，落差大，水能资源极为丰富，开发条件优越。水能理论蕴藏量达 1.43 亿 kW，占全国的 21.2%。经济可开发量达 7611.2 万 kW，是我国可开发水能资源最富集的区域。除三峡电站外，重庆市水能理论蕴藏量为 2296 万 kW，其中可开发的水能资源为 981 万 kW。川渝地区是我国可开发水能资源最富集的区域。

2. 川渝两地是我国天然气宝库、“西气东输”重要基地

川渝两地天然气储量占全国的 60%，四川盆地天然气总资源量为 7 万亿 m^3，其中四川累计探明地质储量为 1.61 万亿 m^3，重庆已探明天然气可开发蕴藏量为 3200 亿 m^3。川渝地区已成为中国天然气宝库，是国家“西气东输”的重要基地之一。

3. 钒钛、稀土、铜矿、磷矿、铝土矿、硫铁矿储量位居全国前列

成渝经济区是我国矿产资源最密集的地区之一，已探明的能源、矿产资源中，除石油资源短缺外，其他多居全国前列。钒钛占世界的 90%，稀土居全国第二，铝土矿、硫铁矿储量分别占全国的 1/4 以上，铜矿储量占 1/3，磷矿储量占 2/3，锰矿、铅锌矿储量分别占全国的 1/5，且多种资源的组合配套好、空间分布相对集中，为黑色冶金、有色冶金、天然气化工、盐化工、硫化工、磷化工和建筑材料等原材料工业及后续加工业的发展提供了重要支撑。矿产资源分布见图 2-3。

图 2-3　成渝经济区矿产资源分布

4. 农副产品资源是我国重要粮食主产区

成渝经济区有着悠久的农业生产历史，是国家最大的粮、油、猪生产基地之一。农业生态系统地位突出，耕地面积为 10.6 万 km^2，占成渝经济区总面积的 50.82%。成都平原及盆中丘陵区，农业生产条件优越，是同纬度地带农业生产条件最优越的地区之一，是我国的粮食主产区和水果、肉、蛋、奶、木材等农产品的重要生产区。近年来，成渝经济区农业产业结构调整步伐不断加快，粮食产量稳中有增，初步形成了具有优势特色、发展潜力较大的油菜、蔬菜、马铃薯、茶叶、蚕桑等产业板块，粮油、肉类和水产品产量均占四川和重庆的 80% 以上。油菜、蔬菜、马铃薯、茶叶、蚕桑的面积和产量已进入全国前五位。

第二节　社会经济特征

一、人口分布

1. 人口现状与趋势

截至 2007 年，成渝经济区总人口为 9929.4 万人，占全国总人口的 7.51%，占川渝两省市总人口的 87%；其中，重庆部分 2691 万人，四川部分 7239 万人。

1997—2007 年，成渝经济区人口呈不断增长趋势，年均增加人口约 55.85 万人，1997—2007 年成渝经济区人口变化与全国对比见表 2-1。

2. 人口密度

成渝经济区人口近 1 亿，人口密度达到 475 人 /km^2，高于全国的 134 人 /km^2，是西部人口密集度最高的区域。2007 年各市、县、区人口密度统计见表 2-2，分布见图 2-4。

表 2-1　1997—2007 年成渝经济区人口变化与全国对比

年份	成渝经济区 / 万人	成渝经济区（重庆）/ 万人	成渝经济区（四川）/ 万人	全国人口 / 万人	占全国比例 /%
1997	9371	2539	6831	123626	7.58
1998	9422	2553	6868	124810	7.55
1999	9465	2564	6901	125909	7.52
2000	9511	2579	6932	126583	7.51
2001	9535	2585	6949	127627	7.47
2002	9571	2597	6975	128453	7.45
2003	9629	2611	7019	129227	7.45
2004	9691	2621	7070	129988	7.46
2005	9749	2641	7108	130756	7.46
2006	9832	2662	7169	131448	7.48
2007	9929	2691	7239	132129	7.51

成渝经济区以占川渝两省市不足 40% 的土地，承载着两省市 87% 的人口，区内拥有 2 座特大城市、16 座地级城市，17 座小城市，平均每 1 万 km² 有城市 1.73 座，高于全国 0.7 个 / 万 km² 的水平，是中国西部城市最密集区，是全国少有的以重庆、成都为核心的双核城市群。

从各区域人口密度来看，人口密度大于 1000 人 /km² 的区域包括重庆主城区的九龙坡、南岸、大渡口、江北、沙坪坝、渝中和双桥，人口密度在 750 ～ 1000 人 /km² 的区域包括成都、内江、荣昌和北碚，人口密度低于 250 人 /km² 的区域包括雅安和石柱，人口密度低于 500 人 /km² 的区域主要分布在盆周山区。

成渝经济区内人口及其空间分布呈现以下特征：

一是人口集中分布趋势较为明显，人口密度高的区域主要分布在经济发展水平相对较高的重庆、成都两大都市区以及川中、川南地区；但人口密度的地域差异较大，即使同为县域，人口密度相差甚远。

二是沿江两岸及交通干线附近人口稠密，远离江河、陆地交通干线的地区相对稀疏。

三是乡村人口总量大、比重高。2007 年成渝经济区非农业人口 2674 万人，占总人口的 26.9 %，农业人口 7255.4 万人，占总人口的 73.1%，农业人口比重高。

四是地形对人口分布影响

表 2-2　成渝经济区 2007 年各市、县、区人口密度统计　单位：人 /km²

序号	区县名	密度	序号	区县名	密度
1	万州区	500.32	24	梁平县	480.26
2	万盛区	473.17	25	永川区	694.80
3	丰都县	281.90	26	江北区	2334.10
4	乐山市	275.07	27	江津区	461.47
5	九龙坡区	1817.39	28	沙坪坝区	1904.29
6	云阳县	362.78	29	泸州市	400.71
7	内江市	790.47	30	涪陵区	385.10
8	北碚区	861.46	31	渝中区	25373.26
9	南充市	594.64	32	渝北区	638.64
10	南岸区	2136.98	33	潼南县	580.49
11	南川区	252.70	34	璧山县	677.49
12	双桥区	1141.53	35	眉山市	478.66
13	合川区	650.58	36	石柱县	175.80
14	垫江县	614.76	37	綦江县	435.75
15	大渡口区	2174.76	38	绵阳市	265.57
16	大足县	678.409	39	自贡市	738.16
17	宜宾市	397.39	40	荣昌县	769.77
18	巴南区	477.75	41	资阳市	618.42
19	广安市	729.58	42	达州市	399.21
20	开县	400.23	43	遂宁市	721.25
21	德阳市	648.35	44	铜梁县	612.67
22	忠县	449.95	45	长寿区	628.68
23	成都市	923.12	46	雅安市	100.37

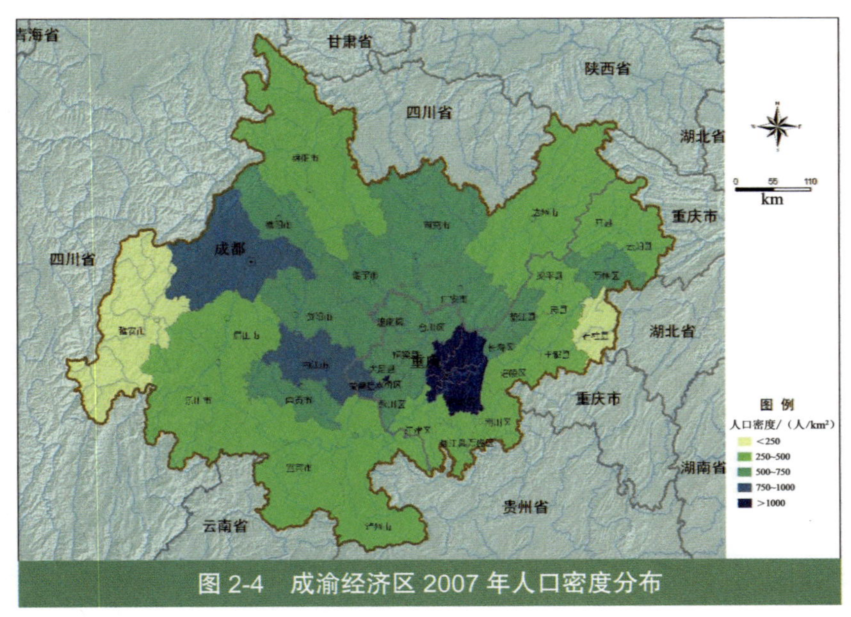

图 2-4　成渝经济区 2007 年人口密度分布

明显，总体趋势是，山区人口稀疏，从山区—丘陵—平原人口分布逐渐由疏到密。

二、经济发展水平

1．经济现状水平

2007 年，成渝经济区地区生产总值为 13065.05 亿元，占四川省和重庆市地区生产总值的 89.32%，占全国 GDP 的 5.24%，其中，重庆部分为 3884 亿元，四川部分为 9181 亿元。2007 年，四川省和重庆市实现地区生产总值分别为 10505 亿元和 4122.51 亿元，两省（市）GDP 合计占全国的比重为 5.86%。成渝经济区 2007 年各市、县、区 GDP 统计见表 2-3。

2007 年成渝经济区内成都和重庆主城区的 GDP 最高，分别为 3324.17 亿元和 1812.42 亿元；其次是绵阳、德阳、宜宾、达州和南充，GDP 大于 500 亿元。

表 2-3 成渝经济区 2007 年各市、县、区 GDP 统计 单位：亿元

序号	区县名	GDP	序号	区县名	GDP
1	万州区	190.48	24	梁平县	63.23
2	万盛区	25.89	25	永川区	153.03
3	丰都县	47.97	26	江北区	179.79
4	乐山市	452.97	27	江津区	175.91
5	九龙坡区	374.56	28	沙坪坝区	229.64
6	云阳县	55.71	29	泸州市	403.90
7	内江市	374.61	30	涪陵区	192.27
8	北碚区	110.22	31	渝中区	279.50
9	南充市	508.13	32	渝北区	245.46
10	南岸区	156.80	33	潼南县	73.33
11	南川区	80.48	34	璧山县	90.51
12	双桥区	13.01	35	眉山市	343.75
13	合川区	167.76	36	石柱县	35.52
14	垫江县	66.83	37	綦江县	103.13
15	大渡口区	93.89	38	绵阳市	673.50
16	大足县	85.56	39	自贡市	394.15
17	宜宾市	529.05	40	荣昌县	85.09
18	巴南区	142.57	41	资阳市	373.97
19	广安市	338.84	42	达州市	510.41
20	开县	91.47	43	遂宁市	304.95
21	德阳市	648.40	44	铜梁县	87.61
22	忠县	61.58	45	长寿区	125.26
23	成都市	3324.17	46	雅安市	176.75
其中：重庆主城九区为 1812.42 亿元					

2. 经济发展的空间分布

（1）经济密度的空间分布

2007 年成渝经济区经济密度的空间分布为：成都和重庆主城区的经济密度高，分别为 2758.78 万元 /km^2 和 3308.86 万元 /km^2，双桥和德阳经济密度分别为 3019.54 万元 /km^2 和 1091.07 万元 /km^2；其次是自贡、荣昌、永川、璧山、巴南和长寿，经济密度在 750 ～ 1000 万元 /km^2。经济密度最低的是雅安、丰都、石柱、云阳和开县，主要分布在盆周山区和三峡库区。

总体来看，成渝经济区内部经济发展表现出明显的不平衡，两大都市圈经济密度较高，总体呈现两核突出、盆中高、盆周低的分布特征。

成渝经济区 2007 年各市、县、区经济密度见表 2-4，经济密度分布见图 2-5。

表 2-4　成渝经济区 2007 年各市、县、区经济密度统计　单位：万元 /km^2

序号	区县名	经济密度	序号	区县名	经济密度
1	万州区	551.01	24	梁平县	334.55
2	万盛区	457.66	25	永川区	970.97
3	丰都县	165.36	26	江北区	8143.98
4	乐山市	353.47	27	江津区	549.71
5	九龙坡区	8571.06	28	沙坪坝区	5798.89
6	云阳县	152.66	29	泸州市	330.84
7	内江市	698.72	30	涪陵区	652.66
8	北碚区	1459.82	31	渝中区	117882.20
9	南充市	407.16	32	渝北区	1690.49
10	南岸区	5917.00	33	潼南县	460.03
11	南川区	309.31	34	璧山县	989.15
12	双桥区	3019.54	35	眉山市	477.62
13	合川区	712.01	36	石柱县	117.89
14	垫江县	440.24	37	綦江县	472.64
15	大渡口区	9115.77	38	绵阳市	332.52
16	大足县	614.68	39	自贡市	902.44
17	宜宾市	398.93	40	荣昌县	791.49
18	巴南区	781.18	41	资阳市	468.92
19	广安市	534.51	42	达州市	307.75
20	开县	231.04	43	遂宁市	573.23
21	德阳市	1091.07	44	铜梁县	656.72
22	忠县	281.95	45	长寿区	879.90
23	成都市	2758.78	46	雅安市	115.42

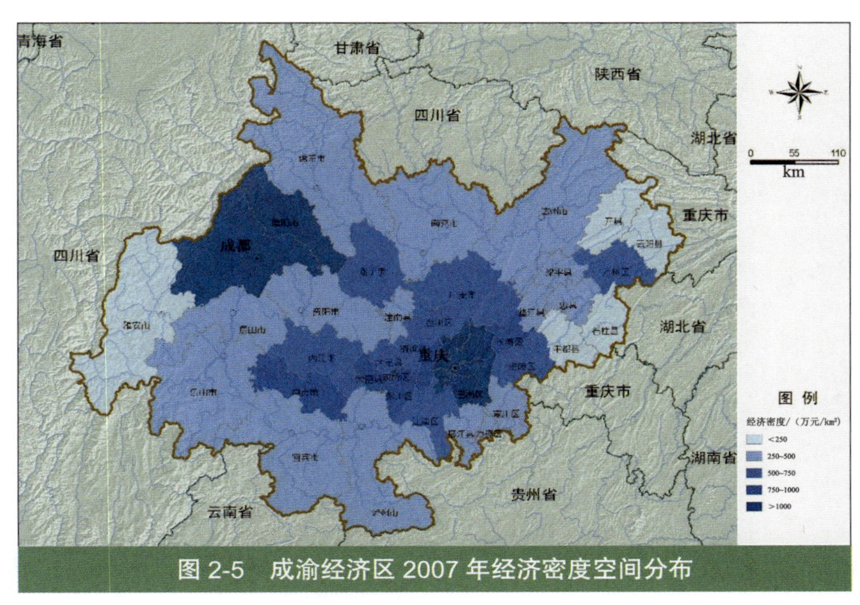

图 2-5　成渝经济区 2007 年经济密度空间分布

（2）人均 GDP 空间分布

2007 年成渝经济区人均 GDP 为 13582.99 元，低于全国平均水平，其中四川部分人均 GDP 12683 元，重庆部分人均 GDP 14435 元，四川部分低于重庆部分。成渝经济区 2007 年各市、县、区人均 GDP 空间分布见表 2-5，人均 GDP 分布见图 2-6。

成渝经济区 2007 年人均 GDP 的空间分布为：重庆主城区和成都的人均 GDP 高，分别为 26525 元 / 人和 30692 元 / 人，双桥人均 GDP 为 27808 元 / 人；其次是德阳、永川、巴南、北碚、

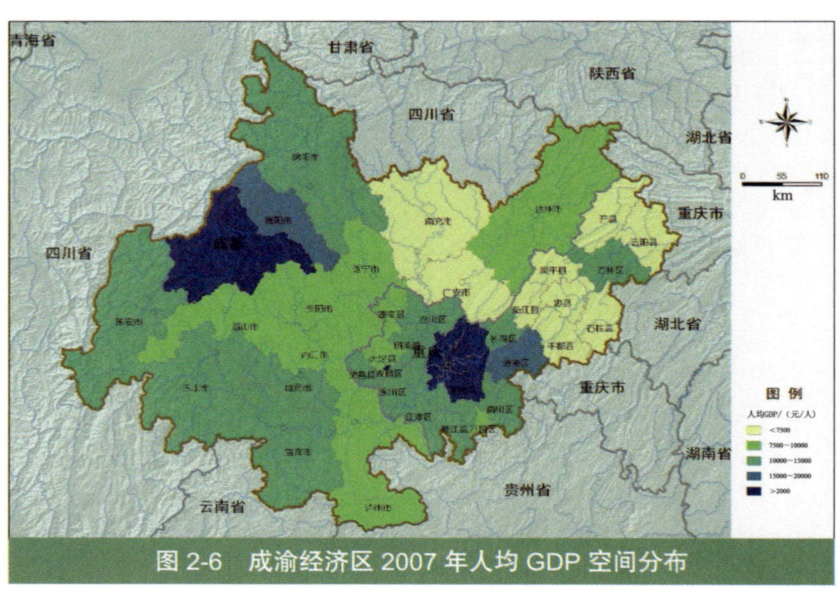

图 2-6 成渝经济区 2007 年人均 GDP 空间分布

涪陵、璧山和长寿，人均 GDP 为 15000 ～ 20000 元 / 人。最低的是丰都和云阳，人均 GDP 低于 7500 元 / 人。

3. 经济变化趋势

（1）GDP 变化趋势

1997—2007 年成渝经济区 GDP 发展变化趋势及占川渝两省市和全国的比重见表 2-6，见图 2-7。

成渝经济区 2007 年 GDP 为 1997 年的 3.2 倍，自 2000 年以来经济增长趋势明显，GDP 增长率均在 10% 以上，尤其到

表 2-5 成渝经济区 2007 年各市、县、区人均 GDP 统计 单位：元 / 人

序号	区县名	人均 GDP	序号	区县名	人均 GDP
1	万州区	12547	24	梁平县	8884
2	万盛区	10351	25	永川区	16584
3	丰都县	7479	26	江北区	26938
4	乐山市	13475	27	江津区	13914
5	九龙坡区	38523	28	沙坪坝区	25983
6	云阳县	5500	29	泸州市	9474
7	内江市	9432	30	涪陵区	18966
8	北碚区	15897	31	渝中区	39502
9	南充市	8234	32	渝北区	26861
10	南岸区	22874	33	潼南县	10332
11	南川区	14816	34	璧山县	17583
12	双桥区	27808	35	眉山市	11340
13	合川区	13183	36	石柱县	8235
14	垫江县	9242	37	綦江县	12386
15	大渡口区	35074	38	绵阳市	13640
16	大足县	11255	39	自贡市	14166
17	宜宾市	11874	40	荣昌县	13097
18	巴南区	16549	41	资阳市	8818
19	广安市	9054	42	达州市	8970
20	开县	7923	43	遂宁市	8565
21	德阳市	17789	44	铜梁县	14125
22	忠县	8282	45	长寿区	16643
23	成都市	26525	46	雅安市	11725

表 2-6　成渝经济区 1997—2007 年 GDP 比重统计

年份	成渝经济区 / 亿元	四川省 + 重庆市 / 亿元	全国 / 亿元	占川渝比重 /%	占全国比重 /%
1997	4068	4601	78973	88.41	5.15
1998	4400	4915	84402	89.53	5.21
1999	4606	5141	89677	89.59	5.14
2000	4981	5531	99215	90.05	5.02
2001	5528	6060	109655	91.23	5.04
2002	6162	6715	120333	91.76	5.12
2003	6970	7606	135823	91.64	5.13
2004	8299	9073	159878	91.47	5.19
2005	9306	10455	183217	89.01	5.08
2006	10707	12090	211924	88.56	5.05
2007	13065	14628	249530	89.32	5.24

了 2006 年 GDP 增长率突破 20%，经济发展速度相比 1997 年迅猛增长。成渝经济区 GDP 一直占据重庆市和四川省 GDP 总量的绝大部分比重，成渝经济区 GDP 占川渝两省市的比例从 1997 年的 88.41% 增加到 2001 年的 91.76%，此后在 2003—2006 年呈下降趋势，2007 年有所回升达到 89.3%，这与成渝经济区 GDP 占全国的比例变化趋势一致。

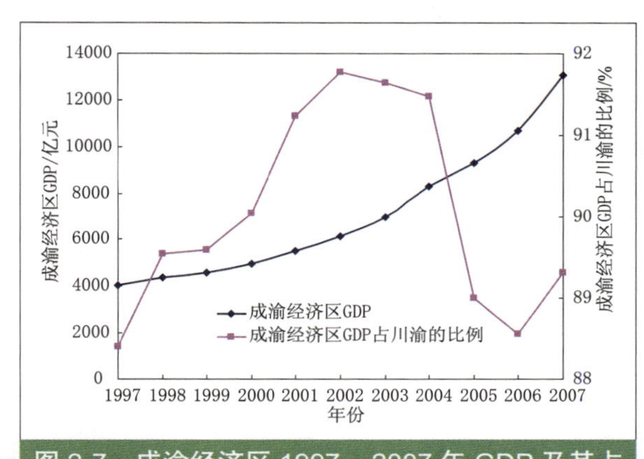

图 2-7　成渝经济区 1997—2007 年 GDP 及其占川渝的比例变化

成渝经济区占全国 GDP 的比重也呈增加趋势，由 1997 年的 5.15% 提高到了 2007 年的 5.24%。1998 年 GDP 占全国比重最高 5.21%；此后增幅放缓，2000 年占全国比重最低 5.02%，经济发展速度低于全国水平；2000 年后成渝经济区加快了发展步伐，经济增长率基本呈逐渐递增趋势，均保持在 10% 以上，GDP 占全国比重于 2004 年增至 5.19%，说明在此期间成渝经济区 GDP 增长速度高于全国平均水平。

（2）人均 GDP 变化趋势

1997—2007 年成渝经济区人均 GDP 变化趋势如表 2-7、图 2-8 所示。虽然成渝经济区人均 GDP 低于全国平均水平，近 10 年人均 GDP 仅占全国人均 GDP 的 70%。但近 10 年来成渝经济区人均 GDP 由 1997 年的 4341 元增加到 2007 年的 13158 元，是 1997 年人均 GDP 的 3 倍，从人均 GDP 的增速来看，成渝经济区为 12%，同期全国的增速为 11%，成渝经济区人均 GDP 增速较全国略快。

从成渝经济区人均 GDP 与全国人均 GDP 的差值变化看，成渝经济区的人均 GDP 与全国人均 GDP 的差值不断增大，成渝经济区人均 GDP 水平不仅低于全国平均水平，且差距呈不断增大的趋势（见图 2-8）。成渝经济区人均 GDP 与全国人均 GDP 的绝对值之差，从 1997 年的 2222.3 元增大到 2007 年的 5351.1 元。成渝经济区占全国人均 GDP 的比重由 1997 年的 65.39% 上升到 2007 年的 71.74%；1997—2000 年该比重略有波动，2000 年以后所占比重基本呈逐年递增趋势，2000—2004 年所占比重增至 71.56%，后略放缓，2006—2007 年成渝经济区占全国人均 GDP 比重升至最高 71.74%。

图 2-8 1997—2007 年成渝经济区人均 GDP 与全国人均 GDP 的差值变化

表 2-7 成渝经济区 1997—2007 年人均 GDP 及占全国的比例

年份	成渝经济区 / 元	全国人均 / 元	占比 / %
1997	4340.9	6420	67.6
1998	4670.4	6796	68.7
1999	4866.5	7159	68.0
2000	5236.7	7858	66.6
2001	5798.1	8622	67.2
2002	6438.2	9398	68.5
2003	7238.6	10542	68.7
2004	8563.6	12336	69.4
2005	9545.3	14053	67.9
2006	10890.4	16165	67.4
2007	13158.0	18934	69.5

三、产业结构演变

1．产业结构现状

（1）成渝经济区

2007 年成渝经济区三次产业结构为：15.84∶46.46∶37.70（表 2-8），同年全国的三产比例为 40.80∶26.80∶32.40。从人均收入水平和 GDP 结构之间的关系（表 2-9）可以看出，成渝经济区人均 GDP 在 1000 ～ 2000 美元，第二产业比例应在 31.4% ～ 33.2%，第三产业比例在 50% 左右，而目前成渝经济区第二产业比例相对较高，第三产业比例相对不足，反映出工业化不够充分。

表 2-8 成渝经济区 2007 年三产比重 单位：%

产业名称	成渝经济区（重庆）	成渝经济区（四川）	成渝经济区
第一产业	11.51	17.7	15.84
第二产业	47.18	46.2	46.46
第三产业	41.32	36.2	37.70

表 2-9 人均收入水平和 GDP 结构之间的关系 单位：%

产业名称	400 美元	600 美元	1000 美元	2000 美元
第一产业	26.70	21.80	18.60	16.30
第二产业	25.50	29.00	31.40	33.20
第三产业	47.80	49.20	50.00	50.50

（2）与全国各地区的比较

选择有代表性的北京市、上海市、广东省等几个经济发达的省市与成渝经济区的经济结构数据进行对比，见表 2-10。

与国内经济发达的省市产业结构相比来看，成渝经济区的经济结构演化水平和广东、上海及北京有较大差距，主要表现在第一产业比重高，第二产业比重适中，第三产业比重过低。第二产业（主要是工业）中传统产业比重较大，新兴产业发展滞后制约了第三产业的发展。

表 2-10 2007 年成渝经济区与北京、上海、广东三产比重对比 单位：%

地区	第一产业	第二产业	第三产业
成渝经济区	15.84	46.46	37.70
北京市	1.10	26.80	72.10
上海市	0.80	46.60	52.60
广东省	5.40	51.30	43.30

选择有代表性的云南省、陕西省等几个在西部经济相对发达的省市和成渝经济区的经济结构进行对比。成渝经济区与西部云南、陕西两省三产比重见表 2-11。

表 2-11 2007 年成渝经济区与西部省份三产比重的对比 单位：%

地 区	第一产业	第二产业	第三产业
成渝经济区	15.84	46.46	37.70
云南省	17.9	43	39.1
陕西省	11.0	56.1	32.9

与云南相比，成渝经济区第一产业比重低 2.06 个百分点；第二产业比重比云南高 3.46 个百分点；第三产业比重比云南低 1.4 个百分点。成渝经济区和云南的经济发展水平差不多，经济结构也相差不大。

与陕西相比，成渝经济区第一产业比重高出 4.84 个百分点；第二产业比重比陕西低 9.64 个百分点；第三产业比重比陕西高 4.8 个百分点。可以发现，陕西的第一产业比重低于成渝经济区，而第二产业比重高于成渝经济区，第三产业比重和成渝经济区相差不大，经济水平差别不明显。

总体来说，成渝经济区与西部较发达的陕西、云南等地区经济发展阶段与水平差不多，经济结构也相似。

2. 三种产业结构变化趋势

(1) 成渝经济区

1997—2007 年成渝经济区三产比例变化明显(具体见表 2-12，图 2-9)，一产比例逐渐下降，二产比例逐渐上升，三产比例前期逐渐上升，近年来稳中有降。1997—2007 年 10 年间，一产比例降低了近 10 个百分点，二产比例增加了 6.1 个百分点，三产比例增加了 3.3 个百分点。

总体上看，二产占主导的“二三一”型产业结构没有变化，但二产比例上升趋势明显，反映了工业和建筑业的快速发展趋势，也反映了“二三一”型产业结构的进一步强化。考虑到工业在第二产业中所占的比重超过 98%，二产比例的上升实际上反映了工业化的快速发展态势。可以预见，随着工业化进程的逐步推进，未来一段时间内成渝经济区一产比例将持续下降，二三产业比例会继续有所提高，产业结构将仍以第二产业比重最大，呈现“二三一”的产业结构模式。

(2) 成渝经济区（重庆）和成渝经济区（四川）

成渝经济区（重庆）产业结构发生了显著的变化，第一产业比重持续下降，第二产业比重持续上升。三种产业增加值由 1997 年的 21.4∶40.8∶37.9 调整为 2007 年的 11.51∶47.18∶41.32，产业结构日趋合理。其中，第一产业增加值比重下降了近 10 个百分点；第二产业增加值上升 7 个百分点；第三产业增加值比重在 36.7% ～ 44.8% 波动。

1997—2007 年，成渝经济区（重庆）就业结构同样发生了显著变化，劳动力向非农产业转移加快。三种产业就业人数比重由 1997 年的 54.9∶20.5∶24.5 调整为 2007 年的 37.7∶29.1∶33.2，其中第一产业就业人数比重下降了 17.2 个百分点，第二产业就业人数比重由 20.5% 上升至 29.1%，第三产业就业人数比重上升了 14.4 个百分点。第三产业就业人数比

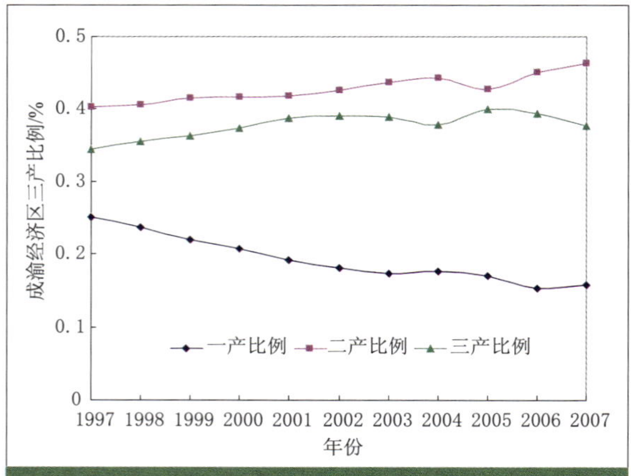

图 2-9 成渝经济区 1997—2007 年产业结构变化

重逐年上升，成为吸纳就业的重要行业。

成渝经济区（四川）第一产业占 GDP 的比重从 1995 年的 27.86% 下降到 2007 年的 17.68%；第二产业占 GDP 的比重从 1995 年的 39.61% 上升到 2007 年的 46.16%，基本呈现逐年增长趋势；第三产业占 GDP 的比重从 1980 年的 32.52% 上升到 2007 年的 36.17%，2003 年曾达到最高的 39.03%，后有所下降。经过十余年发展，成渝经济区（四川）产业结构有了较大变化，第一产业的比重下降了约 10 个百分点，第二产业上升了约 7 个百分点，第三产业上升了约 4 个百分点。

表 2-12 成渝经济区 1997—2007 年产业结构变化 单位：%

年份	成渝经济区（重庆）			成渝经济区（四川）			成渝经济区		
	一产	二产	三产	一产	二产	三产	一产	二产	三产
1997	24.02	40.05	35.93	25.60	40.61	33.79	25.1	40.4	34.4
1998	22.23	39.84	37.93	24.35	41.07	34.57	23.7	40.7	35.6
1999	19.95	43.32	36.73	22.95	40.86	36.19	22.1	41.6	36.4
2000	18.39	43.98	37.63	21.66	40.92	37.42	20.7	41.8	37.5
2001	16.73	43.92	39.36	20.22	41.12	38.66	19.2	42.0	38.9
2002	15.51	44.92	39.57	19.25	41.85	38.90	18.1	42.8	39.1
2003	14.61	46.62	38.76	18.43	42.54	39.03	17.3	43.8	39.0
2004	14.46	47.47	38.06	19.02	43.09	37.89	17.7	44.4	37.9
2005	12.67	44.12	43.2	18.97	42.28	38.76	17.1	42.8	40.1
2006	11.12	45.63	43.25	17.24	44.90	37.86	15.4	45.1	39.5
2007	11.51	47.18	41.32	17.68	46.16	36.17	15.8	46.5	37.7

第三章

生态环境演变与主要资源环境问题

近十年成渝经济区主要污染排放总体呈现先增后降趋势，“十一五”期间污染物总量减排取得一定成效。区域现状环境质量总体呈现改善趋势，但尚不能实现稳定达标。长江干流水质为优；岷江干流水质良好，支流水质总体为轻度污染；沱江干流水质为优，支流水质总体中度污染；嘉陵江干、支流水质均为优；三峡库区支流水质良好。水污染控制与饮水健康风险存在“瓶颈”，主要超标因子为氨氮、高锰酸盐等有机类和石油类。三峡水库水生态安全处于“一般安全”状态。

成渝经济区处于中国的多水地带，单位面积的水资源量处于全国前列，地区水资源分配不均，区域人口密度过大，造成区内一些地区不同程度呈现水资源缺乏状况，人均水资源量1288 m^3，属于中度缺水地区，工程型缺水和潜在资源型缺水并存。

SO_2 是成渝经济区环境空气质量主要超标因子，现状仍有 1/4 左右的城市 SO_2 年均浓度超标。区域大气污染物排放呈现先增后降的特征，大气污染物排放源总体呈现沿长江上游城市群和成德绵乐城市带分布特征，成渝经济区西部以及南部地区、重庆主城区及其附近周边地区源分布最为密集。火电行业是 SO_2、NO_x 排放主要贡献源。成渝经济区内约有半数的地区属于中、重酸雨区，在空间分布上呈倒“T”字形，南部地区酸雨 pH 低，污染面积大，集中分布在宜宾、泸州及其周边乐山、雅安、江津、万盛等地。中部地区酸雨区呈条带状，主要分布在南充、铜梁、大足、荣昌等地。近年来酸雨污染在长江沿岸城市带有逐步加重趋势，区域酸雨污染控制形势相当严峻。与 2000 年比较，约有 50% 的城市 2008 年 pH 值比 2000 年有所降低，但区域性酸雨污染尚未扭转。

成渝经济区在水电、天然气能源优势下，仍然表现为以煤炭为主的能源消费结构，虽然煤炭消费比重略低于全国平均水平（煤炭消费量约占 69%），但区域资源禀赋下的高硫煤使用，使煤炭消费带来的环境问题较全国其他区域更显突出。

成渝经济区的林地面积和林地覆盖率均明显增长，生物多样性关键区域得到切实保护，水土流失总面积减少。但是同时也存在农业面源污染更加凸显，局部地区水土流失强度增加，局部区域生物多样性减少的问题。土地退化是影响成渝经济区提升生态环境质量的最关键因素。水电梯级开发对“长江上游珍稀特有鱼类保护区”形成了“合围”的态势。目前，岷江干流中下游、赤水河依然保持着自然河流系统特征，与长江干流保持天然的水力连通状态，生物群落栖息条件未发生重大变化，可能成为长江上游珍稀特有鱼类等重要生物完成其生活史的仅存的自然生境。

第一节　水环境现状与安全

一、水环境质量现状

1. 成渝经济区水环境质量现状

2008 年成渝经济区五大流域和三峡库区支流 174 个地表水环境监测断面（其中干流监测断面 58 个，支流监测断面 116 个）总体水质良好，75.8% 监测断面水质达标。其中，干流达标率为 94.8%，支流达标率为 72.4%。

在 174 个监测断面中，Ⅰ类水质 15 个，占 8.6%；Ⅱ类水质 72 个，占 41.4%；Ⅲ类水质 52 个，占 29.9%；Ⅳ类水质 19 个，占 10.9%；Ⅴ类水质 3 个，占 1.7%；劣于Ⅴ类水质 13 个，占 7.5%（见图 3-1）。

在长江干流 19 个监测断面中，Ⅰ类水质 1 个，Ⅱ类水质 16 个，Ⅲ类水质 2 个，水质达标率为 94.8%。岷江干流 11 个省控断面中，Ⅰ类水质 2 个，Ⅱ类水质 2 个，Ⅲ类水质 5 个，Ⅳ类水质 2 个，水质达标率为 81.8%。沱江干流 14 个省控断面中，Ⅱ类水质 6 个，Ⅲ类水质 8 个，水质达标率为 100%。嘉陵江干流达标率为 100%。乌江干流水质达标率为 100%。

总的来看，地表水质总体良好，长江干流水质基本稳定，但由于非点源贡献较大等原因，尚未实现稳定达标。岷江、沱江等主要支流水质呈现持续恢复、好转的局面。

2. 长江干流水环境质量呈持续平稳趋势

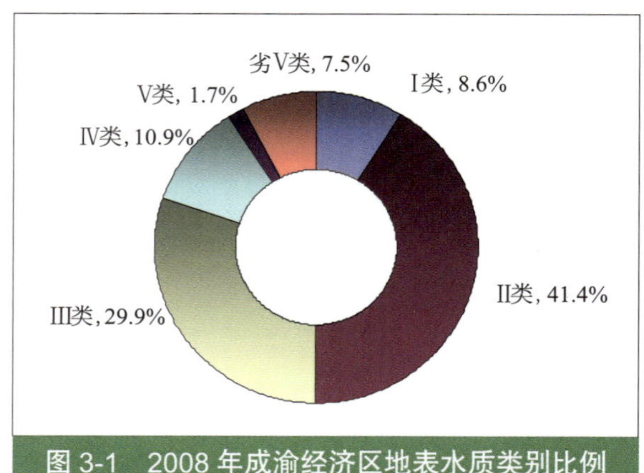

图 3-1　2008 年成渝经济区地表水质类别比例

长江干流 2001—2008 年水质总体优良。“十一五”期间，水质稳定在Ⅱ类为主，具体见表 3-1。

长江干流沙溪口、朱沱、寸滩和晒网坝断面耗氧类综合污染指数（P1）年际变化见图 3-3。朱沱断面为Ⅱ类，其他断面为Ⅲ类。各断面 2000—2008 年耗氧类综合污染指数（P1）较低（＜ 1），变化平稳。

长江干流沙溪口、朱沱、寸滩和晒网坝断面重金属类综合污染指数（P2）年际变化见图 3-4。朱沱断面为Ⅱ类，其他断面为Ⅲ类。各断面 2000—2008 年重金属类综合污染指数（P2）较低（＜ 1），保持平稳变化。

表 3-1　2001—2008 年成渝经济区长江干流段历年水质类别比例　　单位：%

水质类别	2001 年	2002 年	2003 年	2004 年	2005 年	2006 年	2007 年	2008 年
Ⅰ						5.3	15.8	5.3
Ⅱ	17.6	64.7	76.5	64.7	82.4	84.2	73.7	84.2
Ⅲ	64.7	35.3	23.5	35.3	17.6	10.5	10.5	10.5
Ⅳ	17.6							
Ⅴ								
劣Ⅴ								

3．岷沱江、嘉陵江水质呈波动状持续恢复

（1）岷江干流呈波动状改善

岷江干流自 2001 起水质不断趋好，Ⅳ类、Ⅴ类及其以下水质河段逐年趋少，Ⅲ类以上水质河段逐年增加。2001—2008 年岷江干流水质类别比例见表 3-2。

岷江干流 2001—2008 年期间，平水期、丰水期各监控断面主要以Ⅱ、Ⅲ类及其以上水质为主，无Ⅳ类、Ⅴ类、劣Ⅴ类水质，枯水期各监控断面主要以Ⅲ类水质为主，无Ⅴ类、劣Ⅴ类水质。汇入长江断面“凉姜沟”自“十一五”以来历年各水期均为Ⅱ类水质。

以都江堰水文站（上游）、彭山岷江大桥（中游）、凉姜沟（下游）为岷江干流特征关注断面，各断面的耗氧类综合污染指数（P1）年际变化见图 3-5。上游都江堰水文站和下游凉姜沟断面 2000—2008 年耗氧类综合污染指数不高（＜1），变化平稳。彭山岷江大桥 P1 指数较高（＞1），2002 年后总体上呈波动下降趋势。

岷江干流都江堰水文站、彭山岷江大桥和凉姜沟断面重金属类综合污染指数（P2）年际变化见图 3-6。各

图 3-2　2008 年成渝经济区地表水质类别

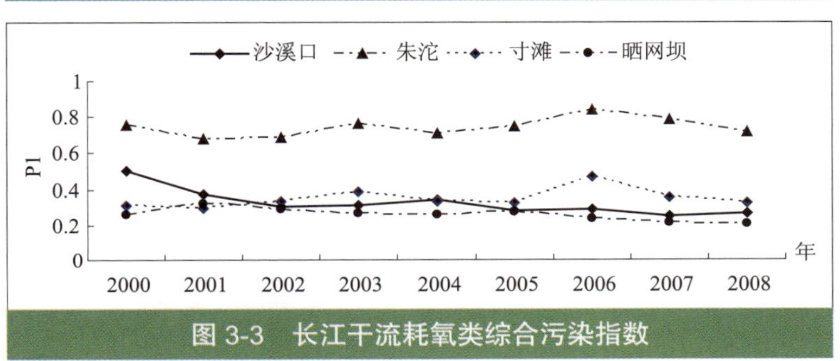

图 3-3　长江干流耗氧类综合污染指数

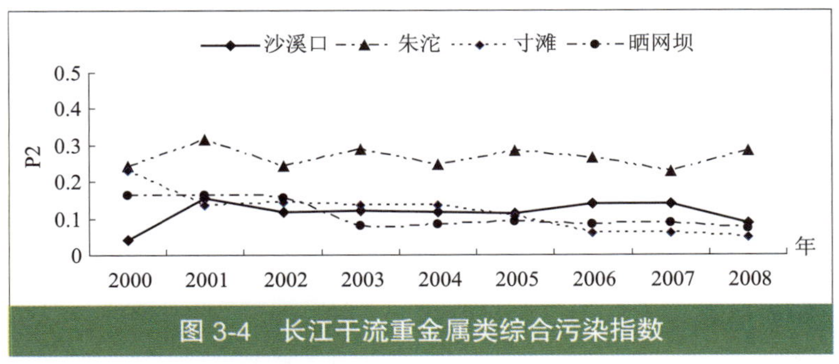

图 3-4　长江干流重金属类综合污染指数

表 3-2　2001—2008 年岷江干流历年水质类别比例　单位：%

流域	年份	水质类别比例					
		Ⅰ	Ⅱ	Ⅲ	Ⅳ	Ⅴ	劣Ⅴ
岷江	2001	18.1	9.1	27.3	9.1	9.1	27.3
	2002	16.7	16.7	33.3	0	16.7	16.7
	2003	8.3	25	16.7	8.3	16.7	16.7
	2004	16.7	25	8.3	33.3	0	16.7
	2005	8.3	33.3	25	25	0	8.3
	2006	61.5	30.8	7.7			
	2007	15.4	46.2	7.7	15.7	7.7	7.7
	2008	84.62	15.4				

断面重金属类综合污染指数不高（< 1）。其中，都江堰和凉姜沟断面 2000—2002 年上升幅度不大，2003—2006 年变化平稳，2006—2008 年又略有上升；彭山岷江大桥 2000—2004 年呈上升趋势，2005—2007 年逐步下降，2008 年略有回升。

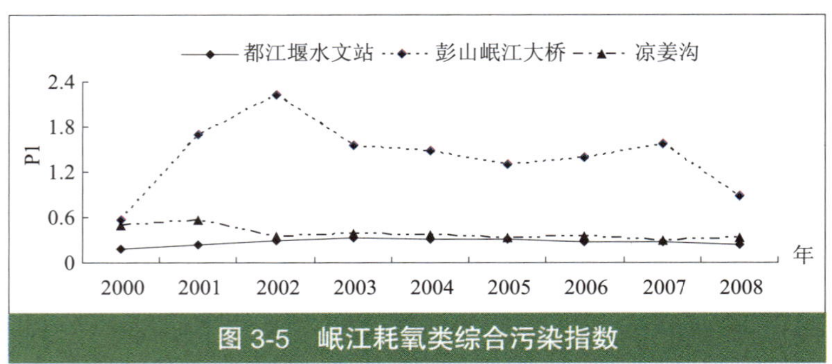

图 3-5　岷江耗氧类综合污染指数

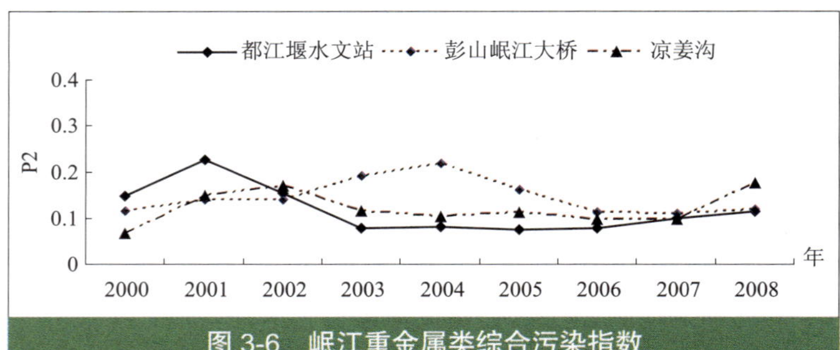

图 3-6　岷江重金属类综合污染指数

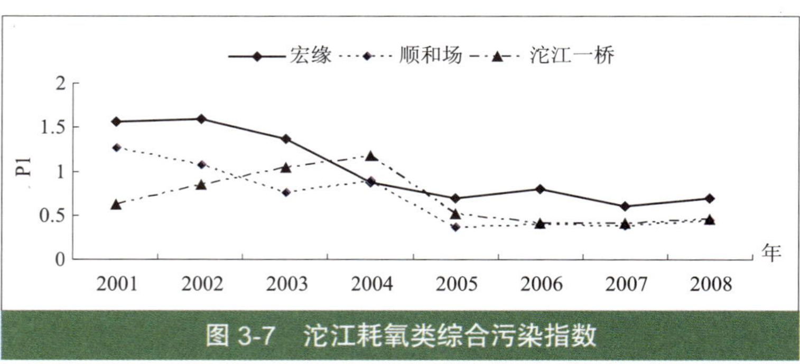

图 3-7　沱江耗氧类综合污染指数

（2）沱江干流水质平稳恢复

2001—2004 年，沱江干流水质较差，主要以Ⅳ类、Ⅴ类、劣Ⅴ类水质为主。2004 年发生沱江污染事故后，加大其治理力度，水质逐年改善，消除劣Ⅴ类水质，Ⅰ～Ⅲ类水质比例逐年增加。“十一五”期间沱江干流水质有明显改善。2001—2008 年沱江干流年度水质类别变化情况见表 3-3。

从各水期的水质达标情况来看，平水期和丰水期好于枯水期。2001—2008 年平水期和丰水期干流各监测断面以Ⅱ、Ⅲ类及其以上水质为主；枯水期沱江干流沱江大桥断面“十一五”以前主要以劣Ⅴ类水质为主，“十一五”期间以Ⅲ类水质为主。

沱江干流宏缘、顺和场和沱江一桥断面耗氧类综合污染指数（P1）年际变化见图 3-7。上游宏缘和中游顺和场断面 2001—2004 年 P1 指数逐年下降，2005—2008 年平稳变化。下游沱江一桥断面 2001—2003 年逐年上升，2004 年后开始下降，2005—2008 年平稳变化。

沱江干流宏缘、顺和场和沱江一桥断面重金属类综合污染指数（P2）

表 3-3　2001—2008 年沱江干流历年水质类别比例　　单位：%

流域	年份	水质类别比例					
		Ⅰ	Ⅱ	Ⅲ	Ⅳ	Ⅴ	劣Ⅴ
沱江	2001			14.3	14.3	28.6	42.8
	2002				28.6	28.6	42.8
	2003				22.2	33.3	44.4
	2004				33.3	22.2	44.4
	2005		11.1	11.1	77.8		
	2006		42.9	57.1			
	2007		28.6	42.8	14.3	14.3	
	2008		61.5	38.5			

年际变化见图 3-8，顺和场和沱江一桥断面 2001—2008 年 P2 指数较低，变化平稳，宏缘断面 P2 指数年际波动较大，2001—2003 年逐年下降，2003—2004 年平稳变化，2004—2006 年逐年上升，2006—2007 年平稳变化，2007—2008 年下降。

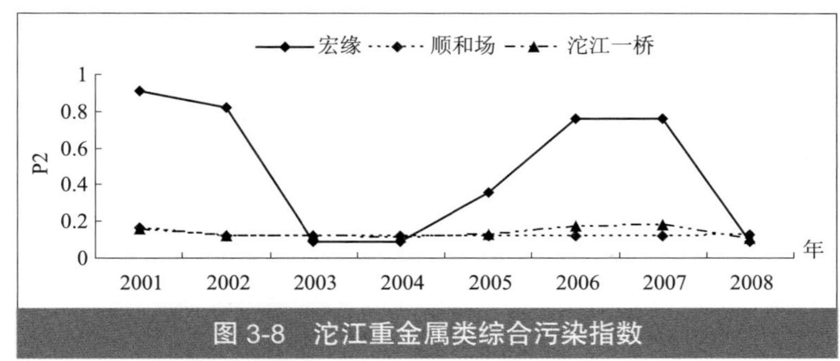

图 3-8　沱江重金属类综合污染指数

（3）嘉陵江水质变化小幅波动

嘉陵江干流小渡口、清平镇和北温泉断面耗氧类综合污染指数（P1）年际变化见图 3-9，小渡口断面 2001—2002 年 P1 指数上升，2002—2008 年逐年下降。清平镇断面 P1 指数 2001—2003 年逐年上升，2003—2005 年小幅下降，2005—2008 年逐年上升。北温泉断面 P1 指数 2001—2006 年逐年上升，2006—2007 年小幅下降，2007—2008 年略有回升。

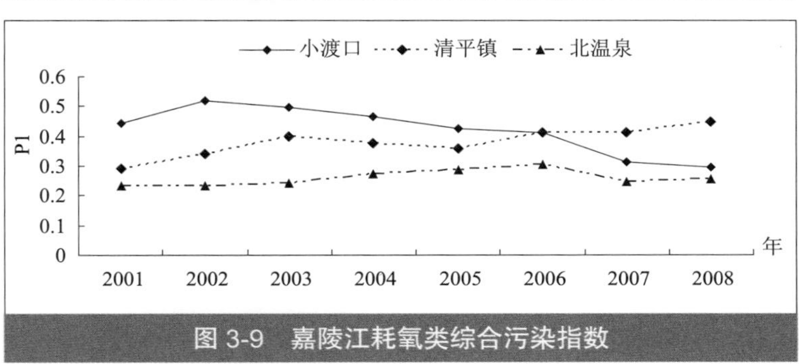

图 3-9　嘉陵江耗氧类综合污染指数

嘉陵江干流小渡口、清平镇和北温泉断面重金属类综合污染指数（P2）年际变化见图 3-10。小渡口断面重金属类综合污染指数年际波动较大。2001—2003 年 P2 指数下降，2003—2004 年平稳变化，2004—2006 年逐年上升，2006—2008 年下降。清平镇断面 P2 指数平稳变化。北温泉断面 P2 指数 2001—2003 年上升，2003—2004 年下降，2004—2005 年平稳变化，2005—2008 年总体呈波动上升趋势。

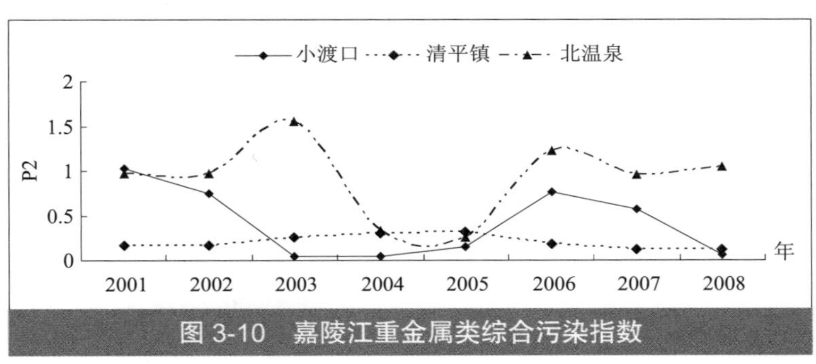

图 3-10　嘉陵江重金属类综合污染指数

二、饮用水源地水质达标率持续提高

2008 年，纳入统计的 91 个集中式饮用水源地水质监测点位达标率为 90.1%。9 个不达标水源地分别分布在彭州市 1 个，自贡市 3 个，内江市 1 个，资阳市 2 个，主要超标项目为总氮；德阳市 2 个，主要超标项目为总大肠菌数、细菌总数和锰。成渝经济区饮用水源地分布见图 3-11。

2003—2008 年成渝经济区饮用水源地水质评价结果见图 3-12。2003—2008 年区域饮用水源地水质达标率逐年上升，2003 年达标率为 49.15%，2008 年达标率达到 90.11%。

2008 年饮用水源地 80 项特征污染物浓度均满足集中式饮用水源地标准，67 项指标未达到检出限，检出指标有 13 项。

图 3-11　成渝经济区水源地分布

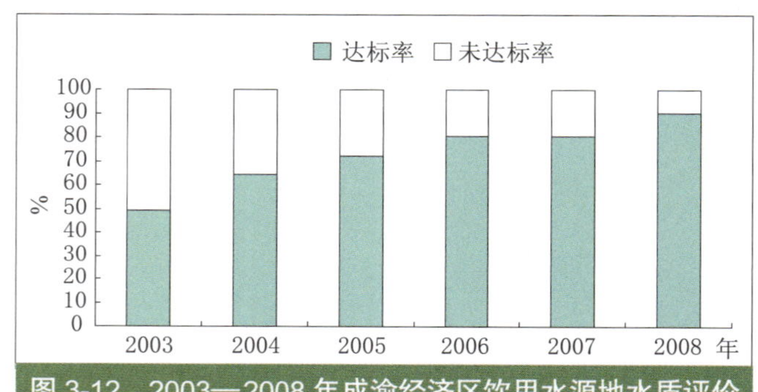

图 3-12　2003—2008 年成渝经济区饮用水源地水质评价

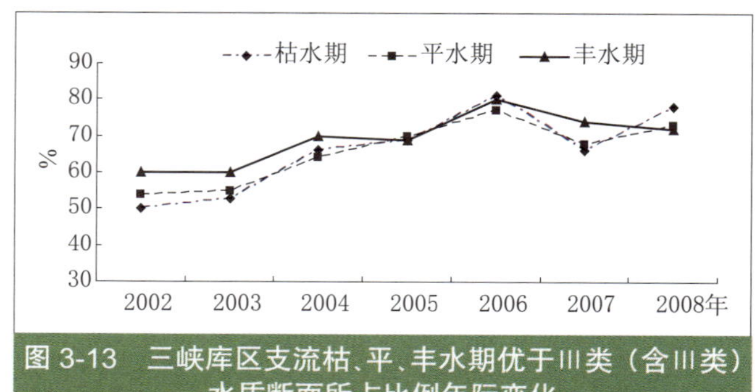

图 3-13　三峡库区支流枯、平、丰水期优于Ⅲ类（含Ⅲ类）水质断面所占比例年际变化

三、三峡库区营养状态呈加重趋势

1．三峡库区支流水质变化情况

2002—2008 年，三峡库区 17 条主要支流水质评价结果见表 3-4，图 3-13 和图 3-14。2002—2008 年，除 2007 年外的其余年份，三峡库区主要支流好于Ⅲ类水质的断面比例在三个水期都呈逐年增长趋势，2007 年三个水期都略有下降，Ⅴ类和劣Ⅴ类水质所占比例年际间波动较大，在 2007 年后三个水期趋于一致，稳定在 15% 左右。Ⅴ类和劣Ⅴ类水质断面比例水期间变化明显，但规律性不明显，尤其是 2003 年Ⅴ类和劣Ⅴ类水质断面比例在平、丰水期发生较大变化，平水期达到最高 27%，丰水期又达到最低 8%。

总的来说，2002—2008 年，三峡库区主要支流水质保持稳定，好于Ⅲ类水质断面逐年增多；纵观七年，丰水期水质要略好于枯、平水期。

2．三峡库区主要支流的营养状态

选择 Chl-a、TP、TN、SD、高锰酸盐指数共 5 项指标，采用中国环境监测总站制定的《湖

表 3-4　三峡库区支流水质现状评价统计

序号	河　流	断面名称	功能区水质目标	水质现状	是否达标
1	一品河	一品镇抽水站	III	IV	否
		鱼胡桥	III	劣V	否
2	花溪河	南湖出口	III	III	是
		石龙桥	III	劣V	否
3	綦江河	石门坎	III	I	是
		北渡	III	III	是
		石关村	III	II	是
4	大溪河	弯河嘴	III	劣V	否
		万善桥	III	IV	否
5	御临河	黄印	III	III	是
		御临镇	III	III	是
		江口	III	III	是
6	桃花溪	沙河桥	III	III	是
		抽水站	III	III	是
7	龙溪河	山叉沟	III	I	是
		普顺	III	IV	否
		六剑滩	III	IV	否
		长寿湖	III	IV	否
8	黎香溪	黎香溪	III	II	是
		竹林滩	III	II	是
9	渠溪河	渠溪河大桥	III	III	是
		东风大桥	III	II	是
10	龙河	湖海场	II	II	是
		金竹滩	II	II	是
		安宁回水	II	II	是
11	黄金河	卫星桥	III	II	是
		老龙滩大桥	III	II	是
12	汝溪河	高洞梁	III	II	是
		龙滩大桥	III	II	是
13	苎溪河	高梁	IV	III	是
		关塘口	IV	V	否
		南门口	IV	劣V	否
14	磨刀溪	长滩	III	II	是
		向家	III	II	是
		东井电站	III	III	是
		普安渡口	III	III	是
15	澎溪河	乌扬大坝	III	III	是
		高阳渡口	III	III	是
16	汤溪河	田坝电站	III	III	是
		江口	III	III	是
		汤溪河大桥	III	III	是
17	大宁河	两河交汇处	III	I	是
		大昌	III	I	是

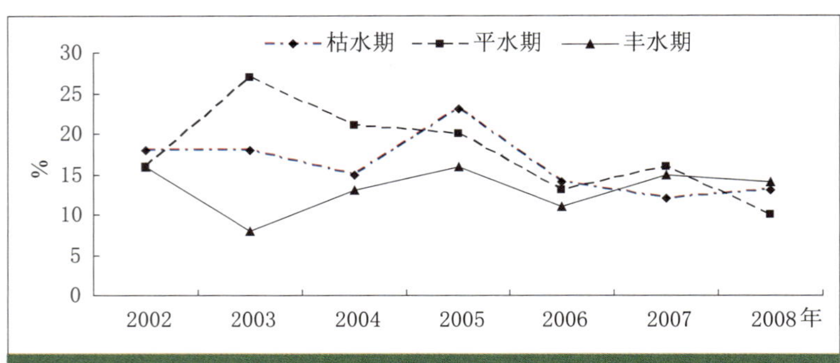

图 3-14　三峡库区支流枯、平、丰水期Ⅴ类和劣Ⅴ类水质断面所占比例年际变化

泊水库富营养化评价方法及分析技术规定》，对库区次级河流水体综合营养状态进行评价，具体计算过程如下。

$$TLI=\sum_{j=1}^{n}W_j\cdot TLI_j \tag{3-1}$$

式中：TLI——水体综合营养状态指数；

TLI_j——第 j 种参数营养状态指数；

W_j——第 j 种参数营养状态指数的相关权重。

以 Chl-a 作为基准参数，则第 j 种参数相关权重计算公式为

$$W_j=\frac{r_{ij}^2}{\sum_{j=1}^{m}r_{ij}^2} \tag{3-2}$$

式中：r_{ij}——第 j 种参数与基准参数 Chl-a 的相关系数；

m——评价参数个数。

中国湖泊（水库）的 Chl-a 与其他参数之间的相关关系 r_{ij}、r_{ij}^2 以及各参数相应的营养状态指数权重见表 3-5。

各项参数营养状态指数计算公式见式（3-3）至式（3-7），其中 Chl-a 浓度单位为 mg/m^3，SD 单位为 m，其他指标浓度单位为 mg/L。

$$TLI\ (Chl\text{-}a)=10(2.54+1.086\ln Chl\text{-}a) \tag{3-3}$$

$$TLI\ (TP)=10(9.436+1.624\ln TP) \tag{3-4}$$

$$TLI\ (TN)=10(5.413+1.694\ln TN) \tag{3-5}$$

$$TLI\ (SD)=10(5.118+1.941\ln SD) \tag{3-6}$$

$$TLI\ (COD_{Mn})=10(0.109+2.661\ln COD_{Mn}) \tag{3-7}$$

在各参数营养状态指数基础上，根据公式（3-1）计算得到湖泊（水库）水体综合营养状态指数（TLI），根据表 3-6 中营养状态分级标准评价水体营养状况。

表 3-5　中国湖泊（水库）部分参数与 Chl-a 的相关关系 r_{ij}、r_{ij}^2、W_j 值

参数	Chl–a	TP	TN	SD	高锰酸盐指数
r_{ij}	1	0.84	0.82	－ 0.83	0.83
r_{ij}^2	1	0.7056	0.6724	0.6889	0.6889
W_j	0.2662	0.1879	0.1790	0.1834	0.1834

注：表中 r_{ij} 及 r_{ij}^2 值引自金相灿等著《中国湖泊环境》，其中 r_{ij} 来源于中国 26 个主要湖泊调查数据的计算结果。

表 3-6　水体综合营养状态指数（TLI）分级表

TLI 数值分级	<30	30 ~ 50	>50	50 ~ 60	60 ~ 70	>70
综合营养状态	贫营养	中营养	富营养	轻度富营养	中度富营养	重度富营养

利用水体综合营养状态评价方法，对2005年和2006年库区13条长江一级支流的各监测断面水体综合营养状态指数进行计算，同时对各条河流不同年份回水尾段和回水中段的各级营养状态断面比例进行统计，结果见图3-15。

2005年3—5月，13条河流富营养状态（含重、中和轻度富营养）断面比例为17.9%，其中重、中、轻度富营养断面比例分别为5.1%、3.8%和9.0%；中营养和贫营养断面比例分别为60.3%和21.8%。

2006年3—5月，13条河流富营养状态断面比例为14.3%，其中重、中、轻度富营养断面比例分别为1.3%、6.5%和6.5%；中营养和贫营养断面比例分别为59.7%和26.8%。

各条河流营养特征表现为次级河流回水中段富营养化情况重于回水尾段。

2007年起监测的支流由13条扩展到33条。2005—2008年三峡库区一级支流回水区富营养状态评价结果分别见表3-7。

三峡库区一级支流回水区的富营养化状况呈现加重的趋势。2005年和2006年，库区支流还有属于贫营养的河段，2007年和2008年已经没有贫营养河段，富营养级别的断面比例均超过20%，明显高于前两年。每年监测表现为富营养级别的河流也不尽相同，除了万州的苎溪河由于水质较差，常年表现为重度富营养级别外，库区其他支流的重度富营养级别多是发生“水华”时的监测结果，具有一定的时限性。

目前，库区支流回水区的“水华”现象仍然是局部地、间歇地出现，近几年规模化“水华”多出现在距离三峡大坝较近的巫山县、奉节县和云阳县的支流，其余距离三峡大坝较远的支流虽然也有水华出现，但发生频次和严重程度远低于近坝河流，2007年和2008年长寿、涪陵等地的部分支流虽然有的已经达到富营养状态级别，但没有观测到明显的“水华”现象。

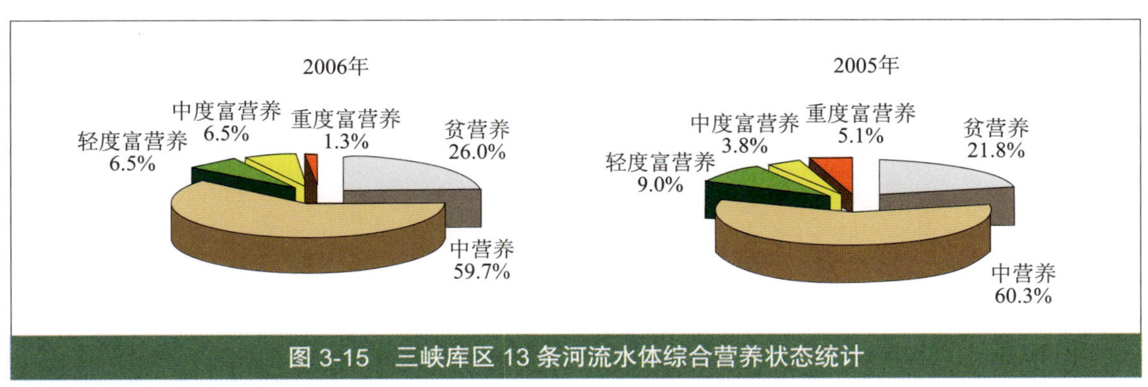

图3-15　三峡库区13条河流水体综合营养状态统计

表3-7　2005—2008年库区一级支流营养状态比例统计　单位：%

营养级别＼年度	2005	2006	2007	2008
贫营养	21.8	26.0	0	0
中营养	60.3	59.7	79.4	75.5
轻度富营养	9.0	6.5	13.2	18.5
中度富营养	3.8	6.5	7.4	3.0
重度富营养	5.1	1.3	0	3.0

三峡库区一级支流回水区富营养化状况调查和研究表明，滞缓的水流（通常认为流速小于 0.05 m/s）、充足的 N、P 营养盐来源（国际上一般认为水中 TP、TN 浓度分别达到或超过 0.02mg/L、0.2mg/L）、适当的水温（10 ～ 25℃）和充足的阳光条件是三峡库区蓄水后藻类快速增长并诱发水华的重要原因。

四、长江上游珍稀特有鱼类自然保护区水环境存在隐患

长江上游珍稀特有鱼类国家自然保护区主要河段包括金沙江下游向家坝至重庆的马桑溪江段，赤水河四川境内干流、岷江下游及越溪河河口区域、长江支流南广河、永宁河、长宁河和沱江的河口区，具体见图 3-16。

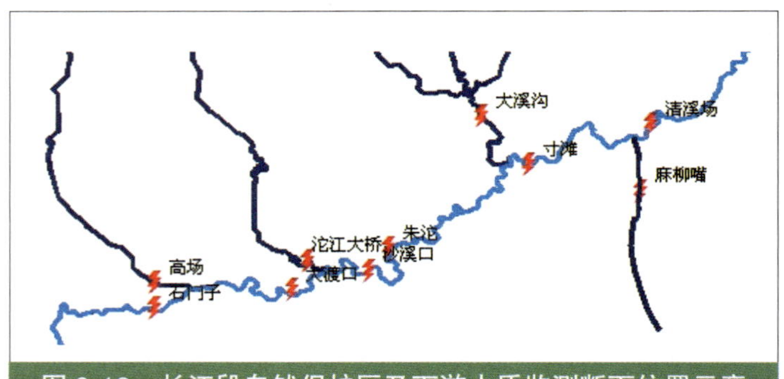

图 3-16 长江段自然保护区及下游水质监测断面位置示意

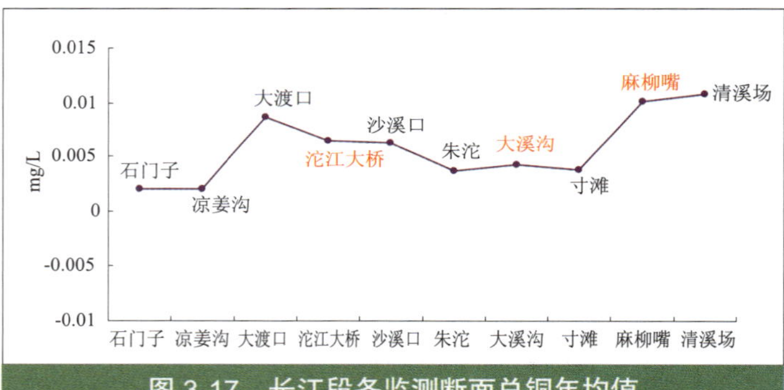

图 3-17 长江段各监测断面总铜年均值

根据 2008 年各监测断面例行监测数据，采用单因子评价方法，参照《渔业水质标准》（GB 11607—1989）进行评价，参评因子包括 pH、溶解氧（DO）、高锰酸盐指数（COD_{Mn}）、五日生化需氧量（BOD_5）、氨氮（NH_3-N）、石油类、挥发酚、氰化物、汞、铅、铜、锌等 12 项指标。

评价表明，长江上游珍稀特有鱼类自然保护区内长江干流自泸州手爬岩至重庆丰收坝河段存在铜超标区，超标倍数在 1.05 ～ 2.5 倍；沱江河口区（沱江一桥断面）也存在铜超标现象（见表 3-8、图 3-17）。重金属铜指标对水生生物较为敏感，水体中铜含量超标，表明水体存在一定的生态隐患。

五、河流沉积物中的重金属和有毒有机物

2009 年 10—11 月，在成渝经济区长江水系长江干流及其一级支流采集表层沉积物共 19 个，进行沉积物重金属和有毒有机物样品分析。采样点分布如图 3-18。

1. 沉积物重金属潜在生态危害总体处于中、轻度水平

成渝经济区河流沉积物中重金属监测表明，区内河流沉积物中各重金属呈现出不同的富集特征。Hg 富集最严重，为平均土壤背景值的 2.96 倍。其次为 Cd，平均为土壤背景值 2.50 倍。其余重金属（As 除外）基本超出了平均土壤背景值。不同区域河流沉积物中重金属累积程度迥异，长江干流以 Cd 和 Hg 累积较为严重，沱江和岷江流域以 Cd、Hg 和 Zn 的累积较为严重。其他支流中重金属富集不明显，其中以渠江的污染水平最低。这一现象反映了区域的工业和城镇化水平对河流重金属污染的贡献。

河流	断面	所处地保护区级别	所属市、区	超标项目及超标倍数
长江	挂弓山	核心区	宜宾市	
长江	井口	缓冲区	宜宾市	
长江	纳溪大渡口	实验区	泸州市	Cu/1.2 ～ 2.5
长江	手爬岩	缓冲区	泸州市	Cu/1.5 ～ 2.5
长江	沙溪口	核心区	泸州市	Cu/1.3 ～ 2.5
长江	朱沱	核心区	重庆永川区	Pb/1.3 ～ 2.5；Cu/1.28；挥发酚 /1.5
长江	丰收坝	实验区	重庆大渡口区	Cu/1.04 ～ 1.8
金沙江	安边	实验区	宜宾市	
金沙江	石门子	核心区	宜宾市	
岷江	月波	实验区	宜宾市	
岷江	凉姜沟	缓冲区	宜宾市	
沱江	沱江一桥	实验区	泸州市	Cu/1.0 ～ 2.5
越溪河*	越溪河口	缓冲区	宜宾市	COD_{Mn}/0.03
南广河*	南广镇	缓冲区	宜宾市	
长宁河*	古河大桥	缓冲区	宜宾市	
永宁河*	泸天化大桥	实验区	泸州市	石油类 /1.20，DO/0.10
赤水河*	鲢鱼溪	缓冲区	泸州市	
赤水河*	醒觉溪	缓冲区	泸州市	

表 3-8　长江上游珍稀特有鱼类国家自然保护区监测断面水质状况

注：* 为未监测 Cu。

采用潜在生态危害指数法来评价成渝经济区河流沉积物中重金属污染的生态风险，Hg 具有最大的潜在生态危害系数，成渝经济区 Hg 的潜在生态危害系数范围为 15.00 ～ 165.00，平均为 73.68±52.57，为中度生态危害水平。其中涪陵清溪场和姜凉沟等区域达强生态危害水平。其次为 Cd（平均为 12.00±146.40），Cd 的生态危害系数远高于其他金属的生态危害水平，尽管 Cd 的富集系数不是很高，为 2.50，但是其交换态所占的比重较大，且生态风险系数较高，从而具有较高的潜在生态危害性。

图 3-18　采样点分布

综合各重金属潜在生态危害系数，得到了沉积物中重金属污染的潜在生态危害指数（*RI*）。按采样点位置，长江干流大多采样点（朱沱、鱼嘴、涪陵清溪场）、岷江的姜凉沟、沱江的龙门镇以及涪江的江油均具有较大的生态危害，达强度生态危害水平。其他采样点重金属污染均为中轻度生态危害水平。调查结果显示，整个成渝经济内，重金属污染为强度、中度和轻度生态危害水平的区域分别占 5%、37% 和 58%。

从流域分布来看，沱江流域（*RI*=176.30）= 岷江流域（*RI*=176.30）> 长江干流流域（*RI*=174.07）> 涪江流域（*RI*=149.57）> 嘉陵江流域（*RI*=120.21）> 渠江流域（*RI*=94.68），所有流域的重金属生态危害指数均不高，基本为中度生态危害水平，嘉陵江流域和渠江流域均为轻度生态危害水平。

成渝经济区河流重金属污染的潜在生态危害水平对长江三峡水生态安全以及中下游水环境安全构成威胁。

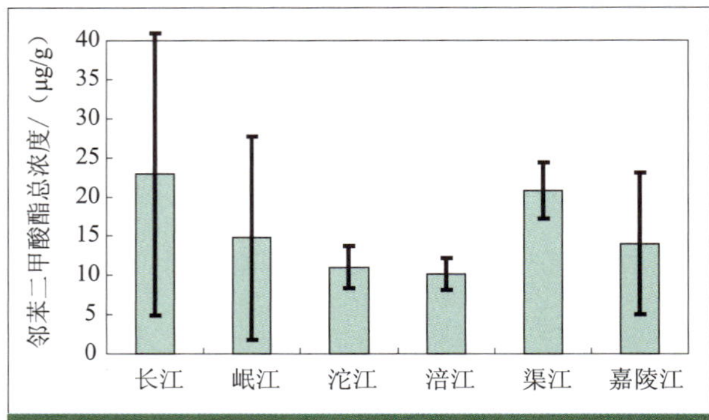

图 3-19 沉积物中邻苯二甲酸酯类化合物平均总量的流域分布

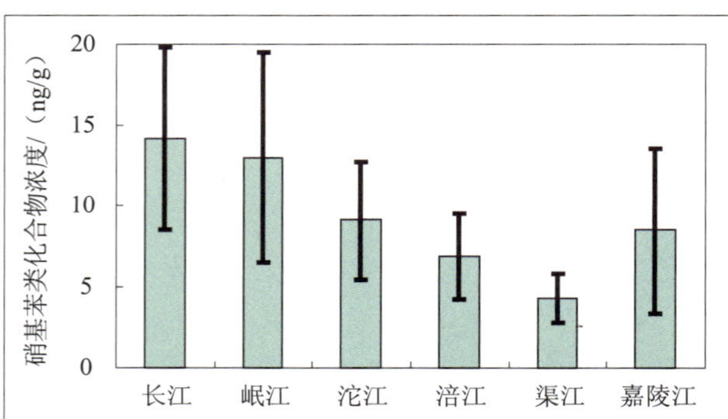

图 3-20 沉积物中硝基苯类化合物平均总量的流域分布

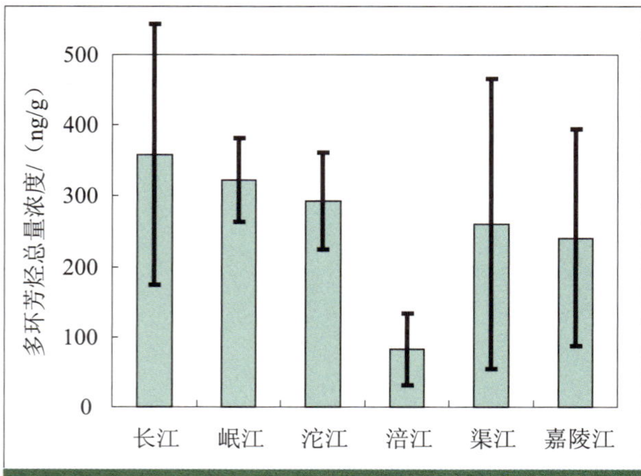

图 3-21 沉积物中多环芳烃总量的流域分布

2. 沉积物中有毒有机物有一定累积

（1）6 类邻苯二甲酸酯类化合物

成渝经济区沉积物中邻苯二甲酸酯类化合物的总量范围为 1.12 ～ 49.85 μg/g，主要污染物是邻苯二甲酸二正丁酯、邻苯二甲酸二 -（2- 乙基己基）酯，成渝经济区主要河流中邻苯二甲酸酯类化合物的平均总量见图 3-19。与国内外水系比较，成渝经济区河流沉积物中邻苯二甲酸酯类化合物污染水平中等偏下，累积程度较轻。

（2）7 类硝基苯类化合物

成渝经济区沉积物中硝基苯类化合物的总量范围为 3.26 ～ 20.15 ng/g，成渝经济区主要河流中硝基苯类化合物的平均总量见图 3-20。沉积物中硝基苯类化合物总量浓度的分布序列是：长江干流 > 一级支流 > 二级支流。河流沉积物中硝基苯类化合物有一定程度累积，但污染水平不高。

（3）16 种多环芳烃

成渝经济区沉积物中 16 种优控多环芳烃的总量范围为 48.2 ～ 723.1 ng/g。从流域来看（图 3-21），长江流域、岷江流域、沱江流域、涪江流域、渠江流域和嘉陵江流域沉积物中多环芳烃化合物的平均总量分别为 358.6±184.4 ng/g、322.2±59.6 ng/g、292.7±68.7 ng/g、82.4±51.8 ng/g、260.6±205.5 ng/g 和 240.2±153.5 ng/g。由此可以看出，多环芳烃化合物总量浓度的分布序列是：长江干流＞一级支流＞二级支流。

成渝经济区河流沉积物中，2 ～ 3 环、4 环和 5 ～ 6 环 PAHs 所占比例范围分别为 15.0% ～ 52.3%、24.4% ～ 44.5% 和 3.2% ～ 56.9%，平均为 34.5%、35.0% 和 30.5%。

河流沉积物中 PAHs 的风险因子值均小于 1，表明多环芳烃的生态风险很小，不会引起明显的生态毒害效应（见图 3-22）。

六、水污染物排放现状与分析

1．点源与非点源

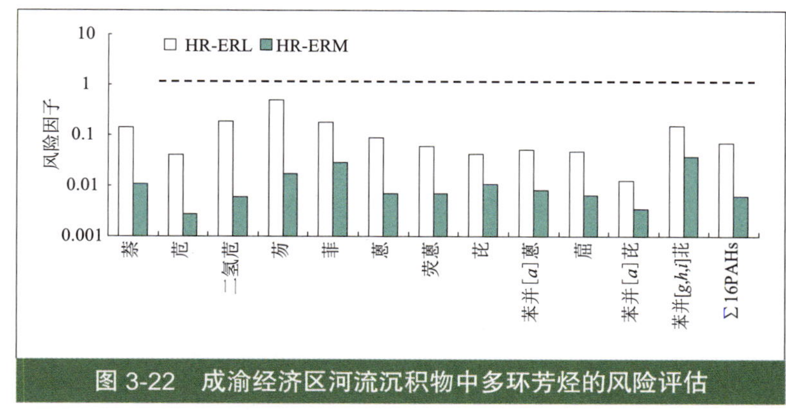

图 3-22　成渝经济区河流沉积物中多环芳烃的风险评估

2007 年成渝经济区 COD 排放总量为 314.08 万 t，氨氮排放总量 42.26 万 t。非点源对污染物排放总量的贡献最大，化学需氧量点源和非点源的比例约为 3∶7，氨氮比例约为 2∶8。2007 年成渝经济区各类污染源 COD 和氨氮排放量及比重见表 3-9。

点源：城镇生活源对污染物排放总量贡献最大，其化学需氧量和氨氮的排放分别占总量的 17.3% 和 12.2%。工业源的影响次之，其化学需氧量和氨氮的排放分别占总量的 10.6% 和 5.6%。

非点源：COD 排放量以农村生活源为主，占总量的 33.1%，略高于农业非点源 31.9%；氨氮污染主要以农业非点源为主，占总量的 44.5%，是农业生活源排放量的两倍。大气湿沉降源氨氮占总量的 5.1%，与工业点源比例相当，是城镇生活点源的一半。

采用负荷量与Ⅲ类地表水标准之比计算等标污染负荷。2007 年，区域内各流域污染物等标负荷以沱江流域最大，长江第二，这两个区域的污染负荷比累积超过 50%。各流域的氨氮等标负荷均大于 COD 的等标负荷，说明氨氮是成渝经济区各流域最主要污染排放物。成渝经济区各流域 2007 年等标污染负荷统计见表 3-10。

表 3-9　2007 年成渝经济区水污染物排放量

污染源类型		COD 排放量 / 万 t	占总量比 /%		氨氮排放量 / 万 t	占总量比 /%	
点源	城镇生活	54.27	17.3		5.16	12.2	
	工业	33.25	10.6	28.5	2.38	5.6	18.6
	集约化养殖	1.99	0.6		0.32	0.8	
非点源	农村生活	104.07	33.1		9.43	22.3	
	农业非点源	100.21	31.9		18.79	44.5	
	畜禽散养	19.86	6.3	71.5	3.97	9.4	81.4
	城市径流	0.40	0.13		0.04	0.1	
	大气沉降				2.17	5.1	
合计		314.08	100		42.26	100	

表 3-10　成渝经济区各流域 2007 年污染源等标污染负荷统计

流域	P_{COD}	$P_{氨氮}$	P_n	K_n	排序
长江	4.25	10.04	14.29	25.6%	2
岷江	3.35	8.50	11.85	21.2%	4
沱江	4.14	11.13	15.27	27.3%	1
嘉陵江	3.79	10.01	13.80	24.7%	3
乌江	0.18	0.44	0.62	1.1%	5

2. 污染物排放量趋势分析

（1）废水排放量变化趋势

2001—2008 年成渝经济区废污水排放总量总体上呈上升趋势，2008 年比 2001 年增长了 33.7%，增长率范围在 3.0% ～ 10.6%。其中 2005 年增长幅度较大，增长率为 10.6%，2006 年和 2007 年排放量有小幅度回落，2008 年又呈增长趋势，增长幅度为 6.50%。成渝经济区废污水排放量趋势见图 3-23。

（2）COD 和氨氮排放量变化趋势

成渝经济区 COD 和氨氮排放量趋势见图 3-24 和图 3-25。2001—2008 年区域 COD 排放量总体上呈下降趋势，2008 年比 2001 年减少了 19.8%，降低幅度在 2.9% ～ 9.6%。其中 2005 年降低幅度较大，减少了 9.6%，但 2006 年排放量有小幅度增长，此后呈缓慢下降趋势，降低幅度在 2.9% ～ 5.0%。氨氮排放量 2001—2003 年呈现上升趋势，2003 年以后排放量波动下降。

3.“三江”入三峡库区水污染负荷

根据水文水质监测数据，计算长江干流、嘉陵江、乌江“三江”入库污染负荷见表 3-11。通过长江朱沱断面输入三峡库区的各类污染负荷比例均最高，高锰酸盐指数 72.9%、$BOD_5$75.0%、氨氮 64.2%、总氮 43.1%、总磷 60.1%。通过嘉陵江输入库区的高锰酸盐指数、BOD_5、氨氮贡献比例居中，分别为 16.5%、14.3% 和 23.9%。乌江总氮和总磷输入贡献比例居中，分别为 26.8% 和 19.5%。

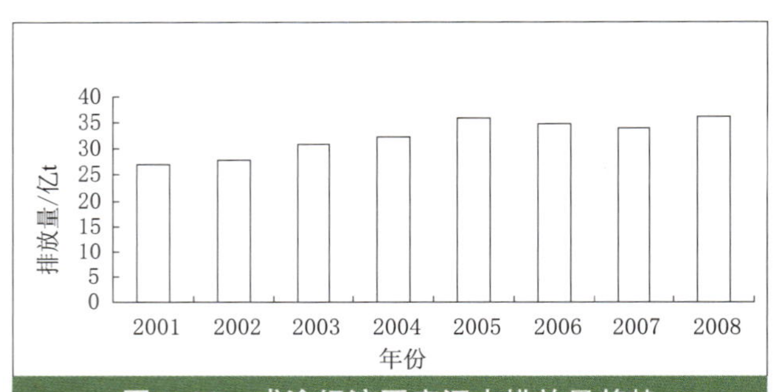

图 3-23 成渝经济区废污水排放量趋势

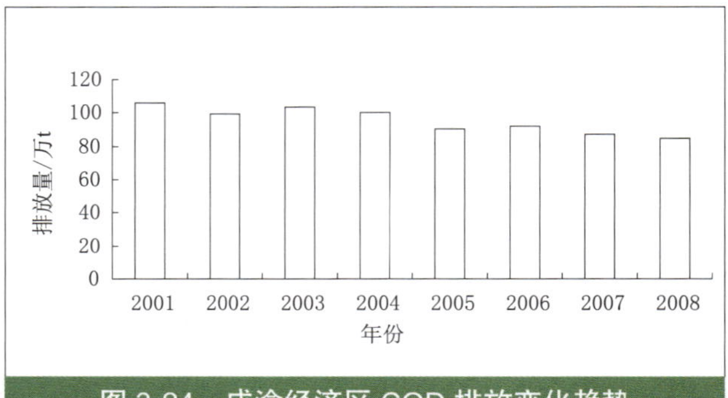

图 3-24 成渝经济区 COD 排放变化趋势

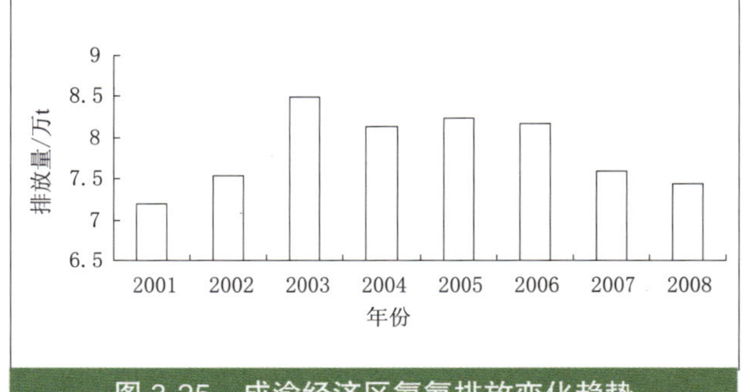

图 3-25 成渝经济区氨氮排放变化趋势

表 3-11 2007 年长江干流和一级支流主要控制断面污染物通量 单位：万 t/a

河流	断面名称	高锰酸盐指数	BOD_5	氨氮	总氮	总磷
长江干流	朱沱	81.5	53.57	9.16	19.37	1.94
嘉陵江	大溪沟	18.44	10.21	3.41	12.98	0.62
乌江	麻柳嘴	11.89	7.63	1.7	14.59	0.65

七、长江三峡水库生态安全状态

1. 水库生态安全“4+1”评估方法

根据生态安全内涵及评估需求，采用 4 个生态安全单项评估、1 个生态安全综合评估的评价模式，即“4+1”评估模式对三峡水库生态安全现状进行评估。其中，4 个单项评估分别为生态健康评价、生态服务功能评价、社会经济影响评价、生态灾变评价。

（1）生态健康评价

采用基于熵权的水库生态健康综合指数法，核心内容说明见表 3-12。将生态系统健康状态分为很好、好、中等、较差、很差五级，在计算生态系统健康综合指数基础上，对水库生态健康状态进行分析（见表 3-13）。

表 3-12　基于熵权的水库生态健康综合指数法的核心内容

项目	内容
指标体系	透明度（SD）、溶解氧（DO）、生化需氧量（BOD_5）、化学需氧量（高锰酸盐指数）、总氮（TN）、氨氮（NH_4-N）和总磷（TP）等指标构成了物理化学指标体系；浮游植物数量、浮游动物生物量、底栖动物数量、浮游植物物种多样性、浮游植物叶绿素 a（Chl-a）、细菌总数等指标构成了生态指标体系
权重确定	客观赋权法中的熵值法；$H_i=-\dfrac{1-H_i}{m-\sum_{i=1}^{m}H_i}$，$H_i$ 为熵值
生态健康综合指数	$\mathrm{EHCI}=\sum_{i=1}^{n}W_i\times I_i$；$W_i$ 表示权重值，I_i 为评价指标的归一化值

（2）生态服务功能评价

水库生态系统服务功能评价方法见表 3-14。评估标准见表 3-15。

（3）社会经济影响评价

采用基于层次分析、模糊识别的定性和半定量方法评价流域社会经济活动对湖（库）的影响，核心内容说明见表 3-16。流域社会经济影响综合评价的分级标准见表 3-17。

表 3-13　生态健康综合指数分级

分级	生态系统健康综合指数（EHCI × 100）	健康状态
I	80 ～ 100	很好
II	60 ～ 80	好
III	40 ～ 60	中等
IV	20 ～ 40	较差
V	0 ～ 20	很差

（4）水库生态灾变评价

水库生态灾变是指由于湖泊富营养化或其他人为活动引起湖泊水体生态系统结构和功能发生巨大变化，并因水质恶化而威胁人民生活和身体健康的与生态安全有关的灾害。采用水库生态灾变评估方法的核心内容说明见表 3-18。水库生态灾变评估方法的分级标准见表 3-19。

（5）生态安全综合评价

水库生态安全定义为“在人类活动影响下维持水库生态系统的完整性和生态健康，为人类稳定提供生态服务功能和免于生态灾变的持续状态”。生态安全评估基于“驱动力－压力－

表 3-14　水库生态系统服务功能评价方法的核心内容

服务功能	指标体系	计算方法
饮用水源地服务功能	颜色、挥发酚（以苯酚计）、铅、氨氮（以N计）、耗氧量（$KMnO_4$）、溶解氧、BOD_5、总磷（以P计）、总氮（以N计）、汞、氰化物、硫化物、粪大肠菌群（个/L）、异味物质、藻毒素	五级评分制、综合指数法
水产品供给服务功能	单位渔产量、异味物质、藻毒素、水产品质量（色、香、味）	五级评分制、综合指数法
鱼类栖息地服务功能	鱼类种类数、水产品尺寸（个体重量）变化、候鸟种类变化、候鸟种群数量变化	五级评分制、综合指数法
游泳与休闲娱乐服务功能	景观服务功能、休闲娱乐服务功能	五级评分制、综合指数法
湖滨带净化服务功能	30年来湖滨带截流与净化量的损失率、湖滨带最优植被损失率、自然湖滨带受破坏情况	五级评分制、综合指数法
综合状态	5种单项服务功能	百分制转换、综合指数 $TLES_{indx}$

表 3-15　水库生态系统服务功能总体评价标准

分级标准	分级描述
$TLES_{indx} \geqslant 90$	很好
$70 \leqslant TLES_{indx} < 90$	好
$55 \leqslant TLES_{indx} < 70$	不太好
$40 \leqslant TLES_{indx} < 55$	不好
$TLES_{indx} < 40$	很不好

表 3-16　流域社会经济影响综合评价方法的核心内容

项　目	内　容
指标体系	①社会经济压力指标：人均GDP、人口密度、环保投入指数、水利影响指数、城镇用地比重、耕地比重、水面比重、围垦指数 ②水体污染负荷指标：单位面积面源COD负荷量、单位面积面源TN负荷量、单位面积面源TP负荷量、单位面积点源COD负荷、单位面积点源TN负荷、单位面积点源TP负荷 ③水体环境状态指标：主要入湖河流COD浓度、主要入湖河流TN浓度、主要入湖河流TP浓度、单位入湖河流水量、流域水体COD浓度、流域水体TN浓度、流域水体TP浓度
权重确定	层次分析法
社会经济影响综合指数	多级模糊综合评价模式，计算综合指数（百分制）

表 3-17　流域社会经济影响综合评价的分级标准

Ⅰ级	Ⅱ级	Ⅲ级	Ⅳ级	Ⅴ级
80～100	60～80	40～60	20～40	0～20
轻微	较轻	一般	较重	严重

状态－影响－响应”（DPSIR）模型，通过 3 个动态过程的分析对生态安全作出定量的评估。

采用水库生态安全综合评估方法，核心内容说明见表 3-20。水库生态安全综合评估方法的分级标准见表 3-21。

表 3-18　水库生态灾变评估方法的核心内容

项　目	内　容
指标体系	Chl-a 浓度、发生范围占评价区面积、受影响人口、水质等级、发生频率、直接经济损失、鱼类死状况、水生高等植物死亡率、救灾投入资金
权重确定	专家咨询法
生态灾变综合评价	综合指数法，$G=\sum_{i=1}^{n} Y_i \cdot W_i \cdot C_i$，$W_i$ 为指标 i 的权重，C_i 为水体单元权重，G 为综合评分

表 3-19　水库生态灾变评估的灾害综合评级

灾害级别	极重	重灾	中灾	轻灾	无灾
分值	4.0 ～ 5.0	3.0 ～ 4.0	2.0 ～ 3.0	1.0 ～ 2.0	＜ 1.0

表 3-20　水库生态灾变评估方法的核心内容

项目	内容
指标体系	流域人口对数、入湖 TN 总量、入湖 TP 总量、建成区面积、流域人均水资源量、湖体 TP 浓度或湖体 TN 浓度、湖体 Chl-a 浓度、天然湖滨带长度、生物栖息地面积、大小鱼比例、饮用水源地水质达标率、水华影响指数
权重确定	方案层专家法；指标层等权重几何算法
生态安全综合评价	综合指数法，计算标准生态安全指数 SESI

表 3-21　水库生态安全综合评估方法的分级标准

安全评级	很安全	安全	一般	不安全	很不安全
SESI 得分	＞ 100	75 ～ 100	55 ～ 75	40 ～ 55	＜ 40

2．三峡水库生态安全现状

（1）三峡水库生态健康状态

三峡水库是新生水库，由于 2003 年、2006 年分别经历了 135 m、156 m 蓄水，水库生态系统仍然处于稳定过程中，所以，时间对比层面的生态健康评价结论的意义较小。空间对比层面的生态健康状态评价，具有实用参考价值。

基于现状年 2007 年、2008 年调查的原始数据，选取 16 个典型的干流监测断面，从空间差异的角度，采用基于熵权的综合指数法进行生态健康状态评价；各典型断面生态健康的空间对比结果见图 3-26。

相对于干流参照值而言，干流整体上生态健康状况属于中等健康状态，生态健康综合指数的均值为 49.74；干流水体水生态健康状况的空间差异较大，干流水生态健康状况受高锰酸盐指数、溶解氧的影响相对显著。

选取 37 个三峡水库主要一级支流，以支流回水区典型断面监测结果代表支流总体状况，采用基于熵权的综合指数法进行生态健康状态评价。各一级支流生态健康的空间对比结果见图 3-27。相对于支流参照值而言，支流整体上生态健康状况属于中等健康状态，生态健康综

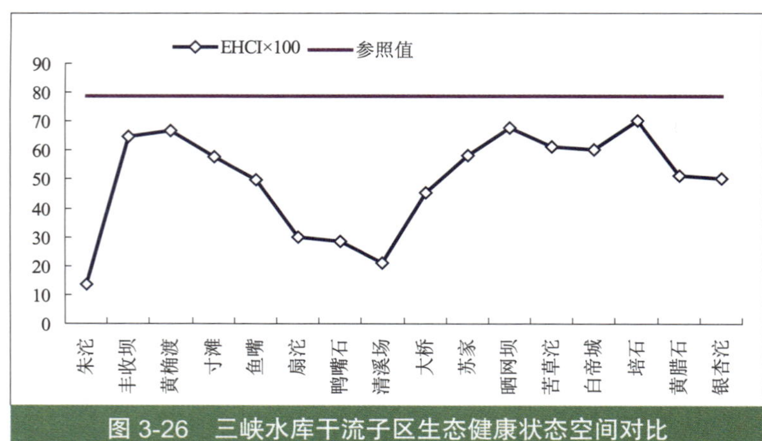

图 3-26　三峡水库干流子区生态健康状态空间对比

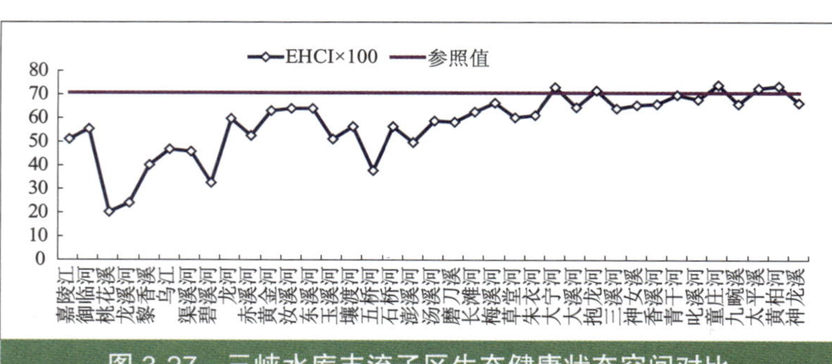

图 3-27　三峡水库支流子区生态健康状态空间对比

合指数的均值为 58.22；支流水体水生态健康状况的空间差异较大，总体上，奉节以下（梅溪河至神龙溪）的支流生态健康综合指数高于奉节以上的支流生态健康状态综合指数，即奉节以下（梅溪河至神龙溪）的支流生态健康状况相对更好。支流水生态健康状况受溶解氧、透明度的影响相对显著。

三峡水库干、支流生态健康状态评估结果综合表征见表 3-22。

（2）三峡水库生态服务功能状态

分干流子区、支流子区两部分开展三峡水库生态服务功能评价（见表 3-23、表 3-24）。干流生态系统服务功能综合指数为 73.6，支流生态系统服务功能综合指数为 72.8，干支流服务功能均较好。

从干流、支流对比来看，干流略好于支流，主要体现在饮用水源、旅

表 3-22　三峡水库干、支流生态健康状态评估结果表征

评价标准	生态系统健康状态	很好	好	中等	较差	差
	健康状态等级	Ⅰ	Ⅱ	Ⅲ	Ⅳ	Ⅴ
	综合指数（EHCI×100）	80 ～ 100	60 ～ 80	40 ～ 60	20 ～ 40	0 ～ 20
	状态颜色标识					
评价结果	干流子区指数			49.74		
	状态标识					
	支流子区指数			58.22		
	状态标识					

表 3-23　三峡水库干、支流生态系统服务功能综合评价结果

服务功能	权重 /%	干流状态指数	支流状态指数	干流评估结果（百分制）	支流评估结果（百分制）
饮用水源地服务功能	30	3.93	3.80	118	114
水产品供给服务功能	20	3.5	3.5	70	70
鱼类栖息地服务功能	20	2.75	3.75	55	75
旅游景观服务功能	15	4	3	60	45
库滨带水质净化服务功能	15	4.3	4.0	65	60
综合指数	100			73.6	72.8

游景观、库滨净化等服务功能方面，原因主要在于支流受富营养化、水华的影响较大；但支流的栖息地服务功能要显著好于干流。

（3）三峡水库社会经济影响状态

采用基于层次分析、模糊识别的综合指数法，开展三峡水库社会经济影响评价（见表 3-25 和表 3-26）。社会经济发展对干流子区的影响指数为 47.16，属于等级划分中的第III级，即一般影响；社会经济发展对支流子区的影响指数为 47.86，略高于干流子区，也属于等级划分中的第III级，即一般影响。

表 3-24　三峡水库干、支流生态系统服务功能评估结果表征

评价标准	生态系统健康状态	很好	好	不太好	不好	很不好
	健康状态等级	I	II	III	IV	V
	综合指数（EHCI×100）	90 ～ 100	70 ～ 90	55 ～ 70	40 ～ 55	0 ～ 40
	状态颜色标识					
评价结果	干流子区指数		73.6			
	状态标识					
	支流子区指数		72.8			
	状态标识					

表 3-25　三峡水库干流、支流社会经济影响评价结果

指数项	干流子区		支流子区	
	分值	影响分级	分值	影响分级
土地利用指数	52.45	III级	52.45	III级
面源污染负荷指数	36.54	III级	36.54	III级
点源污染负荷指数	55.85	III级	55.85	III级
入库河流水环境综合指数	43.69	III级	44.95	III级
库区水域环境质量综合指数	58.55	III级	56.59	III级
社会经济压力指标	50.96	III级	53.91	III级
水体污染负荷指标	44.26	III级	44.26	III级
水体环境状态指标	48.15	III级	48.44	III级
综合指数	47.16	III级	47.86	III级

表 3-26　三峡水库干、支流社会经济影响评估结果表征

评价标准	社会经济影响分级	轻微	较轻	一般	较重	严重
	状态等级	I 级	II 级	III级	IV级	V 级
	综合指数（$TLES_{indx}$）	80 ～ 100	60 ～ 80	40 ～ 60	20 ～ 40	0 ～ 20
	状态颜色标识					
评价结果	干流子区指数			47.16		
	状态标识					
	支流子区指数			47.86		
	状态标识					

（4）三峡水库生态灾变状态

采用基于 5 分制生态灾变评估综合指数法，开展三峡水库生态灾变评价（见表 3-27 和表 3-28）。

根据评价结果，三峡水库干流子区生态灾变综合评分值为 1.1（百分制转化后为 78.0），属于轻灾类型，其中，Chl-a 浓度、水质等级状况的影响比较显著。三峡水库支流子区生态灾变综合评分值为 2.15（百分制转化后为 57.0），属于中灾类型，与实际的监测信息相吻合，其中，Chl-a 浓度、水质等级状况、发生水华面积均对支流受灾程度的影响较为显著。

（5）三峡水库生态安全综合评价

采用基于 DPSIR 指标模型的综合指数法，开展三峡水库生态安全综合评价。三峡水库水生态安全评价指标体系（见图 3-28），生态安全综合评价见表 3-29 和表 3-30。三峡水库干流子区生态安全综合指数为 67.08，属于一般安全；支流子区生态安全综合指数为 62.62，亦属于一般安全。干流、支流生态安全受驱动力因素影响较明显，生态安全亦存在相对显著的风险。

三峡水库干流水体的生态安全综合状况为：水生态健康状况已经受到影响，生态健康综合指数为 49.74，属于中等健康状态，且健康状态的空间差异较大；生态系统服务功能受到一定削弱，服务功能综合指数为 73.6，但仍属于较好的范畴；社会经济发展对流域生态

表 3-27 三峡水库生态灾变综合评价结果

指标	权重	干流评价结果	支流评价结果
发生范围占评价区面积	0.1	0.1	0.3
发生频率	0.05	0.05	0.1
水质等级	0.1	0.2	0.3
Chl-a 浓度	0.4	0.4	0.4
直接经济损失	0.05	0.05	0.2
受影响人口	0.1	0.1	0.3
鱼类死亡率	0.1	0.1	0.3
水生高等植物死亡率	0.05	0.05	0.05
救灾投入资金	0.05	0.05	0.2
综合评分指数（5 分制，越小越好）		1.1	2.15
百分制转化（越大越好）		78.0	57.0

表 3-28 三峡水库干、支流生态灾变评估结果表征

评价标准	受灾程度分级	无灾	轻灾	中灾	重灾	极重
	灾害级别	Ⅰ级	Ⅰ级	Ⅲ级	Ⅳ级	Ⅴ级
	综合评分（*G* 值）	< 1.0	1.0 ～ 2.0	2.0 ～ 3.0	3.0 ～ 4.0	4.0 ～ 5.0
	状态颜色标识					
评价结果	干流子区评分		1.1			
	状态标识					
	支流子区评分			2.15		
	状态标识					

系统产生直接干扰，影响指数为 47.16，属于一般影响级别；生态灾害状况并不严重，偶见水华发生，综合评分值为 1.1，属于轻灾类型；生态安全综合指数为 67.08，总体上属于一般安全。

在库区干流，社会经济影响、水生态健康状况对生态安全的压力较大；水生态系统服务功能、生态灾变对生态安全的影响相对略小。在三峡水库支流，社会经济影响、生态灾变对生态安全的压力较大，但前者影响略低于干流子区；水生态健康、水生态系统服务功能对生态安全的影响相对略小。三峡水库水体“4+1”评价模式的结果表征见图 3-29。

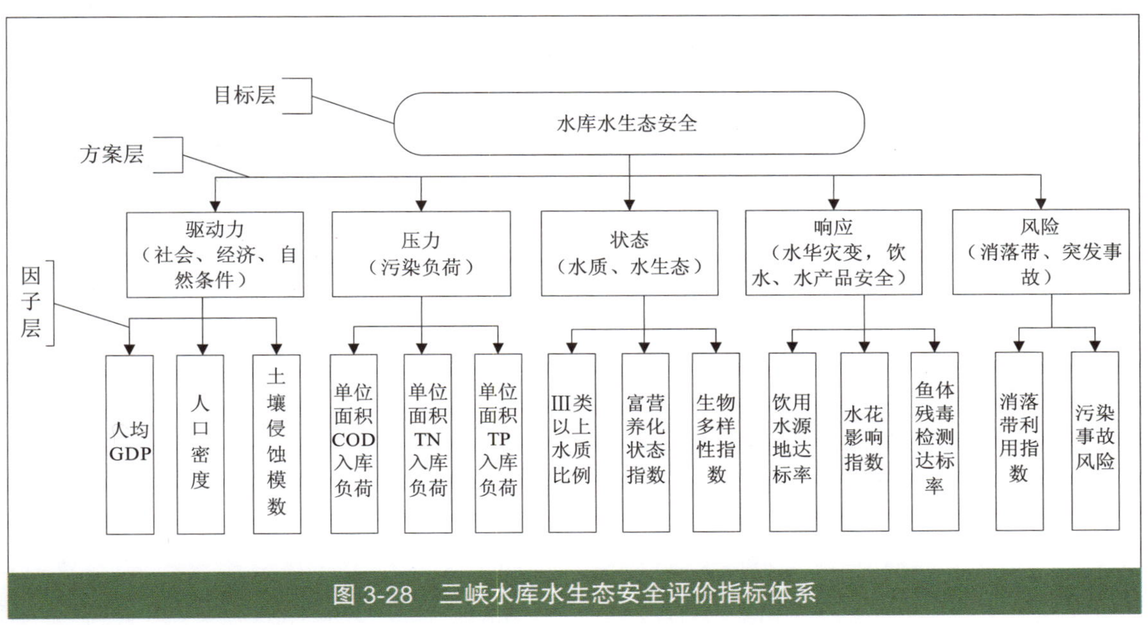

图 3-28　三峡水库水生态安全评价指标体系

表 3-29　三峡水库生态安全综合评价结果

方案层	驱动力	压力	状态	影响	风险	SESI
干流子区	0.899	0.967	0.919	1.000	0.839	67.08
支流子区	0.876	0.967	0.894	0.973	0.850	62.62

表 3-30　三峡水库干、支流生态安全综合评估结果表征

评价标准	生态安全分级	很安全	安全	一般	不安全	很不安全
	等级划分	Ⅰ级	Ⅱ级	Ⅲ级	Ⅳ级	Ⅴ级
	标准生态安全指数 SESI	＞100	75～100	55～75	40～55	＜40
	状态颜色标识					
评价结果	干流子区指数			67.08		
	状态标识					
	支流子区指数			62.62		
	状态标识					

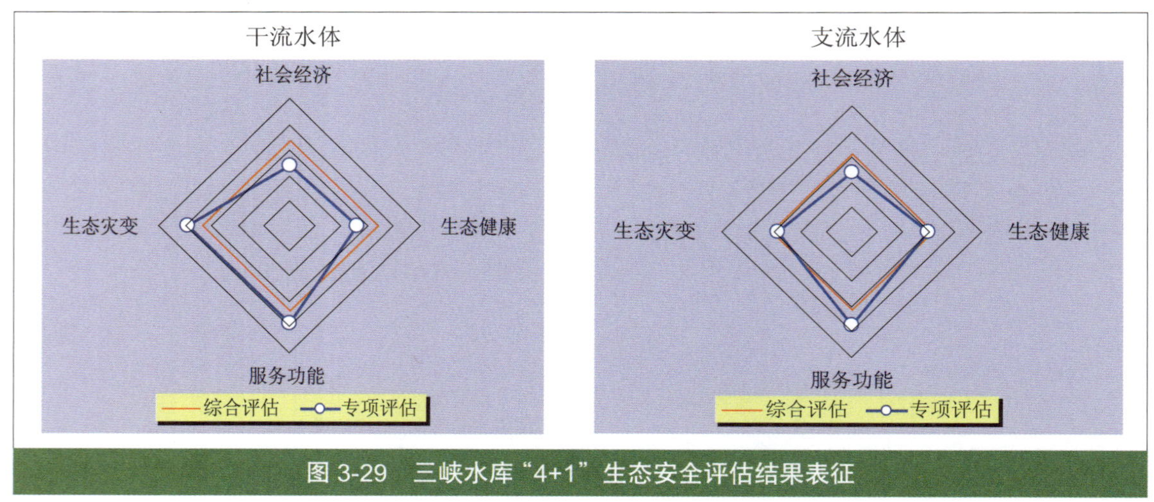

图 3-29 三峡水库"4+1"生态安全评估结果表征

第二节 水资源现状及变化趋势

一、水资源数量

水资源总量指评价区内当地降水形成的地表和地下产水量，不包括入境水量，由地表水资源量和地下水资源量相加，扣除两者间相互转换的重复计算量而得。成渝经济区多年平均水资源总量为 1258.9 亿 m^3，为降雨量的 51.9%。每平方千米产水量为 60.3 万 m^3。成渝经济区水资源量状况见表 3-31。

区域内二级流域水资源总量状况见表 3-32。其中，金沙江石鼓以下 47.19 亿 m^3，占评价区的 3.78%；岷沱江 484.39 亿 m^3，占评价区的 38.79%；嘉陵江 360.9 亿 m^3，占评价区的 28.9%；乌江 20.71 亿 m^3，占评价区的 1.66%；宜宾至宜昌 331.59 亿 m^3，占评价区的 26.55%；汉江 3.94 亿 m^3，占评价区的 0.32%。

表 3-31 成渝经济区水资源量状况

计算面积 / 万 km²		20.9
降雨	多年平均降水深 / mm	1161.5
	多年平均年降水量 / 亿 m^3	2425.3
地表水	多年平均地表水资源量 / 亿 m^3	1258.2
	相应径流深 / mm	602.2
地下水	多年平均地下水资源量 / 亿 m^3	277.4
	产水模数 / [m^3/(km^2 • a)]	13.3
重复计算量 / 亿 m^3		276.2
水资源总量	多年平均水资源总量 / 亿 m^3	1258.9
	产水模数 / [m^3/ (km^3 • a)]	60.3
	人均水资源量 / m^3	1288.1

二、水资源分布特点

1．水资源地区分布不均

成渝经济区水资源在地区间差异显著，人均水资源量分布最大的地方在四川雅安市，为 10948 m^3/ 人，其次是四川乐山市和重庆石柱县。盆地腹部地区是区域水资源最贫乏地区，遂宁、内江、自贡、资阳以及重庆主城区人均水资源量低于 500 m^3/ 人。成渝经济区人均水资源量地区分布情况见图 3-30。

表 3-32　成渝经济区二级流域区水资源量　单位：亿 m^3

二级流域区	三级流域区	水资源总量	
		三级区	二级区
金沙石鼓以下	石鼓以下干流	47.19	47.19
岷沱江	大渡河	101.39	484.39
	青衣江和岷江干流	271.71	
	沱江	111.30	
嘉陵江	广元昭化以上	10.28	360.90
	涪江	155.81	
	渠江	120.77	
	广元昭化以下	74.04	
宜宾至宜昌	赤水河	24.14	331.59
	宜宾至宜昌干流	307.45	
汉江	丹江口以上	3.94	3.94
乌江	思南以下	20.71	20.71
合计		1248.73	1248.73

2．水资源年内年际分布

受降水及下垫面因素的影响，成渝经济区径流在年内分配不均。成渝经济区四川区域各地的径流主要集中在汛期的 5—10 月，占全年的 60% ～ 80%，最大月径流为 20% ～ 25%，春季径流小于 10%，月最大径流与月最小径流的比值变化在 3 ～ 52 倍，以盆地腹部变化最大，外围山地变化较小。由于水资源年内变化较大，多集中在 5—8 月，连续 4 个月最大径流量占年总量的 59.4% ～ 63.7%，极不利于利用。

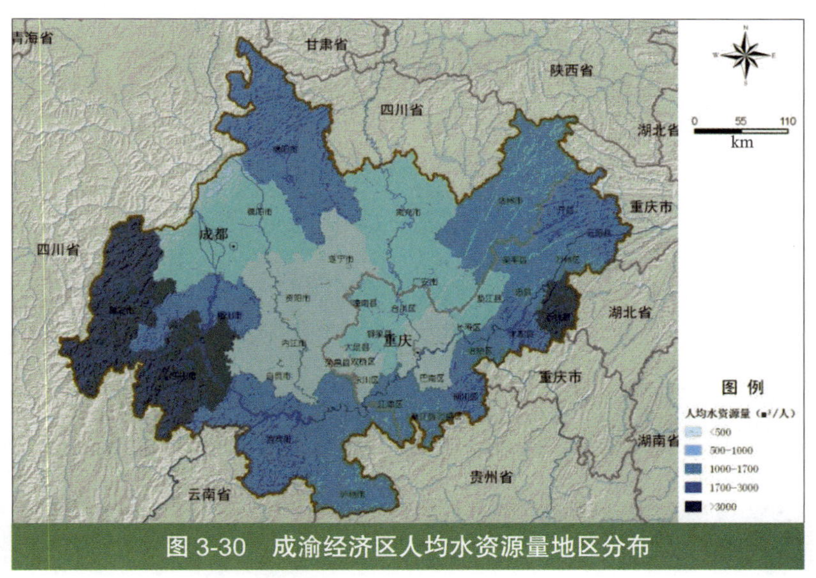

图 3-30　成渝经济区人均水资源量地区分布

成渝经济区四川区域地表水资源量统计参数 *Cv* 值（反映年际变动程度）地区分布在 0.11 ～ 0.43，大部分介于 0.11 ～ 0.30。按市（州）统计，*Cv* 值最大的是四川盆地腹部沱江中游的资阳市，*Cv* 值为 0.43，最大年水量是最小年水量的 4.8 倍；最小的是位于大渡河、青衣江和岷江干流交界处的乐山市，*Cv* 值 0.13，最大年水量是最小年水量的 1.8 倍。重庆区域各行政区变差系数 *Cv* 值在 0.17 ～ 0.40，年际变化最小的是南川市，*Cv* 值为 0.17，年际变化最大的是大渡口区，*Cv* 值为 0.40。

3．丰枯水期分布

根据四川省水资源综合规划长系列丰平枯年型分析，成渝经济区四川省区域地表水资源丰、偏丰年份占 37.8%，枯、偏枯水年份占 35.5%。三级流域中丰、枯年份出现最多的是渠江，丰、偏丰年份占 44.5%，枯、偏枯水年份占 40.0%；最少的是金沙江石鼓以下干流，丰、偏丰年份占 28.9%，枯、偏枯水年份占 35.5%。最少的是资阳市，丰、偏丰年份占 28.9%，枯、偏枯水年份占 31.2%。

根据水资源综合规划长系列丰枯水循环分析，丰枯水循环最长周期为 14 年，最短周期为 6 年，平均周期为 10 年。按三级流域统计，丰枯水循环平均周期最长的是嘉陵江干流广元昭化以上、汉江丹江口以上，平均周期为 21 年；最短的是渠江、嘉陵江干流广元昭化以下、赤水河，平均周期为 9 年。按市行政区统计，各市平均周期在 9 ～ 13 年。

三、水资源变化趋势分析

成渝经济区近八年平均地表水资源量为 1143.49 亿 m^3，水资源总量为 1145.57 亿 m^3，分别占四川和重庆总和的 38.67% 和 38.72%。成渝经济区及四川省和重庆市总计地表水资源量和水资源总量统计结果见表 3-33。

由长系列水文资料统计分析得到多年平均水资源总量为 1258.9 亿 m^3，成渝经济区近八年平均水资源总量，与其相比偏少 9% 左右。成渝经济区历年水资源总量与长系列多年平均水资源总量比值如图 3-31 所示。由图可以看出，2000—2007 年，仅 2005 年高于多年平均水资源总量，比值为 1.15，2006 年最小，比值为 0.68。近三年变化幅度较大，总体在 –0.31 至 +0.15 区域间变化。

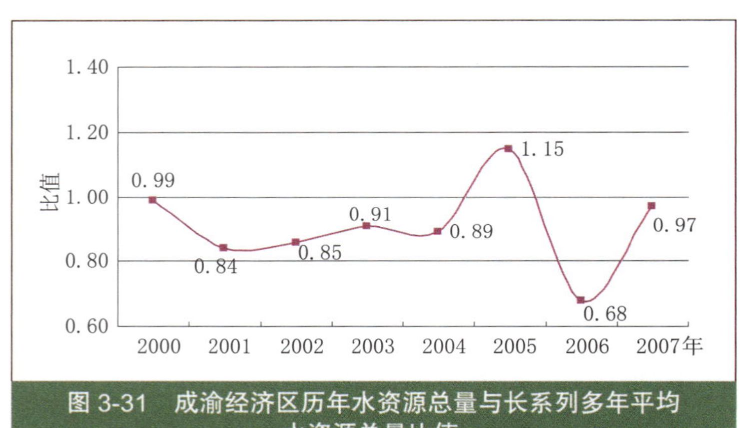

图 3-31 成渝经济区历年水资源总量与长系列多年平均水资源总量比值

表 3-33 2000—2007 年成渝经济区及四川 + 重庆水资源量统计

年份	成渝经济区地表水资源量 / 亿 m^3	四川 + 重庆地表水资源量 / 亿 m^3	区域 / (四川 + 重庆)/%	成渝经济区水资源总量 / 亿 m^3	四川 + 重庆水资源总量 / 亿 m^3	区域 / (四川 + 重庆)/%
2000	1242.66	3292.7	37.74	1245.44	3295.47	37.79
2001	1053.39	2879.7	36.58	1056.33	2882.65	36.64
2002	1071.75	2609.21	41.08	1074.59	2612.04	41.14
2003	1141.06	3242.01	35.20	1142.67	3243.61	35.23
2004	1119.91	2991.34	37.44	1121.51	2992.94	37.47
2005	1444.9	3430.78	42.12	1446.5	3432.38	42.14
2006	852.75	2244.56	37.99	854.35	2246.16	38.04
2007	1221.53	2961.21	41.25	1223.13	2962.81	41.28
平均	1143.49	2956.44	38.67	1145.57	2958.51	38.72

四、水资源开发利用现状评价

1. 水资源开发利用率

水资源开发利用率是指流域或区域用水量占水资源量的比例，体现水资源开发利用的程度。评价区多年平均水资源量1258.9 亿 m^3，2007 年区域供水量 307.6 亿 m^3，水资源开发利用率为 24.4%，其中重庆主城区水资源开发利用率最大，为 79.9%，成渝经济区各行政区水资源开发利用率见表 3-34。

表 3-34　成渝经济区各行政区水资源开发利用率

行政分区	多年平均水资源总量 / 亿 m^3	供水量 / 亿 m^3	水资源利用率 / %
成都市	80.4	57.6	71.64
自贡市	14.8	6.8	45.95
泸州市	61.6	9.5	15.42
德阳市	30.7	23	74.92
绵阳市	114.2	21.1	18.48
遂宁市	11.4	8.1	71.05
内江市	15.1	9.8	64.90
乐山市	118.9	14.1	11.86
南充市	41.2	12.7	30.83
眉山市	59.9	15.2	25.38
宜宾市	91.2	14.9	16.34
广安市	29.6	8.8	29.73
达州市	103.7	19.1	18.42
雅安市	168.6	5.2	3.08
资阳市	21.2	11.7	55.19
重庆主城区	29.7	23.74	79.93
渝西地区	91.1	27.18	29.84
三峡库区	176.1	19.08	10.83
成渝经济区	1258.9	307.6	24.43

2. 用水水平

2007 年成渝经济区人均用水量为 314m^3，各地区人均用水量在 170 ～ 594m^3。人均用水量以重庆主城区、成都、德阳、乐山、雅安、眉山地区较大，其他地区的人均用水量相对较小。成渝经济区各地区人均用水量对比见图 3-32。

2007 年成渝经济区万元 GDP 用水量 194.38m^3，优于全国 229 m^3 水平。成渝经济区历年万元 GDP 用水量见图 3-33。1997—2007 年区域万元 GDP 用水量随着经济的发展而直线下降，年均减少 32.4 m^3/ 万元。万元 GDP 用水量下降与第二产业结构调整，用水量较少的第三产业比重提高密切相关。积极倡导清洁生产、节能减排，也使万元 GDP 用水量逐步降低。

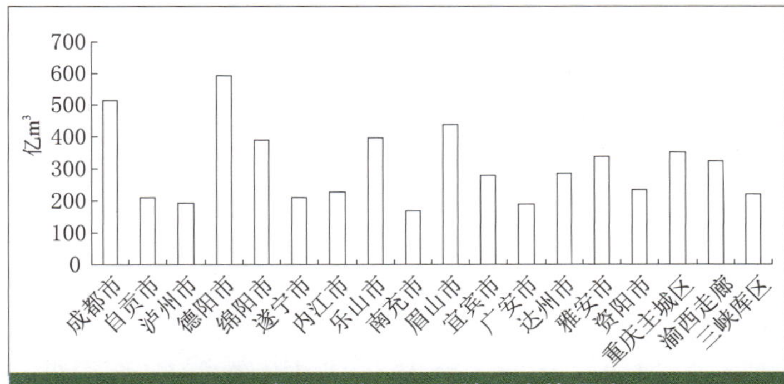

图 3-32　成渝经济区不同地区人均用水量

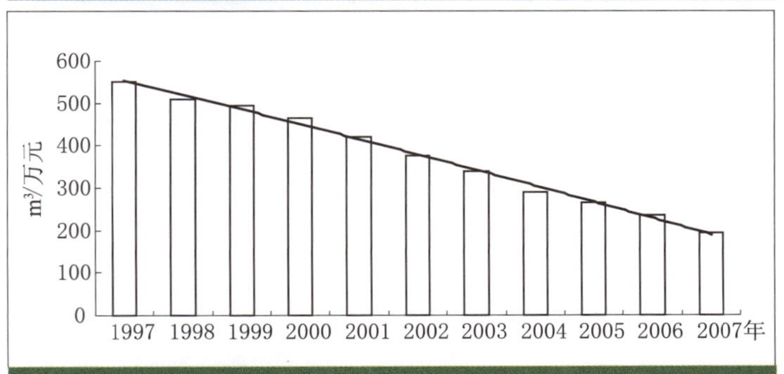

图 3-33　成渝经济区万元 GDP 用水量变化趋势

3. 用水和耗水组成

2007 年成渝经济区用水量为 253.96 亿 m^3，其中生产用水 221.08 亿 m^3，生活用水 30.89 亿 m^3，河道外生态环境用水 1.99 亿 m^3，分别占总用水量的 87%、12.2%、0.8%。用水组成比例如图 3-34 所示。2007 年生产用水中，第一产业、第二产业和第三产业用水分别为 126.03 亿 m^3、

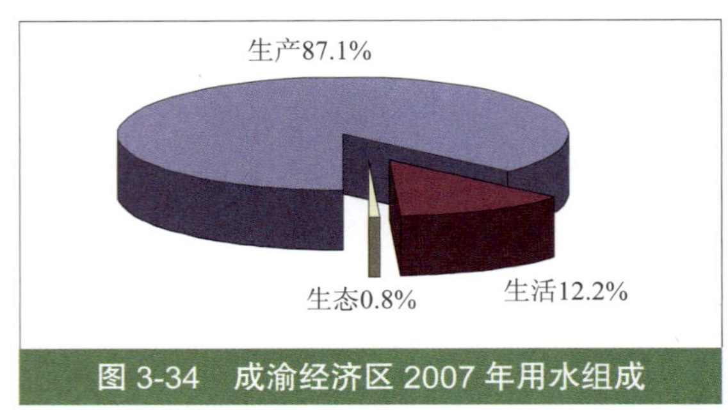

图 3-34 成渝经济区 2007 年用水组成

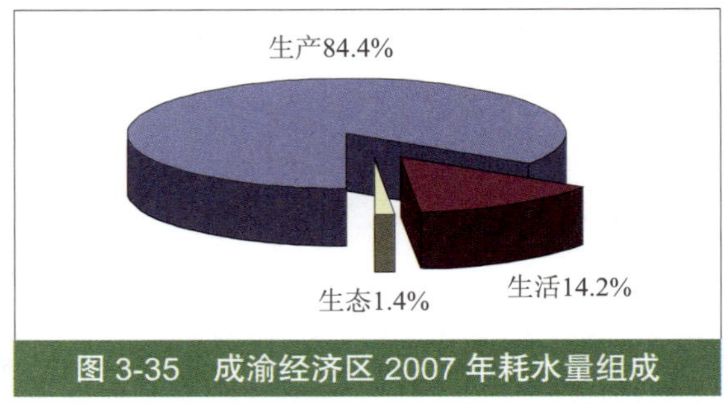

图 3-35 成渝经济区 2007 年耗水量组成

90.12 亿 m^3 和 4.93 亿 m^3，分别占用水总量的 49.6%、35.5%、1.9%。

2007 年区域总耗水量为 119.16 亿 m^3，耗水率为 46%。其中，生产耗水 100.59 亿 m^3、生活耗水量为 16.95 亿 m^3、生态环境耗水量为 1.62 亿 m^3，分别占总耗水量的 84.4%、14.2%、1.4%。耗水量组成比例如图 3-35 所示。

五、水资源量现状短缺区域识别

1．水资源短缺程度及分布

采用瑞典水文学家 Malin Falknmark[1] 提出的“水紧缺指标”（water-stress index）作为评价标准，将水资源紧缺程度具体划分 5 类（见表 3-35）：人均水资源量大于 3000m^3 为不缺水；1700 ～ 3000m^3 为轻度缺水；1000 ～ 1700m^3 为中度缺水；500 ～ 1000 m^3 为重度缺水；小于 500 m^3 为极度缺水。

成渝经济区人均水资源量为 1288 m^3，总体上属于中度缺水地区。评价区域之间差异十分明显，缺水区域主要分布在人口集中、社会经济发展水平较高的平原、丘陵和低山地区。其中极度缺水区域达 23.9%，主要分布在四川的自贡、遂宁、资阳、内江；重庆渝中区、大渡口区、江北区、沙坪坝区、九龙坡区、南岸区、双桥区；重度缺水地区比例占 30.4%，主要分布在四川成都、德阳、南充、广安市，重庆北碚区、渝北区、合川区、永川区、长寿区、潼南县、铜梁县、大足县、荣昌县、璧山县；中度缺水地区比例达 23.9%，主要分布在四川泸州、达州，重庆万盛区、江津区、綦江县、万州区、梁平县、忠县、巴南区、垫江县、涪

表 3-35 成渝经济区水资源短缺程度分布及比例

人均水资源量 / m^3	缺水程度	分布地区	市区县数	比例 /%
＞3000	不缺水	雅安市、乐山市、石柱县、云阳县	4	8.7
1700 ～ 3000	轻度缺水	绵阳市、眉山市、宜宾市、南川区、丰都县、开县	6	13.0
1000 ～ 1700	中度缺水	泸州、达州、万盛区、江津区、綦江县、万州区、梁平县、忠县、垫江县、巴南区、涪陵区	11	23.9
500 ～ 1000	重度缺水	成都、德阳、南充、广安、北碚区、渝北区、合川区、永川区、长寿区、潼南县、铜梁县、大足县、荣昌县、璧山县	14	30.4
＜500	极度缺水	自贡、遂宁、资阳、内江、渝中区、大渡口区、江北区、沙坪坝区、九龙坡区、南岸区、双桥区	11	23.9

注：本次评价中人均水资源量是指人均占有本地水资源总量的数量，不含过境水量。

1 Malin F. Water scarcity and population growth: a spiralling risk[J]. Ecodeision, 1992, 21(9):498-502.

陵区；四川绵阳市、眉山市、宜宾市，重庆南川区、丰都县、开县为轻度缺水地区，所占比例为13.0%。仅有8.7%的地区不缺水，这些区域主要分布在人口密度小、经济欠发达的高原山区，包括四川雅安市、乐山市和重庆石柱县、云阳县。成渝经济区缺水区域空间分布如图3-36所示。

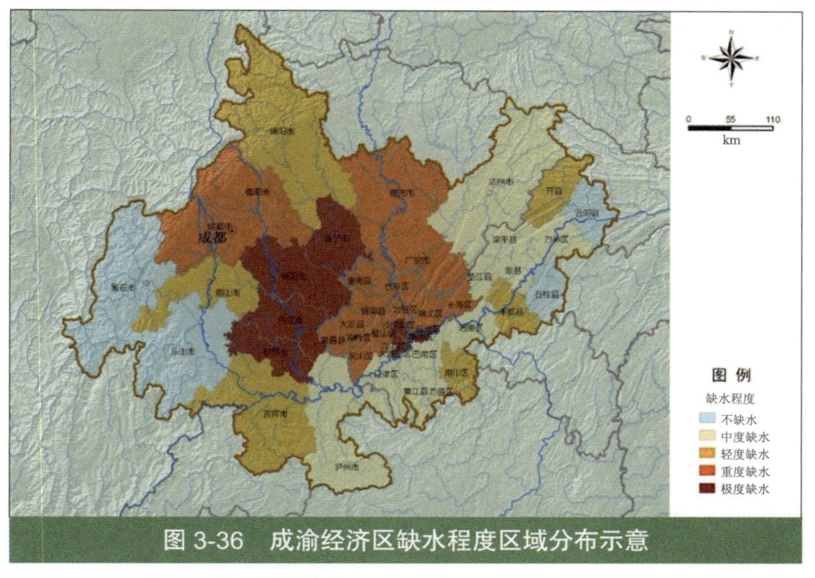

图 3-36　成渝经济区缺水程度区域分布示意

2．水资源短缺类型及分布

由于水资源的短缺受社会、经济和自然等因素的综合影响，从不同的研究目的和观察角度出发，缺水内涵及类型也不尽相同。国际上对水资源的短缺类型大致分为资源型、工程型、水质型和综合型四种类型，具体如下：

资源型缺水：水资源利用率＞40%、人均供（用）水量＜500 m^{3}的地区，水资源开发已经接近世界公认的极限值。

工程型缺水：水资源利用率＜20%、人均供（用）水量＜500 m^{3}的地区，水资源尚待进一步开发。

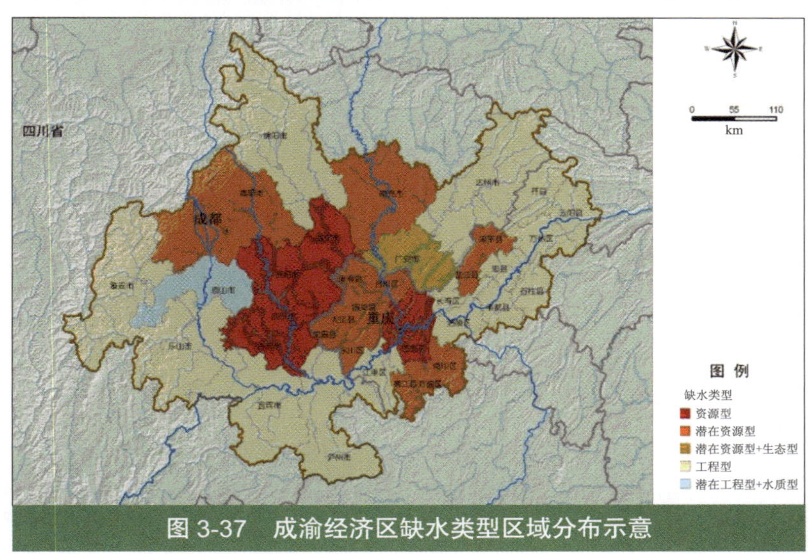

图 3-37　成渝经济区缺水类型区域分布示意

管理型缺水：非干旱地区人均供（用）水量>500 m^{3}的地区，总供水量可以基本满足需求，只是由于各种原因致使该地区出现暂时性缺水，一般可以通过节水挖潜、资源合理配置等措施解决，可称为管理型缺水地区。其中由于水质污染造成的缺水，也可称为水质型缺水。

综合型缺水：也称为复合型缺水地区，缺水性质一般兼有以上两种或两种以上类型的特征。

本次评价选取水资源利用率、人均供水量作为识别缺水类型的分类指标，将成渝经济区缺水类型划分成8类，缺水类型划分结果见表3-36，缺水类型区域分布见图3-37。

① 资源型缺水：水资源利用率＞40%、人均供（用）水量＜500 m^{3}的地区。这类地区包括自贡市、遂宁市、内江市、资阳市。

② 潜在资源型缺水：水资源利用率20%～40%，人均供（用）水量＜500 m^{3}的地区，或水资源利用率＞40%、人均供（用）水量＞500 m^{3}的地区，当其水资源利用率恢复为40%时，人均水量仍达不到500 m^{3}时，认为其是潜在资源型缺水。这类地区包括成都、德阳、南充市、广安市、渝西地区。

表 3-36 成渝经济区水资源紧缺类型划分（2007 年）

行政区	水资源总量 / 亿 m^3	供水总量 / 亿 m^3	水资源利用率 /%	人均供水量 /m^3	缺水类型
成都市	80.4	57.6	71.64	515	潜在资源型
自贡市	14.8	6.8	45.95	209	资源型
泸州市	61.6	9.5	15.42	194	工程型
德阳市	30.7	23	74.92	594	潜在资源型
绵阳市	114.2	21.1	18.48	388	工程型
遂宁市	11.4	8.1	71.05	209	资源型
内江市	15.1	9.8	64.90	229	资源型
乐山市	118.9	14.1	11.86	396	工程型
南充市	41.2	12.7	30.83	170	潜在资源型
眉山市	59.9	15.2	25.38	438	潜在工程型 + 水质型
宜宾市	91.2	14.9	16.34	281	工程型
广安市	29.6	8.8	29.73	189	潜在资源型 + 生态型
达州市	103.7	19.1	18.42	286	工程型
雅安市	168.6	5.2	3.08	337	工程型
资阳市	21.2	11.7	55.19	236	资源型
重庆主城区	29.7	23.74	79.93	353	资源型
渝西地区	91.1	27.18	29.84	324	潜在资源型
三峡库区	176.1	19.08	10.83	220	工程型
成渝经济区	1258.9	307.6	24.43	314	潜在工程型

③ 工程型缺水：水资源利用率＜ 20%、人均供（用）水量＜ 500 m^3 的地区。这类地区包括泸州市、绵阳市、乐山市、宜宾市、达州市、雅安市、三峡库区。

④ 潜在工程型缺水：水资源利用率 20% ～ 40%、人均供（用）水量＜ 500 m^3 的地区，当通过修建水利工程设施后人均供水量逐超过 500 m^3，水资源的利用率尚未达到 40%，属潜在工程型缺水。这类地区包括眉山市。

⑤ 管理型缺水：人均供（用）水量大于 500 m^3，但水资源利用率高达 40%，通过节水挖潜、资源合理配置等措施使得水资源利用率小于 40%，人均供水量仍可大于 500 m^3，属管理型缺水。这类地区主要有渝西地区的江津市。

⑥ 水质型缺水：由于水质污染造成的有水无法安全使用，称为水质型缺水。区域河流上游多数水质良好，但可利用率极低，处于大中城市下游河段受城市生活污染影响水质较差，主要为岷江彭山段及府河、毗河等小支流水质较差，从而造成了水质型缺水。通过采取各种管理措施，部分地区 2008 年水质状况有所好转，但岷江彭山段水质仍然较差，仍存在水质性缺水现象。

⑦ 生态型缺水：由于水利工程调度影响或枯水期用水量过大等人类活动影响，导致枯水期河道水量低于最小生态流量（10% 多年平均流量），进而导致水生生物生存空间受损，形成水量减少的非污染损害。如广安。渠江罗渡溪断面按近期流量分析，出现枯水设计流量 30B3（或十年最枯月流量）仅为多年平均流量 5% 的情况。

⑧ 综合型缺水：按水资源利用率、人均供水量指标划分，缺水性质兼有以上两种或两种以上类型特征的，可称为综合型或复合型缺水，如眉山为潜在工程型＋水质型缺水，而广安为潜在资源型＋生态型缺水。

3．水资源短缺成因分析

（1）水资源总量丰富，但分布与人口、经济发展不相匹配

与北方缺水地区（如海河流域）相比，成渝地区水资源量相对丰富，但是境内水资源分布与城市人口、经济的发展不相匹配。由表 3-37 和图 3-38 可见，总人口、城镇人口、一产、二产、三产、供水量等与水资源总量的比例不协调。如四川省雅安市和乐山市，国土面积占整个评价区的 13.5%，人口仅占 5.0%，国内生产总值占 4.8%，但水资源量却占到近 1/4，为 23.5%。成都市、自贡市、德阳市、遂宁市、内江市、南充市、广安市、资阳市以及重庆主城区人口占整个成渝经济区的 48.8%，国内生产总值占 61.0%，一产、二产和三产产值分别占 48.0%、60.7% 和 66.9%，而水资源总量仅占 21.9%。显然，成都、自贡、德阳、遂宁、南充、重庆主城区等经济发达地区

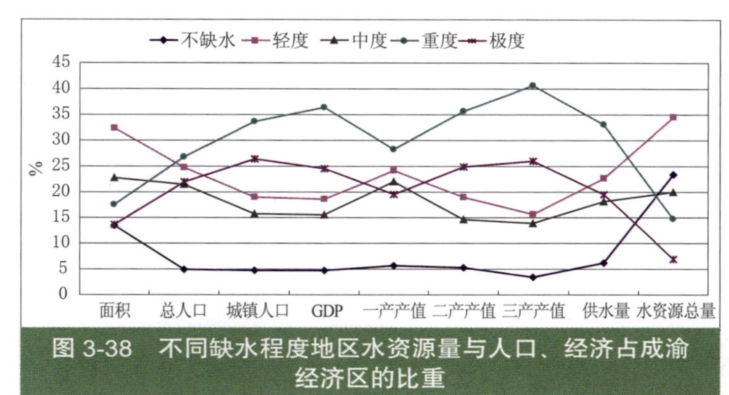

图 3-38　不同缺水程度地区水资源量与人口、经济占成渝经济区的比重

表 3-37　各地区水资源量与人口、经济在整个评价区域所占的比重　　单位：%

行政区	面积	总人口	城镇人口	国内生产总值	一产产值	二产产值	三产产值	供水量	水资源总量	缺水程度
成都市	5.77	11.03	22.27	25.10	11.15	24.44	31.83	18.73	6.56	重度
自贡市	2.09	3.20	3.71	2.98	3.43	3.05	2.70	2.21	1.21	极度
泸州市	5.85	4.85	3.17	3.05	4.30	2.92	2.68	3.09	5.02	中度
德阳市	2.85	3.82	3.21	4.90	5.81	5.79	3.41	7.48	2.50	重度
绵阳市	9.70	5.33	4.98	5.09	6.86	4.90	4.56	6.86	9.31	轻度
遂宁市	2.55	3.81	2.89	2.30	4.26	2.10	1.72	2.63	0.93	极度
内江市	2.57	4.20	3.07	2.83	3.82	3.00	2.20	3.19	1.23	极度
乐山市	6.14	3.50	3.45	3.42	3.93	4.09	2.38	4.58	9.70	不缺水
南充市	5.98	7.36	5.65	3.84	7.22	3.30	3.08	4.13	3.36	重度
眉山市	3.45	3.42	3.00	2.60	4.01	2.75	1.81	4.94	4.89	轻度
宜宾市	6.35	5.23	3.53	4.00	5.10	4.50	2.91	4.84	7.43	轻度
广安市	3.04	4.59	2.66	2.56	4.09	2.14	2.43	2.86	2.42	重度
达州市	7.95	6.57	4.36	3.85	7.76	3.24	2.96	6.21	8.46	中度
雅安市	7.34	1.52	1.28	1.33	1.83	1.37	1.08	1.69	13.75	不缺水
资阳市	3.82	4.89	2.58	2.82	5.24	2.64	2.03	3.80	1.73	极度
重庆主城区	2.62	5.86	14.27	13.69	2.93	14.28	17.51	7.72	1.96	极度
渝西地区	9.02	10.08	8.29	8.62	9.93	8.51	8.20	8.84	6.60	中度
三峡库区	12.91	10.75	7.63	7.03	8.33	6.98	6.52	6.20	12.94	轻度

人口多，工农业及服务业发达，需水量大，耗水多，但水资源总量相对少，水资源供需在地域上分布不平衡。这些地区境内虽然有岷江、沱江、嘉陵江、涪江、渠江等大江大河，但均为过境河流，这也加剧了水资源的短缺。

（2）大型骨干调蓄工程少，水资源开发利用不足

成渝经济区虽然水资源总体上较为丰富，但已建成和在建的大型水库数量少，大中型骨干综合利用调蓄工程不足。同时现有水利设施建设年代久远，建设标准低，工程老化、年久失修、建筑物损坏严重、水量损失大、工程效益衰减，使得水资源开发利用率不高。目前，成渝经济区水资源开发利用率总体水平为 24.3%，尚低于国际公认的 30% ～ 40% 的合理利用程度。一些水资源量丰富的地区，由于水资源开发利用不到位，存在一定的供用水紧张状态。如雅安市，水资源利用率仅为 3.1%，三峡库区、乐山、泸州等地区，水资源利用率均低于 20%。

（3）水资源需求结构不合理，用水效率低

农业灌溉是区域用水大户，用水量约占用水总量的 50%，农田供水受投资限制，管理粗放，输水、用水浪费严重，灌溉水利用率仅为 38% 左右；区域耗水量及耗水率较高，平均耗水率为 46%，其中生产耗水量占 84.4%；工业用水重复利用率为 60% 左右，水资源利用效率远低于发达国家与地区的水平。

（4）水污染、水土流失使部分水体水环境质量恶化

成渝经济区工业企业相对较多，由于监管能力薄弱，尚不能实现全面稳定达标，城镇基础建设落后，污水处理率低，脱氮除磷处理工艺较差，导致部分支流水体污染较为严重；加之化肥、农药的过量施用，城市径流、农田径流等面污染源又尚未进行有效的控制，造成河流水体水质污染加重。此外，水环境质量恶化还表现在水土流失上，成渝经济区内的自贡、遂宁、内江、资阳、南充、广安、三峡库区等城市水土流失率大于 60%，大量污染物进入水体。这些因素导致成渝经济区出现水质性缺水现象。

4．水资源短缺评估

成渝经济区处于中国的多水地带，水资源缺乏主要是由于人口的密度过大。

与北方缺水地区（如海河流域）相比，成渝经济区水资量相对丰富，与以色列等节水措施完善的国家相比，水资源利用效率还有很大的提升空间。按照国际标准：成渝经济区人均水资源量 1288m^3，属中度缺水地区，但仍有支撑发展的潜力，主要体现在几个方面：

① 长江过境水资源量比较充沛。存在水资源应急调配的时间和空间，即在枯水年可以适当利用长江水，将长江作为“多年调节水库”，因此，成渝经济区具有较高的用水高保障率。

② 目前水资源利用率水平较低。随着清洁生产的发展战略推进，利用先进的节约资源技术，从源头上限制新鲜水资源的消耗，则地区的可利用水资源量尚可供区域经济的进一步发展。

③ 成渝经济区工业化进入重化工业发展阶段，城镇化进入快速发展阶段，随着“两化”的发展，产业结构调整、传统产业改造升级、节水型社会建设的推进，区域用水总量可望控制在缓慢增长或零增长水平。

第三节　环境空气质量现状与酸雨

一、大气污染物排放与演变趋势

1．大气污染物现状排放量与排放强度

2007 年成渝经济区 SO_2、NO_x、烟尘和粉尘排放量分别为 163.6 万 t、48.8 万 t、46.1 万 t 和 27.1 万 t。为更好掌握成渝经济区 2007 年各市（区）大气污染物排放强度分布特征，将评价区 72 个区块的污染物 SO_2、NO_x、烟尘、粉尘排放量分别除以所在地区的面积，统计得出评价区四种污染物的排放强度分布（如图 3-39 至图 3-42）。

由图 3-39 至图 3-42 可以看出，成渝经济区四种污染物中，尤以 SO_2 排放强度最大，排放强度最大的地区为重庆的大渡口区，达 312 g/（m^2·a），九龙坡次之，为 149 g/（m^2·a），此外，重庆的万盛区及成都、内江的部分地区 SO_2 排放强度均高于 50 g/（m^2·a）。

与 SO_2 相比，其他三种污染物排放强度明显较低。NO_x 排放强度最大的为重庆的渝中区 83 g/（m^2·a），九龙坡次之，为 76 g/（m^2·a），其余地区排放强度均低于 20 g/（m^2·a）。烟尘排放强度最大的为九龙坡 63 g/（m^2·a），其次为大渡口，为 55 g/（m^2·a）。此外，南岸区、万盛区 NO_x 也较高，均在 20 g/（m^2·a）以上。粉尘排放强度最大的为大渡口区 26 g/（m^2·a），高于 20 g/（m^2·a）的地区还有沙坪坝、南岸区。

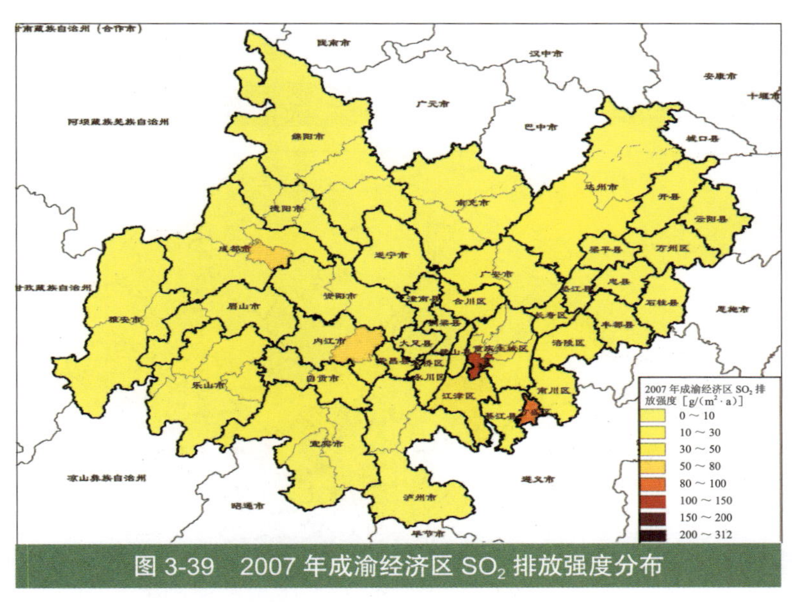

图 3-39　2007 年成渝经济区 SO_2 排放强度分布

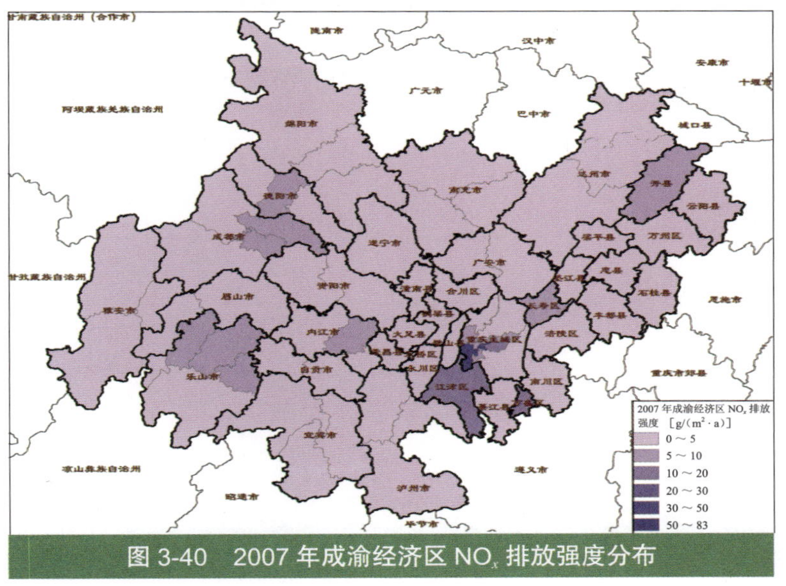

图 3-40　2007 年成渝经济区 NO_x 排放强度分布

2．大气污染物现状排放量变化趋势

2001—2008 年，成渝经济区 SO_2 排放总量呈现先增后降的特点（见图 3-43），2005 年 SO_2 排放量增至最高，随后逐年下降，但仍高于 2001 年排放水平。烟、粉尘排放量

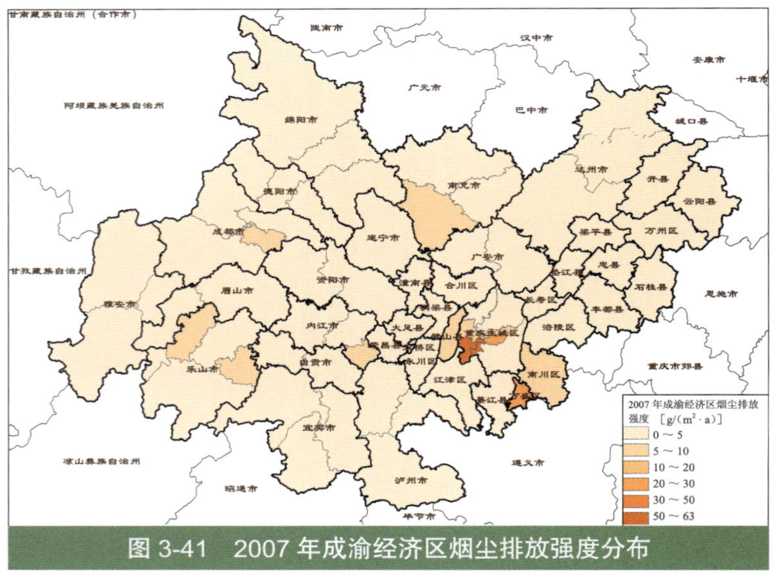

图 3-41 2007 年成渝经济区烟尘排放强度分布

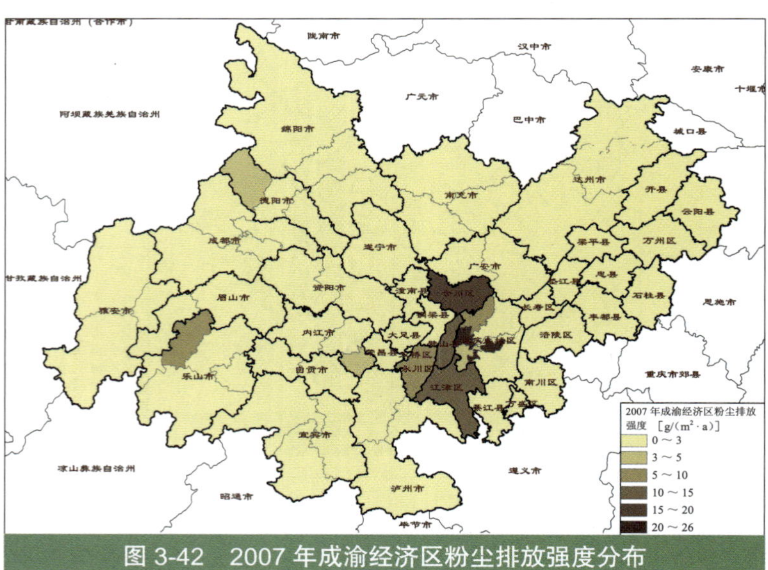

图 3-42 2007 年成渝经济区粉尘排放强度分布

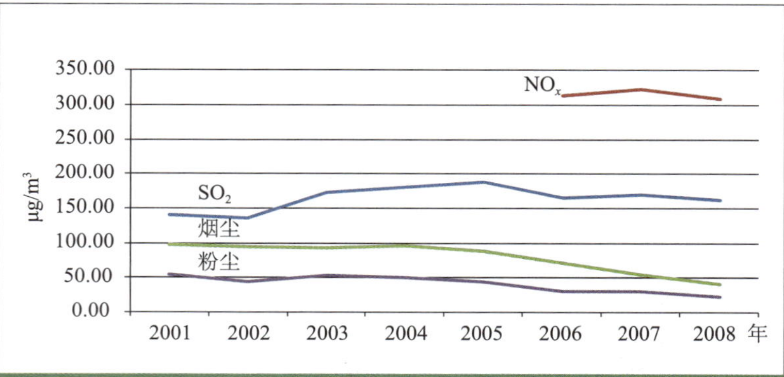

图 3-43 2001—2008 年成渝经济区主要大气污染物排放量变化趋势

呈持续下降趋势，NO_x 从 2006 年列入统计以来基本保持稳定。

自 2000 年起，成渝经济区内各城市 SO_2 排放量变化趋势差别较大，成都、宜宾、乐山、眉山、重庆的九龙坡区等一部分原排放量较高的地区排放量显著减少（见图 3-44 中的深色柱体），而江津、达州、泸州和重庆万盛区、合川区排放量显著增加（见图 3-44 中的浅色柱体）。从区内 NO_x 排放量变化趋势来看，成都、重庆以及乐山、达州等地是排放量高值区，尤其是成都排放量快速增加，应予以重点关注。

成渝经济区各地 1997—2008 年 SO_2、NO_x 和烟尘排放情况见图 3-45、图 3-46、图 3-47。成渝经济区 SO_2 和 NO_x 高排放强度地区主要分布在沿长江上游城市带和岷江沿线成德绵乐城市带。成渝经济区西部以及南部地区、重庆都市圈及西南部地区 SO_2 排放量较大。

3．分行业的大气污染物排放特征

将成渝经济区大气污染物分火电、化工、建材、冶金、其他行业、面源（含＜30m 的低矮源）六大类排放源统计（见图 3-48）。区内火电、化工、建材、冶金四个大气污染行业 SO_2 排放占全区为 58%，NO_x 占全区的 46%。

成渝经济区工业点源主要沿盆周地区分布，火电行业分布在四川境内较为集中，主要分布在四川的成都、内江、乐山、宜宾、泸州、达州，重庆火电分布相对较为分散，主要分布在重庆九龙坡区、江津、涪陵、合川、南川、万盛、綦江等地。

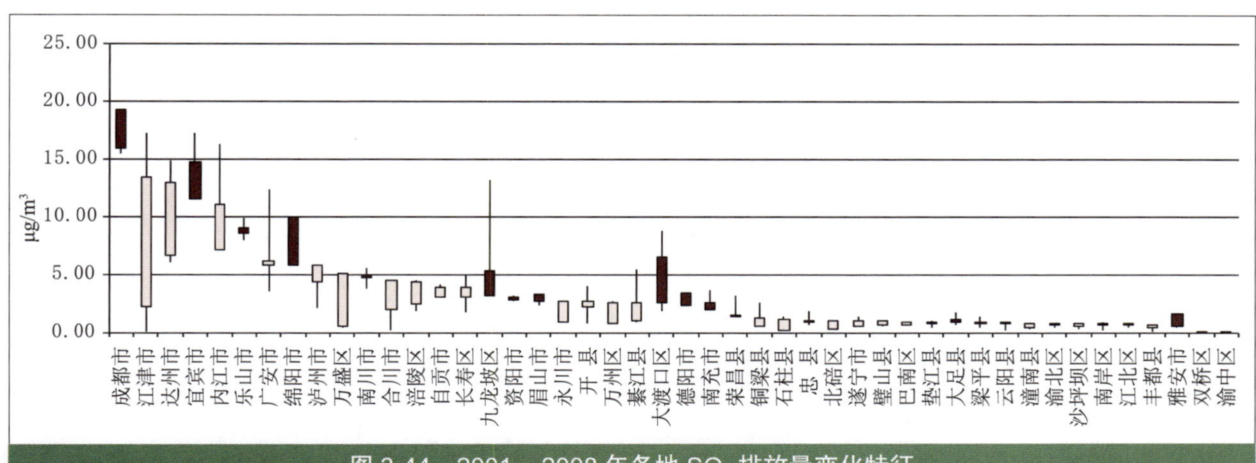

图 3-44　2001—2008 年各地 SO_2 排放量变化特征

化工点源在四川境内主要沿成德绵乐城市带及宜宾、泸州分布，在重庆境内主要分布在重庆主城区、涪陵、长寿、万州等地。

冶金点源主要分布在成德绵乐城市带、雅安、达州以及重庆主城区。

建材点源在四川境内分布较广，重庆地区只零散分布在重庆主城区及江津、万州等地。

其他行业点源在四川境内除雅安分布较少外，其他市区均有不等数量分布，尤以成都最为集中；重庆境内仅在重庆主城区分布集中，其他市县分布较少。

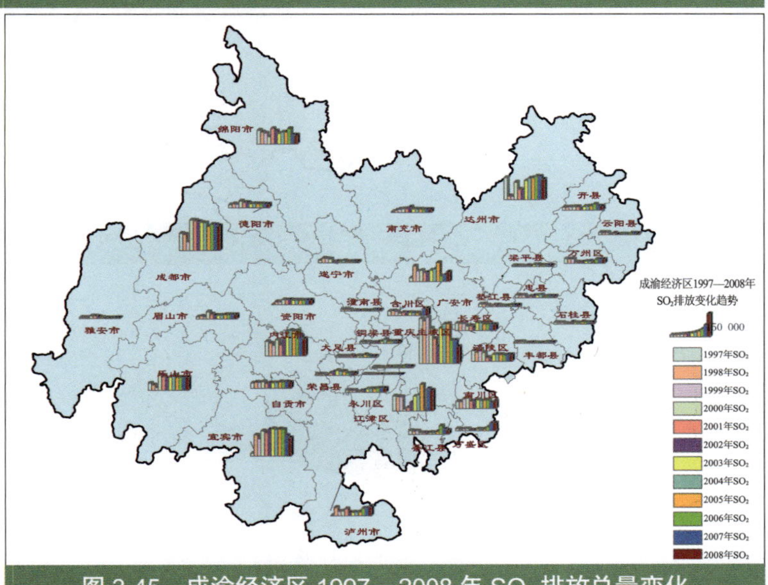

图 3-45　成渝经济区 1997—2008 年 SO_2 排放总量变化

4．SO_2 排放与 GDP 的耦合关系

2000—2007 年，成渝经济区的万元 GDP SO_2 排放水平总体上呈现下降趋势（见表 3-38、图 3-49），平均年下降速率 13%。成渝经济区万元 GDP 的综合能耗水平总体呈现波浪形下降趋势，在 2000—2002 年呈下降状态，在 2002—2007 年期间出现小幅增加后，呈下降趋势。

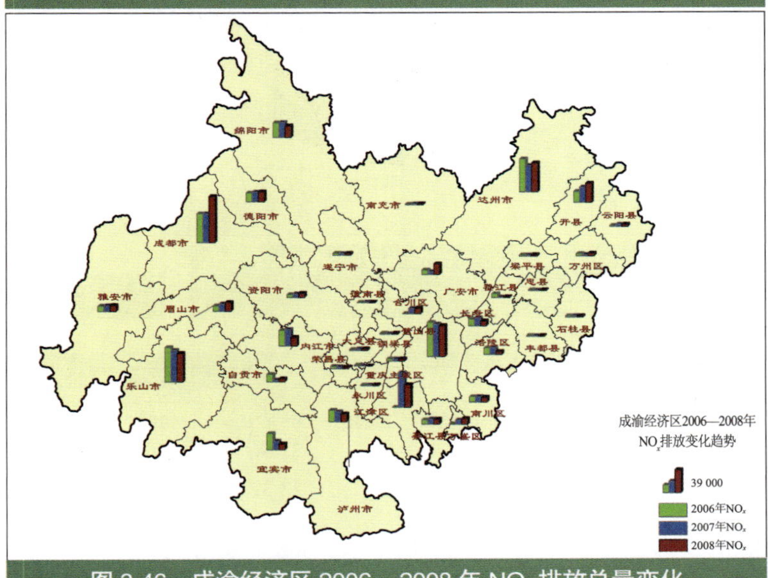

图 3-46　成渝经济区 2006—2008 年 NO_x 排放总量变化

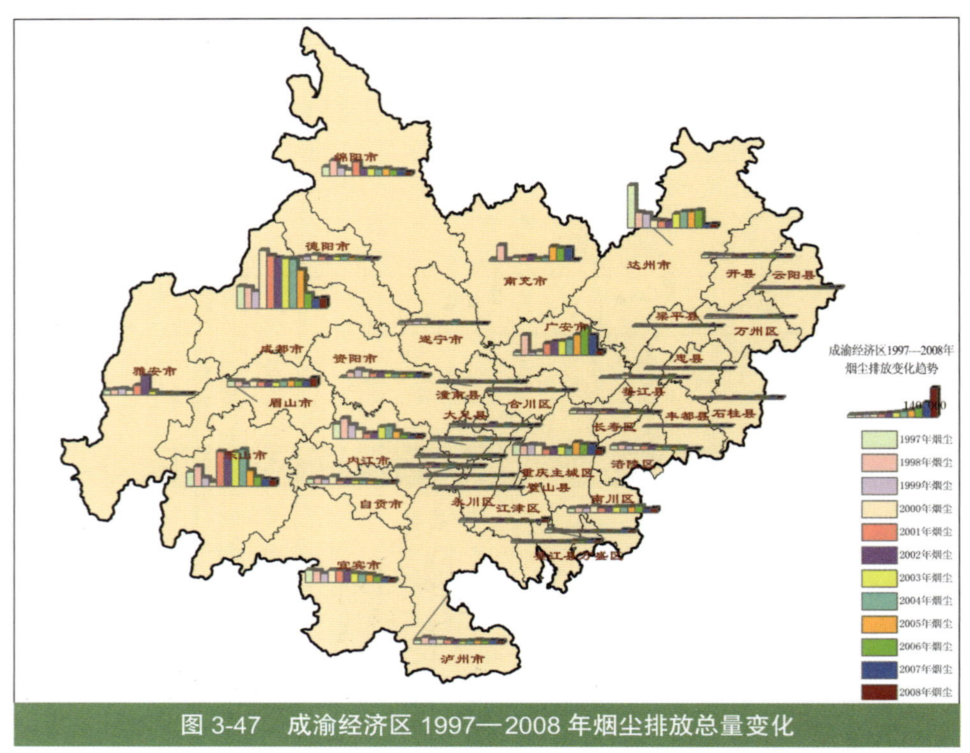

图 3-47 成渝经济区 1997—2008 年烟尘排放总量变化

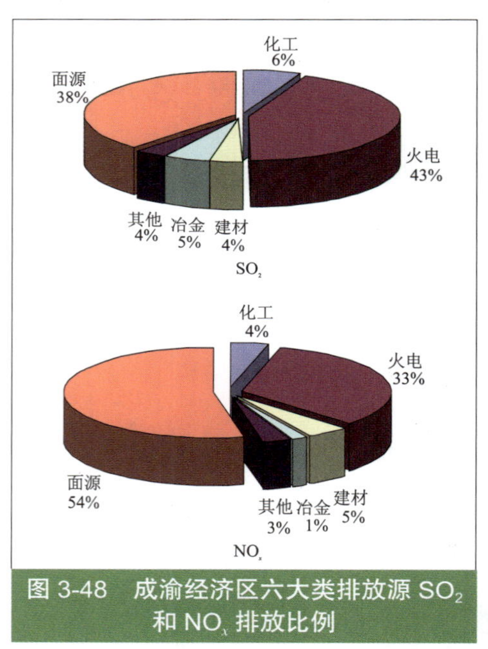

图 3-48 成渝经济区六大类排放源 SO_2 和 NO_x 排放比例

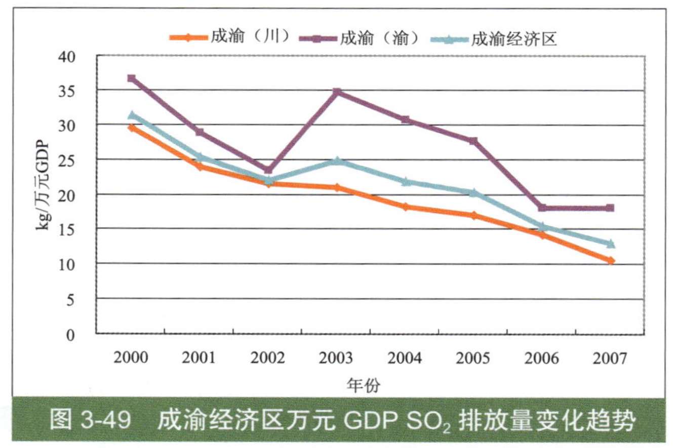

图 3-49 成渝经济区万元 GDP SO_2 排放量变化趋势

表 3-38 成渝经济区万元 GDP SO_2 排放水平趋势 单位：kg/ 万元

年份	2000	2001	2002	2003	2004	2005	2006	2007
成渝（川）	29.39	23.94	21.56	20.87	18.22	17.04	14.24	10.49
成渝（渝）	36.47	28.82	23.32	34.55	30.57	27.48	18.07	18.08
成渝经济区	31.39	25.32	22.06	24.82	21.75	20.26	15.39	12.98

二、环境空气质量及变化趋势

1. 环境空气质量现状

2008年成渝经济区重庆31个区县、四川15个地级市SO_2、NO_2、PM_{10}监测年均浓度见表3-39。

2008年成渝经济区部分城市SO_2年均浓度超过国家二级标准，SO_2超标城市主要包括泸州、宜宾、德阳、内江、重庆的渝中、万盛、南川、永川、南岸、九龙坡、江北、涪陵，约占所有监测统计城市的1/4，浓度最高的是重庆渝中区，达到0.081mg/m^3；所有监测统计城市NO_2年均浓度均低于国家二级标准，浓度较高的城市包括成都、自贡、南充、眉山及重庆的九龙坡、大渡口、江北、渝中、南岸、渝北、垫江、璧山；PM_{10}年均浓度超过国家二级标准的地区主要有成都、重庆的渝中、沙坪坝、大渡口、九龙坡、永川、巴南、云阳，约占所有监测统计城市的1/6。

从区域分布来看，成渝经济区内西部地区雅安市环境空气质量较好，而成都、德阳空气质量较差；南部（宜宾市、泸州市）和东部地区（重庆主城区、南川区、涪陵区、永川区）环境质量也较差；北部地区（南充、绵阳）环境质量相对较差。

表3-39　2008年成渝经济区各地空气污染物年均浓度统计　单位：mg/m^3

市（区）	SO_2	NO_2	PM_{10}	市（区）	SO_2	NO_2	PM_{10}
万州区	0.016	0.018	0.099	忠　县	0.049	0.023	0.095
涪陵区	0.061	0.036	0.07	开　县	0.026	0.025	0.098
渝中区	0.081	0.051	0.127	云阳县	0.01	0.026	0.103
大渡口区	0.06	0.066	0.114	石柱县	0.046	0.019	0.078
江北区	0.068	0.056	0.098	江津区	0.057	0.022	0.082
沙坪坝区	0.054	0.032	0.126	合川区	0.028	0.022	0.054
九龙坡区	0.069	0.072	0.11	永川区	0.071	0.029	0.107
南岸区	0.07	0.046	0.094	南川区	0.073	0.028	0.085
北碚区	0.051	0.023	0.081	成都市	0.049	0.052	0.112
万盛区	0.078	0.027	0.097	自贡市	0.056	0.049	0.08
双桥区	0.03	0.03	0.056	泸州市	0.074	0.035	0.082
渝北区	0.058	0.043	0.096	德阳市	0.07	0.022	0.061
巴南区	0.058	0.034	0.104	绵阳市	0.042	0.025	0.076
长寿区	0.05	0.032	0.098	遂宁市	0.026	0.018	0.079
綦江县	0.058	0.018	0.055	内江市	0.061	0.025	0.055
潼南县	0.019	0.01	0.079	乐山市	0.031	0.027	0.053
铜梁县	0.014	0.016	0.073	南充市	0.043	0.039	0.059
大足县	0.023	0.013	0.06	眉山市	0.058	0.038	0.087
荣昌县	0.025	0.024	0.098	宜宾市	0.073	0.029	0.081
璧山县	0.038	0.039	0.057	广安市	0.047	0.02	0.072
梁平县	0.005	0.022	0.061	达州市	0.026	0.033	0.061
丰都县	0.01	0.027	0.057	雅安市	0.024	0.025	0.054
垫江县	0.024	0.042	0.092	资阳市	0.046	0.025	0.058

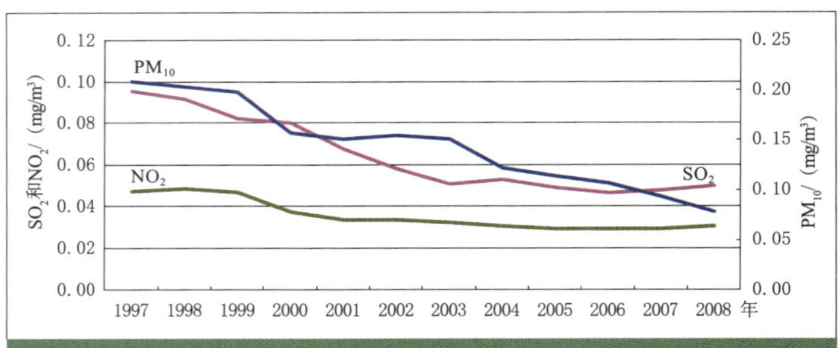

图 3-50 1997—2008 年成渝经济区主要市（区）SO_2、NO_2、PM_{10} 浓度年均变化趋势

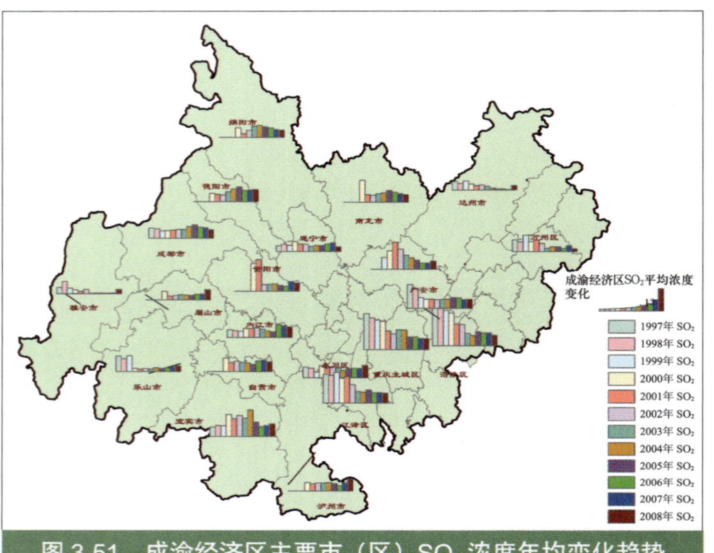

图 3-51 成渝经济区主要市（区）SO_2 浓度年均变化趋势

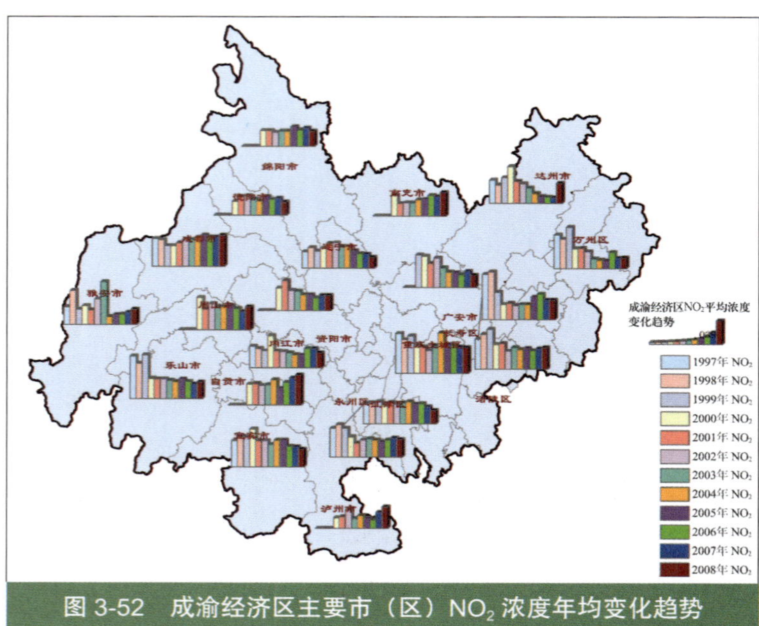

图 3-52 成渝经济区主要市（区）NO_2 浓度年均变化趋势

2．环境空气质量演变趋势

选择成渝经济区四川 15 个地级市、重庆沿江的 6 个市（区），对 1997—2008 年 SO_2、NO_2、PM_{10} 年均浓度进行统计分析。

（1）总体趋势

1997—2008 年成渝经济区主要市（区）平均污染物年均浓度变化见图 3-50。从整个区域年均浓度变化来看，1997—2008 年成渝经济区 SO_2 年均浓度总体呈下降趋势，1997—2003 年下降趋势较为明显，之后整个区域的平均浓度相对稳定。总体上 NO_2 年均浓度呈下降趋势，2003 年后变化不大；PM_{10} 年均浓度下降幅度较大。

（2）SO_2 和 NO_2 年均浓度变化趋势及分布特征

1997—2008 年成渝经济区 SO_2 年均浓度总体呈下降趋势，1997—2003 年下降趋势较为明显，之后整个区域的平均浓度相对稳定，近年有缓慢上升趋势。

1997—2008 年，SO_2 年均浓度超过国家空气质量二级标准的市（区）数持续保持占成渝经济区市（区）总数的 25%。2008 年 SO_2 超标城市除德阳外，主要分布在沿长江城市带，包括泸州、宜宾、永川、重庆主城区、涪陵，以及万盛和内江。

从 SO_2 年均浓度变化趋势来看，各地区 SO_2 年均浓度有升有降，浓度较高的涪陵、重庆主城区、资阳、江津、宜宾、南充、广安等地下降趋势尤为显著，达到 60% ～ 70% 的降幅。值得注意的是，近三年约有 50% 的城市 SO_2 年均浓度有不同程度的升高，部分原先浓度较低的城市，呈持续上升的趋势，如泸州、永川、德阳、眉山等城市 SO_2 年均浓度已超过或接近国家二级标准。区内两大都市——成都、重庆都市圈 SO_2 环境空气质量呈逐年好转趋势。成渝经济区主要市（区）

SO_2 年均浓度变化趋势见图 3-51。

1997—2008 年，成渝经济区 NO_2 年均浓度全部满足国家环境空气质量二级标准，2008 年 NO_2 年均浓度相对较高的城市为成都市、眉山、南充、自贡及重庆主城各区。

从变化趋势来看，长江沿岸城市（除泸州外）NO_2 年均浓度呈弱下降趋势，成都、乐山、达州、泸州、自贡等 8 个城市年均浓度有所上升，其中上升幅度最大的为达州，成渝经济区主要市（区）NO_2 浓度年均变化趋势见图 3-52。

总体上，成渝经济区内盆东南和南部——长江沿岸城市带的重庆主城区、南川区、涪陵区、永川区、宜宾市、泸州市和盆地西北的成都、德阳，环境空气质量相对较差。

从大气环境质量现状和变化趋势可以看出，成渝经济区环境空气质量有所改善，但局部区域控制 SO_2、NO_x 环境空气质量下降的任务还十分艰巨。

三、酸雨发展趋势与空间分布特征

1．酸雨污染现状

我国酸雨主要分布于长江以南，成渝经济区是主要酸雨控制区，尤其是重庆、南充、宜宾、雅安等酸雨较重，属西南酸雨区的中心地带。

成渝经济区酸雨以硫酸型为主。2008 年酸雨污染状况见表 3-40，酸雨等级分布见图 3-53。区内 6 个市（区）为重酸雨区，这 6 个市（区）均为国家酸雨控制区；14 个市（区）为中酸雨区，其中，雅安、南川仍属中酸雨区，酸雨污染不容忽视；15 个市（区）为轻酸雨区，其中，万州、丰都、云阳未列入国家酸雨控制区的城市，同样受到酸雨污染；8 个市（区）为非酸雨区，同时，四川的遂宁、德阳及重庆的南岸、綦江均为国家酸雨控制区，2008 年已为非酸雨区水平。

成渝经济区内约有半数的地区属于中、重酸雨区，在空间分布上呈倒“T”字形，2008 年中、重酸雨区主要分布在四川盆地西南和南部的雅安、乐山、自贡、宜宾、泸州，嘉陵江干流一线的南充、广安和重庆一小时都市圈的部分市区（重庆、南川、潼南、铜梁、巴南、荣昌、万盛等）。

表 3-40　2008 年成渝经济区酸雨污染状况

等级	质量状况	涵盖地区
Ⅰ	非酸雨区（pH> 5.60）	遂宁*、资阳、德阳*、达州、南岸*、开县、垫江、綦江*
Ⅱ	轻酸雨区（5.00< pH ≤ 5.60）	绵阳*、眉山*、成都*、内江*、万州、丰都、九龙坡*、云阳、合川*、忠县、永川*、江北*、江津*、璧山*、长寿*
Ⅲ	中酸雨区（4.50<pH ≤ 5.00）	南充*、乐山*、雅安、广安*、自贡*、南川、大渡口*、大足*、沙坪坝*、涪陵*、渝中*、渝北*、潼南*、铜梁*
Ⅳ	重酸雨区（pH ≤ 4.5）	泸州*、宜宾*、万盛*、北碚*、巴南*、荣昌*

注：* 为国家酸雨控制区。

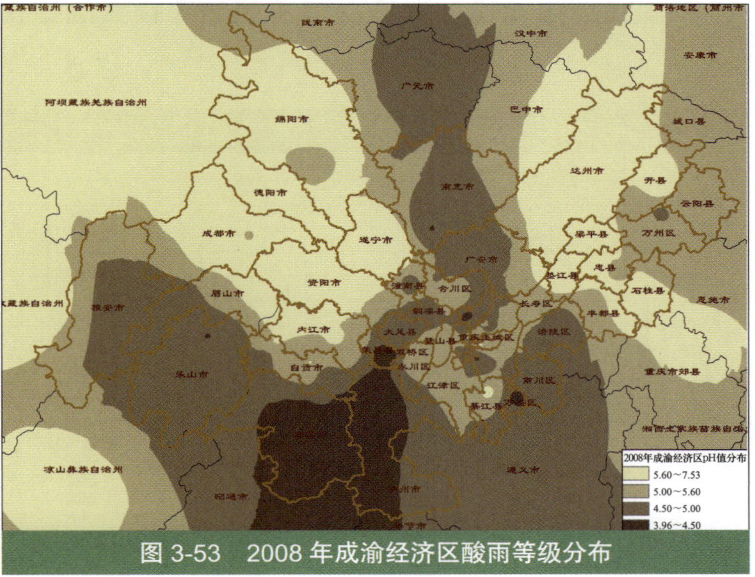

图 3-53　2008 年成渝经济区酸雨等级分布

根据国家酸雨控制区区划，成渝经济区内属于酸雨控制区的市（区）共33个，占全区的77%。雅安、南川未列入国家酸雨控制区，但其2008年为中酸雨区，酸雨污染不容忽视，万州、丰都、云阳未列入国家酸雨控制区的城市，同样受到酸雨污染；四川的遂宁、德阳及重庆的南岸、綦江均为国家酸雨控制区，2008年酸雨污染较轻。

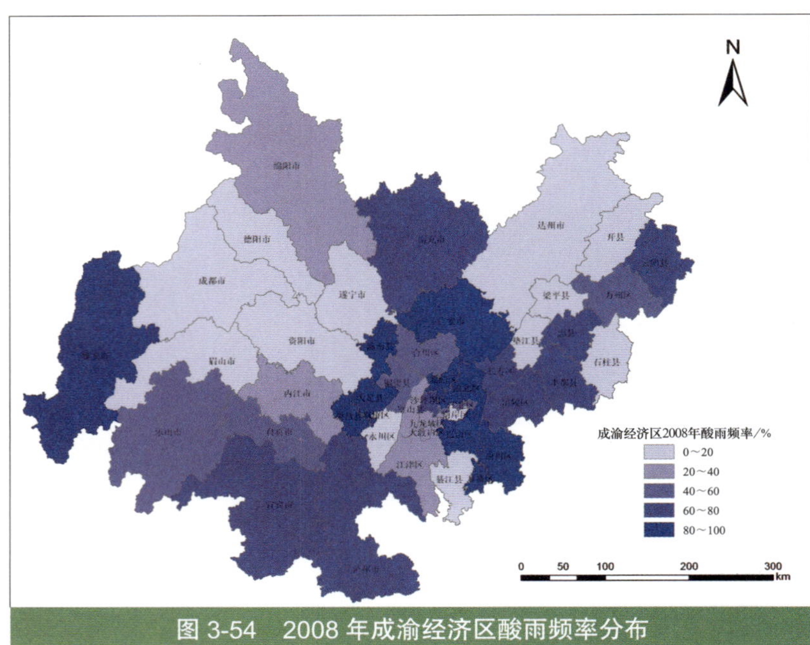

图3-54 2008年成渝经济区酸雨频率分布

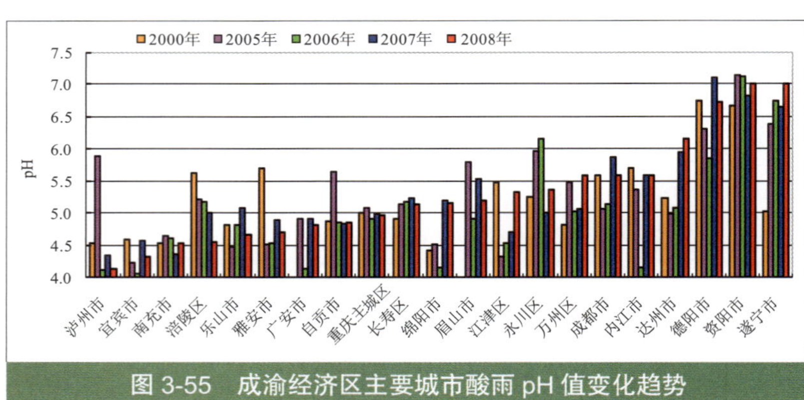

图3-55 成渝经济区主要城市酸雨pH值变化趋势

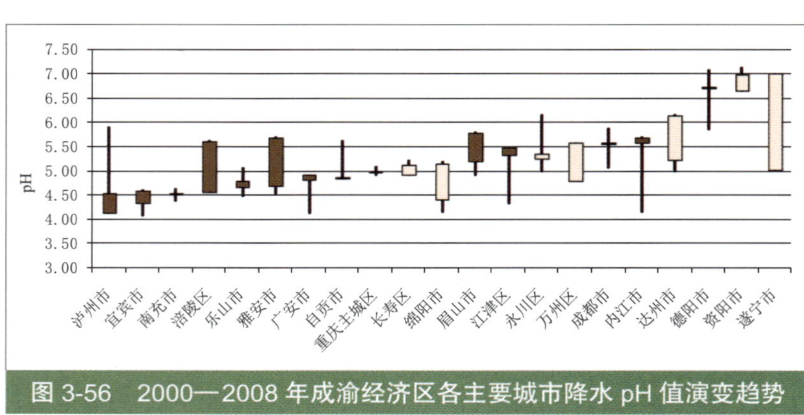

图3-56 2000—2008年成渝经济区各主要城市降水pH值演变趋势

2008年，成渝经济区酸雨频率均值为58.7%，降水年均pH值范围为4.06（荣昌县）～7.42（垫江县），35个市（区）出现酸雨，占80%。酸雨频率大于40%的城市26个，占酸雨频率监测城市的70%。从2008年酸雨频率来看（见图3-54），中东部、南部及西部的雅安酸雨频率较高，其中广安、南川最为严重，酸雨频率为100%。

2. 酸雨变化趋势

成渝经济区2000年、2005—2008年主要城市降水pH值的变化趋势见图3-55。2008年，约有50%的城市pH值比2000年有所降低（见图3-56中的深色柱体）。酸雨pH值持续较低（重酸雨区）且近年还有加重趋势的城市主要是川南的泸州、宜宾；2000年以来酸雨污染加重，且处于中酸雨区的城市主要有涪陵、乐山、雅安；近年酸雨pH持续偏低的城市为南充、广安、自贡和重庆主城区。总体来说，近年来酸雨污染在长江沿岸城市带有逐步加重趋势，表明上述区域酸雨污染控制形势相当严峻。降水pH值显著上升并达到5.6以上的地区主要有地区遂宁、资阳、德阳和达州。

3. 酸雨污染特征

从2008年成渝经济区降水中硫酸根离子和硝酸根离子当量浓

度比较可见（见图 3-57），成渝经济区降水中硫酸根离子是主导性酸性离子，硫酸型污染是其酸沉降的主要特点。但随着城市机动车数量的急剧增加，机动车尾气 NO_x 排放的增加导致硝酸根离子浓度有持续增加的趋势，硝酸根离子所占比例由 1997—2000 年平均值的 4.0% 上升为 2007—2008 年的 7.7%。表明雨水酸度的主控因子仍是硫酸根离子，但硝酸根离子对酸度的影响不可忽略。

通过对 2008 年成渝地区降水中离子浓度及湿沉降量的分析，得到区域降水硫沉降量分布（见图 3-58）。2008 年硫湿沉降高浓度区域主要分布在宜宾、自贡、内江和南充一线，此外泸州、遂宁、成都、涪陵和南川也属较高沉降量分布区。

4. 酸雨临界负荷比较

将 2008 年的降水硫沉降量分别与 rains asia 80%、清华 80% 临界负荷比较，图 3-59 和图 3-60 分别给出 2008 年的两种比较结果。

分析表明，2008 年成渝经济区降水硫沉降量超 rains asia80% 与超清华 80% 临界负荷的地区分布趋势大体相似，超临界最严重地区均为万盛及其周边地区，南充及以南的内江、潼南、铜梁、大足、荣昌等为代表的成渝中部地区，及泸州、宜宾、乐山为代表的成渝南部地区均出现不同程度的硫沉降超临界负荷现象。因此，需采取有效措施，进一步缓解这些地区的较为严峻的酸雨态势。

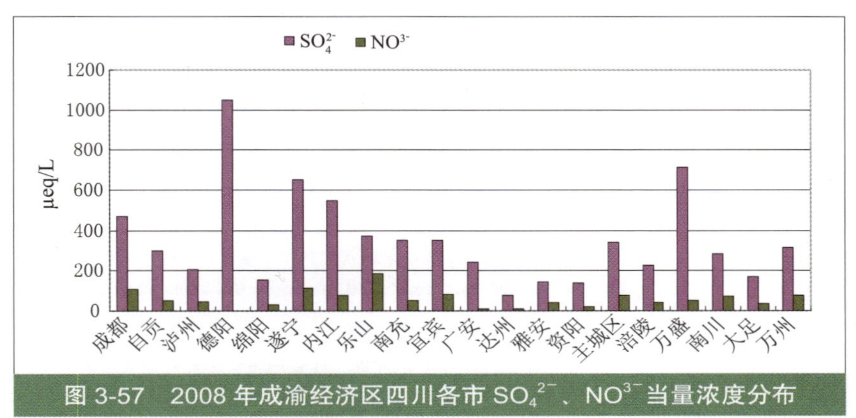

图 3-57　2008 年成渝经济区四川各市 SO_4^{2-}、NO^{3-} 当量浓度分布

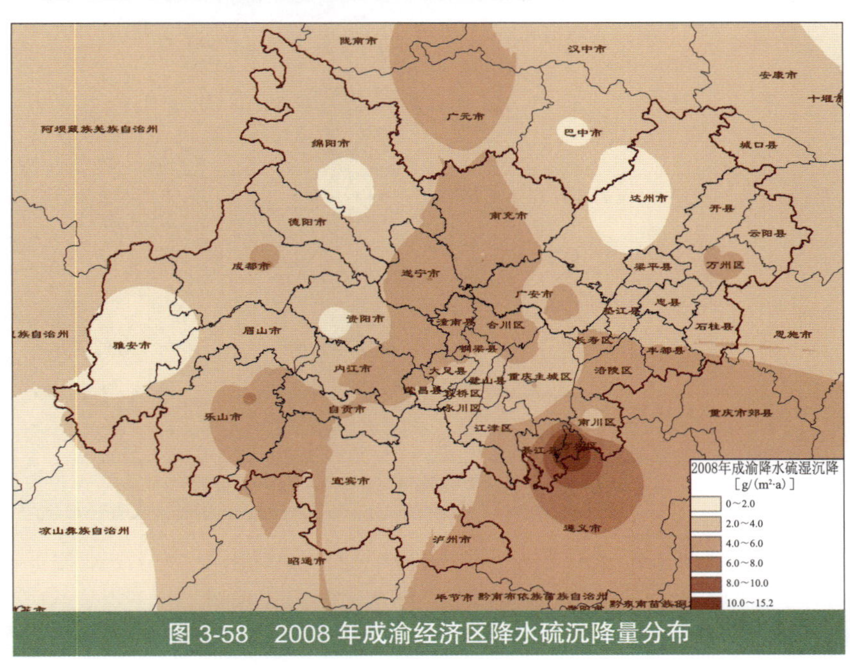

图 3-58　2008 年成渝经济区降水硫沉降量分布

四、复合型大气污染

1. 光化学污染现状

2009 年在重庆市区、成都市区和清洁对照点资阳市共布设 7 个监测点，开展了为期 1 个月的复合大气污染现状补充监测，主要监测因子为：O_3、$PM_{2.5}$、甲烷、非甲烷、苯、甲苯、乙苯、间、对二甲苯、邻二甲苯、1，3，5- 三甲苯、1，2，4- 三甲苯等，同时收集了监测时段内大气常规监测数据，对重庆、成都两大都市环境空气污染的复合特征进行研究。

2009 年复合大气污染现状补充监测分析结果表明（见图 3-61），成渝经济区内重庆、成

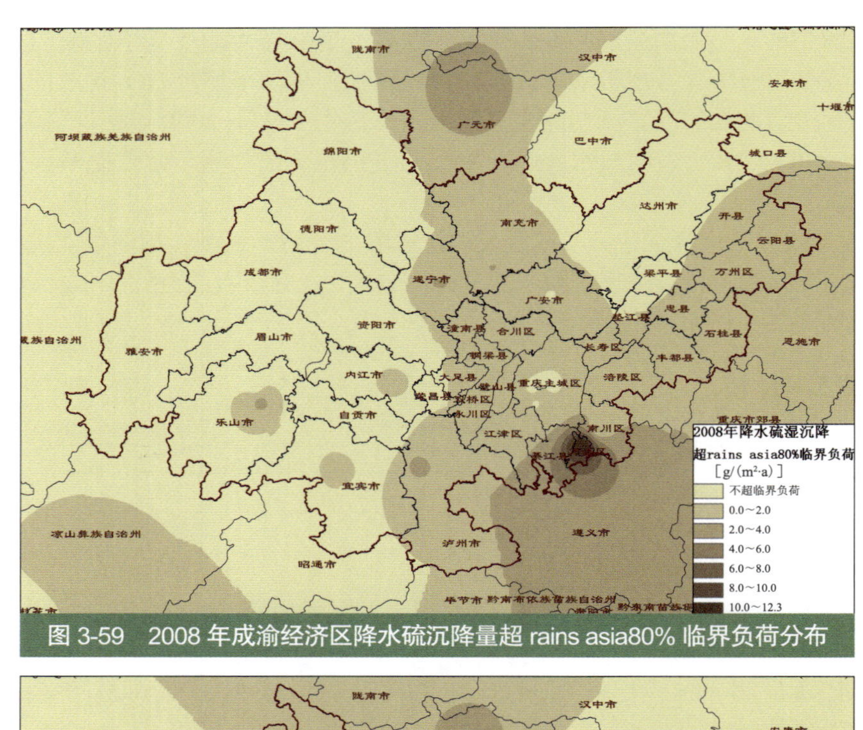

图 3-59　2008 年成渝经济区降水硫沉降量超 rains asia80% 临界负荷分布

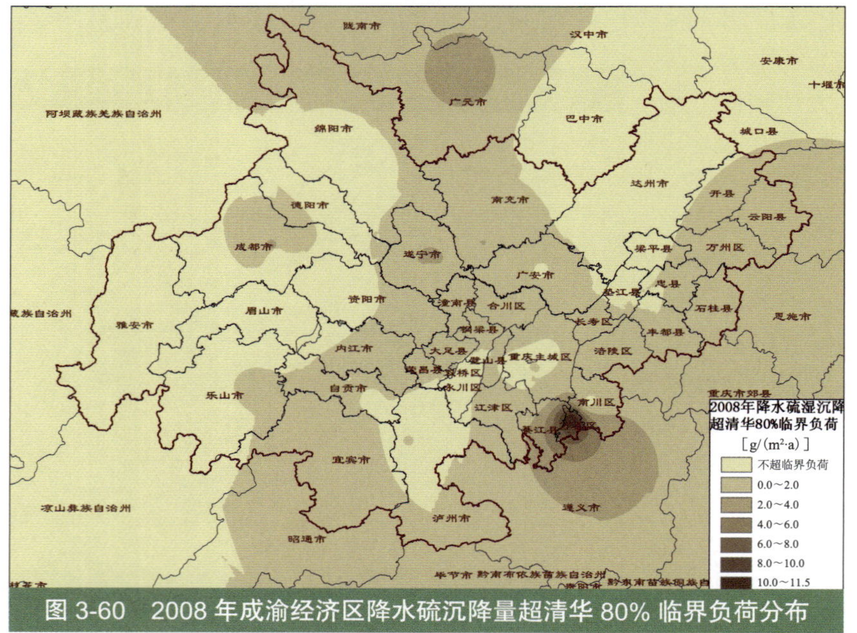

图 3-60　2008 年成渝经济区降水硫沉降量超清华 80% 临界负荷分布

都两大都市环境空气污染特征已经呈现出复合型污染特征，成都市光化学污染已经表现较为明显，重庆市也存在潜在的光化学污染风险。

成都市臭氧浓度与 NO_2 浓度具有典型的负相关，且成都市臭氧浓度大部分时段均超出国标浓度。表明成都市已经出现与东部发达地区大城市一样的复合型污染，表现为消耗 NO_2 型光化学反应。

重庆市臭氧浓度与 NO_2 浓度和 VOC 浓度都具有一定的负相关性，但其臭氧浓度水平不到国标一半。表明重庆市存在潜在的光化学污染风险。

成都都市圈出现复合型大气污染与城市经济社会发展水平基本一致，目前，成都市机动车

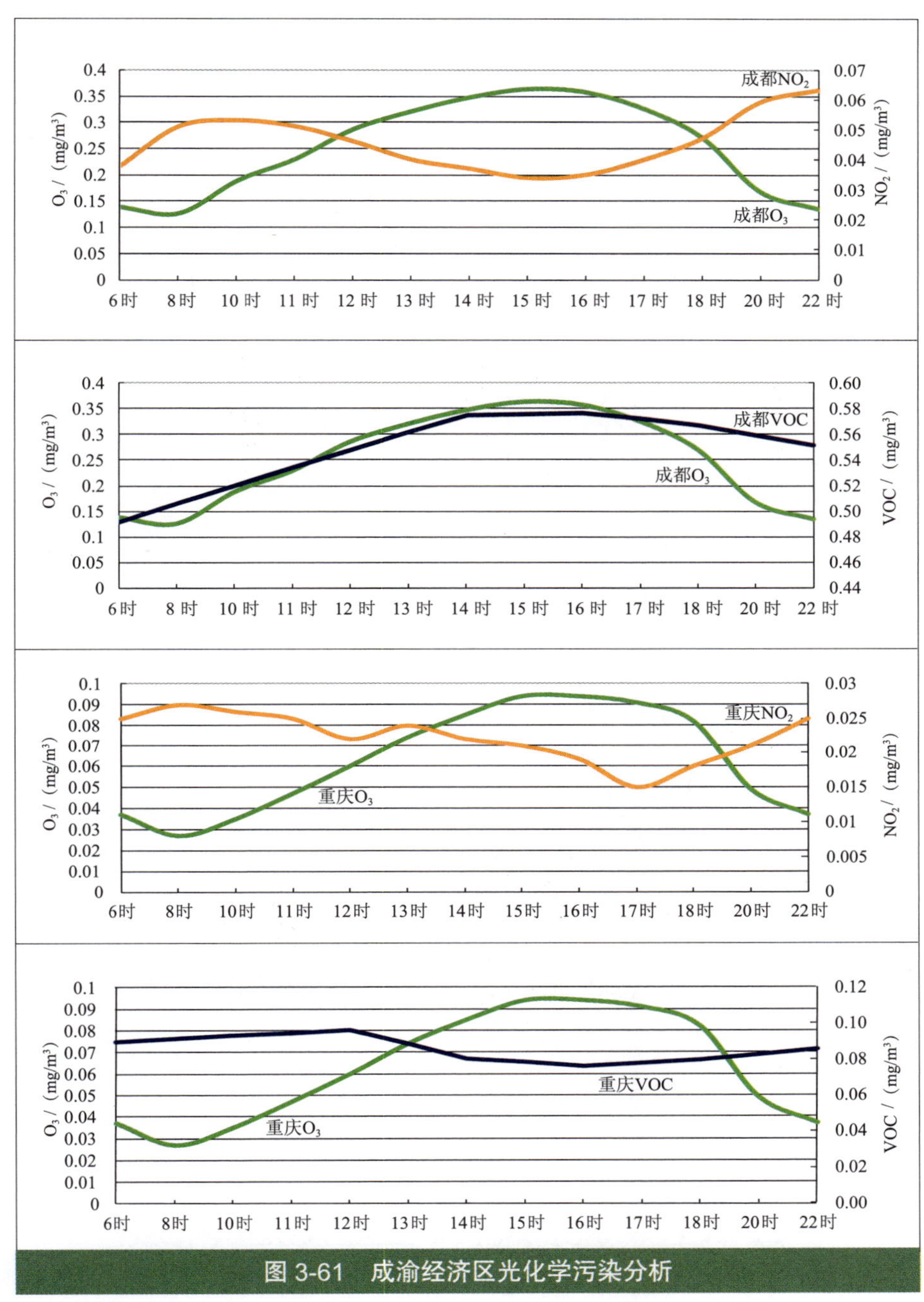

图 3-61　成渝经济区光化学污染分析

保有量全国排位第 3，城市综合竞争力全国排名第 10 位。

2．$PM_{2.5}$ 的污染现状

成都和重庆大气环境中 $PM_{2.5}$ 与 PM_{10} 的比值大体为 65%，两市已表现出以细粒子污染为主的大气污染（具体见图 3-62）。

监测期间 $PM_{2.5}$ 浓度与能见度存在比较明显的负相关，成都、重庆两地空气中的细粒子浓度直接影响大气能见度，是霾形成的重要原因。成渝地区细颗粒物污染问题已经不容忽视。

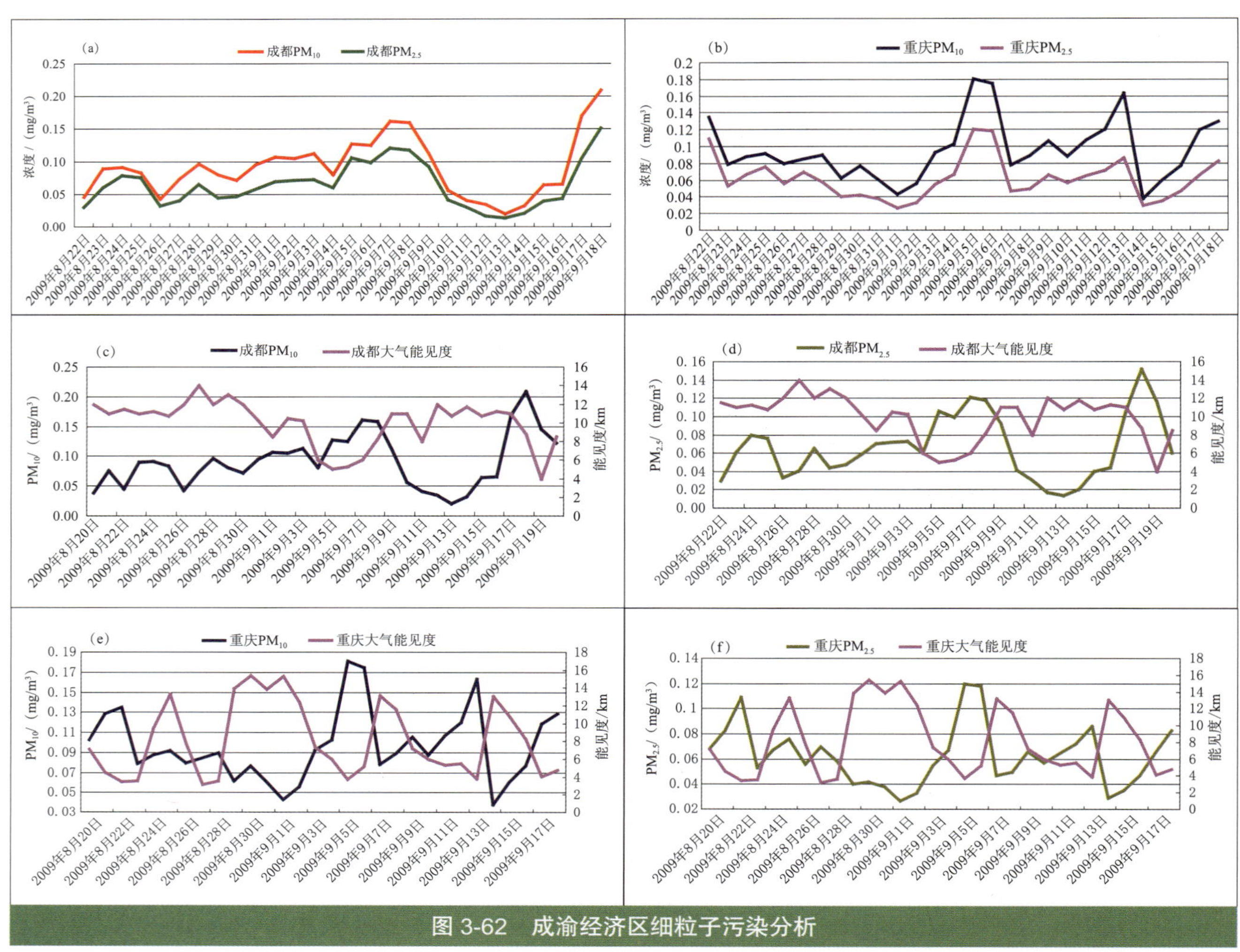

图 3-62 成渝经济区细粒子污染分析

相关研究表明，二次颗粒物是 $PM_{2.5}$ 的主要组成部分，因此该地区二次颗粒物复合污染问题需要特别关注。

第四节 能源消费演变趋势分析

一、区域能源消费及演变趋势

1. 能源消费总量及演变趋势

能源是国民经济的基础产业，能源开发与利用关系到经济社会的正常运行和发展，关系到生态环境的改善。随着经济持续高速增长，工业化和城镇化进程加快以及消费结构升级，成渝经济区能源消费总量呈现明显增长趋势。

年份	成渝经济区	重庆部分	四川部分	全国	成渝经济区占全国比重
2000	5926	1588	4338	138553	4.28
2005	11173	3728	7445	224682	4.97
2006	12484	3989	8495	246270	5.07
2007	13800	4495	9305	265480	5.20

表 3-41　成渝经济区能源消费总量　　单位：万 t 标煤

1997 年成渝经济区的能源消耗总量为 6299 万 t 标煤 /a，到 2007 年能源消耗总量达到 13800 万 t 标煤 /a，1997—2001 年能源消耗总量稳中有降，2000 年下降 5925 万 t 标煤（见表 3-41）。2001—2007 年能源消耗总量呈现快速增长，6 年间年均增长率达到 15%。

与全国能源消费总量相比，成渝经济区的能源消费总量在全国的占比呈现逐年增加趋势，2005—2007 年，成渝经济区能源消费总量占全国能源消费总量的比重基本稳定在 5%。2000—2007 年，成渝经济区能源消费总量的年均增长率高于全国能源消费总量的年均增长率。

2．能源消费结构及演变趋势

2007 年成渝经济区煤炭、天然气、油料和电力消费分别占能源消费总量的 64.1%、13.3%、12.8% 和 9.8%。1997—2007 年成渝经济区能源消费总量与结构变化趋势见表 3-42 和图 3-63。

与 2000 年能源消费结构比较，虽然煤炭占能源消费的比例略有下降，但以煤炭为主的能源消费结构没有发生改变，且煤炭的消费总量较 2000 年增加 125%。

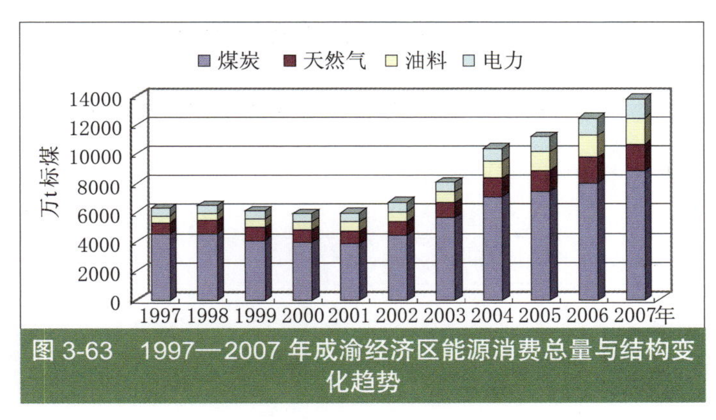

图 3-63　1997—2007 年成渝经济区能源消费总量与结构变化趋势

表 3-42　成渝经济区能源消费结构统计

年度	能源消费总量 / 万 t 标煤	煤炭 /%	天然气 /%	油料 /%	电力 /%
1997	6299	71.4	12.5	8.1	8.0
1998	6503	70.2	13.2	8.5	8.2
1999	6118	66.6	14.5	9.9	9.0
2000	5926	66.4	13.8	10.3	9.4
2001	5966	64.7	14.4	10.8	10.2
2002	6706	66.3	14.1	10.2	9.5
2003	8097	69.7	12.4	9.4	8.4
2004	10405	68.3	12.1	10.7	8.9
2005	11173	66.3	13.3	11.2	9.2
2006	12484	64.4	13.9	12.0	9.7
2007	13800	64.1	13.3	12.8	9.8

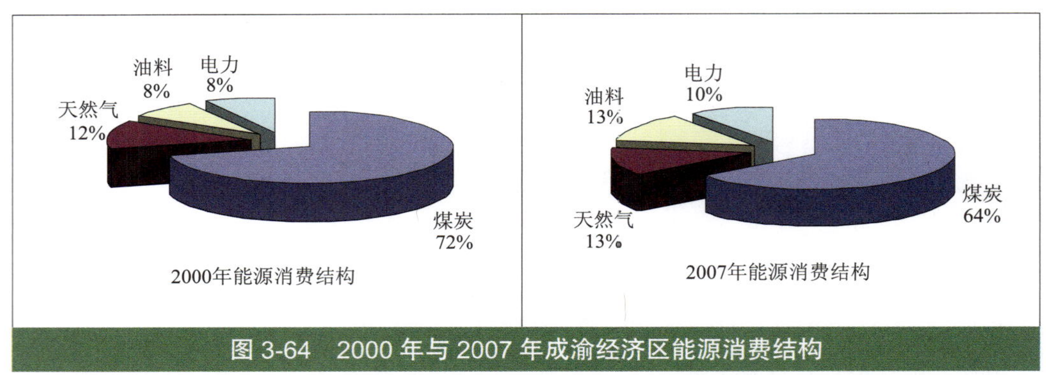

图 3-64　2000 年与 2007 年成渝经济区能源消费结构

2000 年与 2007 年成渝经济区能源消费结构见图 3-64。

与全国能源消费结构相比，成渝经济区煤炭消费比重虽然略低于全国平均水平（煤炭消费量约占 69%），但区域资源禀赋下的高硫煤使用，使煤炭消费带来的环境问题较国内其他区域更显突出。由此可见，成渝经济区未来的能源供应应致力于从煤炭供应为主的能源结构逐步转向多种能源供应结构。

二、能源消费与经济增长的耦合

1. 成渝经济区能源消费与经济发展的耦合分析

根据统计，成渝经济区工业能耗占区域综合能耗的 70% 以上。工业部门主要耗能产业石化、化工、建材、冶金、电力和煤炭的能耗总量占全区工业能耗总量的 80%，仅产出占全区 36% 的工业增加值。

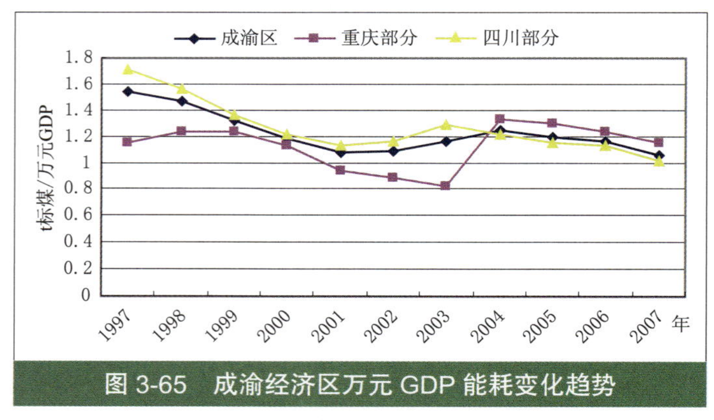

图 3-65　成渝经济区万元 GDP 能耗变化趋势

成渝经济区万元 GDP 能耗的变化趋势表明，万元 GDP 能源消耗总体呈现下降趋势，2002—2004 年有略微反弹，近三年随着节能减排力度加强，万元 GDP 能耗有所下降（图 3-65）。

川渝两省市比较来看，1997—2003 年成渝经济区四川部分的万元 GDP 能耗指标高于重庆，2004—2007 年重庆的万元 GDP 能耗指标高于四川。总体来看，近十年四川的万元 GDP 能耗指标呈下降趋势，重庆万元 GDP 能耗指标在 2001—2003 年有个低值区，总体上能耗指标徘徊在 1.2 t 标煤 / 万元 GDP 左右。

成渝经济区产业结构不合理、产业技术水平低导致了高能耗低产出，能源利用效率低下的状况。

2. 成渝经济区综合能耗水平变化趋势与全国的趋势比较

2000—2007 年全国综合能耗水平呈现逐年转好的趋势，但成渝经济区万元 GDP 综合能耗呈现波动变化。2000 年成渝经济区综合能耗指标好于全国水平，但随着地区经济发展加速，区域能源消耗总量也在迅速增加，2005—2007 年综合能耗指标有所降低，与全国平均水平接近。成渝经济区万元 GDP 综合能耗与全国的比较见表 3-43 和图 3-66。

表 3-43　成渝经济区万元 GDP 综合能耗　　单位：t 标煤 / 万元 GDP

年份	成渝经济区	重庆部分	四川部分	全国
2000	1.19	1.13	1.21	1.40
2005	1.20	1.30	1.16	1.23
2006	1.17	1.24	1.13	1.16
2007	1.06	1.16	1.01	1.06

表 3-44　2007 年全国主要城市万元 GDP 综合能耗（等价法）　单位：t/ 万元 GDP

地区	北京	上海	浙江	江苏	辽宁	陕西	山西	评价区
万元 GDP 能耗	0.71	0.83	0.83	0.85	1.70	1.36	2.76	1.40

注：以 2005 年价计。

与国内其他地区的能耗水平对比，按照 2005 年不变价格，2007 年成渝经济区万元 GDP 综合能耗指标明显比北京、上海两大经济发展中心以及浙江、江苏等东部沿海经济发达省份要差，与西部省份陕西综合能耗接近，好于东北的辽宁和西部的山西。整体来看，成渝经济区的万元 GDP 综合能耗指标处于全国中等水平，但在西部地区能耗水平居前位（见表 3-44、图 3-67）。

三、区域能源生产与消费中存在的主要问题

1. 能源供需矛盾依然突出

成渝经济区能源资源虽然相对丰富，但能源供求关系长期以来一直处于紧张状态，自 2000 年以来能源生产大幅度增长，但由于需求增长更快，仍然出现了较大范围的能源短缺。煤炭价格上涨较大，交通运输压力增大，煤炭总量不足等原因，火电机组停机现象经常发生。缺电持续时间较长。天然气产量与资源保有量相比较，存在投入不足开采滞后的情况，天然气供应缺口逐年加大，大量天然气外输，区域天然气的消费量远小于生产量。能源供需矛盾

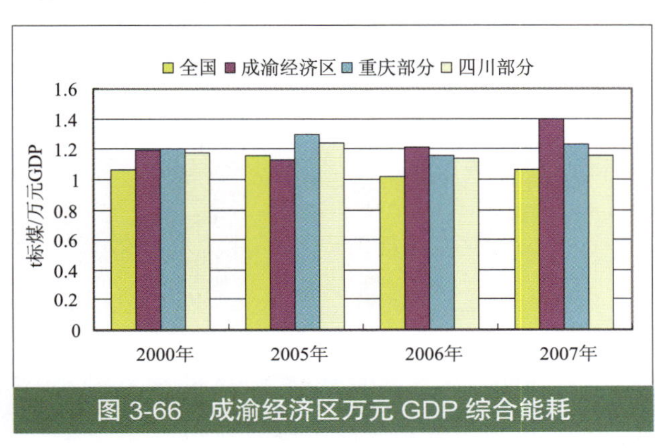

图 3-66　成渝经济区万元 GDP 综合能耗

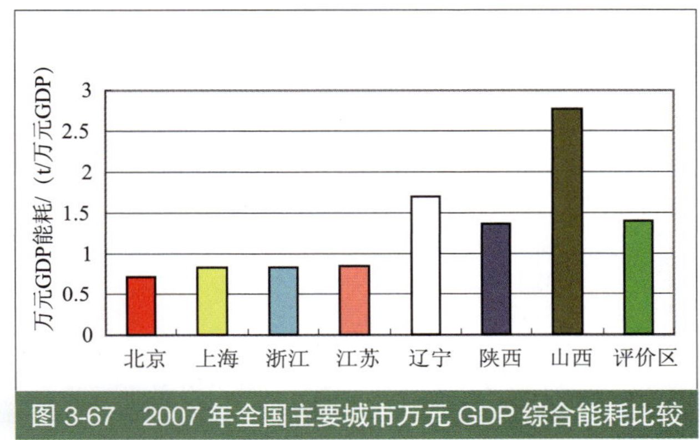

图 3-67　2007 年全国主要城市万元 GDP 综合能耗比较

以及由此带来的一系列问题，给成渝经济区未来能源发展增加了不确定性，也给今后的结构调整增加了困难。

2．能源产业基础仍较薄弱

成渝经济区煤炭工业产业集中度低，矿井多，规模小；除了煤炭资源勘探、开发相对滞后，资源有效供给不足；生产技术和装备水平低，设备设施简陋，开采方法落后等人为因素外，煤矿自然条件差、高硫煤、"鸡窝煤"等使煤炭开采成本、使用成本和环境成本远大于其他地区。电网建设滞后，发输配电结构不合理，输电能力不足，电能损耗高，安全稳定水平差；电源结构不尽合理，水电装机中具有季节调节能力的水库仅约1/3，丰枯矛盾突出；火电大机组少，小机组数量比重大，稳定运行性差且煤耗高，能效低，而且煤炭洁净燃烧技术应用推广步伐缓慢。天然气干线管网、城市配气管网建设滞后。

3．用能水平低，能源消费结构不尽合理

在成渝经济区具有资源优势的水电和天然气在终端能源消费中所占比例偏低，其中水能技术可开发量和经济可开发量均占全国的1/4以上，但在四川水电发电量占能源生产总量的比重不足10%，三峡水电站留给重庆本地的电能仅占1%，天然气本地使用量也远小于地区生产量。

能源消费以煤炭为主，占能源消费总量的65%以上。人均消费量所占比例低于全国平均水平。以四川为例（见表3-45），2007年四川省人均能源消费为1.21 t标煤/人，约占全国平均水平（2.01 t标煤/人）的60%和世界平均水平的27%，尚处于"温饱阶段"用能消费水平。但是成渝经济区是西部人口密度最大的地区，折算到单位国土面积的能源消耗水平来看，仍处于高能耗地区。

4．能源利用效率低，能效提高难度大

按等价值法计算，2007年重庆市和四川省单位GDP能耗都高于全国平均水平。由于产业结构和能源结构不够合理，技术装备水平落后，主要用能行业和主要工业产品能耗比全国平均高，一些高耗能企业主要依靠优惠电价维持生产与经营。同时，成渝经济区内的大部分地区正处于工业化前期、初期阶段，工艺技术、设备、规模及管理水平落后，能源效率短期内提高难度大。

表3-45　四川省和全国人均能源消费量

年份	全国人均能源消费量/（t标煤/人）	四川省人均能源消费量/（t标煤/人）	四川相当于全国的百分比/%
2000	1.03	0.59	57.17
2001	1.06	0.61	57.49
2002	1.16	0.69	59.59
2003	1.33	0.85	64.05
2004	1.56	0.95	60.9
2005	1.71	0.98	57.31
2006	1.87	1.19	63.60
2007	2.01	1.21	60.36

第五节 区域生态环境与长江上游生态屏障

一、生态环境现状与演变特征

1. 区域生态特征总结

（1）复杂多样的地形格局和生境类型

成渝经济区地处位于我国自然地势的第二级阶梯上的四川盆地，其西部边缘山地地处我国大陆地势第二级阶梯向第一级阶梯（青藏高原）的过渡带，拥有平原、丘陵、山地等多种地貌类型，因地域地形复杂，高差大，土壤、气候和植物的垂直地带变化和水平地带变化都很明显，盆周山地山高谷深，生态系统类型多且各具特色，有效地抵御了第四纪冰川的入侵和影响，成为动植物“避难所”和南北生物的“交换走廊”，生物多样性丰富。复杂多样的地形格局及生境类型使该区成为长江上游重要的生态区域。

（2）区域内地域差异明显

区域内受地质、地形等自然因素的影响，呈现出明显的地域差异，分为盆西平原区、盆中丘陵区、盆东平行岭谷区域、川西南山地区、龙门山地区、渝南中低山区域、三峡库区（腹地）、平行岭谷低山丘陵区。

（3）局部生态环境脆弱，整体生态环境逐步好转

成渝经济区周边山地丘陵区地形破碎，地形由南北向长江河谷倾斜，起伏较大。西北缘、西南缘是龙门山、邛崃山中、低山峡谷区，中部是华蓥山和龙泉山之间的盆中低山丘陵区和与华蓥山大致平行的平行岭谷区，北部为米仓山、大巴山、巫山形成的秦巴山地区，南部为大娄山余脉构成的盆周中低山区，东部为低中山区。周边山地坡地多、坪坝少，容易引发水土流失、山地地质灾害等环境问题。尤其是南部的部分地区、东北部、西南部部分片区，是典型的岩溶地区，地面土层薄且不连续，耕地分散且旱坡地比重大，漏斗、落水洞发育，表现出局部生态环境脆弱的特征。

整体而言，通过多年退耕还林、天然林保护、水土保持工程、长防林工程等生态工程的实施，以及近几年重庆市开展的“森林重庆”“宜居重庆”建设和四川省开展的生态省创建，已经使区域生态环境逐步好转。

2. 土地利用现状

采用 2007 年 TM 等影像数据，按照《土地利用现状调查技术规程》提取现状土地利用类型；利用 2000 年、2007 年两期土地利用数据，以动态度来表示土地利用类型年变化率。

成渝经济区是一个典型的以盆中低山丘陵区为主的农业生态系统和以盆周山区为主的林业生态系统为背景的复合生态系统（图 3-68）。耕地面积约占 50.82%，林地面积约占 40.6%，两者合计占区域总面积的 91.42%。草地占区域面积的 4.38%，水域约占 2.23%；建设用地占 1.76%，未利用地约占 0.21%（表 3-46）。

2000—2007 年，耕地面积减少 1.07%，林地面积增加 1.55%，耕地和林地面积之和占区域面积的比例减少 0.12%，耕地和林地面积之和仍维持在 91.5% 左右，区域以农业生态系统和林业生态系统为背景的复合生态结构并未改变。

旱地、灌木林地、高覆盖草地、永久性冰川雪地和滩地以及未利用地减少，城镇用地及其他建设用地增加。耕地减少超过 90% 源自于旱地的减少；林地中灌木林地和其他林地面积分别减少 3.71% 和 38.51%；草地中高覆盖草地面积减少 17.75%；永久性冰川雪地和滩地面积分别减少约 73.63% 和 86.99%；未利用土地面积减少 20.84%，其占区域面积的比例仅略高于 0.2%，区域后备土地资源不足。城镇用地增加 26.88%，主要表现在成都、重庆主城区及成德绵乐城市带，其他建设用地（含工矿用地）增加 53.43%。

运用景观分析软件 Fragstats，选各种景观指数，对成渝经济区的景观格局及其变化进行分析。2000—2007 年，区域景观斑块多度、Shannon 多样性指数、优势度指数、均匀度指数变化不大，区域景观格局未出现大的变化。

成渝经济区区域斑块面积和景观破碎度指数变化较大。2000—2007 年，最大斑块面积和最小斑块面积分别减少 35.71% 和 20.21%，平均斑块面积增加 28.53%，斑块破碎度指数增加 55.60%，景观破碎化程度增加明显（表 3-47）。景观破碎化会导致斑块内部生境易受外部干扰，并直接影响到物种的繁殖、扩散、迁移和保护，导致生物多样性降低。

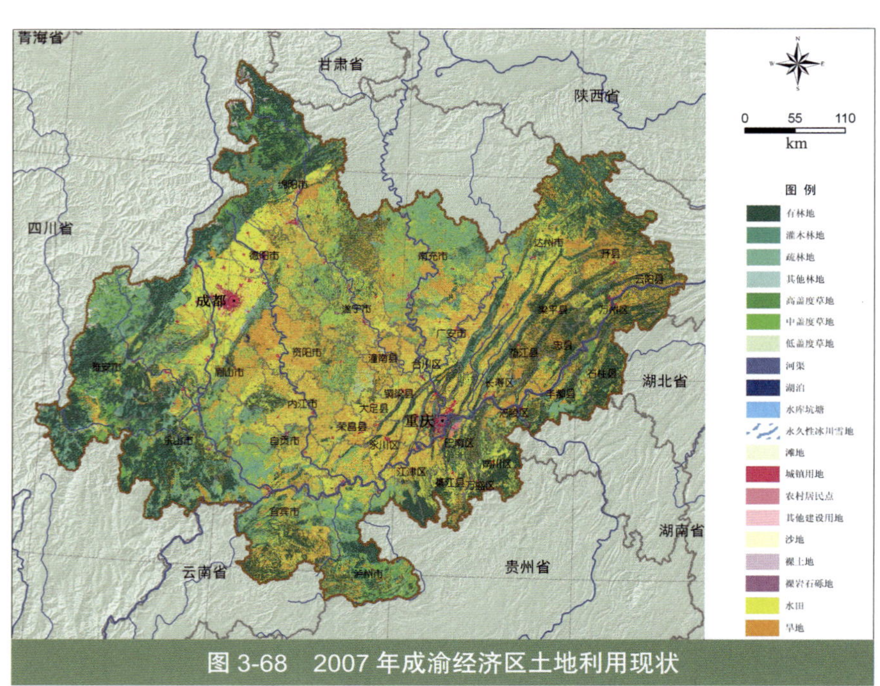

图 3-68　2007 年成渝经济区土地利用现状

3．生物多样性

（1）生态系统多样性

成渝经济区位于大尺度、复合性的生态过渡区范围内，生态系统类型多样。主要生态系统类型包括森林、灌丛、草地、湿地等自然生态系统，以及城镇、农业等人工或半人工生态系统。

森林：森林生态系统主要分布在川西龙门山地、茶坪山、大巴山区、金佛山区、四面山区、武陵山区、邛崃山南段区域，以及渝中平行岭谷的山脊，盆中丘陵、盆地南缘、川西南山地等区域。

表 3-46　成渝经济区土地利用类型及变化

土地利用类型	2000 年土地利用面积 /km^2	2007 年土地利用面积 /km^2	土地利用年变化率 /%
耕地	114464.39	105928.42	–1.07
林地	76341.98	84619.68	1.55
草地	9292.75	9138.90	–0.24
水域	4940.06	4653.39	–0.83
建设用地	2909.06	3665.82	3.72
未利用土地	487.69	429.73	–1.70
合计	208435.93	208435.93	—

表 3-47　景观多样性指数计算结果

序号	景观多样性指数	2000 年	2007 年	变化度
1	最大斑块面积 /km^2	2148.2026	1381.0461	–767.1565
2	最小斑块面积 /km^2	0.00094	0.00075	–0.00019
3	平均斑块面积 /km^2	0.3155	0.4055	0.09
4	斑块面积方差 /km^2	5.5595	5.8247	0.2652
5	斑块多度	21	20	–1
6	Shannon 多样性指数	1.8314	1.8196	–0.0118
7	优势度指数	1.2132	1.1762	–0.037
8	均匀度指数	0.6015	0.6074	0.0059
9	破碎度指数	3.1698	4.9321	1.7623

区域呈现从温暖潮湿的亚热带气候到暖温带、温带、寒温带气候的气候梯度；乔木树种也从常绿阔叶（如樟、楠）变为落叶阔叶树种（如杨、桦）到常绿针叶树种（如冷杉、云杉）。森林生态系统历经乱砍滥伐和毁林开荒，大部分海拔 1000 m 以下的低海拔森林破坏，森林的岛屿化和片断化严重。

灌丛：本区域灌丛类型众多，有 22 类，既有适应低温、大风的亚高山原生灌丛，适应河流边岸生境的河岸灌丛，也有森林破坏后形成的次生灌丛。现存的灌丛多分布在低海拔处，环境条件差异较大，人口密集，数十年来强烈的人为干扰活动，对灌丛生物多样性产生了强烈的影响。

草甸：分布在金佛山等山地海拔 2000 m 以上的亚高山区域的亚高山草甸，在较低纬度的亚热带是极为罕见的，其主要功能是保存了该区域高海拔区的生物多样性，并起到重要的水源涵养作用。

湿地：包括山地溪源自然湿地、终年河自然湿地、间隙河自然湿地、河滩自然湿地、浅水湖泊湿地、湖滩湿地、喀斯特沼泽湿地、消落带人工湿地、水生植物种植田、水生动物养殖塘、人工蓄水池 11 个亚型。从渝西地区到都市区，都有湿地分布，常常表现为一个地区内有多种湿地类型和一种湿地类型分布于多个地区的特点，构成了丰富多样的组合类型。

河流：以长江干流为主体，包括分布于境内的大小河流、山溪和人工沟渠。河流纵横交织，水体环境多样化，孕育了丰富的水生生物多样性，珍稀特有水生生物物种众多，如中华鲟、长江鲟、胭脂鱼、大鲵等。除了境内的长江上游珍稀特有鱼类自然保护区外，最令人关注的就是高海拔区域的冷水性河溪，其冷水生物丰富而独特。水电或引水工程威胁鱼类的正常生存，城镇生活污水、工业废水、农药化肥施用造成次级河流水污染，河流生态系统面临着严峻的问题。

农业：农业生态系统主要包括成都平原农业生态系统、盆中丘陵农业生态系统、渝西方山丘陵农业生态系统、渝南山地农业生态系统以及部分河谷平坝农业生态系统。区域农业形成了多种种养殖模式，如传统的稻 - 麦、稻 - 油菜、玉米 - 红薯 - 小麦、果 - 蔬间作等和多年来推行的鸭 - 鱼混养、蚕 - 鱼 - 桑等生态农业模式。农业生态系统面临的主要问题是，施用化肥导致土壤退化，长期施用有机磷等有害农药及除草剂使土壤和水体遭到污染。

（2）陆生动植物多样性

成渝经济区位于大尺度、复合型的生态过渡区范围内，盆周山区是四川盆地向盆周高山、高原区过渡的区域，地形起伏大，生境或栖息地多样，孕育了丰富的生物种类和独特的生态系统类型，是成渝经济区内生物多样性最丰富的区域，珍稀濒危动植物种类众多。

区域内野生维管植物有6000余种。国家重点保护植物58种，隶属于22科、39属，其中，国家Ⅰ级保护植物10种，包括红豆杉、南方红豆杉、珙桐、独叶草、苏铁、四川苏铁、水松、莼菜、独叶草、银杉、银杏、水杉、光叶珙桐、光毛蕨、峨眉拟单性木兰等，国家Ⅱ级保护植物包括虫草、松茸、金毛狗、水蕨、桫椤、星叶草、西康玉兰、润楠、红花绿绒蒿、川黄檗和香果树、香树、鹅掌楸等。还分布有许多特有植物，如白皮云杉、大叶柳、毛桤木、峨眉矮桦、缙云黄芩、南川木菠萝等。由于地质条件、地形地貌和人为活动等诸多因素的影响，该区域珍稀濒危植物分布不均，大部分分布在边缘山区。从垂直分布看，大部分集中分布在海拔1000m以上的山地。

成渝经济区四川境内有陆生脊椎动物约1079种，其中兽类约171种，鸟类约752种，爬行类约82种，两栖类约74种。共有国家保护动物130种，其中国家Ⅰ级保护动物22种（鸟类13种、兽类9种）；国家Ⅱ级保护动物107种（两栖类3种、鸟类84种、兽类20种）。主要分布在以岷山—邛崃山一带和盆地北部米仓山—大巴山中山区域。成渝经济区重庆境内有陆生脊椎动物约651种，其中兽类约139种，鸟类约402种，爬行类约60种，两栖类约50种。该区域共有国家保护动物65种，其中国家Ⅰ级保护动物8种（鸟类3种、兽类5种）；国家Ⅱ级保护动物57种（两栖类1种、鸟类41种、兽类15种）。

（3）水生生物多样性

区域内众多的江河、湖泊和沼泽中分布饵料生物种类较多，共有浮游植物120余属，浮游动物200余种，底栖动物约100个属，水生维管束植物70余种。金沙江、雅砻江、大渡河、岷江、沱江、嘉陵江等鱼类种类和数量都较为丰富，约为全国淡水鱼种数的2/5，为长江鱼类的2/3。河流中分布有国家Ⅰ、Ⅱ级重点保护水生动物10种，有省级重点保护水生动物45种，有44种鱼类列入《中国物种红色名录》，12种鱼类列入《中国濒危动物红皮书》，有40余种为四川省特有种和亚种，有80种鱼类属长江上游特有种类，有经济价值的鱼类有70余种。

（4）汶川地震区的生物多样性

汶川地震重灾区生物多样性受损严重。“5·12”汶川地震造成了区域植被的破坏、野生动植物的伤亡和物种栖息环境的改变。地震诱发的崩塌、滑坡、泥石流灾害，对地表造成了强烈破坏，基岩裸露，导致大面积的林地垮塌、林木倒伏、断折或被埋、被淹。地震导致约939 km^2的林地被毁，区域森林覆盖率下降3.55%（震前为60%左右），野生动物栖息地毁损约921 km^2，廊道区域损伤约10.6%。地震不仅造成大量野生动植物伤亡，物种生境或栖息地也严重受损，形成大量“岛屿式”斑块，“孤岛效应”对10种国家Ⅰ级保护动物和23种国家Ⅱ级保护动物影响重大。汶川地震引发的地质灾害和环境灾害以及生态破坏具有长期的影响。

（5）三峡库区的生物多样性

三峡库区蓄水后，局部区域生物多样性发生明显变化。三峡水库原来适应急流生活的水生生物种类有所减少，适应静水生活的种类的种群数量明显增加。约有40种鱼类受到库区蓄水的不利影响，尤其长江上游珍稀特有鱼类因栖息地面积减小而种群数量减少；浮游藻类大量繁殖，暴发“水华”的频率增加，对局部水域鱼、虾、贝类等生物造成严重影响；浮游动物和底栖动物种类减少。三峡库区鸟类区系组成可能发生较大变化，适应湿地的涉禽、游禽、水鸟种类和种群数量明显增加。库区消落带使原来适应陆地生活的大多数动植物种类消失或种群数量减少，而消落带新生湿地使湿地植物和水生植物的种类和种群数量明显增加。

4. 水土流失

运用2008年遥感影像，采用遥感解译为主、实地调查与统计资料分析为辅的方法，进行水土流失现状评价；以2000年和2008年的水土流失数据，分析区域水土流失演变特征。

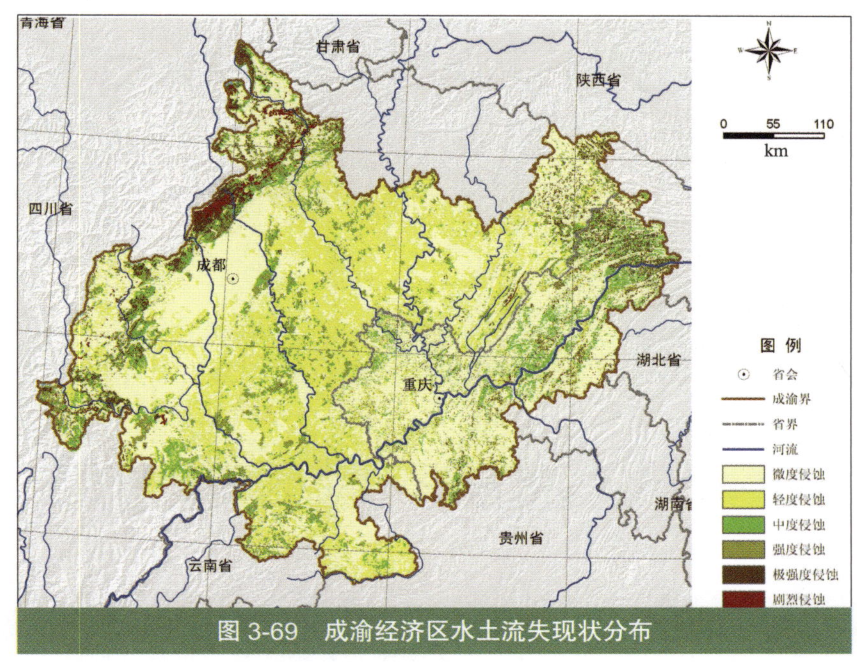

图3-69　成渝经济区水土流失现状分布

成渝经济区水土流失类型以水力侵蚀为主，水土流失的形式以面蚀为主，水土流失分布广（2008年流失面积约占区域面积的44.83%），水土流失强度以轻度为主，侵蚀区域主要分布在高程为300～800 m的盆地低山丘陵区。嘉陵江流域和岷江中下游水土流失较严重。沱江流域中游、长江干流、坡度较陡的旱坡耕地区，属强度或极强度侵蚀区（图3-69）。

成渝经济区2000—2008年，土壤侵蚀面积减少约7.1%，其中中度侵蚀面积减少约12%，强度及以上土壤侵蚀面积增加约3.7%，中度土壤侵蚀得到了较好的控制，但强度及以上土壤侵蚀有所发展，具体见表3-48。强度以上土壤侵蚀主要集中在盆周地带的绵阳、达州、宜宾、雅安、乐山、开县、云阳、南川等地；强度及以上土壤侵蚀增幅较大的区域主要有绵阳、德阳、遂宁、雅安、眉山、梁平、荣昌、江津、垫江、丰都等。其中绵阳和雅安既是土壤侵蚀强度及以上区域的集中分布区，也是强度及以上土壤侵蚀面积增幅较大的区域。土壤侵蚀强度及以上区域未得到有效控制。

成渝经济区内汶川地震灾区地处川西高原向四川盆地过渡地带，主震区所处的龙门山区，以中高山地貌为主，地质构造上为北东向褶断带，断层发育，地形切割甚为严重，本身就是地质灾害易发区，地震加剧了灾区的水土流失。根据统计，灾区水土流失面积增加了5220.37 km^2，增加了33%，其中极强度和剧烈侵蚀面积增加的最大为3905.56 km^2，增加了663.4%，其次为强度侵蚀，面积为1555.38 km^2，增加了51.4%，尤以都江堰彭州市、绵竹市、什邡市等地最为显著。

表3-48　成渝经济区土壤侵蚀强度分级

年份		轻度侵蚀	中度侵蚀	强度以上侵蚀	合计
2000	面积/km^2	49452.13	40307.31	18401.09	108160.5
	比例/%	15.47	19.34	8.83	51.89
2008	面积/km^2	51595.63	15513.38	26254.59	93586.6
	比例/%	24.86	7.38	12.57	44.81

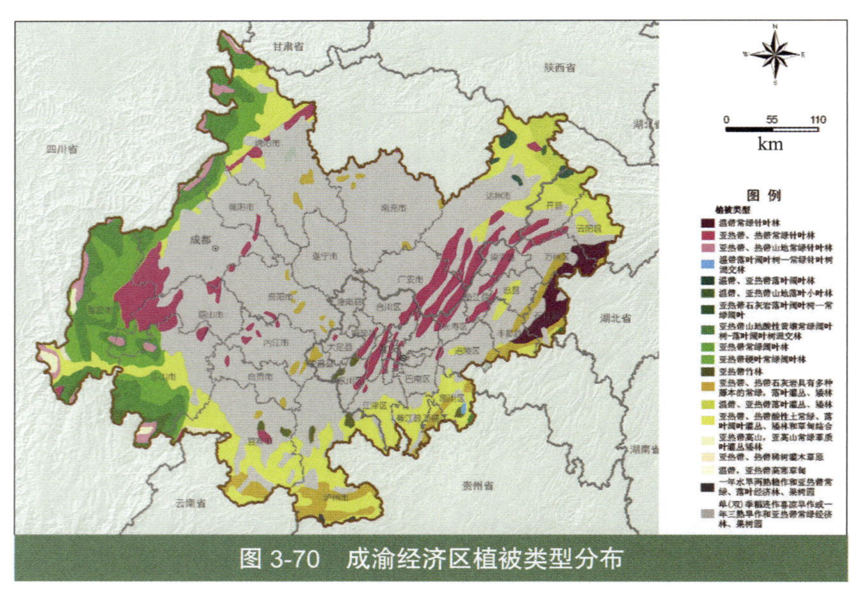

图 3-70 成渝经济区植被类型分布

5. 植被覆盖

长江上游地区是我国仅次于东北天然林林区的第二大林区，是我国天然林最为集中的区域，主要分布在金沙江、雅砻江、大渡河、岷江等支流及其源头地区。成渝经济区森林植被主要分布在盆周山区，天然林保护、退耕还林、长防林工程等重点生态建设工程的实施，使林地面积持续稳定增长，1997—2008 年，森林覆盖率由 21% 提高到 34%，森林覆盖率显著提高。成渝经济区植被类型分布见图 3-70。

森林生态系统以次生林和人工林为主，多属中、幼龄林，单位面积生物产量不高；退耕还林过程中生态林比重偏小，经济林比重偏大，造林树种单一，林分结构简单，防护功能和森林抗逆力差；林下缺乏灌木层和地被层，生物多样性水平低，不能形成多样性的复合森林群落，致使水土保持、水源涵养、削洪抗旱等生态服务功能不能得到充分发挥。需要巩固退耕还林等生态建设工程的成果，不断加大森林管护力度，不断提升区域森林生态系统包括水源涵养、土壤保持和生物多样性保护在内的多种服务功能。

6. 生态建设概况

近年来，成渝经济区生态保护与建设取得较大进展，重点地区生态衰退趋势有所减缓，区域整体生态环境质量得到明显改善，为构建生态屏障和生态安全格局奠定了良好基础。“十五”和“十一五”期间，四川省、重庆市强力推进了退耕还林工程、天然林保护工程、长江中上游防护林体系建设工程、长江上游水土保持重点防治工程等水土流失治理工程、生物多样性保护能力建设工程、三峡库区生态环境保护和建设工程等生态工程。四川省全面开展了生态省建设，创建 39 个省级生态县，160 多个省级环境优美乡镇，500 多个生态村，8000 多户生态家园；重庆市实施了“环保四大行动”（碧水行动、蓝天行动、宁静行动、绿地行动），全面开展了以“森林重庆”“宜居重庆”为主的“五个重庆”建设，创建 3 个国家级生态示范区、3 个国家级环保模范城区；2009 年重庆市被命名为国家级园林城市。成渝经济区在生态环境保护和建设方面取得了明显成效，为经济社会和资源环境保护的协调发展奠定了基础。

林业生态工程（包括退耕还林工程、天然林保护工程、长防林工程）使四川省的森林覆盖率由 20.9% 提高为 34.6%，重庆市的森林覆盖率由 21% 提高为 35%。

长江上游水土保持重点防治工程的实施，四川省治理水土流失面积 27321 km^2，水土流失面积减少 65% 以上，土壤侵蚀量减少 60% 以上；重庆市治理区的水土流失明显减轻，年均土壤侵蚀量普遍减少 70% 以上。

生物多样性保护能力建设工程：成渝经济区内自然保护区、风景名胜区、森林公园总面积为36244 km^2（风景名胜区和森林公园未统计市县/区级），占区域总面积的17.34%。截至2008年年底，已建立89个自然保护区，包括12个国家级自然保护区和31个省级自然保护区，面积约1.41万km^2，占区域面积的6.75%。建立各级风景名胜区90个，包括12个国家级风景名胜区和78个省级风景名胜区，总面积1.68万km^2，占区域面积的8.04%。建立各级森林公园120个，包括国家级森林公园37个，省级森林公园83个，总面积0.54万km^2，占区域面积的2.66%（表3-49）。

通过各类自然保护区、风景名胜区及森林公园的建设，成渝经济区内的大熊猫、金丝猴、牛角羚、豹、云豹、林麝、马麝等国家重点保护动物和红豆杉、南方红豆杉、珙桐、光叶珙桐、独叶草、银杏、苏铁、水杉等国家重点保护植物绝大多数得到了切实保护。各类自然保护区、风景名胜区和森林公园基本覆盖了区域内的生物多样性保护关键区域，涵盖了区域内的主要生态系统类型，生物多样性关键区域和主要生态系统得到了切实保护。

三峡库区生态环境保护和建设工程：自三峡工程开工建设以来，中央有关部门、重庆市政府和相关区县政府采取了一系列有效措施，取得了明显成效。2005年正式启动三峡工程珍稀鱼类保护生态补偿项目“三峡工程珍稀特有鱼类增殖放流”；设置了长江上游珍稀、特有鱼类国家级自然保护区、重庆市北碚胭脂鱼自然保护区、彭水乌江长溪河鱼类自然保护区等保护区，以保护长江上游的珍稀特有鱼类和维护三峡水库水域生态系统的完整性。实施了疏花水柏枝、荷叶铁线蕨抢救性保护以及古树名木保护，加强了三峡库区生物多样性保护建设工程，以保护三峡库区珍稀特有植物物种及其重要生境。在三峡库区实施的退耕还林还草工程、天然林保护工程、长江上中游水土流失重点防治工程、长江防护林工程等，促进了库区生态环境建设，森林植被得到逐步恢复，且一定程度控制了水土流失。据多级生态环境监测网的监测，三峡工程建设以来，工程施工区和移民安置区生态环境质量总体良好，水土流失逐步得到治理，重点区域水土流失得到明显遏制，库区生物多样性保护取得一定成效。

表3-49　成渝经济区自然保护区、风景名胜区、森林公园统计

成渝经济区	级别	数量		面积	
		数量/个	比例/%	面积/km^2	比例/%
自然保护区	国家级	12	13.48	3828	27.22
	省级	31	34.83	6463	45.94
	市县/区级	46	51.69	3776	26.84
	合计	89	100	14067	100
风景名胜区	国家级	12	13.33	3917	23.37
	省级	78	86.67	12842	76.63
	合计	90	100	16759	100
森林公园	国家级	37	30.83	4683	86.43
	省级	83	69.17	735	13.57
	合计	120	100	5418	100

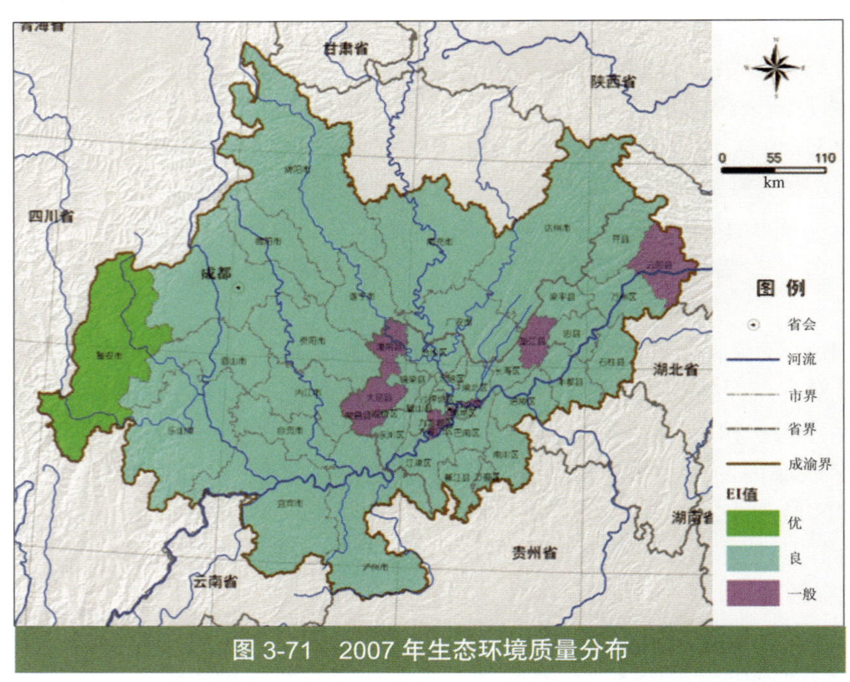

图 3-71 2007 年生态环境质量分布

7. 区域生态环境质量

根据《生态环境状况评价技术规范（试行）》（HJ/T 192—2006）中的指标及计算方法，利用 2007 年生态遥感监测数据评价成渝经济区生态环境质量状况；以 2000 年和 2007 年生态环境质量数据评价成渝经济区生态环境质量变化。

2007 年成渝经济区的生态环境质量指数为 63.2，总体表现为良好（图 3-71）。2000—2007 年，随着植被覆盖率的提高和土壤侵蚀面积的下降，区域生态环境质量总体趋于好转。

表 3-50 成渝经济区生态建设情况统计

生态建设工程名称	建设内容	
	四川	重庆
林业生态工程（包括退耕还林工程、天然林保护工程、长防林工程）	四川区域内的 15 个市实施天然林管护面积 155 万 hm^2，人工林管护面积 152.3 万 hm^2，未成林造林地管护面积 0.7 万 hm^2，灌木林管护面积 97 万 hm^2。15 个市天保工程公益林建设总规模达 97.8 万 hm^2；其中人工造林 34.8 万 hm^2，飞播造林 33.96 万 hm^2，封山育林 35.48 万 hm^2。成渝经济区内 15 市累计完成退耕还林工程 850 万亩	先后实施了天然林资源保护、退耕还林、三峡库区周边绿化带建设、中德财政合作造林等重点林业生态工程，累计造林 2400 万亩，义务植树 6.5 亿株。到 2008 年，完成退耕还林 1702 万亩，其中退耕地还林 661 万亩，荒山造林 846 万亩，封山育林 100 万亩
长江上游水土保持重点防治工程	长江上游的嘉陵江中下游、金沙下游地区列为全国水土保持重点治理区，全面开展了“长治”工程建设	1989 年国家把长江上游的嘉陵江中下游地区列为全国水体保持重点治理区，全面开展了“长治”工程建设。截至 2007 年年底，成渝经济区重庆地区共完成 429 条小流域的水土流失治理，累计治理水土流失面积 8666.77 km^2
生态示范创建工程	2006 年四川省委、省政府作出建设生态省的决定，力争通过 15 年努力形成以循环经济为核心的节约型经济，建成西部生态经济强省	“五个重庆”建设；国家环保模范城市创建；国家园林城市和生态园林城市创建
生物多样性保护能力建设工程	全省共建立自然保护区 169 个，包括森林和野生动物类型、内陆湿地生态系统和水域生态系统类型、草原与草甸生态系统类型、自然地质遗迹类型等。使得全省 70% 的陆地生态系统种类、80% 的野生动物和 70% 的高等植物，特别是国家重点保护的珍稀濒危动植物绝大多数都在自然保护区里得到较好的保护	开展了自然保护区、森林公园等自然保护网络体系建设。以中欧生物多样性项目为载体，建立了生物多样性保护主流化的工作实践框架，制定和完善相关政策和法规，生物多样性保护主流化能力大大增强，生物多样性保护纳入了各级政府部门日常工作
三峡库区生态环境保护和建设工程		启动了三峡工程珍稀鱼类保护生态补偿项目，建立了系列自然保护区，以保护三峡库区陆地和水生生态系统的完整性。实施了疏花水柏枝等珍稀濒危动植物抢救性保护以及古树名木保护。实施了退耕还林还草、天然林保护、长江上游水土流失重点防治工程、长江防护林工程

成渝经济区 2007 年生态环境质量指数各分项中，以土地退化项得分最低，仅为 9.26，其对生态环境质量指数的贡献率仅为 14.66%。在不考虑河网密度和环境质量的情况下，区域生物丰度指数和植被覆盖指数均已超过 70，达到了较高的水平（表 3-51），土地退化成为制约区域生态环境质量提升的关键因素，需要加强土壤侵蚀强度及以上区域和潜在土壤侵蚀增强区域的土地退化的控制。

区域生态环境质量提升除重点控制土地退化外，仍然面临着植被覆盖质量的提升、生物多样性保护功能的加强和农村面源污染的有效控制等问题。

表 3-51 成渝经济区各市区县生态环境质量

排名	行政单位	生物丰度指数	植被覆盖指数	水网密度指数	土地退化指数	环境质量指数	生态环境质量指数	生态环境质量分级
	成渝经济区	71.1	76.5	52.1	53.7	69.4	63.2	良
1	南川区	82.38	67.43	22.59	16.05	98.93	69.47	良
2	铜梁县	52.40	64.23	15.77	10.86	98.73	61.12	良
3	璧山县	50.17	57.91	24.02	12.38	99.2	60.74	良
4	丰都县	61.43	59.08	20.37	27.38	99.58	59.87	良
5	永川区	59.57	62.37	15.02	18.95	85.1	59.71	良
6	北碚区	73.44	69.28	27.59	29.54	87.85	66.08	良
7	渝北区	50.10	56.52	23.53	31.04	92.36	57.12	良
8	万盛区	64.59	64.89	17.22	11.82	96.65	60.48	良
9	长寿区	42.46	44.58	28.47	11.37	97.63	56.15	良
10	梁平县	48.26	53.34	19.69	20.79	99.21	57.57	良
11	沙坪坝区	55.52	64.30	23.37	16.96	81.11	59.87	良
12	江津区	80.84	68.10	14.51	29.2	62.26	62.23	良
13	忠县	53.63	39.91	21.23	28.09	99.57	55.39	良
14	巴南区	66.99	65.78	13.61	37.03	95.48	62.29	良
15	大足县	32.76	44.57	16.88	11.52	99.38	51.73	一般
16	荣昌县	32.98	41.64	10.67	8.22	98.52	49.71	一般
17	合川区	67.23	53.88	23.17	37.86	85.17	58.90	良
18	涪陵区	77.31	71.56	23.80	49.4	87.06	65.43	良
19	双桥区	48.45	59.28	12.73	7.57	99.38	58.82	良
20	綦江县	53.73	53.63	12.98	20.8	97.92	56.52	良
21	南岸区	60.07	57.32	26.61	27.24	68.92	57.85	良
22	潼南县	34.65	48.89	10.62	13.5	98.33	51.58	一般
23	江北区	57.91	45.69	22.34	23.79	72.41	54.43	一般
24	万州区	66.78	59.29	26.12	55.62	93.18	60.47	良
25	垫江县	36.32	37.82	20.43	16.81	99.31	51.00	一般
26	石柱县	64.56	58.41	24.33	26.63	99.5	63.54	良
27	开县	54.47	50.35	29.57	43.11	99.5	57.46	良
28	云阳县	48.21	44.65	27.52	47.61	99.64	54.29	一般
29	渝中区	28.91	3.21	10.26	4.26	97.97	39.46	一般
30	九龙坡区	48.48	55.70	28.44	33.19	0.0	44.24	一般

续 表

排名	行政单位	生物丰度指数	植被覆盖指数	水网密度指数	土地退化指数	环境质量指数	生态环境质量指数	生态环境质量分级
31	大渡口区	45.77	37.37	23.36	32.79	0.0	37.57	一般
32	雅安市	95.2	92.9	53.2	57.1	94.8	79.9	优
33	乐山市	96.0	94.1	63.1	72.5	65.7	74.0	良
34	达州市	84.9	89.6	63.3	66.3	66.5	70.9	良
35	绵阳市	96.4	97.1	52.8	100.0	82.0	70.8	良
36	广安市	63.7	73.1	84.1	38.2	66.4	68.1	良
37	眉山市	73.1	78.5	74.6	38.5	49.3	68.7	良
38	泸州市	72.1	77.6	45.6	40.1	69.2	67.9	良
39	成都市	74.6	84.4	63.6	47.6	43.4	66.8	良
40	资阳市	67.7	74.2	65.8	44.5	57.0	65.1	良
41	宜宾市	77.2	80.0	45.7	66.6	52.6	62.3	良
42	德阳市	64.2	79.1	68.6	61.9	47.6	60.6	良
43	自贡市	52.2	63.1	52.5	32.3	60.8	59.3	良
44	遂宁市	59.6	71.3	58.7	58.5	57.9	58.6	良
45	南充市	49.7	55.5	56.2	36.1	68.3	57.4	良
46	内江市	53.9	64.2	66.5	42.8	23.8	55.1	良

二、生态服务功能重要性评价

成渝经济区是长江上游生态屏障的重要组成部分，盆地低山丘陵区、盆周山区、平原区和三峡库区，具有不同的生态服务功能，在长江上游生态屏障中发挥不同的重要作用。

1．土壤保持重要性评价

土壤保持重要性分区采用判别分析法，参考《生态功能区划技术暂行规程》按照土壤侵蚀或保持对下游河流及水资源的危害程度，特别是对可能造成三峡水库未来的正常运行及长江中、下游水资源的危害程度进行评价，划分为极重要、重要和一般 3 个级别（见表 3-52）。

土壤保持极重要区：面积 9984.40km^2，占成渝经济区总面积的 4.82%，主要分布在长江、嘉陵江、岷江等河流沿线，三峡库区的大部分。重庆境内极重要区 5793.16km^2，范围涉及云阳、万州、忠县、石柱、丰都、涪陵，以及渝南的南川、万盛、綦江和江津等土壤侵蚀敏感区域；四川境内极重要区 4191.24km^2，主要分布在四川的平武—北川—彭州—大邑等地，雅安、乐山和宜宾等地的岷江沿线，以及广安、南充等地的嘉陵江沿线。

土壤保持重要区：面积 25208.92km^2，占成渝经济区总面积的 12.16%。主要分布在长江、嘉陵江、岷江等河流沿线，三峡库区的大部分。重庆境内重要区 12684.00km^2，范围涉及云阳、万州、忠县、石柱、丰都、涪陵，渝南的南川、万盛、綦江和江津等土壤侵蚀敏感区域；四川境内重要区 12524.92 km^2，主要分布在岷江和嘉陵江沿线，范围涉及彭州—崇州—大邑、雅安的洪雅—马边、宜宾的屏山—长宁—叙永—古蔺、南充的嘉陵江沿线，以及广安—达州的岭谷区。

表 3-52 土壤保持重要性分区

区域	重要性等级	极重要	重要	一般
成渝区	面积 / km^2	9984.40	25208.92	172090.36
	比例 /%	4.82	12.16	83.02
重庆部分	面积 / km^2	5793.16	12684.00	32298.00
	比例 /%	11.41	24.98	63.61
四川部分	面积 / km^2	4191.24	12524.92	139792.36
	比例 /%	2.68	8.00	89.32

土壤保持一般区：面积 172090.36 km^2，占成渝经济区总面积的 83.02%。除上述极重要区、重要区以外的区域均为一般区，主要分布在长江、嘉陵江、岷江等河流沿线以外的区域。

2．水源涵养重要性评价

根据不同生态系统的水源涵养能力，将水源涵养重要性划分为极重要区、重要区和一般区（见表 3-53）。

水源涵养极重要区：面积 22259.9 km^2，占成渝经济区总面积的 10.73%。重庆境内 6703.8 km^2，主要分布于渝东北秦巴山地、渝东南武陵山一带的中低山林区、渝南金佛山和四面山区域、平行岭谷背斜农林复合区，三峡库区河流及主要的水源水库、湖泊集水区；四川省境内 15556.1 km^2，主要分布在四川的岷山—邛崃山区域和大巴山区域，范围涉及平武—彭州—大邑—宝兴—天全，以及川西的雅安、乐山，川南的泸州一带以及万源—宣汉等地。

水源涵养重要区：面积 68750.68 km^2，占成渝经济区总面积的 33.15%。主要分布在四川盆地盆周区域，重庆境内重要区 12222.84 km^2，主要分布在秦巴山地、渝东南武陵山、渝南金佛山和四面山一带，以及平行岭谷和三峡库区等地；四川境内重要区 56527.84 km^2，主要分布在岷山—邛崃山区域、大巴山区域、筠连—兴文—古蔺—叙永—合江区域，以及广安—达州的岭谷区。

水源涵养一般区：面积 116392.28km^2，占成渝经济区总面积的 56.12%。除上述极重要区和重要区以外的区域均为一般区，主要分布在成都平原、盆中丘陵平坝、渝西方山丘陵、川东平行岭谷等区域。

表 3-53 水源涵养重要性分区评价

区域	重要性等级	极重要	重要	一般
成渝区	面积 / km^2	22259.88	68750.68	116392.28
	比例 /%	10.73	33.15	56.12
重庆部分	面积 / km^2	6703.80	12222.84	31881.36
	比例 /%	13.19	24.06	62.75
四川部分	面积 / km^2	15556.08	56527.84	84510.92
	比例 /%	9.93	36.10	53.97

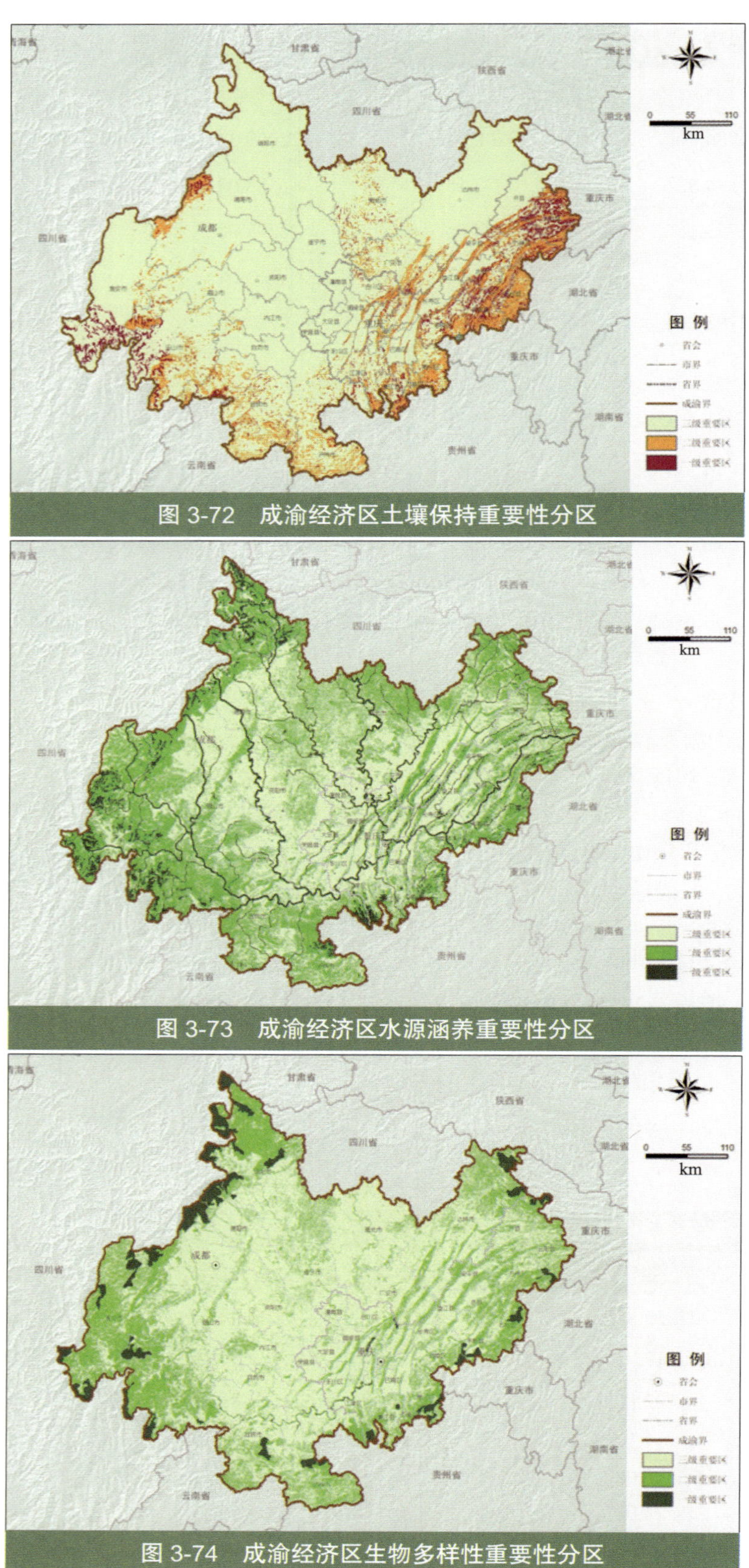

图 3-72 成渝经济区土壤保持重要性分区

图 3-73 成渝经济区水源涵养重要性分区

图 3-74 成渝经济区生物多样性重要性分区

3. 生物多样性保护重要性评价

根据生态系统类型对区域生物多样性保护的重要性，将区域划分为生物多样性保护极重要区、重要区和一般区（见表 3-54）。

生物多样性保护极重要区：面积 10773.2km^2，占成渝经济区总面积的 5.21%。重庆境内极重要区 2019.24km^2，主要分布在秦巴山地、渝东南武陵山、渝南金佛山和四面山一带的自然保护区；四川境内极重要区 8753.96km^2，主要分布在四川的岷山—邛崃山区域和大巴山区域，范围涉及平武—彭州—大邑—宝兴—天全一带，以及川西的石棉—洪雅—马边一带，川南的长宁—叙永—古蔺一带以及万源—宣汉一带的自然保护区。

生物多样性保护重要区：面积 52004.00km^2，占成渝经济区总面积的 25.08%，主要分布在四川盆地盆周区域。重庆境内重要区 14146.24km^2，主要分布在秦巴山地、渝东南武陵山、渝南金佛山和四面山一带，范围涉及三峡库区（包括开县、云阳—万州—石柱—丰都等）、南川、万盛、江津以及川东平行岭谷等地；四川境内重要区 37857.76km^2，主要分布在岷山区域、邛崃山区域、贡嘎山区域、大巴山区域、筠连—兴文—古蔺—叙永—合江区域以及金沙江流域、马边河流域、构溪河流域一带，范围涉及平武、北川、安县、绵竹、彭州、大邑、宝兴、天全、石棉、洪雅、马边、长宁、叙永、古蔺、合江、万源、宣汉等地，以及广安—达州的岭谷区。

生物多样性保护一般区：面积 144596.84km^2，占成渝经济区总面积的 69.73%。除上述极重要区和重要区以外的区域均为一般区，主要分布

表 3-54　成渝经济区生物保护重要性分区

区域	重要性等级	极重要	重要	一般
成渝区	面积 / km^2	10773.20	52004.00	144596.84
	比例 / %	5.20	25.08	69.73
重庆部分	面积 / km^2	2019.24	14146.24	34638.88
	比例 / %	3.97	27.84	68.18
四川部分	面积 / km^2	8753.96	37857.76	109957.96
	比例 / %	5.59	24.18	70.23

在成都平原、盆中丘陵平坝、渝西方山丘陵、川东平行岭谷等区域。

4．区域生态服务功能重要性

从成渝经济区来看，盆周山区是植被覆盖较好，水源涵养功能较强，生物多样性较高且保护较好，土壤侵蚀较敏感而严重的地区，因此盆周山区是成渝经济区维持生态服务功能最重要的区域。盆中丘陵区森林覆盖率低，生态服务功能总体较差，是成渝经济区面源污染控制和未来生态服务功能提升的重点区域。

从区域尺度看，土壤保持的关键区域为三峡库区（腹地）、方斗山—七曜山、茶坪山、峨眉山—大风顶、盆地南缘和渝南山地等。水源涵养的关键区域为三峡库区（腹地）、龙门山、茶坪山、邛崃山南段、峨眉山—大风顶、盆地南缘、大巴山、渝南山地和方斗山—七曜山等。生物多样性保护的关键区域为龙门山、茶坪山、邛崃山南段、峨眉山—大风顶、渝南山地、方斗山—七曜山和大巴山等（见表 3-55）。

表 3-55　生态功能区中生态服务功能的重要性评价汇总

生态功能区	面积 / 万 hm^2	极重要区 /%			重要区 /%			极重要区 + 重要区 /%		
		水源涵养	土壤保持	生物多样性	水源涵养	土壤保持	生物多样性	水源涵养	土壤保持	生物多样性
龙门山农林业与生物多样性保护生态功能区	0.998	20.87	0.11	23.06	51.75	0.00	49.27	72.62	0.11	72.33
茶坪山生物多样性保护与土壤保持生态功能区	0.327	15.40	8.00	55.61	58.17	23.76	18.88	73.57	31.76	74.49
邛崃山南段生物多样性保护与水源涵养生态功能区	0.858	17.93	1.10	14.16	55.56	6.28	48.95	73.49	7.39	63.12
峨眉山 — 大风顶生物多样性保护与水源涵养生态功能区	1.228	15.21	8.43	7.25	62.44	22.70	52.28	77.65	31.14	59.52
盆地南缘岩溶土壤保持生态功能区	1.143	4.34	2.47	4.21	47.75	32.87	36.68	52.09	35.34	40.89
大巴山水源涵养生态功能区	0.454	9.58	0.00	16.48	59.68	0.00	40.60	69.26	0.00	57.08
三峡库区（腹地）水质保护—水土保持生态功能区	1.597	13.18	21.79	4.41	30.67	28.54	33.74	43.85	50.33	38.15
渝南山地生物多样性保护生态功能区	0.307	15.39	5.67	13.08	40.91	49.69	43.45	56.30	55.36	56.53
方斗山—七曜山水土保持生态功能区	0.304	11.39	16.94	8.45	48.95	57.03	50.69	60.34	73.97	59.13

三、三峡库区生态环境演变趋势

三峡水库从建设到正常蓄水，由于自然条件改变，库区生态环境也将随之改变，虽然这种生态系统的演替将是一个长期过程，但自三峡水库建成蓄水至今，区域生态环境还是发生了一定程度的变化。

1. 建库后自然条件的改变

三峡水库建成蓄水后，水域面积明显增大，库区水文条件发生改变，原来适应急流生活的水生生物种类有所减少；适应静水生活的种类，其种群数量明显增多；由于库汊、库湾增多，水生植物丰富，库区水鸟种类及种群数量明显增多。

三峡水库建成蓄水后，按照“蓄清排浊”的运行方式，在库岸 145 ～ 175 m 高程形成了水位涨落带（消落带），由于水位的季节性变动，使得原来该区域适应陆生生活的大多数动植物种类消失或种群数量减少，而消落带新生湿地的形成则使湿地植物、水生植物、湿地鸟类种类及种群数量明显增加，该区域正在经历着从原有的陆地生态系统向季节性水位变动的湿地生态系统演替过程。

2. 陆地生态环境的变化趋势

（1）陆生植物资源及植被的变化

分布于库区消落带内的植物群落或物种受到三峡水库运用的直接不利影响。受淹没影响的物种涉及 120 科、358 属、550 种，其中受影响最大的是禾本科、菊科、大戟科、蔷薇科，生长于库区的无患子科 2 个属几乎被全部淹没，分布于库区的经济林木如荔枝、龙眼等部分将被淹没。

① 分布于消落带内的群落部分难以耐受季节性水淹而消失。

分布于消落带内的灌丛群落主要有中华蚊母、疏花水柏枝、秋华柳、宜昌杭子梢、木蓝、小叶梾木、铺地榕、巫溪叶底珠、黄杨等，草丛群落主要有牛鞭草、荻草、油草、双花草、芒草、苜蓿—火绒草、瘦瘠野古草、小颖羊茅、佛子茅、狗牙根、巫山类芦、荷叶铁线蕨、香附子、川明参等，因绝大部分生境或原产地被淹没，野生种群部分可能从三峡库区消失。其中，世界上仅三峡库区分布的特有物种或种群，如疏花水柏枝、巫溪叶底珠、巫山芦类、荷叶铁线蕨，生境大多淹没，可能消失或种群数量大幅度减少；国家Ⅱ级重点保护物种狭叶瓶尔草和松叶蕨的分布地点被完全淹没；川明参因淹没比重大在库区生存受到较大影响。

② 消落带植被将由陆生植被向湿地植被演变。

蓄水后，消落带范围内原有的大多数陆生乔木、灌丛将难以适应新的湿地生境而消失。15º ～ 25º 的陡坡和较陡坡区段经历长期季节性水位变动和冲刷，其基岩将逐步裸露，直至无植被覆盖。小于 15º 且低平缓区段，陆生植被将向以湿地草本植物为主的湿地草甸植被演变。消落带上部可能分布少量耐季节性水淹的乔木。

（2）陆生动物群落的变化

① 陆生动物分布发生变化。

受三峡水库蓄水和移民迁建的影响，库区的野生动物分布范围将在一定程度上缩小。175m 蓄水后，消落带原有陆生环境变为湿地生境，而农田和人类活动上移，以农田及灌草丛生活环境为主的陆生脊椎动物受到影响，因水位反复消涨而不稳定，大多数难以适应而导致其分布发生变化；两栖爬行动物类在蓄水初期数量将下降，随着时间推移可能逐步增加。

② 水鸟种类增加。

湿地生境的出现和水生生物数量增加，鸟类区系组成可能发生较大变化，适应湿地和水域生活的涉禽、游禽、喜水性鸟类（水鸟）种类和数量有较大增加，尤其是雁形目、鹤形目、鸥形目鸟类将成为常见种，消落带及其邻近库岸带有可能成为候鸟、旅鸟过境栖息繁殖地和鸟类南北迁徙的中转站。

3. 水生生态环境的变化

(1) 鱼类资源的变化

蓄水后，由于上游的生态环境发生变化，约 40 种鱼类受到不利影响，尤其是上游特有鱼类因栖息地面积减小，虽不会导致灭绝，但其种群数量会减少。三峡水库内的渔业资源与种群组成将会发生变化，鲤鱼种群得到发展，“四大家鱼”在上游干支流繁殖的卵、苗会滞留于水库内，资源将会增加。而对于中华鲟、长江鲟、胭脂鱼等珍稀濒危水生动物则带来一定程度的不利影响。

(2) 浮游生物密度、生物量增加，种类可能减少

蓄水后，三峡水库的水文条件发生改变，如流速变缓、水中泥沙沉积而含量减少、透明度增加，有利于浮游植物藻类光合作用，水流态对藻类生长繁殖的制约有所降低；喜静水生境的藻类如小环藻、多甲藻，绿藻门中的盘星藻属、栅藻属、绿球藻属的一些种类等将可能大量繁殖，在水体温度、营养物质等适宜条件下，支流河口及部分库湾、回水区可能导致出现“水华”。成库后，新的生境有利于浮游动物生长繁殖，其密度、生物量可能增加，主要是喜缓流水体的甲壳类动物（如虾类）数量增加；但因生境复杂程度在一定程度上的降低，种类可能减少。

四、矿产资源利用分布与开发利用现状

1. 矿产资源主要沿盆周山区分布

成渝经济区的优势矿产资源主要分布在盆周山区。

天然气：主要分布在盆东北、川南和成都平原，盆东北大型矿多，是正在开发和未来重点要开发的区域；川南多为小型矿，且是历史上的集中开采区，目前资源趋于枯竭；成都平原多为中型矿，资源总量远不及盆东北，且多已开采。

盆东北天然气资源主要分布于盆东平行岭谷区（现状南充龙岗气田最大，为 7000 亿 m^3，其次是达州的普光 3560 亿 m^3 和广安的 1000 亿 m^3）。重庆境内天然气资源总储量达 11809.09 亿 m^3 以上，主要分布在开县、长寿、垫江等区县境内，三个区县的天然气储量占重庆市天然气储量的 60.55%。万州和梁平的天然气储量超过 1000 亿 m^3。天然气资源的开发重心正逐渐从南部向东部转移。

煤炭主要分布在古叙矿区、筠连矿区、芙蓉山矿区、华蓥山矿区和渝中平行岭谷的天府矿区、渝南的松藻矿区、南桐矿区等。古叙矿区和筠连矿区是国家规划的 13 个大型的煤炭基地之一，主产无烟煤，探明储量为 37 亿 t 和 28.12 亿 t，是未来煤炭开采的重点区域；芙蓉山矿区和华蓥山矿区主产中高硫煤，为限制开采矿区。

磷矿主要分布在德阳的绵竹什邡片区和乐山的马边片区，绵竹什邡片区是“5·12”地震重灾区，地震前磷矿开采的重点区域，目前主要是恢复磷矿的开采；马边片区将和恢复生产后的绵竹什邡片区一起成为未来磷矿开采的重点区域。

岩盐主要分布在四川的乐山、自贡、宜宾、遂宁、南充和重庆市的万州区、忠县、长寿区。四川的乐山市 5 个岩盐矿区基础储量为 16.6 亿 t，资源储量达 158.3 亿 t。重庆市万州区，分布有大中型岩盐矿床 4 处，基础储量为 16.08 亿 t，资源储量达 22.5 亿 t。

芒硝主要分布在新津、眉山和雅安，开采的大型矿基本沿明月山分布。

硫铁矿主要分布在川南、天全和安县，川南是硫铁矿开采的主要区域。

铝土矿资源主要分布在南川和涪陵，资源点以大中型为主，目前采矿点主要集中在南川，少部分资源点位于金佛山自然保护区内。

铅锌矿主要分布在雅安、乐山和石柱，主要开采矿在雅安、乐山，资源点和采矿点均为中小型。

2. 矿产资源开发利用以中小型矿为主

成渝经济区重庆境内有矿区 276 个，大型矿山 121 个，中型矿山 13 个，小型矿山 2110 个。其中煤矿 60 个，大型煤矿 1 个，中型煤矿 8 个，小型煤矿 51 个。锶矿共计 15 个，均为小型锶矿。铅锌矿共计 9 个，均为小型矿。铝土矿 6 个，1 个大型矿、2 个中型矿和 4 个小型矿。金属矿产资源开发利用较好的有锶、锰等少数矿种。

成渝经济区四川境内有煤矿 442 个，硫铁矿 52 个，铜矿 10 个，铅锌矿 23 个，磷矿 58 个，芒硝矿 32 个，金矿 21 个，水泥用灰岩矿有 36 个，铁矿 31 个，菱镁矿 4 个。

磷矿：主要分布在绵竹什邡和马边。绵竹什邡采矿点有 3 个中型矿和 30 个小型矿，为磷矿主要开采区域。

岩盐矿：共有 6 个矿点，大矿 4 个，分布在宜宾、乐山和万州，中矿 1 个，分布在广安，其余 3 个为小矿，分布在乐山、遂宁、自贡等地。其中 1 个大型采矿点位于长宁竹海自然保护区内。

芒硝矿：主要为大中型矿，其中 9 个大型矿，4 个中型矿和 1 个小型矿。14 个矿产资源分布点中有 4 个尚未开发利用。

煤矿：现有煤矿以小型矿为主。2007 年成渝经济区四川境内有小煤矿 277 个（15 万 t 以下），主要分布于宜宾（67 家）、成都（63 家）、达州（42 家）、泸州（33 家）。从分布区域上看，涉及川南山地区、成都平原与龙门山过渡区域、平行岭谷区域。重庆境内有小煤矿 200 余个，分布在除重庆主城区外的各区县。

3. 矿产资源开发利用与生态屏障建设的关系

成渝经济区矿产资源分布的主要区域是盆周山区（包括盆东平行岭谷区），目前的主要采矿点也大多分布在盆周山区，因此盆周山区是目前矿产资源开发利用的重点区域，也是未来矿产资源进一步开发利用的热点地区。

矿产资源开发利用与生态屏障重要功能区域在空间上存在一定程度的重合，见图 3-75 至图 3-77。现状矿产资源开发利用已经对盆周山区的水源涵养、土壤保持和生物多样性保护等功能产生了较大影响，随着成渝经济区重点产业的发展，其对矿产资源的依赖将进一步增强，盆周山区的矿产资源开发利用的强度将进一步增加，其对水源涵养、土壤保持和生物多样性保护等主要生态屏障功能的影响也将进一步增加。

（1）能源矿产开发利用

能源矿产未来开发利用的重点是盆东北的天然气开发和古叙矿区及筠连矿区的无烟煤开发。

盆东北主要天然气资源分布于盆东平行岭谷区，虽然该区域水土流失较为严重，但盆东北的天然气开采本身不会对生态屏障建设产生大的影响。

古叙矿区和筠连矿区分别位于成渝经济区南部的宜宾和泸州的南部，探明煤炭储量为37亿t和28.12亿t。古叙煤田东西长约100 km，南北宽约50 km，总面积约500 km^2。筠连矿区呈东西分布，东西长约54 km，南北宽约32 km，总面积约1700 km^2。煤炭资源以中灰、低硫、高热值无烟煤为主，两大矿区岩溶地貌普遍发育，地下水资源丰富，奇峰异洞、瀑布流泉随处可见。区域植被主要为灌丛和矮林，水土流失多为强度，石漠化趋势明显。

华蓥山矿区和芙蓉山矿区均为历史上重要采煤区域，矿区的煤矸石堆积、土壤和水体污染、地质灾害等问题比较突出，需要进行技术升级，同时进行植被恢复和土壤及水环境治理。

（2）有色金属矿产开发利用

有色金属矿山固体废物排放最多，约占矿山开采固体废物排放量的60%，其中有色金属开采是重金属污染的主要来源，约占矿山开采重金属污染的99.9%。有色金属矿产开发利用对生态屏障建设的影响主要来自于固体废物的堆存和处置及重金属污染。

图 3-75 成渝经济区主要矿产资源与生物多样性保护重要区叠加

图 3-76 成渝经济区主要矿产资源与水源涵养重要区叠加

图 3-77 成渝经济区主要矿产资源与土壤保持重要区叠加

目前铝土矿采矿点主要集中于南川，有4个小型矿和1个中型矿，资源点以大中型为主，部分采矿点和资源点位于金佛山自然保护区内，只有丰都和万盛的2个资源点和1个现有采矿点不在金佛山自然保护区内，铝土矿开发利用面临法规限制。铝土矿开发利用对于生态屏障的影响主要为对生物多样性的影响，采矿点和资源点位于水源涵养和土壤保持的重要区域，铝土矿开发利用也会产生一定的影响。

（3）*磷矿开发利用*

磷矿主要分布在绵竹什邡和马边。绵竹什邡采矿点有3个中型矿和30个小型矿，为磷矿主要开采区域。该区域位于沱江源头段，茶坪山地震重灾区，邻近省级自然保护区九顶山自然保护区和省级森林公园云湖森林公园及天鹅森林公园，省级风景名胜区蓥华山。未来一段时间绵竹什邡的磷矿开发利用主要以恢复生产为主，对生态屏障建设的影响主要为地震的影响，恢复生产的同时，应结合灾后恢复重建，开展生态屏障建设。马边有1个大型矿、6个中型矿和2个小型矿，该区域位于岷江支流马边河上游，邻近马边大风顶自然保护区。马边磷矿开发利用对生态屏障的影响主要是对生物多样性、土壤保持和水源涵养的影响。

（4）*硫铁矿开发利用*

硫铁矿主要为中小型矿，目前有2个中型矿和105个小型矿。硫铁矿为鼓励开采矿种，其中，2个中型矿采矿点位于兴文县，江安县有3个小型硫铁矿位于长宁竹海自然保护区外围。该区域为喀斯特地貌，典型的岩溶地区，硫铁矿的开发利用对生态屏障建设的影响主要为加剧水土流失，严重的可能引致石漠化。

4. 农田化肥施用与畜禽养殖

成渝经济区是国家重要的提供农副产品的生态功能区域。成都平原、盆地丘陵地区、盆东平行岭谷区农业生态区，主要提供粮食、肉类、蛋、奶、水产品等农产品，是全国商品粮基地和集中连片的农业用地。

成都平原区平均化肥施用强度为285kg/hm^2，与全国平均水平279kg/hm^{2}相当；但在沱江流域上游成都市的彭州、郫县；岷江中游眉山市东坡区；涪江上游德阳市的旌阳区、广汉、罗江，绵阳的游仙区、涪城区等区县，化肥施用强度达到382kg/hm^2。

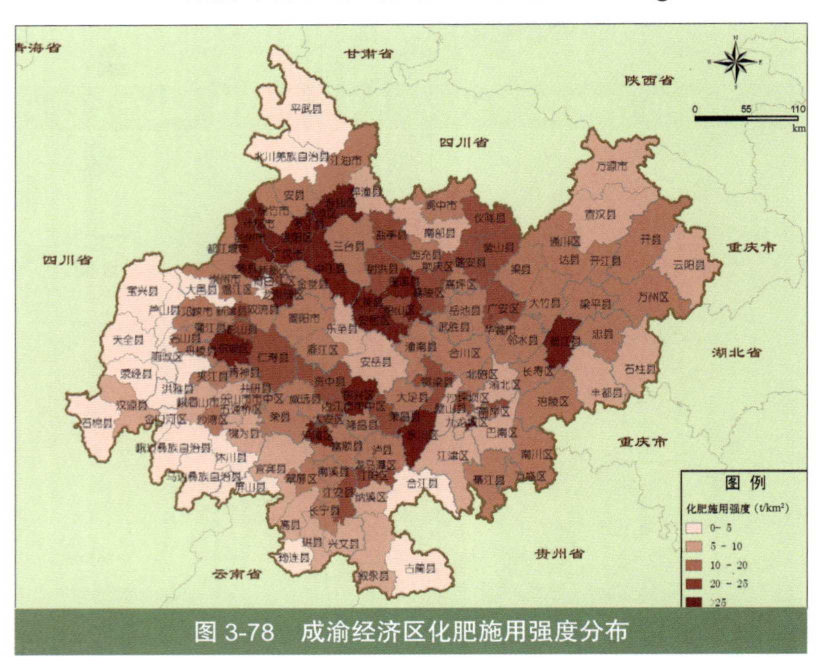

图3-78 成渝经济区化肥施用强度分布

在盆中丘陵地区平均化肥施用强度为232kg/hm^2，略低于成都平原区化肥施用强度；但在涪江中下游德阳市的中江、遂宁的大英、蓬安、安居区，化肥使用强度达到363kg/hm^2；沱江中下游地区的内江市东兴区、自贡市盐滩区，化肥使用强度达到了398kg/hm^2。

成渝经济区化肥施用强度见图3-78。农田化肥流失成为成渝经济区氮、磷负荷的重要来源。如果未来粮食产量的增加单纯依靠化肥的投入，将进一步增大区域农业面源污染负荷。

由图 3-79 可见，岷江中游、沱江流域、嘉陵江的渠江流域是生猪存栏量相对高的区域，畜禽养殖带来的污染成为重点关注的问题。

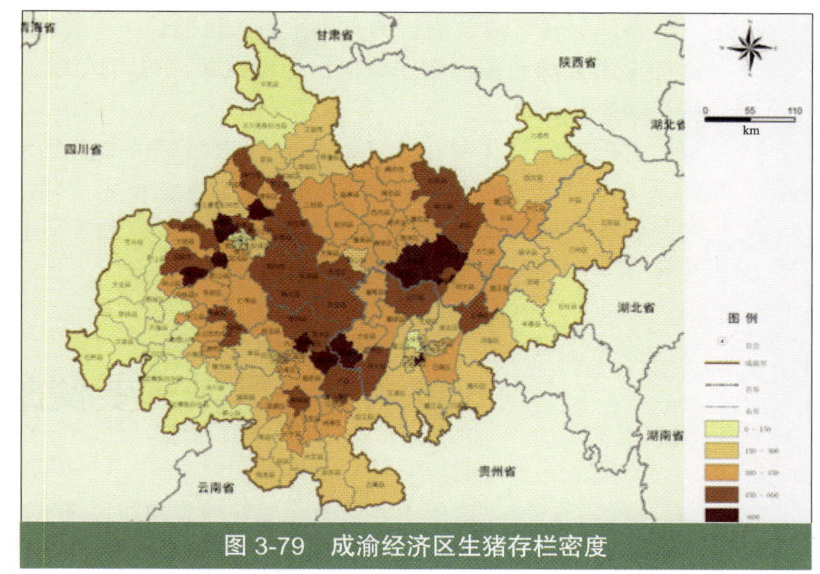

图 3-79　成渝经济区生猪存栏密度

5. 长江上游珍稀特有鱼类生境

（1）长江上游珍稀特有鱼类国家级自然保护区

长江上游珍稀特有鱼类国家级自然保护区范围为北纬 27° 29′ ～ 29° 4′ ，东经 104° 9′ ～ 106° 30′ 的长江上游干流及部分支流，跨越四川、贵州、云南、重庆四省市。具体为金沙江向家坝水电站坝轴线下 1.8km 至重庆长江马桑溪江段，长度 387.06km 江段；赤水河河源至赤水河河口，长度 628.23km 江段；岷江月波至岷江河口，长度 90.1km 江段；越溪河下游码头上至谢家岩，长度 32.1km 江段；长宁河下游古河镇至江安县，长度 13.4km 江段；南广河下游落角星至南广镇，长度 6.18km 江段；永宁河下游渠坝至永宁河口，长度 20.63km 江段；沱江下游胡市镇至沱江河口，长度 17.01km 江段。自然保护区河流总长度 1162.6km，总面积 33174.213hm^2，主要保护对象为白鲟、达氏鲟、胭脂鱼等国家及地方重点保护的珍稀濒危物种和其他长江上游特有鱼类及其赖以生存的自然环境。

在长江上游生活的珍稀鱼类白鲟、达氏鲟，以及上游的重要经济鱼类圆口铜鱼，它们的产卵场位于金沙江下游和上游，胭脂鱼产卵场主要分布于长江干流江段及几条主要支流。

中华鲟原产卵地在长江上游合江至屏山河段，长约 800km，原有 16 处产卵场。白鲟产卵场分布于金沙江下游和三峡大坝以上的长江干流，产卵季节为 3—5 月，习惯在河滩砾石间产卵。胭脂鱼广泛分布于长江水系，有溯河洄游的习性，在葛洲坝工程截流前，长江的胭脂鱼产卵场分布在长江上游及岷江、嘉陵江等支流。

（2）三峡水库建库后长江上游珍稀特有鱼类的生境变化

三峡水库水位在 145 ～ 175 m 运行，长 600 km 的库区水文特征的急剧波动，完全改变了自然河流洪水涨落的特征，缓流、静水环境取代了急流水环境，饵料生物组成发生大的变化，使原来在该江段栖息的一部分种类不适应，从而在水库逐渐消失。原有在该江段栖息的约 40 种鱼类受到不利影响，其中，有 2/5 的是上游特有鱼类。原有珍稀特有鱼类和土著水生生物的生境丧失或受到严重挤压。库区珍稀特有鱼类资源量不断下降，多数流水性鱼类种群数量减少，小型缓流和静水性鱼类种群数量上升，水库生态系统处于更替、演变的过程中，生物多样性下降，水生态系统结构不完整，生态功能呈现弱化趋势，水生态系统处于脆弱的阶段，抵御外部环境压力的能力较弱。

成渝经济区内及周边的主要江河（包括长江干流上游、金沙江、大渡河、嘉陵江、沱江、岷江上游）均已被水电梯级枢纽工程截断，对“长江上游珍稀特有鱼类保护区”形成了“合围”的态势。

目前，岷江干流中下游、赤水河依然保持着自然河流系统特征，与长江干流保持天然的水力连通状态，生物群落栖息条件未发生重大变化。赤水河干流和部分支流、岷江下游和越溪河支流等，可能成为长江上游珍稀特有鱼类等重要生物完成其生活史的仅存的自然生境。

第六节 区域主要资源环境问题

成渝经济区当前的主要资源环境制约集中在以下五个方面：

- 人口稠密，工程型缺水和潜在资源型缺水逐渐突出，节水也是长江上游的重要议题；
- 长江上游已呈现水环境瓶颈和饮水健康瓶颈，相当部分地区水环境处于超载或接近承载上限，解决水污染产业过度集聚成为关键议题；
- 三峡水库水生态处于“一般安全”状态，水土流失和营养盐控制至关重要；
- 区域酸雨污染尚未扭转，中高硫煤成为区域大气环境改善的瓶颈；
- 生态屏障功能亟待提升，长江上游特有珍稀鱼类和土著鱼类的水生生境保护迫在眉睫。

一、工程型缺水和潜在资源型缺水并存

成渝经济区多年平均水资源总量为 1258.9 亿 m^3，人均水资源量为 1288 m^3，按照国际标准，为中度缺水地区，属潜在工程型缺水类型。盆地腹部地区水资源贫乏，遂宁、内江、自贡、资阳以及重庆主城区人均水资源量低于 500 m^3，处于极度缺水警戒线之下。

区域水资源利用总量为 307.6 亿 m^3，占区域水资源总量的 24.4%。以区域水资源总量的 40% 作为发展上限来看，成渝经济区仍有可开发水资源量 196 亿 m^3。

由于区域水资源分布不均，地区发展的不平衡，目前部分地区水资源利用率已超过 40% 的上限，成都、德阳、遂宁等地高达 70% 左右。

在不考虑过境水利用的情况下，区域内 91.3% 的地区存在不同程度的缺水问题，不缺水地区仅占全区域的 8.7%。极度缺水、重度缺水、中度缺水、轻度缺水地区比例分别为 24%、30%、24% 和 13.3%。

缺水类型主要以资源型和工程型为主，资源型缺水地区包括：自贡市、遂宁市、内江市、资阳市、重庆主城区；工程型缺水地区包括泸州市、绵阳市、乐山市、宜宾市、达州市、雅安市、三峡库区；潜在资源型缺水地区包括成都、德阳、南充市、广安市、渝西地区；潜在工程型缺水地区包括眉山市；生态型缺水地区包括广安；渝西地区的江津市为管理型缺水；其中部分区域也属于综合型缺水，如眉山为潜在工程型 + 水质型，广安为潜在资源型 + 生态型。

二、水污染控制与饮水健康风险存在“瓶颈”河段

存在点源排污控制和饮水健康风险“瓶颈”河段。点源排污控制“瓶颈河段”主要分布在岷江中游、沱江，关键因子为氨氮，具体见表 3-56。

表 3-56 2007 年点源排污控制的瓶颈区域

流域	控制单元	代表断面	瓶颈区	制约性指标	点源贡献率 /%
岷江	上游控制区	彭山岷江大桥	重度	氨氮	95
	中游控制区	五通桥	轻度	氨氮	62
	下游控制区	高场	轻度	氨氮	70
沱江	上游控制区	富顺	轻度	氨氮	60
	下游控制区	沱江	重度	氨氮	81
长江干流	下段控制区	晒网坝	轻度	氨氮	65

饮水健康风险“瓶颈”区：将 2004—2008 年联合致癌物风险率在每年 10^{-4} 水平的控制区视为健康风险“瓶颈河段”，呈现较高的饮水健康风险，处于可接受风险的边缘状态。饮水健康风险“瓶颈河段”：长江上游中段（朱沱断面）、岷江中游上段（彭山岷江大桥）、嘉陵江（川渝交界段）。生产力布局应特别注意对排放有毒有害化学物和重金属污染物产业的控制和限制（见表 3-57）。

表 3-57 2004—2008 年河流控制断面联合致癌物风险率 单位：10^{-4}/a

流域	控制断面	2004 年	2005 年	2006 年	2007 年	2008 年
长江	朱沱	6.68	6.21	4.77	1.47	2.81
涪江	老池	1.41	5.37	3.34	2.19	1.23
嘉陵江	利泽	1.07	1.05	1.06	1.16	1.20
	清平	3.81	4.53	—	—	3.68
岷江	彭山岷江大桥	1.71	2.37	1.89	2.25	2.50
沱江	宏缘	1.21	1.15	7.43	1.21	6.61

属于区域重点发展的化工、石油炼化、轻工以及有色金属采选、冶炼等对于饮水健康风险具有叠加效应。在长江上游河段、岷江中游上段、嘉陵江下游（川渝交界段）所对应的排污控制区，应优先加强对石油炼化、化工、金属矿采选、金属冶炼加工、造纸等行业的有毒有害化学物和重金属污染物排放的治理和控制，有效降低风险水平。

三、三峡水库水生态安全处于“一般安全”状态

三峡水库水生态安全总体上处于一般安全状态。其中，社会经济影响、水生态健康状况对库区总体生态安全的压力较大；水生态系统服务功能、生态灾变对总体生态安全的影响相对略小（见表 3-58）。

表 3-58 三峡水库干流水体的生态安全综合状况

水域	评估体系	综合指数	状态
三峡水库干流	水生态健康	49.74	中等健康状态
	生态系统服务功能	73.6	较好的范畴
	社会经济发展对生态系统干扰	47.16	一般影响级别
	生态灾害	1.1	轻灾类型
	生态安全综合指数	67.08	一般安全
三峡水库支流	水生态健康	58.22	中等健康状态
	生态系统服务功能	72.8	较好的范畴
	社会经济发展对生态系统干扰	47.86	一般影响级别
	生态灾害	2.15	中灾类型
	生态安全综合指数	62.62	一般安全

如果社会经济的不利影响继续加剧，三峡水库水生态健康将进一步下降，生态安全状态将呈现下滑趋势，极有可能由目前的“一般安全”跌入“不安全”。

四、区域性酸雨污染尚未扭转

能源消费结构以煤炭为主，中高硫煤成为扭转酸雨污染的瓶颈。2001—2007 年能源消耗总量呈现快速增长，6 年间年均增长率达 15%。2007 年煤炭消费总量较 2000 年增加 130%。

在煤炭利用中，相当部分来自区内的中小煤矿，以中、高硫煤为主。2000—2007 年，成渝经济区煤炭消费总量的增长速度与 SO_2 排放绩效的提升速度相当，近年实施脱硫工程带来的环境效益在相当大程度上被煤炭消费总量的增长所抵消。大量中、高硫煤的使用，使得成渝经济区多年来能源消费的环境绩效低于国内平均水平。中、高硫煤的大量使用已经成为区域改善大气环境质量、扭转酸雨污染趋势的瓶颈。

局部区域环境空气质量呈下降态势。1997—2008 年，SO_2 年均浓度超过国家空气质量二级标准的市（区）数持续保持占成渝经济区市（区）总数的 25%。2008 年 SO_2 超标城市除德阳外，主要分布在沿长江城市带，包括泸州、宜宾、永川、重庆主城区、涪陵，以及万盛和内江。NO_2 年均浓度全部满足国家环境空气质量二级标准，2008 年 NO_x 年均浓度相对较高的城市为成都市、眉山、南充、自贡及重庆主城各区。

近三年，约有 50% 的城市 SO_2 年均浓度有不同程度的升高，泸州、永川、德阳、眉山等城市呈持续上升的趋势，目前 SO_2 年均浓度已超过或接近国家二级标准。成都、乐山、达州、泸州、自贡等 8 个城市 NO_2 年均浓度有所上升。

总体上，成渝经济区内盆东南和南部——长江沿岸城市带的重庆主城区、南川区、涪陵区、永川区、宜宾市、泸州市和盆地西北的成都、德阳，环境空气质量相对较差。

从大气环境质量现状和变化趋势可以看出，成渝经济区环境空气质量有所改善，但局部区域控制 SO_2、NO_x、环境空气质量下降的任务还十分艰巨。

酸雨污染趋势尚未扭转。2008 年，成渝经济区酸雨频率均值为 58.7%，降水年均 pH 值范围为 4.06（荣昌县）～ 7.42（垫江县），35 个市（区）出现酸雨，占 80%。酸雨频率大于 40% 的城市 26 个，占酸雨频率监测城市的 70%。

成渝经济区内约有半数的地区属于中、重酸雨区，在空间分布上呈倒“T”字形，南部地区酸雨 pH 低，污染面积大，集中分布在宜宾、泸州及其周边乐山、雅安、江津、万盛等地。中部地区酸雨区呈条带状，主要分布在南充、铜梁、大足、荣昌等地。

近年来，酸雨污染在长江沿岸城市带有逐步加重趋势，区域酸雨污染控制形势相当严峻。与 2000 年比较，约有 50% 的城市 2008 年 pH 值比 2000 年有所降低。酸雨 pH 值持续较低（重酸雨区）且近年呈加重趋势的城市有泸州、宜宾；酸雨污染呈加重趋势，处于中酸雨区的城市有涪陵、乐山、雅安；近年酸雨 pH 持续偏低的城市有南充、广安、自贡和重庆主城区。

相当部分地区的降水硫沉降量超酸雨临界负荷。超临界最严重地区为万盛及其周边地区，南充、内江、潼南、铜梁、大足、荣昌等中部地区，以及泸州、宜宾、乐山等南部地区均出现不同程度硫沉降超临界负荷现象。

五、区域主导生态功能有待提升，重要河段水生生境受损

成渝经济区是长江上游生态屏障的重要组成部分，盆周山区、盆中低山丘陵区、成都平原区和三峡库区，具有不同的生态服务功能，在长江上游生态屏障中发挥不同的重要作用。

成渝经济区水土流失总体上表现为面积逐渐减小、强度逐渐降低、中度侵蚀面积明显减少，强度以上侵蚀面积略有增加的状况，水土流失控制的形势不容乐观。嘉陵江流域、岷江中下游水土流失较为严重；沱江流域中游、长江干流坡度较陡的坡耕地，属强度或极强度侵蚀区；三峡库区水土流失相对较严重；川南喀斯特地貌区域碳酸盐岩分布集中，溶蚀作用强烈，石漠化趋势明显。

总体来看，土地退化是影响成渝经济区提升生态环境质量的最关键因素。需要加强土壤侵蚀强度及以上区域和潜在土壤侵蚀增强区域的土地退化的控制。

成渝经济区内及周边的主要江河（包括长江干流上游、金沙江、大渡河、嘉陵江、沱江、岷江上游）均已被水电梯级枢纽工程截断，对“长江上游珍稀特有鱼类保护区”形成了“合围”的态势。目前，岷江干流中下游、赤水河依然保持着自然河流系统特征，与长江干流保持天然的水力连通状态，生物群落栖息条件未发生重大变化。赤水河干流和部分支流、岷江下游和越溪河支流等，可能成为长江上游珍稀特有鱼类等重要生物完成其生活史的仅存的自然生境。

第四章

区域重点产业发展特征与资源环境利用效率分析

成渝经济区工业基础雄厚，门类齐全。全国40个工业大类中，成渝经济区有39个，装备制造业、电子信息、生物医药、汽摩、清洁能源、食品饮料业、国防科技工业等，是成渝经济区具有全国领先地位的重要优势行业。装备制造业、高新技术产业高度聚集在两大都市圈，冶金、化工产业沿成德绵乐和长江干流沿岸布局，能源产业沿盆周地带布局。

资源环境利用效率分析结果表明，区域能源、资源消耗水平高，污染物排放量大的行业，对工业发展的经济贡献率相对不高。其中占全区能耗总量90%以上的12个行业中有9个能耗指标超出全国同行业平均水平，化工、能源、矿山冶金与建材三个产业，工业增加值占地区工业增加值的36%，能耗占地区工业部门能耗的81%；占全区水资源消耗总量90%以上的15个行业中有9个行业的万元工业增加值水耗超出全国平均水平，轻工、化工、能源三个产业工业增加值占地区工业增加值的28%，水耗占地区工业部门水耗的82%；占全区COD排放量90%以上的9个行业的COD排放超出全国平均水平，轻工、农副产品加工和化工三类产业的COD和氨氮排放总量占区域排放总量的80%；三类产业工业增加值总量占全区的近30%；占全区SO_2排放量90%以上的9个行业，工业增加值占地区工业增加值的35%，这9个行业单位工业增加值SO_2排放强度也高于全国水平。大气污染物主要来自能源产业和矿山、冶金和建材产业，两类产业的SO_2排放量占地区工业部门SO_2排放总量的80%。

第一节　区域产业发展现状与重点产业确定

一、区域产业发展历史演变

成渝经济区是西部地区产业基础最好、科教水平最高、经济实力最强、发展潜力最大的区域，是国家主体功能区规划的重点开发区。

1．重庆市产业发展历史演变

（1）恢复调整与重型工业体系形成时期（1950—1977年）

1950—1977年是重庆国民经济体系和工业体系形成时期。这一时期，重庆经历了国民经济恢复建设、“一五”“二五”和“三线”建设及“文化大革命”阶段。经济在曲折中发展，产业结构逐步完善，重型工业体系逐渐形成。

从“一五”计划开始，国家确立重庆为工业城市之一，扩建、改建、新建了一批工业企业。20世纪60年代的大三线建设时期，国家出于国际形势和发展战略的考虑，将沿海12个城市的机械、仪器仪表、国防工业等企业大规模迁入重庆，并对重钢、特钢进行了改扩建，同时内迁了一批配套工业、大专院校及科研院所，为建设比较完整的现代工业体系和国防科研生产体系奠定了重要基础。

通过“一五”“二五”和“三线”建设时期的重点建设，成渝经济区（重庆）形成了一批工艺技术设备先进的现代工业基地（南线国防工业基地、大足重型汽车基地、北碚仪表工业基地、西彭铝业基地等），工业生产力全面拓展，初步建立了以国防工业、民用机械工业、冶金工业、化学工业为骨干的重型工业结构体系。

（2）结构调整和主导产业培育时期（1978—1996年）

随着时间的推移和经济的发展，改革开放前形成的以国防工业为代表的重工业的产业结构在区域经济发展中的弊端日益暴露出来。为此，重庆开始采取一系列产业发展战略，在重庆主城进行传统老工业改造和产业调整。20世纪80年代中期，开始注重发展消费品工业，强化对轻纺工业的投资，家电、纺织、食品等轻工行业得到了快速发展。1991年、1993年，成立重庆高新技术开发区和重庆经济技术开发区两大国家级开发区，工业活动在开发区集聚，使其成为重庆发展高新技术产业与新兴产业的基地。到设置直辖市前，军工企业生产民用产品的发展势头十分强劲，汽车、摩托车产业逐步发展为工业经济的主导产业。

（3）现代产业体系初具雏形时期（1997—2008年）

1997年，党中央站在国家和民族利益全局的战略高度设立重庆直辖市，标志着重庆市产业发展进入一个新的发展阶段。成渝经济区（重庆）依托较好的区位优势、资源环境和发展基础，实现了相对更快的发展，成为全市产业布局中的主要聚集地，区域内产业持续、快速和稳定发展，非农产业在经济发展中的绝对优势更加明显，产业规模效益双双提升，现代产业体系初具雏形。

2. 四川省产业发展历史演变

（1）“一五”至“三线”工业体系建设时期

成渝经济区（四川）工业起步于“一五”，布局于“三线”建设时期。依托区位资源优势初步形成了以成都为中心，沿成渝、宝成、成昆铁路和公路交通干线为纽带的工业布局重点区域；形成了以电子、冶金、机械、化工、医药、食品、建材、轻工、能源等支柱产业，在中国西部工业门类最全，初步奠定了以机械、军工、电子、冶金为特征的产业结构基础。从新中国成立到1985年计划经济时期，通过基本建设投入工业404亿元，形成固定资产296亿元。这一阶段投入的高峰期主要是1965—1978年的“三线”建设时期。“三线”建设通过搬迁、改造、新建，在成都、德阳、绵阳、泸州、自贡等市投资144亿元，建设了攀钢、二重、东电、宁江机床、空压空分、长起、长挖、泸州化工厂、资阳内燃机车厂等400多个军工、电子、机械、冶金、化工企业，基本奠定了以重工业为主的工业基础。

（2）改革开放后的工业全面发展时期

改革开放以来，通过实施厂长经理负责制、减税让利、股份制改造、产权制度改革等一系列改革措施，初步建立了产权明晰、权责明确、政企分开、管理科学的企业生产经营机制，工业实现了20多年的持续增长，外资、民营等非公有制经济成为四川省工业经济的重要组成部分，形成了以电子、机械、建材、冶金、化工、医药、纺织、丝绸、烟草、食品为主导的工业体系，成为推动全省国民经济发展的主要力量。1978—2000年，工业增加值年均增长11.04%。

（3）工业支柱产业发展壮大时期

随着改革开放的深入，成渝经济区（四川）工业产业结构逐步进入以支柱产业为主导的发展时期。特别是进入21世纪后，在党的十六大精神指引下，实施工业强省战略和走新型工业化之路，工业发展进入到了与全国同步的快车道。按照国家西部大开发战略和四川省跨越式发展要求，四川省确立了发展电子信息、水电、医药化工、机械冶金和饮料食品产业等五大支柱产业战略，提出了建设水电能源、电子信息产业、重大技术装备国产化、特种钢、钒钛新材料、天然气化工和饮料食品等八大工业基地，壮大长虹、五粮液、攀钢等80户重点优势企业和培育100户“小巨人”企业的发展目标。

二、成渝经济区重点发展产业评价范畴确定

1. 重点产业评价范畴确定

结合川渝两地的产业发展现状，根据对成渝经济区产业发展战略定位的梳理，综合考虑成渝经济区各行业经济贡献比重、资源利用和污染物排放情况，本次评价的重点发展产业主要包括能源、装备制造业、农副产品加工业、化工业以及电子高新技术业等五大产业，以及需要进行产业升级换代的传统产业，包括冶金（含采掘）、非金属矿产业、造纸和纺织及其他行业。按照国民经济行业分类标准，各重点产业和传统产业涉及的具体行业如表4-1和表4-2所示。

本次筛选出的重点产业工业增加占成渝经济区的75%，SO_2排放量占69%、氨氮排放占75%，能耗总量占60%，水耗总量占80%，属于在区域经济居于主导地位，且资源环境制约显著的行业。

2. 成渝经济区重点产业发展现状

成渝经济区有良好的工业、交通和科技基础，已初步成为国家重要的装备制造业基地、水电能源基地、天然气化工基地、国防科技工业基地、高新技术产业基地和西部最富饶的农牧业区。成渝经济区工业基础雄厚，门类齐全，综合配套能力强。全国40个工业大类中，成渝经济区有39个，电子信息、冶金化工、汽车摩托车、输变电设备、工程机械、航空航天、铁路交通设备、数控机床、仪器仪表、彩色电视和通讯设备、食品饮料和国防军工等产业具有相当的优势，特别是装备制造业、电子信息、生物医药、汽摩、清洁能源、食品饮料业、国防科技工业等，是成渝经济区具有全国领先地位的重要优势行业。

2007年成渝经济区各工业行业工业总产值为13731.65亿元，工业增加值为4532.50亿元，其中交通运输设备制造业、农副食品加工业、化学原料及化学制品制造业、黑色金属冶炼及压延加工业和电力、热力的生产和供应等行业的产值居各行业前列（见表4-3）。

本次评价的重点发展产业和传统产业共涉及35个行业，2007年工业总产值共计12622.80亿元，工业增加值为4084.71亿元，占全区工业行业工业总产值和工业增加值的92%和90%。

表 4-1 重点产业评价范畴

产业分类	序号	行业名称	行业代码
能源产业	1	煤炭开采和洗选业	6
	2	石油和天然气开采业	7
	3	电力、热力的生产和供应业	44
	4	燃气生产和供应业	45
农副产品加工业	5	农副食品加工业	13
	6	食品制造业	14
	7	饮料制造业	15
	8	烟草制品业	16
化工产业	9	石油加工、炼焦及核燃料加工业	25
	10	化学原料及化学制品制造业	26
	11	医药制造业	27
	12	化学纤维制造业	28
	13	橡胶制品业	29
	14	塑料制品业	30
装备制造业	15	金属制品业	34
	16	通用设备制造业	35
	17	专用设备制造业	36
	18	交通运输设备制造业	37
	19	电气机械及器材制造业	39
	20	仪器仪表及文化、办公用机械制造业	41
电子高新技术产业	21	通信设备、计算机及其他电子设备制造业	40

表 4-2 需进行产业升级换代的传统产业评价范畴

产业分类	序号	行业名称	行业代码
采矿	1	黑色金属矿采选业	08
	2	有色金属矿采选业	09
	3	非金属矿采选业	10
冶金	4	黑色金属冶炼及压延加工业	32
	5	有色金属冶炼及压延加工业	33
水泥	6	非金属矿物制品业	31
纺织	7	纺织业	17
造纸	8	造纸及纸制品业	22
其他	9	纺织服装、鞋、帽制造业	18
	10	皮革、毛皮、羽毛（绒）及其制品业	19
	11	木材加工及竹、藤、棕、草制品业	20
	12	家具制造业	21
	13	印刷业、记录媒介的复制	23
	14	工艺品及其他制造业	42

表 4-3　成渝经济区 2007 年各工业行业发展规模　单位：亿元

序号	行业名称	行业代码	工业总产值	工业增加值
1	煤炭开采和洗选业	06	375.30	191.07
2	石油和天然气开采业	07	126.22	47.67
3	黑色金属矿采选业	08	15.05	8.22
4	有色金属矿采选业	09	8.13	7.51
5	非金属矿采选业	10	66.74	25.67
6	其他采矿业	11	0.00	0.00
7	农副食品加工业	13	933.25	271.60
8	食品制造业	14	202.64	67.11
9	饮料制造业	15	675.10	306.22
10	烟草制品业	16	162.17	109.16
11	纺织业	17	388.27	123.66
12	纺织服装、鞋、帽制造业	18	39.62	13.21
13	皮革、毛皮、羽毛（绒）及其制品业	19	182.45	70.71
14	木材加工及木、竹、藤、棕、草制品业	20	61.38	22.37
15	家具制造业	21	95.59	28.48
16	造纸及纸制品业	22	174.80	58.81
17	印刷业和记录媒介的复制	23	106.34	44.44
18	文教体育用品制造业	24	0.06	0.08
19	石油加工、炼焦及核燃料加工业	25	149.99	50.43
20	化学原料及化学制品制造业	26	1007.44	329.17
21	医药制造业	27	364.77	153.23
22	化学纤维制造业	28	69.85	19.49
23	橡胶制品业	29	76.94	22.74
24	塑料制品业	30	191.93	61.92
25	非金属矿物制品业	31	694.77	262.00
26	黑色金属冶炼及压延加工业	32	914.83	244.62
27	有色金属冶炼及压延加工业	33	682.24	160.38
28	金属制品业	34	246.60	77.83
29	通用设备制造业	35	804.08	255.34
30	专用设备制造业	36	425.69	124.52
31	交通运输设备制造业	37	2183.26	551.93
32	电气机械及器材制造业	39	577.34	155.32
33	通信设备、计算机及其他电子设备制造业	40	569.13	196.21
34	仪器仪表及文化、办公用机械制造业	41	92.27	29.46
35	工艺品及其他制造业	42	36.38	31.23
36	废弃资源和废旧材料回收加工业	43	8.96	2.19
37	电力、热力的生产和供应业	44	967.31	396.08
38	燃气生产和供应业	45	43.56	12.41
39	水的生产和供应业	46	11.22	5.97
	合计		13731.65	4532.50

表 4-4　成渝经济区重点发展产业和传统产业现状规模　单位：亿元

产业类别		工业总产值	工业增加值
重点产业	农副产品加工业	1810.99	754.1
	化工产业	1592.06	637.0
	装备制造业	3990.36	1194.4
	能源产业	1468.83	634.82
	电子高新技术产业	569.13	196.2
	小计	9431.37	3115.41
传统产业	轻工业	563.07	182.48
	采矿、冶金、建材	2628.36	786.22
	小计	3191.43	968.7
合计		12622.80	4084.71

重点产业涉及 21 个工业行业，这 21 个行业的工业总产值共计 9431.37 亿元，工业增加值为 3115.41 亿元，占全区工业行业工业产值的 69%。按七大类产业划分，经济贡献最大的装备制造业和矿产采选及冶炼加工业，其工业产值分别占成渝经济区的 29.06% 和 19.14%；经济贡献相对较小的为轻工业和电子高新技术产业，工业产值分别占成渝经济区的 4.10% 和 4.14%。具体见表 4-4、图 4-1。

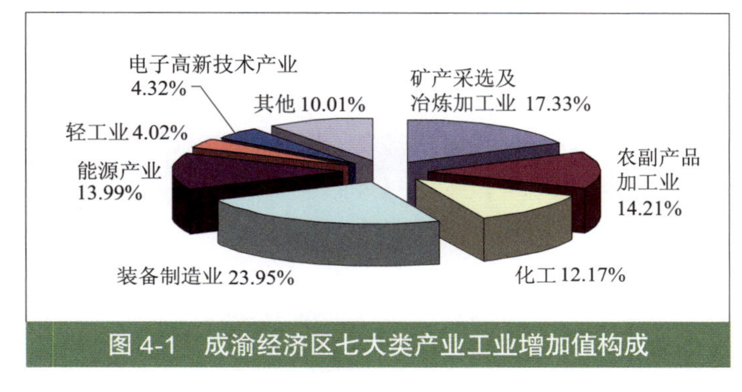

图 4-1　成渝经济区七大类产业工业增加值构成

3．成渝经济区重点产业资源利用与污染物排放现状

2007 年成渝经济区重点产业能耗、水耗总量分别为 5624.7 万 t 标煤和 321048 万 t 新鲜水，占全区总能耗、总水耗的 60% 和 80%。主要污染物 COD、氨氮、SO_2 排放量分别为 131357 t、11353 t 和 954113 t，占全区工业 COD、氨氮、SO_2 排放总量的 49%、75% 和 69%，具体见表 4-5。

本研究评价的重点产业在成渝经济区经济比重大，并且是“十二五”和 2020 年区域经

表 4-5　筛选的重点产业的经济贡献、资源利用和污染物排放比重

产业名称	能耗 / 万 t	COD/t	氨氮 /t	SO_2/t	水耗 / 万 t	工业增加值 / 亿元
能源产业	2304.6	16691.0	239.74	760837	232635	634.8
农副产品加工业	412	51842.6	2356.1	37188.0	20739.5	754.1
化工产业	2398.2	49477.4	8207.5	143818	55075.6	637.0
装备制造业	491	13129.8	534.2	11803.4	11279.2	1194.4
电子高新技术产业	19.1	216.4	15.38	466.56	1319.25	196.2
合计	5624.7	131357	11353	954113	321048	3416.5
全区工业现状	9412	270065	15130	1383546	399967	4532
占全区工业比 /%	60	49	75	69	80	75

济发展重点；这些产业的资源和能源消耗量以及污染物排放总量都在成渝经济区占有较大比重，已经或潜在地对区域环境风险造成了压力。

三、重点产业发展特征与空间布局

1. 现有重点产业发展特点

（1）装备制造业

成渝经济区装备制造业经过“一五”“二五”“三线”建设和改革开放30多年的发展，已基本形成产业规模较大、技术装备较先进、研制水平较领先、配套体系较完善的装备制造工业体系。区内有德阳重大技术装备制造业基地，有东方电气、二重集团、成飞公司、资阳机车等一批龙头企业，在清洁高效发电设备、冶金化工成套设备、工程机械、石油钻采、铁道机车车辆和航空航天等领域具有较强的竞争优势，带动了一大批地方配套企业发展，与上海、东北（黑龙江、辽宁省）并称为国内三大重装制造业基地；船舶工业发展基础良好，拥有较完整的船舶、船用主机及各类配套件、船用仪器仪表和水中兵器为一体的科研生产能力；依托康明斯、百力通、重庆潍柴、长安、庆铃等企业，在内燃机现代设计技术、车用柴油机电控技术、配气系统技术、机外净化措施技术、车用发动机增压和增压中冷技术等高新技术的研发上有所突破，逐步使内燃机生产制造水平达到国内外先进水平；依托四联集团、横河川仪、前卫仪表、宇通等骨干企业，形成仪器仪表生产优势。

立足于良好工业基础及产业发展配套优势，依托长安汽车、长安铃木、庆铃、宗申、建设、银翔等汽车摩托车生产骨干企业为龙头，成渝经济区川渝两地汽车产业均保持了较快发展的良好态势，初步形成以重庆一小时经济圈和成都为中心、资阳和绵阳为次中心的汽车产业带，在国际国内新一轮产业结构调整中呈现出较大的发展空间和潜力。2008年，成渝经济区（重庆）汽车产量突破100万辆，成为中国汽车生产五大基地之一，摩托车产量突破1000万辆；四川省汽车工业实现销售收入380.8亿元，完成工业增加值133.5亿元，产销各类汽车整车17.5万辆。

（2）化工产业

成渝经济区以天然气、石油、硫、磷、盐等为原料的化学工业，经过几十年的建设发展，化学工业体系趋于完善，产业门类更为齐全，配套协作发展的产业格局正逐渐形成。

成渝经济区所在的四川盆地是全国天然气管网最发达的地区，现已形成了以南、北输气干线为主体，以各气源开发区为依托，环形输送管网以及高压输送、低压配送完整的管网体系。依托丰富的天然气资源，区内天然气化工发展迅速，产业基础雄厚、潜力巨大。除天然气化工外，区内硫、磷、钛化工产业在国内占有重要地位，饲料磷酸氢钙生产能力占全国的1/3以上，盐化工产业具有明显的特色优势，是全国重要的盐化工基地。

（3）农副产品加工业

成渝经济区（重庆）经过10余年结构调整，正从以种植粮食作物为主的传统农业向都市农业和特色商品农业转变，经济作物及肉类、水产品等优势农产品产量增加，主城各区向都市观光农业发展的步伐不断加快，万州、开县、云阳优质柑橘产业蓬勃发展，丰都、忠县、石柱草食牲畜和中药材等特色农业产业优势正逐步形成。

成渝经济区（四川）是全国农业大省，是全国粮食、油料、柑橘、茶叶等多种经济作物的主要产区和五大牧区之一，有发展饮料食品工业的良好资源基础。随着骨干企业带动作用日益增强，大企业大集团跨地区、跨行业、跨所有制的资源整合、多元扩张步伐加快，在五粮液集团、川渝中烟四川烟草公司、新希望、高金食品、华润、统一、竹叶青等重点企业的带动下，成渝经济区（四川）在白酒、肉制品、粮油、卷烟、饲料、软饮料、茶叶等领域形成了同业聚集型和龙头带动型的产业链，主导产品在国内已具有较大市场份额。

（4）能源产业

煤炭：成渝经济区煤炭储量占全国总储量的1.55%，其中成渝经济区（重庆）煤炭储量占全国总储量的0.55%，成渝经济区（四川）煤炭储量占全国总储量的1.0%。区内煤炭资源主要分布在渝西、渝南、渝北三大供煤基地（现已形成了綦江、万盛、南川、永川、荣昌、合川等“百万吨级”的产煤区县），以及川南地区的宜宾、泸州（占四川省煤炭储量的65%）。目前煤炭生产以初级产品为主，综合开发利用不足。

天然气：四川盆地天然气资源丰富，根据全国第三次油气资源评价结果，四川盆地天然气总资源储量7万亿m^3，重庆已探明天然气可开发蕴藏量3200亿m^3，四川累计探明地质储量为7590.56亿m^3。区内天然气资源主要分布在渝西、渝北和川东北、川北、川西、川中等地区，是全国天然气的主产区，也是天然气的重要消费区。

清洁能源业：成渝经济区（重庆）水电能源建设，嘉陵江草街、涪江富金坝等航电枢纽工程全面投入运行，小南海水电工程也进入项目论证阶段。风电项目主要围绕云阳、石柱等地开展，其中云阳风力发电场2009年年底开工建设；涪陵或丰都的核电项目前期工作也正在稳步推进，争取进入国家中长期核电发展规划。

（5）电子高新技术产业

电子高新技术产业集聚在重庆主城区和成都都市圈。近年来电子高新技术产业发展迅速，产值逐年增加，逐步从全区国民经济的先导产业上升为支柱产业。2008年重庆被批准成为国家信息产业高技术产业基地，进一步促进了该区域电子高新技术产业规模化、集聚化和国际化发展。四川在集成电路、软件、基础元器件及材料等产业方面获得重大突破，成为我国发展集成电路的热点地区之一；在航天电子、航空电子、信息安全等领域承担了大量的总体集成和整机研发生产任务；拥有国家数字视听产品产业园，形成了较为完善的数字视听产业链；建有国家软件基地，大型行业应用软件、嵌入式软件、数字娱乐软件等发展势头良好。

2．重点产业空间布局

成渝经济区的重点产业主要布局在“双核两带”（见图4-2），即重庆、成都两大都市区，成德绵城市经济带和沿长江城市经济带。

（1）两大经济圈

在成渝经济区内，以重庆主城区和成都市为经济发展高地，以及由此带来的经济辐射效应，形成了重庆和成都两大经济圈。

重庆都市圈：逐步形成金融、商贸中心和高技术产业基地，依托北部新区、西永微电子产业园、茶园工业园等发展电子高新技术产业、装备制造业等高附加值产业，成为重庆经济增长核心。

成都都市圈：成都都市圈充分利用全国综合城乡配套改革试点城市的特殊政策，发挥高新技术产业要素资源的优势，以电子信息、机械（含汽车制造）等产业为发展重点，初步形成了现代制造业和软件与信息服务业集聚地。

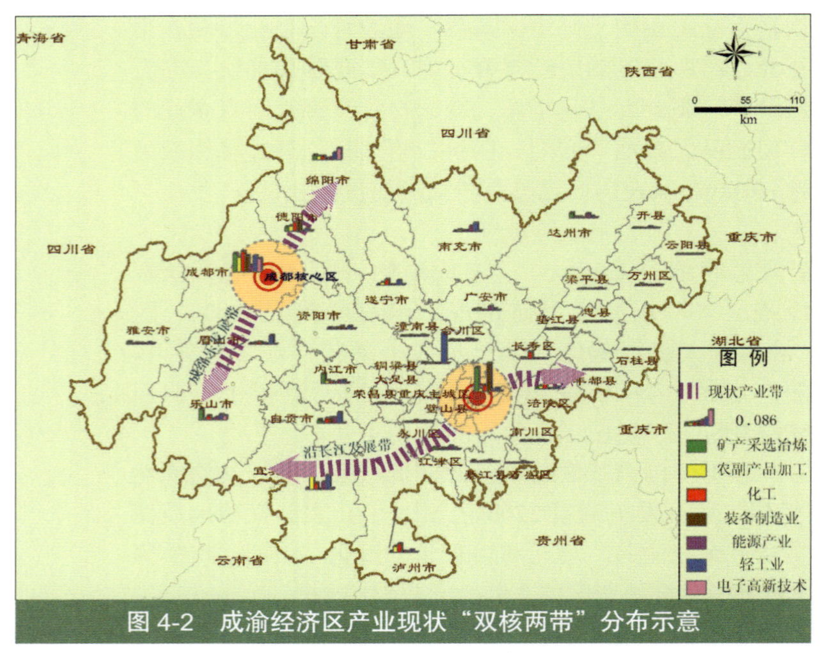

图 4-2 成渝经济区产业现状“双核两带”分布示意

（2）重点产业的空间布局

矿产采选及冶炼加工业：矿产采选及冶炼加工业主要分布在成德绵乐经济带和长江上游沿江城市群。成都都市圈和重庆都市圈是重点分布区，分别占成渝经济区矿产采选及冶炼加工业总产值的 13.3% 和 10.1%。

饮料制造和农副产品加工业：布局比较分散，成都、宜宾等地是重点分布区。

化工产业：主要分布在成德绵乐遂一线，以及长江沿岸的城市带。长江沿岸城市带化工产业占成渝经济区化工产业比重为 41.6%，成德绵乐化工产业占成渝经济区化工产业比重的 38%。

装备制造业：聚集效果明显，主要分布在重庆主城区、成德绵。重庆主城区装备制造业产值占成渝经济区装备制造业产值总额的 15.7%，成都、德阳、绵阳分别占 8.8%、5.5%、3.1%。

能源产业：主要分布在江津、合川、綦江、万盛、宜宾、成都、自贡、内江、广安、南充、达州等地。

轻工业：主要分布在成德绵乐一线，以及宜宾、自贡、铜梁、南充等地区。

电子高新技术产业：主要聚集在重庆主城区、成都、绵阳等地。

造纸和纺织业：主要分布在嘉陵江和岷沱江流域。

3. 重点产业工业园区

成渝经济区现有工业园区 126 个，其中成渝经济区（重庆）范围内工业园区 43 个，成渝经济区（四川）范围内园区 83 个，是工业集聚发展的主要载体。现有工业园区情况见表 4-6，分布见图 4-3。

从分布来看，成渝经济区（重庆）主城 9 区集中了 3 个国家级工业园区和 15 个市级特色工业园区，主要发展汽车摩托车、电子信息以及仪器仪表、通信设备等装备制造业等产业，是重庆高技术产业集中地和现代制造业的主要承载地。重庆一小时经济圈其余 22 个区县集中了 25 个市级特色工业园区，其中长寿、涪陵等地园区以发展石油天然气化工、冶金等为主，江津以装备制造业为主，南川以铝工业为主，其余则依托原有发展基础发展轻纺、建材、汽车摩托车零部件、机械加工等相关产业。成渝经济区（四川）现有国家级园区 4 个，分别为成都高新技术产业开发区、成都经济技术开发区、成都台商投资工业园区、绵阳高新技术产业开发区，还有各类省级开发区 50 余个。其中成都都市圈的成德绵集中有工业园区 20 余个，主要发展电子高新技术产业、装备制造业、建材、化工等产业。

图 4-3 成渝经济区工业园区分布

四、区域工业发展结构分析

成渝经济区是我国传统老工业基地，工业基础雄厚，门类齐全，综合配套能力强。全国 40 个工业大类中，成渝经济区有 39 个，电子信息、冶金化工、汽车摩托车、输变电设备、工程机械、航空航天、铁路交通设备、数控机床、仪器仪表、彩色电视和通信设备、食品饮料和国防军工等产业具有相当的优势。

现代化工业发展强劲。如成都是全国四大电子工业基地之一，绵阳是全国著名的中国科学城；德阳是全国重型机械装备工业基地；自贡、泸州等地是全国重要的化学、工程机械工业基地；宜宾是食品工业和能源工业基地。

成渝经济区工业结构与东、西部地区工业结构的比较见表 4-7。

成渝经济区比重最高的是资本密集型和技术密集型产业，两者工业增加值占成渝经济区工业增加值的 52.8%。同期全国比重最高的也是资本密集型和技术密集型，两者工业增加值占比为 54.17%。

一般认为，工业化进程按“资源密集型→劳动密集型→资本密集型→技术密集型”的结构演进，成渝经济区的工业化进程总体上与全国的工业化进程同步。

区内资源密集型产业占比重为 5.6%，以采掘业为代表的资源密集型产业在成渝经济区并不占优势。

与东部地区相比较，技术密集型产业比重低 7 个百分点。加快技术密集型产业的发展，是成渝经济区经济崛起的重点。

虽然总体上劳动密集型产业比重与全国和东部相当，但成渝经济区的人口密集、人多地少，就业和安稳致富的压力巨大，现有劳动密集型产业的发展水平不能解决区内过剩劳动力就业问题。

表 4-6 成渝经济区特色工业园区分布及定位

序号	园区名称	规划面积 / km^2	园区主导产业 / 主要产品
1	重庆经济技术开发区	93.3	电子信息、生物医药、汽车摩托车、新材料、绿色食品、服装等
2	重庆高新技术产业开发区	20	电子信息、生物生化制药及医疗器械、新材料及节能与环保、汽车摩托车配套新型产品
3	重庆出口加工区	2.8	电子信息、生物医药、光机电、精密材料及新材料等
4	沙坪坝西永微电子产业园区	30	通信设备、计算机及其他电子设备制造业（芯片）、软件业（软件及服务外包）
5	沙坪坝井口工业园区	6.6	汽车制造、输配电及控制设备制造
6	长寿化工产业园区	31.3	化学原料及化学制品制造业（甲醇、醋酸、乙炔）、原油加工及石油制品制造、专用化学品制造、医药制造业（中成药、化学药品原药）、合成材料制造（MDI）
7	长寿晏家工业园区	38.98	金属结构制造、玻璃纤维及制品制造、交通运输设备制造业、电子元件、电子器件制造、炼钢及钢压延加工
8	大渡口建桥工业园区	10	摩托车制造、专用设备制造业、铁路运输设备制造、玻璃纤维及制品制造、通讯设备、计算机及其他电子设备制造业、精炼石油产品的制造
9	江北港城工业园区	11	家用电力器具制造（空调、冰箱、洗衣机）、交通运输设备制造业（汽车整车及零部件、集装箱）
10	九龙坡九龙工业园区	36	交通运输设备制造业、风动和电动工具制造、汽车制造业、通信设备、计算机及其他电子设备制造业
11	九龙坡西彭工业园区	30	常用有色金属压延加工
12	南岸茶园工业园区	120	金属加工机械制造、移动通信及终端设备制造、摩托车制造、通用设备制造业
13	南岸长江工业园区	10	金属加工机械制造、电子元件制造
14	南岸东港工业园区	11	船舶及浮动装置制造（船舶）
15	北碚同兴工业园区	20	摩托车制造、生物、生化制品的制造（青蒿素）、电子器件制造（半导体）、通用仪器仪表制造、医药制造业
16	渝北空港工业园区	54	汽车制造、通信设备、计算机及其他电子设备制造业、电线电缆、光缆及电工器材制造、金属加工机械制造
17	渝北两路工业园区	68.31	纺织服装制造、生物、生化制品的制造、通信设备、计算机及其他电子设备制造业（半导体器件）、通用仪器仪表制造
18	巴南花溪工业园区	8	摩托车制造、风动和电动工具制造（通机）、砖瓦、石材及其他建筑材料制造（节能建材）、家具制造业
19	巴南鹿角工业园区	18.65	通用设备制造业（精密制造）、通信设备、计算机及其他电子设备制造业
20	涪陵李渡工业园区	31	电子元件制造、化学原料及化学制品制造业（油漆）、生物、生化制品制造、电气机械及器材制造业
21	涪陵白涛化工园区	15	专用化学品制造、基础化学原料制造（氯碱）、非金属矿物制造业（工业硅）、肥料制造（合成氨 / 尿素）、农药制造、精炼石油产品的制造
22	涪陵龙桥工业园区	10	化学纤维制造（PTA）、肥料制造
23	渝中半岛工业园区		商业服务业、电子器件制造
24	万盛工业园区	10	化学原料及化学制品制造业（醋酸、二甲醚）、常用有色金属冶炼（镁冶炼）

续表

序号	园区名称	规划面积 / km^2	园区主导产业 / 主要产品
25	双桥工业园区	5	汽车制造、轮胎制造
26	江津双福工业园区	22.08	通用设备制造业、涂料、油墨、颜料及类似产品制造、交通运输设备制造业、通信设备、计算机及其他电子设备制造业、交通运输设备制造业、造纸及纸制品业
27	合川工业园区	22.3	食品制造业、输配电及控制设备制造、金属铸、锻加工、电子器件制造、金属加工机械制造、基础化学原料制造、非金属矿物制品业
28	綦江工业园区	10	齿轮、传动和驱动部件制造、有色金属冶炼及压延加工业（铜、镍、铝冶炼）
29	永川工业园区	13.7	玻璃及玻璃制品制造、风机、衡器、包装设备等通用设备制造、汽车零部件及配件制造、电子元件制造、有色金属冶炼及压延加工业、基础化学原料制造等
30	潼南工业园区	15	金属加工机械制造（机械加工）、农副食品加工业（蔬菜、肉类加工）、基础化学原料制造
31	铜梁工业园区	60	金属加工机械制造（机械加工）、纺织服装、鞋、帽制造业（鞋、羽绒服装）
32	大足工业园区	12.13	其他日用金属制品制造（小五金）、摩托车零部件及配件制造、建筑、安全用金属制品制造
33	荣昌工业园区	15.5	照明器具制造（灯具）、兽用药品制造、纺织业、电力、热力的生产和供应业
34	璧山工业园区	42	交通运输设备制造业、金属加工机械制造、皮革制品制造、电子器件制造、通用仪器仪表制造、专用设备制造业等
35	南川工业园区	6	铝冶炼（铝冶炼及加工）、纺织业（棉、麻、布）
36	万州工业园区	32.3	纺织服装、电子机械、盐化工、天然气化工、新型建材、食品药品
37	开县工业园区	20	能源、建材、绿色食品加工、轻纺服装、天然气精细化工
38	梁平工业园区	14.06	食品加工、机械电子服装纺织、精细化工
39	丰都工业园区	10	食品加工、轻工、机械电子医药化工、环保
40	石柱工业园区	9.89	电矿、食品加工、制药、轻纺
41	丰都工业园区	10	食品加工、轻工、机械
42	垫江工业园区	8	汽车及摩托车产业、电子电器、机械、食品、医药、轻纺服装
43	云阳工业园区	20	非金属矿物制品业、农副食品加工业、机械装备制造业、电子产品加工业、化学原料及化学制品制造业
44	成都高新技术产业开发区	82.5	电子信息、生物制药和精密机械制造
45	成都经济技术开发区	26	汽车及机械制造、新材料制造电子元器件、药品
46	成都台商投资工业园区	45	食品、医药、包装
47	绵阳高新技术产业开发区	15	电子信息、精细化工、新材料、生物医药
48	德阳经济开发区	17.6	装备制造、服装及轻工、新材料、物流
49	双流经济开发区	60	制药、光电、机械绿色食品、教育科研
50	成都青白江工业集中发展区	18.57	冶金、化工、建材、机械
51	威远县连界工业园区	10	钒钛、钢铁、煤化工、物流
52	五粮液工业集中区	11.3	酿酒、塑胶业、生物工程印刷业、物流
53	成都新都工业园区	18	机械制造业、电子产业、医药产业、食品饮料、现代包装
54	成都现代工业港	15	机械电子、食品饮料、印务包装

续 表

序号	园区名称	规划面积 / km^2	园区主导产业 / 主要产品
55	新津工业集中发展区	22	食品、机械、建材、精细化工、包装
56	成都金牛高新技术产业园区	9.3	电子信息、生物制药、食品加工、机电制造
57	成都武侯工业园区	8.6	以轻工设计及软件开发为主的工业总部、制鞋
58	成都青羊工业集中发展区	5.62	以航空模具产业为主的企业总部电子信息
59	绵阳市经济开发区	46.7	电子信息、精细化工、机械制造、食品饮料
60	江油工业园区	7.7	冶金、建材、化工、食品、生物科技、新材料、电子、机械制造
61	广汉经济开发区	8	石油机械装备、医药食品
62	旌阳区工业集中发展区	37.1	电线电缆、通用设备制造、机械加工、新型材料、食品
63	什邡经济开发区	35.31	金属加工、食品制造、机械制造
64	自贡高新技术产业园区	40	金属加工、新材料、机械制造
65	晨光科技园区	14.91	新材料、机械装备制造
66	遂宁经济开发区	32	电子信息、生物技术、食品、机械加工
67	大英县工业集中发展区	26.65	石化、盐化、纺织、机械制造
68	纳溪化工园区	7.4	煤化工、天然气化工、精细化工
69	泸州酒业集中发展区	5	白酒、包装材料、物流
70	合江临港工业园区	18	化工、物流、机械加工、食品加工、造纸包装、竹木加工
71	南充经济开发区	30	生物制药、纺织服装、石油化工、汽车零部件、轻工食品
72	蓬安工业园区	3.6	农产品加工、制鞋、服装、建材、电子电器、工业半成品加工和黑色冶金工业
73	隆昌经济开发区	5.3	汽配机械业和食品业
74	内江经济开发区城西工业园	5.5	汽车配件、通用零部件制造及机械修理
75	乐山高新技术开发区	30	硅材料及光伏电子和电工机械专用设备制造
76	乐山（五通桥）盐磷化工循环产业园区		盐磷化工、硅材料及光伏
77	峨眉山市工业集中区		硅材料及光伏、仓储物流加工
78	眉山铝硅产业园区	15.6	铝、硅产业及深加工
79	眉山金象化工产业园区	7.32	天然气化工、硝基化工
80	江安阳春工业集中区	20	氯碱化工
81	南骏汽车产业园	2.18	载货汽车及零部件制造业
82	资阳机车产业园	43.5	机车车辆及零部件制造业
83	安岳工业集中发展区	5	农产品加工业、金属加工机械制造
84	成都·资阳工业发展区	100	以汽车零部件为主的机械加工业新型建材
85	达州市天然气能源化工产业区	30	以天然气为核心的氮硫磷产业
86	大竹县苎麻工业园区	20	苎麻纺织、机械电子
87	广安经济开发区	25	天然气及氯碱化工新材料
88	雅安工业园区	3.04	新材料、金属加工机械制造
89	成都·阿坝工业集中发展区		电子、有色金属加工
90	都江堰经济开发区	8.8	机电及软件产业
91	彭州工业园区	12.8	塑料制造业

续　表

序号	园区名称	规划面积 / km^2	园区主导产业 / 主要产品
92	龙潭都市工业集中发展区		家用电器制造业、服装制造业、环保型机械制造业和建材业
93	国家西部信息安全产业园		信息产业
94	泸州经济开发区		生物医药、电子
95	泸县中小企业创业园	2.67	金属加工、机械制造、农产品加工
96	泸州市江南轻工业集中发展区	11	轻纺包装制造业
97	泸州机械工业集中发展区		工程机械制造业
98	绵竹经济开发区	22	食品、机械、电子、医药、服装
99	中江县工业集中发展区	12.8	医药、电子、机械加工、纺织、化工、建材、肉类加工
100	罗江县工业集中发展区	1.6	电子、食品
101	游仙经济试验区	5	新材料、汽车零部件
102	遂宁市创新工业园	22	电子和电工机械专用设备制造饮料食品
103	资中经济开发区	6.64	农产品加工、通用零部件制造及机械修理
104	威远县严陵工业园区	10	新型精细化工、机械制造、农副产品深加工
105	夹江经济开发区		建筑陶瓷、铝材加工
106	沙湾工业园区		冶金、新型建材
107	营山县三星工业集中区	8	机械汽配、纺织服装、食品药品
108	南部县工业集中区	16	金属加工、机械制造、农产品加工
109	阆中市工业集中区	15	电子工业区、纺织工业区、医药食品工业区、建材工业区、化工工业区
110	向家坝工业集中区	2.2	农副产品精深加工、食品饮料制造、装备机械制造业
111	长宁县工业集中区	10	机械制造、轻化工
112	高县福溪工业集中区	5.86	能源工业、制造业和农副产品加工业
113	南溪县罗龙工业集中区		机械制造、新材料、生物制药、精细化工
114	武胜县工业集中区	30	农副产品生加工产业、生物制药、化工产业、机电产业
115	邻水县工业集中区	30	汽车零部件为主的机械电子、轻纺
116	开江县普安工业集中发展区	5	五金、农产品加工
117	万源市工业集中区	24	建材、农产品加工
118	普光经济开发区	20	天然气加工、冶金
119	彭山经济开发区	18	化工、机械、电子、农副产品加工
120	仁寿县视高产业园区	20	机械制造、光电产业
121	眉山经济开发区	4.9	机械制造、电子信息、食品包装
122	资阳经济开发区		汽车零部件、医药工业
123	简阳经济开发区	3.52	机械、食品、农副产品深加工
124	乐至工业集中发展区	8	农产品加工业
125	雁江工业集中发展区	5.68	汽车配件、机械加工、农产品加工、塑料机械
126	四海食品产业园	2	食品加工

表 4-7 成渝经济区工业结构与东、西部地区工业结构的比较 单位：%

地名	资源密集型	劳动力密集型	资本密集型	技术密集型
成渝经济区	5.61	17.91	28.58	23.95
重庆	5.11	11.41	26.38	39.29
四川	5.79	24.08	29.40	18.23
全国总额	12.24	17.93	28.53	25.64
东部地区	6.99	17.88	27.99	31.05
西部地区	21.68	20.11	28.93	13.24

注：① 资源密集型产业（采掘业为主），包括煤炭、天然气、黑色金属矿、有色金属矿开采业等；
② 劳动力密集型产业包括食品加工、食品制造、饮料制造、纺织、烟草加工、造纸及纸制品等，生产的主要是轻工业产品；
③ 资本密集型产业包括石油加工及炼焦、化学原料及化学制品、医药制造、化学纤维制造、非金属矿物品制造、黑色金属冶炼及压延加工、有色金属冶炼及压延加工、金属制品等；
④ 技术密集型产业，包括普通机械制造、专用设备制造、交通运输设备制造、电器机械及器材制造，生产的主要是高加工度产品。

成渝经济区内经济发展不均衡，产业分化较大，表现突出的是重庆都市圈和成都都市圈。在全国 294 个城市中，大部分城市产业层次竞争力排名分布在 200 名之后，处于比较落后的水平。

第二节 重点产业资源环境效率分析

一、区域资源环境绩效水平分析

2000 年以来，川渝两地的能源绩效变化趋势与全国的变化趋势基本一致，但均低于全国平均水平（见图 4-4）。在 2005—2007 年能源绩效有所提升，但四川省仅是基本上恢复到 2001—2002 年的水平，重庆市尚未恢复到 2002 年的水平。经济社会发展没有带来能源绩效的显著提高，与全国平均水平的差距没有明显的缩小，与东部地区的差距更大。这种差距与工业化发展阶段、产业结构的差距相吻合。高耗能产业比重过大、技术水平落后是影响能源绩效提高的最重要的原因。

2000 年以来，川渝两地 SO_2 排放绩效一直与全国平均水平存在明显差距（见图 4-5）。重庆市的 SO_2 排放绩效仅有全国平均水平的一半左右，提升缓慢，除了技术水平差距外，与燃用高硫煤有很大关系，这一问题未来也将极大地阻碍 SO_2 排放绩效的提升。四川 SO_2 排放绩效的变化趋势与全国平均水平的提升趋势基本一致，尚未呈现显著缩小的态势，落后全国平均水平 1 ～ 2 年。与东部地区相比，呈现显著的拉大差距的趋势。除工业发展阶段、产业结构差距外，能源消费结构中过度地依赖火电、清洁能源利用比例太低也是极其重要的影响因素。

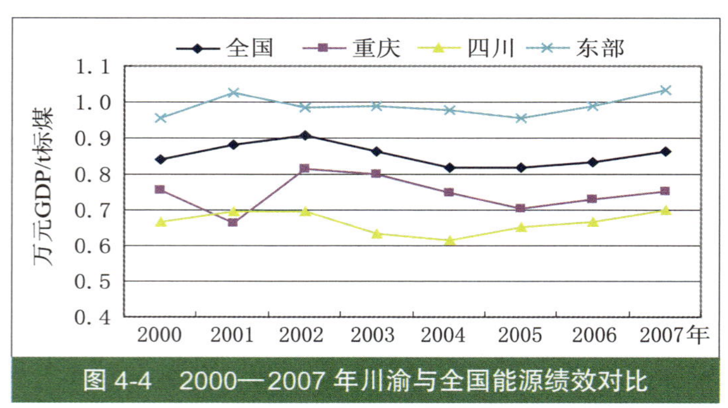

图 4-4 2000—2007 年川渝与全国能源绩效对比

2000 年以来，川、渝两地的 COD 排放绩效处于持续提升的状态，与全国平均水平的提升速度相当，但与东部地区提升的速度差距较大（见图 4-6）。重庆 COD 排放绩效接近全国平均水平，落后约 1 年。尽管四川省在近年大力加强了水污染治理，但 COD 排放绩效与全国平均水平的差距仍较大，总体水平落后 4 ～ 5 年。在产业结构中，川、渝两地劳动密集型产业比重与全国和东部地区相当，COD 排放绩效远落后于全国平均水平和东部水平，说明劳动密集型产业的整体技术水平落后，清洁生产水平低下，急需产业优化、改造升级。不解决产业优化、改造升级，很难缩小与全国和东部水平的差距。

将 2007 年川渝两省市的能耗、电耗水平与东部发达地区（江苏、浙江、上海）和西部邻省（陕西）进行对比，结果表明（见表 4-8），川渝两地现状单位 GDP 能耗、单位工业增加值能耗约为东部发达地区的两倍，与西部邻省水平相当；单位 GDP 电耗与东部发达地区相近，略低于陕西。由此可见，川渝两地高耗能产业比重偏大、清洁能源利用比重偏小。

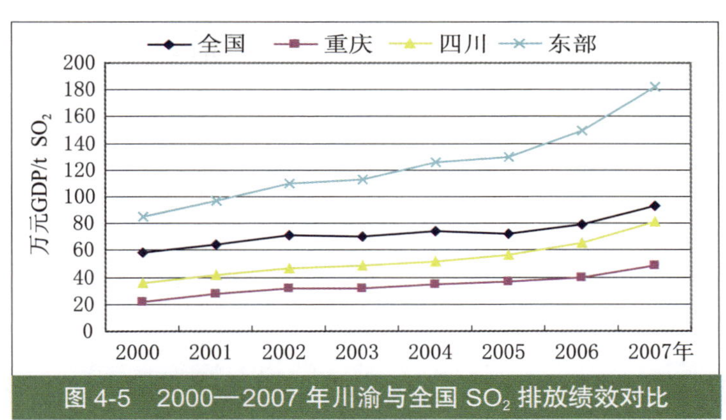

图 4-5　2000—2007 年川渝与全国 SO_2 排放绩效对比

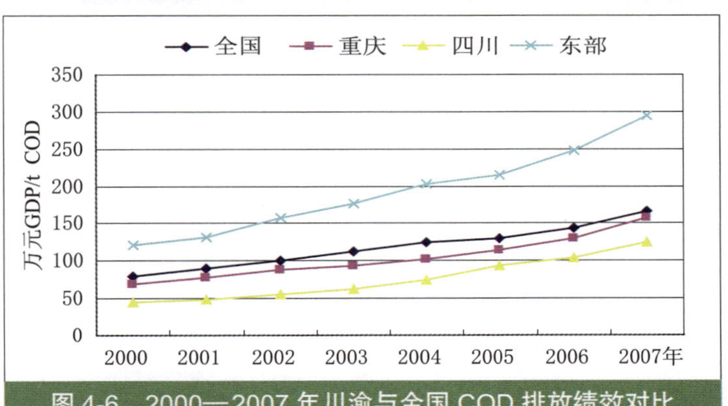

图 4-6　2000—2007 年川渝与全国 COD 排放绩效对比

表 4-8　2007 年成渝两省市与发达地区能耗水平对比

地名	单位 GDP 能耗 /（t 标准煤 / 万元）	单位工业增加值能耗 /（t 标准煤 / 万元）	单位 GDP 电耗 /（kW・h/ 万元）
重庆	1.333	2.410	1148.00
四川	1.432	2.620	1232.00
江苏	0.853	1.408	1221.00
浙江	0.828	1.302	1246.97
上海	0.833	1.006	914.19
陕西	1.361	2.27	1340.24

二、重点产业资源环境效率分析

1. 能源利用效率分析

（1）重点耗能行业分析

成渝经济区工业能耗最高的行业依次为化学原料及化学制品制造业、电力、热力的生产和供应业、非金属矿物制品业和黑色金属冶炼及压延加工业，能耗总量均在 1000 万 t 以上，位居前 4 位，其能耗量分别为 1892.53 万 t、1735.16 万 t、1702.88 万 t 和 1195.17 万 t，占成渝经济区总能耗的 20.12%、18.45%、18.11% 和 12.71%。上述 4 行业能耗量占全区工业能耗总量的 69.39%（具体见表 4-9）。

在成渝经济区所有工业行业门类中，占地区万元工业增加值能耗总量 90% 的 12 个行业产生 65% 的地区工业增加值，高能耗并未带来高产出。能耗规模最大的产业依次为矿山、冶金和建材产业、化工业和能源产业，三者占成渝经济区工业能耗总量的 81%，工业增加值仅占 36%。

其中，矿产、冶金、建材业能耗占 33.5%，工业增加值占 14.8%；能源产业能耗占

表 4-9 成渝经济区工业总能耗行业组成（占 90% 工业总能耗）单位：%

序号	行业	能耗比重	工业增加值比重
1	化学原料及化学制品制造业	20.12	7.29
2	石油加工、炼焦及核燃料加工业	3.03	1.13
3	电力、热力的生产和供应业	18.45	8.77
4	煤炭开采和洗选业	5.98	4.23
5	非金属矿物制品业	18.11	5.80
6	黑色金属冶炼及压延加工业	12.71	5.41
7	有色金属冶炼及压延加工业	2.72	3.55
8	纺织业	2.24	2.74
9	造纸及纸制品业	1.87	1.32
10	农副食品加工业	1.82	6.01
11	饮料制造业	1.70	6.78
12	交通运输设备制造业	2.06	12.22
合计		90.81	65.25

表 4-10 成渝经济区重点关注产业能源利用水平 单位：%

产业	能耗比重	工业增加值比重
化工产业	23.15	8.42
能源产业	24.43	13.0
矿山、冶金、建材业	33.54	14.76
轻工业	4.11	4.06
农副食品加工业	3.52	12.79
装备制造业	2.06	12.22
其他产业	9.19	34.75

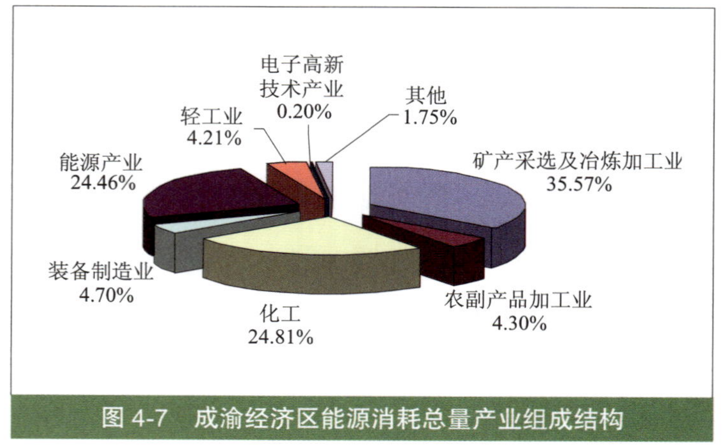

图 4-7 成渝经济区能源消耗总量产业组成结构

24.4%，工业增加值占 13.0%；化工产业能耗占 23.2%，工业增加值占 8.4%。装备制造业、农副产品加工业和轻工业（主要含造纸和纺织业，下同）三类产业能耗总量不到全区能耗总量的 10%，工业增加值占 29.1%（具体见表 4-10 和图 4-7）。

（2）能源利用水平分析

成渝经济区各行业能耗水平统计见表 4-11。

在成渝经济区 12 个主要耗能行业中有 3/4 的行业万元工业增加值能耗超出全国平均水平，分布在矿山、冶金、建材产业、能源、化工、轻工农副产品加工以及装备制造业。其中，电力、热力的生产和供应业、煤炭开采和洗选业和黑色金属矿采选业与全国同行业平均水平相差最大，分别为全国能耗水平值的 2.1、1.92 和 1.88 倍，位列前三，具体见表 4-12 和表 4-13。高能耗的行业单位能耗水平偏低，对区域工业增加值的贡献不大是成渝经济区工业能耗的特点。这些行业具有较大节能空间，对地区工业部门的节能影响较大，应列入节能降耗的重点行业。

2. 水耗利用效率

（1）重点耗水行业分析

在成渝经济区所有的工业行业门类中，电力、热力的生产和供应业为耗水大户，行业新鲜水消耗量超过成渝经济区新鲜水总耗量的一半；化学原料及化学制品制造业和造纸及纸制品业位于其后，其新鲜水消耗量分别占全区新鲜水总耗量的 10.45% 和 9.08%。其中主要水耗产业为能源产业，其次是化工业和轻工业，三类产业水耗量分别占区域工业总耗水量的 58.16%、13.59% 和 11.67%，具体见表 4-14。

表 4-11　成渝经济区重庆和四川部分各行业能耗水平统计　单位：t 标煤 / 万元增加值

序号	行业类别	重庆	四川	全国
1	煤炭开采和洗选业	3.69	2.67	1.53
2	石油和天然气开采业	2.08	0.05	0.57
3	黑色金属矿采选业	2.39	3.28	1.41
4	有色金属矿采选业	0.14	0.19	0.84
5	非金属矿采选业	3.84	5.43	1.83
6	其他采矿业	—	—	3.86
7	农副食品加工业	0.24	0.69	0.5
8	食品制造业	0.84	1.17	0.71
9	饮料制造业	0.65	0.51	0.52
10	烟草制品业	0.07	0.06	0.08
11	纺织业	1.43	1.76	1.26
12	纺织服装、鞋、帽制造业	0.12	0.44	0.3
13	皮革、毛皮、羽毛（绒）及其制品业	0.07	0.35	0.25
14	木材加工及木、竹、藤、棕、草制品业	1.61	1.18	0.8
15	家具制造业	0.07	0.34	0.23
16	造纸及纸制品业	1.73	3.24	1.92
17	印刷业和记录媒介的复制	0.18	0.40	0.47
18	文教体育用品制造业	0.09	—	0.37
19	石油加工、炼焦及核燃料加工业	2.32	6.49	4.25
20	化学原料及化学制品制造业	5.84	5.72	3.71
21	医药制造业	0.57	0.84	0.52
22	化学纤维制造业	0.39	2.29	1.92
23	橡胶制品业	0.89	1.15	1.31
24	塑料制品业	0.57	0.58	0.76
25	非金属矿物制品业	6.80	6.39	4.2
26	黑色金属冶炼及压延加工业	6.98	4.41	5.3
27	有色金属冶炼及压延加工业	1.32	1.77	2.39
28	金属制品业	0.39	0.59	0.94
29	通用设备制造业	0.42	0.49	0.51
30	专用设备制造业	0.64	0.65	0.47
31	交通运输设备制造业	0.21	0.65	0.34
32	电气机械及器材制造业	0.16	0.36	0.25
33	通信设备、计算机及其他电子设备制造业	0.05	0.10	0.25
34	仪器仪表及文化、办公用机械制造业	0.22	0.16	0.22
35	工艺品及其他制造业	0.03	0.58	1.4
36	废弃资源和废旧材料回收加工业	0.23	—	0.31
37	电力、热力的生产和供应业	6.75	3.56	2.09

表 4-12 成渝经济区重点产业能源利用水平

产业类别	能耗水平 /（t 标煤 / 万元）	能耗总量 / 万 t 标煤
矿山、冶金、建材产业	4.26	3351.20
农副产品加工业	0.63	405.33
化工产业	4.23	2338.00
装备制造业	0.41	442.64
能源产业	3.63	2304.60
轻工业	2.12	386.85
合计		9228.62

表 4-13 成渝经济区与全国能耗水平对比

所属产业	行业名称	成渝经济区能耗水平 L1/（t/ 万元）	全国平均能耗水平 L2/（t/ 万元）	比例系数 L1/ L2
矿山、冶金、建材业	黑色金属矿采选业	2.64	1.41	1.88
	非金属矿物制品业	6.50	4.2	1.55
	有色金属冶炼及压延加工业	0.17	0.84	0.20
农副产品加工业	农副食品加工业	0.63	0.5	1.26
	饮料制造业	0.52	0.52	1.0
装备制造业	交通运输设备制造业	0.35	0.34	1.03
能源产业	煤炭开采和洗选业	2.94	1.53	1.92
	电力、热力的生产和供应业	4.38	2.09	2.10
轻工业	纺织业	1.71	1.26	1.35
	造纸及纸制品业	2.99	1.92	1.56
化工业	石油加工、炼焦及核燃料加工业	5.66	4.25	1.33
	化学原料及化学制品制造业	5.75	3.71	1.55

表 4-14 成渝经济区工业水耗行业组成结构（占 90% 工业水耗）

序号	行业类别	占工业水耗比重 /%
1	电力、热力的生产和供应业	54.93
2	化学原料及化学制品制造业	10.45
3	造纸及纸制品业	9.08
4	黑色金属冶炼及压延加工业	4.33
5	煤炭开采和洗选业	3.14
6	纺织业	2.60
7	饮料制造业	2.17
8	医药制造业	2.02
9	非金属矿物制品业	1.95
合计		90.67

（2）水耗分析

按行业水耗总量分析，成渝经济区占工业增加值45.79%的9个行业门类水耗占地区工业水耗的90%，主要集中在能源产业，其次为轻工、化工、矿山冶金与建材产业，具体见图4-8。

成渝经济区9个主要行业中有5个行业水耗超出全国同行业平均水平，具体见表4-15。其中电力、热力的生产和供应业、造纸及纸制品业的工业增加值仅占地区工业增加值总量的9%、1.32%，却消耗地区工业水耗总量的55%和9.08%，属于典型的高耗水低产出，也是下一步工业节水的重点行业。成渝经济区重点产业新鲜水利用水平指标统计见表4-16。

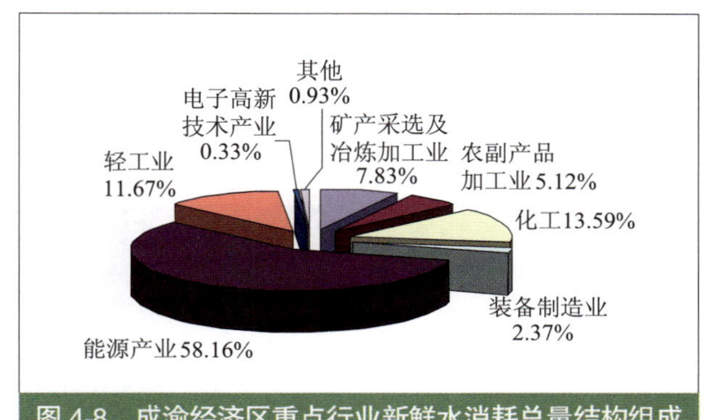

图4-8 成渝经济区重点行业新鲜水消耗总量结构组成

3. 主要水污染物排放水平分析

（1）重点污染物排放行业分析

2007年成渝经济区工业COD排放总量为270065.1 t，氨氮排放总量为15129.65 t，10个主要水污染行业的COD和氨氮排放量占90%以上。主要耗水行业工业增加值和COD、氨氮排放占比统计见表4-17和表4-18。其中纺织业和造纸及纸制品业的工业增加值仅占地区工业增加值总

表4-15 占90%新鲜水消耗量的行业组成结构

所属产业	占水耗比重 / 工业增加值比重 /%	行业	占水耗比重 / %	增加值比重 / %	与全国水耗平均水平比值
轻工业	11.68/4.06	造纸及纸制品业	9.08	1.32	1.67
		纺织业	2.60	2.74	0.64
化工业	12.47/10.68	化学原料及化学制品制造业	10.45	7.29	1.5
		医药制造业	2.02	3.39	1.26
能源产业	58.07/13.0	煤炭开采和洗选业	3.14	4.23	2.16
		电力、热力的生产和供应业	54.93	8.77	0.75
矿山、冶金、建材	6.28/11.27	黑色金属冶炼及压延加工业	4.33	5.47	1.15
		非金属矿物制品业	1.95	5.80	0.82
农副产品加工业	2.17/6.78	饮料制造业	2.17	6.78	0.44
合计			90.67	45.79	

表4-16 成渝经济区重点产业新鲜水利用水平

产业类别	万元增加值新鲜水耗 /（t/ 万元）	新鲜水总耗量 / 万 t
矿山、冶金、建材	39.79	31305.72
农副产品加工业	31.74	20470.15
化工业	98.40	54347.16
装备制造业	8.72	9476.10
能源产业	366.46	232634.47
轻工业	255.78	46675.27
电子高新技术产业	6.72	1319.25
合计		396228.12

量的 2.74%、1.32%，但 COD 排放量占工业 COD 排放总量的 11.07% 和 32.1%，属于典型的高污染行业，也是下一步区域 COD 减排的重点行业。

成渝经济区轻工业、农副产品加工和化工三类产业的 COD、氨氮排放总量分别占全区 COD、氨氮排放总额的 80.14% 和 85.33%，但这三类产业工业增加值总量仅占全区的 27.5%。COD 最大排放量来自轻工业，氨氮最大排放量来自化工业。成渝经济区 COD 排放总量产业组成结构见图 4-9，氨氮排放总量产业组成结构见图 4-10。

（2）污染物排放水平分析

成渝经济区主要水污染行业单位产值 COD 排放与全国平均水平的比值见表 4-19。区内大部分水污染物重点排放行业 COD 排放低于全国平均水平，这些行业主要分布在轻工、化工、农副产品加工及矿山、冶金、建材等产业。

成渝经济区重点产业水污染物排放水平统计见表 4-20，按万元增加值水污染物排放水平考

表 4-17 成渝经济区主要水污染行业工业增加值和 COD 排放占比

所属产业	占 COD 排放比 / 工业增加值比重 /%	行业	COD 排放量比重 /%	工业增加值比重 /%
轻工业	43.17/4.06	纺织业	11.07	2.74
		造纸及纸制品业	32.10	1.32
化工业	16.74/10.68	化学原料及化学制品制造业	11.29	7.29
		医药制造业	5.45	3.39
能源产业	4.83/4.23	煤炭开采和洗选业	4.83	4.23
装备制造业	1.78/12.22	交通运输设备制造业	1.78	12.22
矿山、冶金、建材	4.72/11.21	黑色金属冶炼及压延加工业	2.64	5.41
		非金属矿物制品业	2.08	5.80
农副产品加工业	19.18/10.90	农副食品加工业	8.64	6.01
		饮料制造业	8.00	3.40
		食品制造业	2.54	1.49
合计			90.92	53.3

表 4-18 成渝经济区主要水污染行业工业增加值和氨氮排放占比

所属产业	占氨氮比重 / 工业增加值比重 /%	行业	氨氮排放量比重 /%	工业增加值比重 /%
轻工业	15.74/4.06	纺织业	6.68	2.74
		造纸及纸制品业	9.06	1.32
化工业	54.05/11.68	化学原料及化学制品制造业	45.54	7.29
		医药制造业	6.62	3.39
		化学纤维制造业	1.89	<1
装备制造业	2.27/12.22	交通运输设备制造业	2.27	12.22
矿山、冶金、建材	5.33/8.96	有色金属冶炼及压延加工业	2.69	3.55
		黑色金属冶炼及压延加工业	2.64	5.41
农副产品加工业	14.04/9.41	农副食品加工业	10.64	6.01
		饮料制造业	3.40	3.40
合计			91.43	46.33

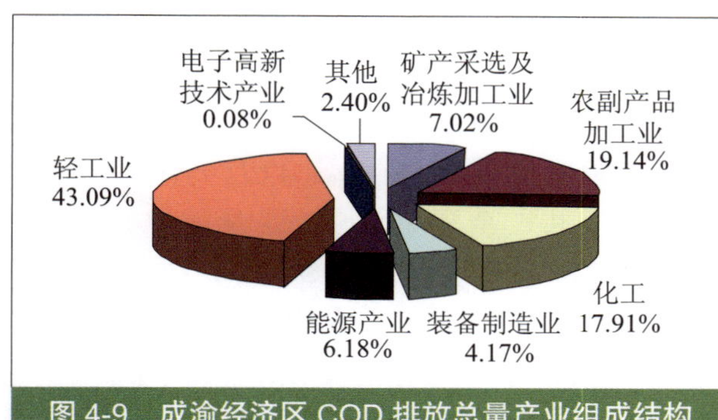

图 4-9　成渝经济区 COD 排放总量产业组成结构

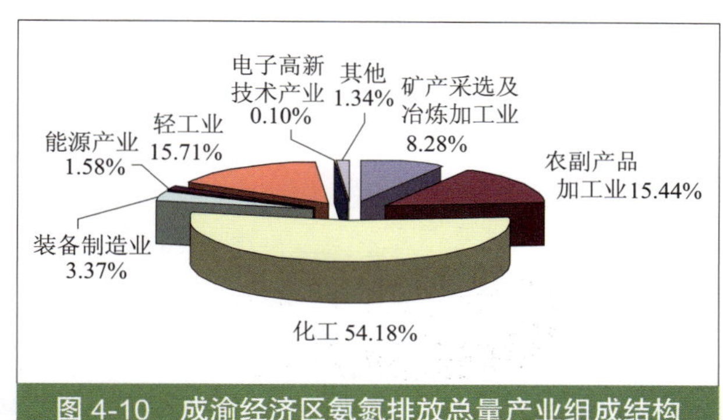

图 4-10　成渝经济区氨氮排放总量产业组成结构

虑，排放量最大的是轻工和化工产业，其中轻工业的万元增加值 COD 排放量高达 63.78 kg/ 万元，排放效率较低的行业主要为造纸及纸制品业、化学原料及化学制品制造业、黑色金属矿采选业、化学纤维制造业、纺织业、医药制造业、农副食品加工业和食品制造业，是常规水污染防范的重点产业。

表 4-19　单位产值水污染物排放与全国平均水平比

行业	与全国平均水平比值	
	COD	氨氮
造纸及纸制品业	1.24	1.03
化学原料及化学制品制造业	1.09	0.88
纺织业	1.38	0.96
农副食品加工业	0.30	0.55
饮料制造业	0.41	0.30
医药制造业	1.05	1.30
煤炭开采和洗选业	2.03	0.74
食品制造业	0.85	0.32
黑色金属冶炼及压延加工业	1.42	0.87
有色金属冶炼及压延加工业	1.20	1.19
非金属矿物制品业	1.09	0.98
交通运输设备制造业	1.10	1.57

4．主要大气污染物控制水平

（1）重点污染物排放行业分析

成渝经济区 2007 年工业 SO_2 排放总量为 1383546 t，主要来自能源产业和矿山冶金、建材产业（表 4-21），这两类产业 SO_2 排放量分别占成渝经济区工业部门 SO_2 排放总量的 55% 和 27%。轻工、化工、装备制造业及电子高新技术产业 SO_2 排放量的总和不足工业 SO_2 排放总量的 8%，见图 4-11。

表 4-20　成渝经济区重点产业水污染物排放水平

产业类别	万元增加值 COD 排放量 /（kg/ 万元）	COD 排放总量 /t	万元增加值氨氮排放量 /（kg/ 万元）	氨氮排放总量 /t
矿山、冶金、建材	2.41	18950.82	0.16	1252.24
农副产品加工业	8.01	51686.18	0.36	2336.26
化工	8.76	48380.51	1.48	8197.26
装备制造业	1.04	11268.87	0.05	509.87
能源产业	2.63	16690.97	0.04	239.74
轻工业	63.78	116378.48	1.30	2376.71
电子高新技术产业	0.11	216.35	0.01	15.38
七类产业合计	6.45	263571.98	0.37	14927.46
全区工业合计	5.95	270065.11	0.33	15129.65
七类产业比重	—	97.60%	—	98.66%

成渝经济区主要大气污染行业工业增加值和 SO_2 排放量占比见表 4-22，其中，电力、热力的生产和供应业 SO_2 排放量占成渝经济区工业 SO_2 排放总量的 53.3%，其次为非金属矿物制品业占 16.95%，这两类行业 SO_2 排放量共占全区 SO_2 排放总量的 70% 以上，但工业增加值仅占全区的 14.57%，属于典型的高污染行业，也是下一步区域 SO_2 减排的重点行业。

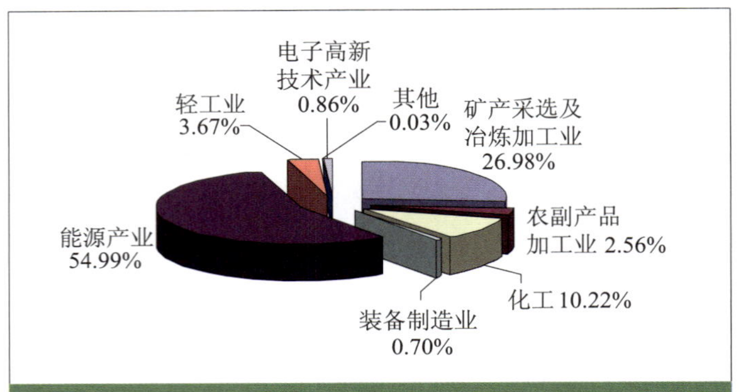

图 4-11 成渝经济区 SO_2 排放总量产业组成结构

表 4-21 成渝经济区各产业水污染物排放水平

产业类别	万元增加值 SO_2 排放量 /（kg/ 万元）	SO_2 排放总量 /t
矿山、冶金、建材	47.47	373238.87
农副产品加工业	5.48	35361.21
化工	25.60	141375.21
装备制造业	0.89	9665.69
能源产业	119.85	760837.02
轻工业	27.79	50710.01
电子高新技术产业	0.24	466.56
七类产业合计	33.58	1371654.57
全区工业合计	30.48	1383546.49
七类产业比重	—	99.14%

（2）污染物排放水平分析

成渝经济区主要大气污染行业 SO_2 排放水平与全国平均水平比值见表 4-23。

根据表 4-23，占成渝经济区 SO_2 排放量 90% 以上的 8 个行业，工业增加值占地区工业增加值的 35%。这 8 个行业的单位工业增加值能耗均高于全国平均水平，扣除水电后单位产值的 SO_2 排放水平也高于全国平均水平，高能耗下的高 SO_2 排放是该区域的污染特点之一。高能耗高污染行业分布在能源、矿山冶金建材、轻工和化工产业，这些产业是区域节能降耗、常规大气污染物排放控制的重点产业。

与全国能耗利用水平和 SO_2 排放水平相比较，成渝经济区黑色金属冶炼及压延加工业的能耗水平和石油加工、炼焦及核燃料加工业的 SO_2 排放水平与全国均值差距最大。

表 4-22 成渝经济区主要大气污染行业工业增加值和 SO_2 排放量占比

所属产业	占 SO_2 排放比 / 工业增加值比重 /%	行业	SO_2 排放量比重 /%	工业增加值比重 /%
轻工业	2.48/1.32	造纸及纸制品业	2.48	1.32
化工业	7.95/8.41	化学原料及化学制品制造业	6.45	7.29
		石油加工、炼焦及核燃料加工业	1.50	1.12
能源产业	54.83/13.0	电力、热力的生产和供应业	53.30	8.77
		煤炭开采和洗选业	1.53	4.23
矿山、冶金、建材	25.62/11.84	非金属矿物制品业	16.95	5.80
		非金属矿采选业	1.54	0.57
		黑色金属冶炼及压延加工业	7.13	5.47
合计			90.88	34.57

表 4-23　成渝经济区行业能耗和 SO_2 排放与全国、地区平均水平比较

行业	与全国平均水平比值		与地区平均水平比值	
	能耗	SO_2	能耗	SO_2
电力、热力的生产和供应业	2.10	0.73	2.12	7.53
非金属矿物制品业	4.2	1.12	3.14	3.33
黑色金属冶炼及压延加工业	5.3	1.63	2.36	1.07
化学原料及化学制品制造业	3.71	1.33	2.78	0.88
非金属矿采选业	1.83	1.10	2.48	3.16
造纸及纸制品业	1.92	1.57	1.45	1.94
煤炭开采和洗选业	1.53	1.53	1.42	0.56
石油加工、炼焦及核燃料加工业	4.25	3.01	2.73	1.37

三、区域污染物排放水平分析

1．各行业污染物排放和资源消耗水平与全国水平比较

根据 2007 年统计数据，成渝经济区各行业污染物排放水平、能耗和资源消耗水平与全国平均水平比较见表 4-24。

（1）水污染物排放水平

与全国各行业水污染物排放平均水平相比，成渝经济区重点产业中的化工和装备制造业水污染物排放水平较全国平均水平偏低；传统产业中，采掘、造纸、冶金的 COD 和氨氮排放水平均低于全国平均水平，纺织和水泥产业 COD 排放水平低于全国平均水平。

COD 排放效率低于全国平均水平 15% 的行业包括：煤炭开采和洗选业、黑色金属矿采选业、有色金属矿采选业、纺织业、造纸及纸制品业、黑色金属冶炼及压延加工业、有色金属冶炼及压延加工业、通用设备制造业、电气机械及器材制造业、仪器仪表及文化、办公用机械制造业、工艺品及其他制造业；氨氮排放效率低于全国平均水平 15% 的行业包括：黑色金属矿采选业、有色金属矿采选业、烟草制品业、医药制造业、化学纤维制造业、有色金属冶炼及压延加工业、交通运输设备制造业和仪器仪表及文化、办公用机械制造业。

（2）大气污染物排放水平

与全国各行业大气污染物排放水平相比，能源、农副产品加工业、化工等重点产业及冶金、造纸、采掘等传统产业的单位产值 SO_2 排放量均低于全国均值。资源利用方面，采掘、化工、造纸等产业的能耗、水耗也与全国水平存在不同程度的差距。

SO_2 排放效率低于全国平均水平 15% 的行业包括：煤炭开采和洗选业、石油和天然气开采业、黑色金属矿采选业、有色金属矿采选业、食品制造业、烟草制品业、造纸及纸制品业、石油加工、炼焦及核燃料加工业、化学原料及化学制品制造业、医药制造业、化学纤维制造业、橡胶制品业、黑色金属冶炼及压延加工业。这些行业污染物排放水平与全国差距较大，具有相当大的削减空间，是区域污染物减排的重点行业。

表 4-24　2007 年成渝经济区污染物排放和资源消耗水平与全国平均水平对比

行业名称	成渝经济区水平 / 全国平均水平				
	COD	氨氮	SO_2	能耗	水耗
煤炭开采和洗选业	↓	↑	↓	↓	↓
石油和天然气开采业	↑	↑	↓	↑	↑
黑色金属矿采选业	↓	↓	↓	↓	↓
有色金属矿采选业	↓	↓	↓	↑	↓
非金属矿采选业	↑	↑	↓	↓	↑
其他采矿业	↑	↑	↑	↑	↑
农副食品加工业	↑	↑	↑	↓	↑
食品制造业	↑	↑	↓	↓	↓
饮料制造业	↑	↑	↑	↑	↑
烟草制品业	↑	↓	↓	↑	↓
纺织业	↓	↑	↑	↓	↑
纺织服装、鞋、帽制造业	↑	↑	↑	↓	↑
皮革、毛皮、羽毛（绒）及其制品业	↑	↑	↑	↑	↑
木材加工及木、竹、藤、棕、草制品业	↑	↑	↓	↓	↑
家具制造业	↑	↑	↑	↓	↑
造纸及纸制品业	↓	↓	↓	↓	↓
印刷业和记录媒介的复制	↑	↑	↑	↑	↑
文教体育用品制造业	↑	↑	↑	↑	↑
石油加工、炼焦及核燃料加工业	↑	↑	↓	↓	↑
化学原料及化学制品制造业	↓	↑	↓	↓	↓
医药制造业	↓	↓	↓	↓	↓
化学纤维制造业	↓	↓	↓	↓	↓
橡胶制品业	↑	↑	↓	↑	↓
塑料制品业	↑	↑	↑	↑	↑
非金属矿物制品业	↓	↑	↓	↓	↑
黑色金属冶炼及压延加工业	↓	↑	↓	↑	↓
有色金属冶炼及压延加工业	↓	↓	↑	↑	↑
金属制品业	↓	↑	↑	↑	↑
通用设备制造业	↓	↑	↑	↑	↑
专用设备制造业	↑	↑	↑	↓	↓
交通运输设备制造业	↓	↓	↑	↓	↑
电气机械及器材制造业	↓	↑	↓	↓	↑
通信设备、计算机及其他电子设备制造业	↑	↑	↑	↑	↑
仪器仪表及文化、办公用机械制造业	↓	↓	↑	↑	↓
工艺品及其他制造业	↓	↑	↑	↑	↑
废弃资源和废旧材料回收加工业	↑	↑	↑	↑	↑
电力、热力的生产和供应业	↑	↑	↑	↓	↑
燃气生产和供应业	↑	↑	↑	↑	↑
水的生产和供应业	↑	↑	↑	↑	↑
资源环境效率偏低行业占工业的经济比重	58%		39%		

注：↓表示该行业污染物排放或资源消耗水平低于全国同行业平均水平；

↑表示该行业污染物排放或资源消耗水平优于全国同行业平均水平。

（3）能源、水资源消耗水平

根据与全国同行业能耗和水耗对比情况分析，区域节能降耗的重点行业应包括：煤炭开采和洗选业，黑色金属矿采选业，非金属矿采选业，农副食品加工业，食品制造业，纺织业，纺织服装、鞋、帽制造业，木材加工及木、竹、藤、棕、草制品业，家具制造业，造纸及纸制品业，石油加工、炼焦及核燃料加工业，化学原料及化学制品制造业，医药制造业，非金属矿物制品业，专用设备制造业，电气机械及器材制造业，电力、热力的生产和供应业。区域节水降耗的重点行业应包括：煤炭开采和洗选业，有色金属矿采选业，食品制造业，烟草制品业，造纸及纸制品业，化学原料及化学制品制造业，医药制造业，化学纤维制造业，橡胶制品业，黑色金属冶炼及压延加工业，专用设备制造业和仪器仪表及文化，办公用机械制造业。这些行业普遍单位增加值的耗能、耗水强度高，与同行业全国平均水平对比仍比较落后，未来具有较大的降低能耗和水耗的发展空间。

2. 岷沱江流域各行业 COD 污染物排放水平

针对成渝经济区 COD 排放效率低于全国同行业平均水平的 17 类行业，按流域统计发现，该 17 类行业在岷沱江流域的经济贡献占到成渝经济区同行业的 45%；岷沱江流域沿线的 7 个主要城市中 COD 排放效率偏低行业占成渝经济区同行业的经济比重情况见表 4-25，COD 排放效率低于全国同行业平均水平的行业在成渝经济区同行业的经济比重排序依次为成都（20%）> 德阳（6%）、乐山（6%）> 自贡（4%）> 眉山（3%）、资阳（3%）、内江（3%）。这在一定程度上反映了 COD 排放效率偏低的行业在岷沱江流域分布相对集中，是造成岷沱江水污染现状的重要因素之一。

从 17 类行业 COD 排放总量来看（表 4-26），17 类行业在位于岷江流域的成都、眉山和乐山三地的 COD 排放量占到岷沱江流域城市的 70% 以上。其中，眉山经济比重占成渝经济区的 3%，COD 排放量占成渝经济区的 8.8%，17 类行业的经济贡献与污染贡献明显不平衡，岷沱江流域应成为产业升级换代、排放水平提升的优先区域，其中造纸及纸制品业、化学原料及化学制品制造业属于优先水污染控制行业。

3. 重点城市 SO_2 排放水平

成渝经济区 SO_2 排放效率低于全国同行业平均水平的行业共有 17 类。这些行业在成都、宜宾、德阳、内江和重庆主城区等地的经济贡献相对较大（> 5%），见表 4-27。从排放总量来看，重庆主城区排放量占到成渝经济区同行业的 17%，远高于其他地市（表 4-28）。

对比上述城市空气污染现状，目前，德阳、泸州、宜宾、内江、重庆主城区及万盛区、永川区、南川区、涪陵区的 SO_2 年均浓度均超过国家二级标准。德阳、内江、宜宾和重庆主城区空气污染程度与行业资源环境效率偏低、行业分布过于集中存在正相关性。

目前成渝经济区近一半的行业污染控制和资源利用水平都相对落后于全国平均水平，与东部经济发达区域相比，这种差距则更为显著，总体相对偏低的资源环境效率直接或间接导致了成渝经济区局部区域污染严重，影响环境质量的持续改善。加强区域产业升级换代，加大技术更新和改造力度，提高污染物排放和资源利用效率，是成渝经济区经济快速发展的先决条件。

表 4-25 岷沱江流域 COD 排放效率偏低行业占成渝经济区同行业的经济比重 单位：%

代码	行业名称	成都	眉山	乐山	德阳	资阳	自贡	内江
6	煤炭开采和洗选业	1	2	6			3	6
8	黑色金属矿采选业							2
9	有色金属矿采选业	2		2				
17	纺织业	11	3	7	3	7	1	5
22	造纸及纸制品业	21	8	13	6	5	1	3
26	化学原料及化学制品制造业	17	4	5	13	2	5	2
27	医药制造业	40	3	4	4	7	1	3
28	化学纤维制造业	10			2	3	22	
31	非金属矿物制品业	23	5	11	4	2	2	5
32	黑色金属冶炼及压延加工业	19	2	12	2	1		14
33	有色金属冶炼及压延加工业	10	11	11	14	1	6	
34	金属制品业	36	1	3	3	5	12	1
35	通用设备制造业	20	2	3	18	3	23	2
37	交通运输设备制造业	19	1	1	1	3		
39	电气机械及器材制造业	38		7	15	2	3	2
41	仪器仪表及文化、办公用机械制造业	34	1		2			
42	工艺品及其他制造业	14	1	1		1		10
	以上行业合计	20	3	6	6	3	4	3
		45						

表 4-26 岷沱江流域排放效率偏低行业的 COD 排放的总量统计

代码	行业名称	成都	眉山	乐山	德阳	资阳	自贡	内江
6	煤炭开采和洗选业 /t	1701	13	31				30
8	黑色金属矿采选业 /t							
9	有色金属矿采选业 /t							
17	纺织业 /t	1362	428	31	148	304	169	763
22	造纸及纸制品业 /t	5521	16607	17970	997	1538	322	1495
26	化学原料及化学制品制造业 /t	2312	1059	243	1596	9244	1108	658
27	医药制造业 /t	3940	119	79	135	122	4	41
28	化学纤维制造业 /t	610					2	
31	非金属矿物制品业 /t	325	55	49	160	3	310	37
32	黑色金属冶炼及压延加工业 /t	646		11		1		877
33	有色金属冶炼及压延加工业 /t	74		12	148		50	0
34	金属制品业 /t	263		1		26	15	2
35	通用设备制造业 /t	79	0	3		59	48	7
37	交通运输设备制造业 /t	543	5	21		664		54
39	电气机械及器材制造业 /t	87		1	183	2		
41	仪器仪表及文化、办公用机械制造业 /t							
42	工艺品及其他制造业 /t							6
	以上行业合计 /t	17464	18286	18452	3367	11960	2027	3965
	占成渝经济区同行业比重 /%	8.4	8.8	8.9	1.6	5.8	1.0	1.9
		36						

表 4-27　重点城市 SO_2 排放效率偏低行业在成渝经济区同行业的经济比重　单位：%

行业代码	行业名称	成都	泸州	眉山	宜宾	德阳	内江	重庆主城区	江津	涪陵	南川	永川	万盛
6	煤炭开采和洗选业	1	6	2	18		6	1				1	1
7	石油和天然气开采业	3				13							
8	黑色金属矿采选业						2	18					
9	有色金属矿采选业	2									55		
10	非金属矿采选业		1	3	5	12	7						
14	食品制造业	35	1	4		4	1	2					
16	烟草制品业	43				19		8		15			
20	木材加工及木、竹、藤、棕、草制品业	34	4	2	2	1	1						
22	造纸及纸制品业	21	5	8	5	6	3	1					
25	石油加工、炼焦及核燃料加工业	9	15	4			9	2			1	2	
26	化学原料及化学制品制造业	17	7	4	9	13	2	3	1	4		1	
27	医药制造业	40	1	3		4	3	6		6			
28	化学纤维制造业	10			50	2			2				
29	橡胶制品业	1				2	22	13					
31	非金属矿物制品业	23	3	5	2	4	5	7	2	1			
32	黑色金属冶炼及压延加工业	19	1	2	1	2	14	15	1				
39	电气机械及器材制造业	38				15	2	9					
	以上行业合计	22	3	3	5	7	5	6	1	2	<1	<1	<1

表 4-28　重点城市 SO_2 排放效率偏低行业的 SO_2 排放总量统计　单位：t

行业代码	行业名称	成都	泸州	眉山	宜宾	德阳	内江	重庆主城区	江津	涪陵	南川	永川	万盛
6	煤炭开采和洗选业	140		9	1		702	800			171	565	2087
7	石油和天然气开采业												
8	黑色金属矿采选业							598					
9	有色金属矿采选业										985		
10	非金属矿采选业			16		7		321					54
14	食品制造业	1015	83	285	185	100	16	217	27			84	
16	烟草制品业					53		0		1			
20	木材加工及木、竹、藤、棕、草制品业	1072											
22	造纸及纸制品业	3624	821	4188	5439	751	152	647		0	175	41	348
25	石油加工、炼焦及核燃料加工业	463	1399	4566			1326	1494			883	2138	438
26	化学原料及化学制品制造业	3150	8599	8304	7230	7137	414	4629	17	2813	3261	168	88
27	医药制造业	2913		26	3	348	62	3919	30	382			
28	化学纤维制造业	556							29				
29	橡胶制品业							520			11	21	
31	非金属矿物制品业		7745	3974	3858	3438	5645	18524	12783		6555	11773	1658
32	黑色金属冶炼及压延加工业	10052	206	590	818	224	19005	21162	2796			425	
39	电气机械及器材制造业	119	888				11	384					
	以上行业合计	23104	19739	21957	17533	12057	27332	53216	15682	3197	12040	15215	4673
	占成渝经济区同行业比重 /%	8	6	7	6	4	9	17	5	1	4	5	2
		74											

第三节　区域重点产业资源环境利用效率

成渝经济区重点产业资源环境绩效水平总体偏低，技术改造和升级换代是重点产业发展的当务之急。

按行业划分，2007 年成渝经济区工业部门共有 43 个行业门类。行业能耗总量分析表明，仅占区域工业增加值 65.25% 的 12 个行业消耗能源占全区工业部门能耗的 90%。能耗规模较大的产业依次为矿山冶金和建材产业、化工业和能源产业，三者占成渝经济区工业能耗总量的 81%，工业增加值仅占 36%。

高能耗的行业单位能耗水平偏低，对区域工业增加值的贡献不大是成渝经济区工业能耗的特点。在 12 个主要耗能行业中有 75% 的行业万元工业增加值能耗低于全国平均水平，分布在矿山冶金建材产业、能源化工产业、轻工、农副产品加工以及装备制造业。

行业水耗总量分析表明，仅占区域工业增加值 54.65% 的 15 个行业消耗新鲜水占地区工业水耗的 90%。其中轻工、化工、能源、矿山冶金与建材 4 个产业工业增加值占地区工业增加值的 40%，水耗占地区工业部门水耗的 85%。仅轻工行业水耗就占据地区水耗总量的 30.7%，而工业增加值仅占区域工业增加值总量的 4%。

全区工业门类中共有 13 个行业的万元工业增加值耗水量低于全国平均水平，分布在化工、冶金、轻工、农副产品加工以及装备制造产业。在 15 个主要水耗行业中有 9 个行业的万元工业增加值水耗低于全国平均水平。

在工业部门常规水污染物排放量中，轻工、农副产品加工和化工三类产业的 COD 和氨氮排放总量分别占区域工业部门 COD 和氨氮排放总量的 80% 和 85%。

造纸及纸制品业、化学原料及化学制品制造业、纺织业和农副食品加工业等 11 个行业 COD 排放量占到全区工业排放总量的 90%，但工业增加值占比仅为 53.3%。

万元增加值水污染物排放量较大的是轻工和化工产业，其中轻工业的万元增加值 COD 排放量高达 63.78 kg/ 万元，远高于其他产业的指标值。

大气污染物主要来自能源电力产业、矿山冶金和建材产业，分别占区域工业部门 SO_2 排放总量的 55% 和 27%。轻工、化工、装备制造业及电子高新技术产业 SO_2 排放量的总和不足排放总量的 8%。

分布在能源、矿山冶金建材、轻工和化工的 9 个行业 SO_2 排放量占全区 90% 以上，工业增加值仅占地区工业增加值的 35%，单位工业增加值能耗亦均劣于全国平均水平，高能耗下的高 SO_2 排放是该区域工业大气污染特点之一。

第五章

成渝经济区重点产业情景分析与资源环境压力

国家有关成渝经济区的发展战略和川渝两省市经济、产业发展规划表明，成渝经济区是“十二五”期间川渝两省市经济布局的重点区域。结合川渝两省市经济发展目标，预计成渝经济区 2015 年地区生产总值为 42950 亿元，占川渝两省市经济总量近 90%，三产比例为 10.7 : 49.5 : 39.8，其中工业增加值为 18775 亿元。未来重点产业发展显现“双核五带”的布局态势。

重点产业发展情景方案下的区域资源环境压力分析表明，在情景一（地方需求）情景下，若要实现成渝经济区 2015 年重点产业“增产不增污”，各产业资源利用水平和污染排放水平需有相当大幅度提升。情景二（国家需求）下，适当地调整一、二、三产业比重，优化调整工业部门内部产业结构，提高工业技术水平，控制主要水污染行业规模的增长速度等基础上，区域污染物排放总量的增加幅度可以控制在一定范围内。

传统产业升级改造是为重点产业发展腾出资源环境空间的重要途径之一。地方需求愿景下的传统产业升级改造，是通过加强污染源末端治理来提升产业资源环境效率。传统产业资源环境效率小幅提高带来的资源环境效益将被传统产业自身快速增长带来的资源环境压力所抵消，更难以为支撑区域重点产业腾出发展空间，因此，传统行业升级改造的资源环境效率目标必须以先进水平为起点。在重点产业发展的总体目标下，除了强化污染源末端治理外，还必须加速产业结构的调整，限制重污染的传统产业发展规模，才能从根本上减轻传统产业发展的环境压力。

第一节　成渝经济区产业发展的战略定位

一、成渝经济区发展定位

成渝经济区是国家主体功能区规划中的重点开发区域，全国重要的高技术产业、先进制造业和现代服务业基地，成、渝两省市也是国家城乡统筹试验区。成渝经济区地处长江上游，是建设长江生态屏障的重要区域。

成渝经济区发展战略初定为 5 个方面的内容。

- 西部大开发的增长极或经济高地。
- 国家重要的现代产业基地。
- 全国统筹城乡发展先行区。

- 国家内陆开放示范区。
- 国家生态安全保障区。

二、在国家产业发展战略中的地位

成渝经济区在全国的区域分工和空间布局中的地位：

- 能源基地。水能资源和天然气资源在全国具有绝对优势。
- 重型装备制造基地。重大装备制造和军工产业在全国具有明显的优势。
- 国防科技工业基地。
- IT 产业为先导的高新技术产业基地。成都高新区、成都经济技术开发区、重庆高新区、绵阳高新区国家级工业园区推动高新技术和优势产业快速发展，形成产业集群。
- 特色农副产品加工基地。“天府之国”美誉，传统的农副产品加工优势。

三、拟发展的优势特色产业

成渝经济区在装备制造、能源、矿产资源、旅游、高新技术产业以及农副产品深加工等方面都具有相当的优势。

（1）装备制造、汽摩及航空航天等优势产业发展战略

装备制造业：加强重大装备（重型机械、仪器仪表、大型发电及输变电设备、环保成套设备、航空航天、船舶及配套设备等）的研发和制造，加快建设全国重要的重大装备制造业基地；汽摩制造业：重点强化乘用车、商用车、载货车、载客车等整车、零部件、发动机生产，建设全国有重要影响的汽车摩托车整车及零部件生产研发基地；航空航天产业：建设国家民用航空、航天研发制造基地。

（2）种植业、水产业、林果花卉业等现代农业发展战略

稳定种植面积，建设国家级大型商品粮油生产基地。大力发展高产、优质、生态水产养殖业，建设生态渔业基地。加快发展干鲜果品、花卉苗木、木竹工业原料林等特色产业。

（3）电子高新技术、生物医药等优势高新技术产业发展战略

高新技术产业是引领未来发展的先导产业，以电子信息、生物医药、新材料、航空航天和核技术为重点，以国家级高新技术产业开发区为依托，充分发挥科研院所和大专院校的研发优势，加快成渝经济区高新技术产业的发展。

（4）特色化工、轻纺食品产业发展战略

依托丰富的天然气、煤和盐卤资源，按照循环经济发展要求，提升发展水平。积极承接东部产业转移，重点发展服装制鞋、五金灯饰、丝绸棉麻、制品包装、家具家电等。依托丰富的农产品资源，重点发展名优白酒和茶叶特色饮品、乳制品、肉制品、林竹等产品加工。

（5）旅游业、物流业、金融业等现代服务业发展战略

以物流、信息、金融、研发设计、服务外包和文化创意产业为重点，大力发展现代服务业，带动贸易、旅游、会展等其他服务业的发展。建设国际知名、全国重要的旅游目的地。

四、经济发展带和产业集群空间格局

（1）成渝经济区双核之一重庆

发展核心包括渝中、大渡口、江北、沙坪坝、九龙坡、南岸、北碚、渝北、巴南主城九区，重点以先进制造业、高技术产业、现代服务业、国防科技工业为产业发展主体，发挥直辖市体制优势和辐射集聚作用，强化交通枢纽、金融、商贸、物流等城市综合服务功能。“两江新区”可能成为重庆产业发展的重点区域。

（2）成渝经济区双核之一成都

发展核心包括锦江、青羊、武侯、金牛、成华五城区和青自江、龙泉驿、新都、双流、温江、郫县、新津、彭州、都江堰、崇州、邛崃、金堂、大邑、蒲江县（市、区），重点发展高技术产业、先进制造业、国防科技工业、现代服务业和特色农业，大力发展低碳经济，完善交通、通信、金融、商贸物流等城市综合服务功能。

（3）沿长江发展带

沿长江发展带包括眉山、乐山、宜宾、泸州、江津、重庆城区、綦江、万盛、南川、长寿、涪陵、丰都、垫江、忠县、石柱、云阳、万州。以重庆城区为中心，集聚装备制造、化工、冶金、轻纺、金融、商贸物流等产业，建成长江上游的产业发展带和城镇集聚带，成为长江经济带的重要组成部分。

（4）成绵乐发展带

以成都为中心，辐射绵阳、德阳、眉山、雅安、乐山等地，重点发展高技术产业、先进制造业、国防科技工业、现代服务业和现代农业，将建成最具实力的产业发展带和城市集聚带。

（5）成内渝发展带

涵盖成都、资阳、内江、自贡、荣昌、大足、双桥、永川、璧山、重庆城区，重点发展精细化工、新型建材、轻纺食品、装备制造、商贸物流等支柱产业，建成联结双核的重要经济带。

（6）成遂渝发展带

以成都、遂宁、潼南、铜梁、合川、重庆城区等城市为主要节点，以遂渝铁路、成遂渝高速公路为纽带，重点发展机械制造、轻纺食品、精细化工，大力发展商贸物流，积极发展特色农业，培育联结双核的新兴经济带。

（7）遂南达万发展带

包括遂宁、南充、广安、达州、梁平、开县、万州，形成以天然气及盐化工、机械制造、冶金建材、轻纺食品、新能源为重点发展工业，大力发展商贸物流和现代农业，建成成渝经济区东北部重要的经济增长带。

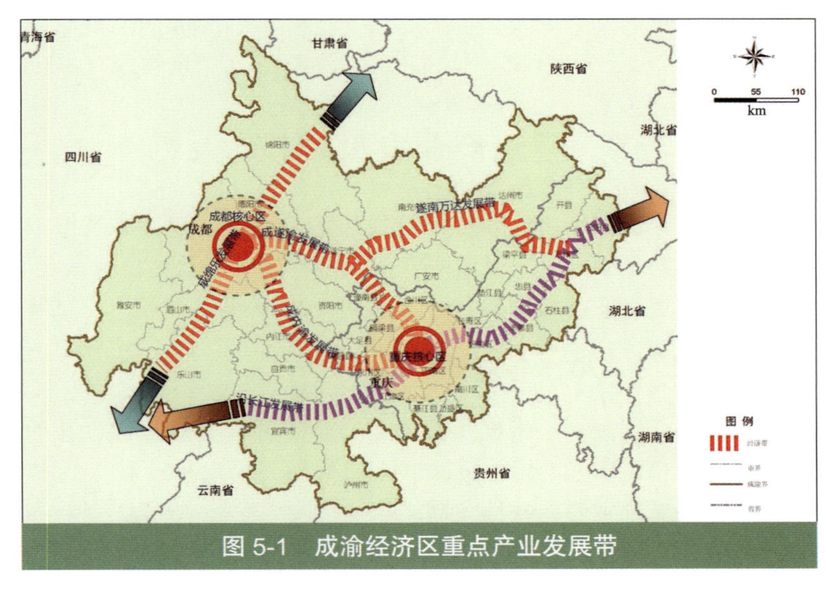

图 5-1　成渝经济区重点产业发展带

第二节 成渝经济区重点产业发展情景设计

一、社会经济发展目标与产业发展目标

根据产业发展基础、地区优势资源条件等分析，成渝经济区的优势产业包括装备制造业、能源和农副产品加工业，具有一定发展基础的产业包括高新电子技术产业和化工产业。这五大产业属于国家发展战略确定的成渝经济区重点产业。此外，新能源、新材料、生物工程有一定的基础和优势，是具有发展潜力的先导产业。

按照川渝两省市的社会经济发展目标，到 2015 年，重庆市（全市）地区生产总值预期实现 14000 亿元，年均增长 14%，其中成渝经济区（重庆）31 个区县地区生产总值期望实现 12950 亿元，占全市的比重为 92.5%，一、二、三产业比重为 5.4∶52.9∶41.7；全市工业增加值预期实现 6244 亿元，其中成渝经济区（重庆）31 个区县实现工业增加值 5915 亿元，占全市的比重为 94.7%。

2015 年四川省（全省）地区生产总值预期实现 33500 亿元，年均增长 14%，三产比例为 14∶49∶37，其中成渝经济区（四川）15 地市地区生产总值期望实现 30000 亿元，占四川省比重的 90%，一、二、三产业比重为 13∶48∶39；全省工业增加值预期实现 14500 亿元，其中成渝经济区（四川）15 地市实现工业增加值 12800 亿元，占全省的 88%。

成渝经济区是“十二五”期间川渝两省市经济布局的重点区域。结合川渝两省市经济发展目标，预计成渝经济区 2015 年地区生产总值为 42950 亿元，占川渝两省市经济总量近 90%，一、二、三产业比重为 10.7∶49.5∶39.8，其中工业增加值 18775 亿元，具体表 5-1。

表 5-1 2015 年成渝经济区经济预测

经济指标	成渝经济区 / 亿元	结构 / %
GDP	42950	
第一产业	4600	10.7
第二产业	21250	49.5
# 工业	18775	43.7
# 建筑业	2475	5.8
第三产业	17100	39.8

2015—2020 年时期，成渝经济区地区生产总值增长按照年均增长 12% 预测，2020 年成渝经济区的生产总值期望实现 7.2 万亿元，工业增加值预期实现 3.2 万亿元。

二、重点产业发展规模

成渝经济区重点产业发展情景设计，以国家发展战略目标和川渝两省市国民经济发展目标为基础，根据川渝两省市经济社会发展目标、国家发展战略需求，设计三个中期（2015 年）重点产业发展情景、一个远期（2020 年）重点产业发展愿景。

1. 2015 年发展情景

情景一：根据川渝两省市经济社会发展目标设计的重点产业发展规模为实现工业增加值 14301 万元，其中重庆 4676 亿元，四川 9625 亿元，相应的工业增加值年均增长率为 20%，该情景主要反映地方需求。

情景二：根据国家发展战略需求，在 2015 年五大重点产业工业增加值总量将达到 7800 亿元，工业增加值年均增长 11%。该情景主要反映的国家战略需求，具体见表 5-2。

表 5-2 成渝经济区中期（2015 年）重点产业发展情景

产业类别	情景一		情景二		情景三（资源环境调控）	
	工业增加值 / 亿元	比重 /%	工业增加值 / 亿元	比重 /%	工业增加值 / 亿元	比重 /%
能源	2608	18.2	940	12.0	1100	9.8
农副产品加工	2454	17.2	1370	17.6	2240	19.9
装备制造	4925	34.4	3160	40.5	4800	42.7
化工	2515	16.0	1190	15.3	1290	11.6
高新电子技术	1800	12.6	1140	14.6	1800	16.0
重点产业合计 / 亿元	14302		7800		11230	
年均增长率 /%	20		11		14	

从产业结构看，情景一反映发展目标地方需求，强调在能源、化工产业的发展。情景二反映国家战略需求，突出地方优势产业重大装备制造业、饮料食品产业的比重。情景一和情景二在能源产业、化工产业上的差异表现为：

① 国家战略需求主要发展水电、天然气开发，以及太阳能、核能、生物质能等新能源。地方愿景是在国家战略需求的基础上，发展相当规模的煤电。

② 国家战略需求主要依托当地丰富的天然气、盐矿资源等发展天然气化工、盐化工等，发展一定规模的炼油和乙烯生产基地。地方愿景是在此基础上发展煤化工、石油化工中下游产品等。

情景三：按照区域存在的主要资源环境制约和环境风险，需要对重点产业发展进行调控，预计在环境调控背景下，2015 年成渝经济区重点产业的工业增加值预期实现 11230 亿元，重点产业工业增加值年均增长 14%。该情景主要是反映现状主要资源环境制约对产业发展的调控需求、综合地方发展愿景和国家战略需求。

情景三与情景一的差异主要表现在能源和化工发展规模：能源产业需要限制小煤矿发展，适当控制火电发展规模，加上对高耗能产业的技改和节能减耗，能源工业增加值由 2608 亿元可望调至 1100 亿元；化工产业需要对传统化工进行技术改造、升级换代，产业发展主要反映国家战略需求，限制重污染、高风险，工业增加值可望由 2515 亿元调至 1290 亿元。

2. 2020 年发展情景

2020 年重点产业工业增加值期望实现 23922 亿元，见表 5-3。与 2007 年相比，重点产业工业增加值期望净增 600%，其中，能源工业增加值净增约 550%，农副产品加工业工业增加值净增约 346%，装备制造业工业增加值净增约 555%，化工工业增加值净增 510%，高新电子技术产业净增 2306%。

三、重点产业空间布局情景

从总体上看，成渝经济区未来重点产业发展显现“双核五带”的布局态势（见图 5-2）。

重大装备制造业：预计形成渝北、九龙坡、江北、巴南、江津、双桥、璧山、永川汽摩产业和装备制造业集聚区，大足、永川五金产业集聚区；以德阳为中心的大型发电设备及输

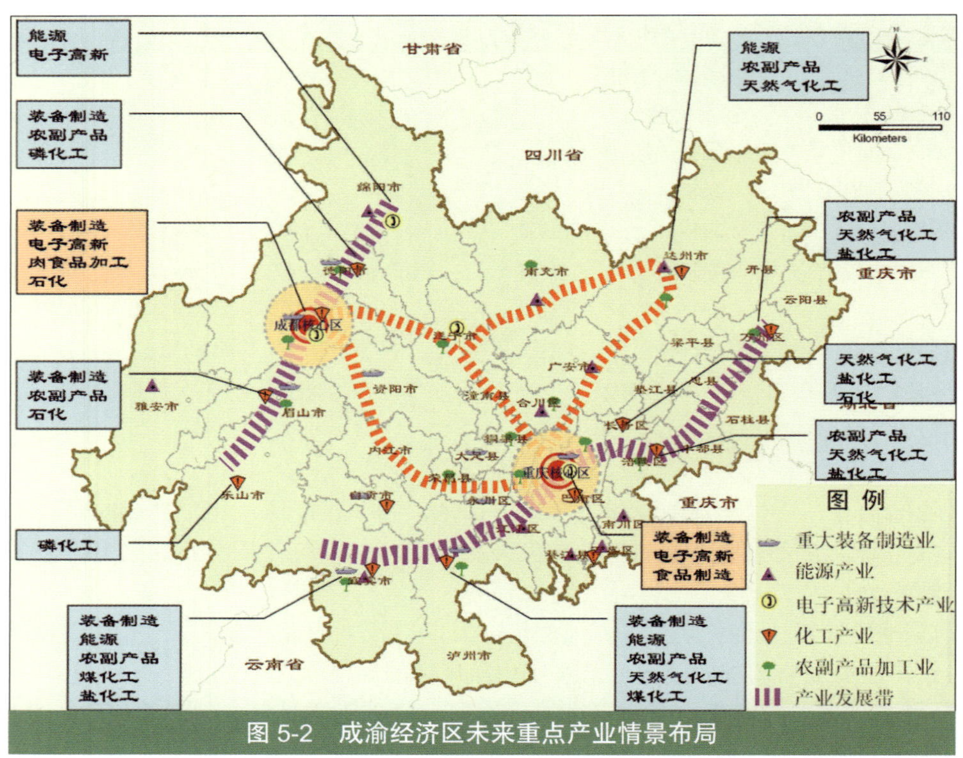

图 5-2 成渝经济区未来重点产业情景布局

变电设备、大型冶金化工成套设备、大型专用设备和重装铸锻件制造的产业集群，以成都为中心的航空航天与空中交通管制系统成套设备、汽车和数控机床制造的产业集群，以资阳和眉山为中心的机车和重载车辆制造的产业集群，以自贡为中心的数控机床、特色基础元器件制造的产业集群，以宜宾、泸州为中心的大型工程施工成套设备制造产业集群，见图 5-3。

能源：可能形成以万盛、綦江、南川、江津、合川综合能源产业集聚区；以绵阳和雅安为中心的水电产业集群，以宜宾为中心的生物质发电产业集群，以达州、广安和南充为中心的天然气开发产业集群，见图 5-4。

电子高新技术产业：预计形成以绵阳为中心的数字家电产业集群，以成都为中心的集成电路、软件、网络通信产业集群，以遂宁为中心的电子元器件产业集群；以及两江新区高端

表 5-3 成渝经济区远期（2020 年）重点产业发展愿景

产业类别	2007 年（基础）		2015 年		2020 年	
	工业增加值 / 亿元	比重 /%	工业增加值 / 亿元	比重 /%	工业增加值 / 亿元	比重 /%
能源	635	18.6	2608	18.2	4132	17.3
农副产品加工	754	22.1	2454	17.2	3362	14.1
装备制造	1194	35.0	4925	34.4	7824	32.7
化工	637	18.6	2515	16.0	3888	16.2
高新电子技术	196	5.7	1800	12.6	4716	19.7
重点产业合计 / 亿元	3416		14302		23922	
年均增长率 / %			20		11	

产业集聚区、重庆北部新区、沙坪坝西永、南岸区茶园高新技术产业集聚区，见图5-5。

农副产品加工和轻纺产业：预计形成荣昌肉类饲料加工产业集聚区；以泸州、宜宾、德阳、遂宁为中心的白酒制造产业集群；以成都、遂宁、南充、资阳为中心的肉食品加工产业集群；以成都、德阳、眉山为中心的粮油加工产业集群；以成都、德阳为中心的软饮料生产产业集群；以南充、达州、宜宾为中心的果蔬加工产业集群；涪陵、万州、渝北、璧山、巴南、合川、铜梁轻纺食品制造产业集积聚区；以南充为中心的丝纺服装产业集群，见图5-6。

化工产业：可能形成长寿、涪陵、万州、万盛、川南（泸州、宜宾、自贡、乐山）、川东北（达州、南充、广安）等化工产业集聚区；以长寿、九龙坡、成都、自贡、泸州为中心的新材料产业集聚区；以成都、眉山、南充、长寿为中心的石油化工产业集群；以泸州、达州、南充、广安、长寿、涪陵为中心的天然气化工产业集群；以万州、宜宾、自贡为中心的盐化工产业集群；以宜宾、泸州、万盛为中心的煤化工产业集群；以德阳、乐山为中心的磷化工产业集群；以成都为中心的生物制品和生物医药新药生产产业集群，见图5-7。

在情景一中（见表5-4），反映国家产业战略需求的装备制造业和高新技术产业以成内渝发展带为重点，两类产业经济比重分别占成渝经济区的68%和76%，以成遂渝发展带为次重点。

化工、农副产品加工传统水污染产业主要分布在沿长江发展带，两类产业经济比重分别占成渝经济区的49%和41%。能源产业主要集中于遂南达渝发展带。

图 5-3 依托化工工业园区的装备制造业布局

图 5-4 火电行业重点项目布局

图 5-5 依托工业园区的高新技术产业布局

图 5-6 依托工业园区的农副产品加工业布局

图 5-7 依托化工工业园区的化工产业布局

表 5-4 成渝经济区各经济发展带重点产业分布（情景一）

产业发展带		能源	农副食品加工	装备制造业	化工	电子高新技术	合计
重庆核心	工业增加值 / 亿元	32	112	1100	55	830	2129
	占成渝区比例 /%	1	5	22	2	46	15
成都核心	工业增加值 / 亿元	373	406	1365	408	522	3074
	占成渝区比例 /%	14	17	28	16	29	21
沿长江	工业增加值 / 亿元	745	1008	1674	1222	955	5604
	占成渝区比例 /%	29	41	34	49	53	39
成绵乐	工业增加值 / 亿元	710	840	2343	718	869	5479
	占成渝区比例 /%	27	34	48	29	48	38
成内渝	工业增加值 / 亿元	602	841	3325	713	1375	6856
	占成渝区比例 /%	23	34	68	28	76	48
成遂渝	工业增加值 / 亿元	627	626	2591	602	1377	5824
	占成渝区比例 /%	24	26	53	24	77	41
遂南达渝	工业增加值 / 亿元	1046	466	1259	485	853	4110
	占成渝区比例 /%	40	19	26	19	47	29

第三节 重点产业发展情景下的资源环境压力分析

一、资源环境效率情景分析方案

按重点产业发展情景一和情景二预测分析成渝经济区重点产业发展的资源环境压力。资源环境效率水平共设计四个情景，具体如下。

情景一：根据成渝经济区 2000—2007 年污染物排放水平年递减率外延（见表 5-5 和表 5-6）。

情景二：考虑区域减排潜力，降低情景一递减速度（见表 5-5 和表 5-6）。

情景三：重点产业的资源环境水平达到全国平均水平，即与全国资源环境平均水平比较，对于优于全国平均水平的产业，按照自身水平提高 10% 计；对于低于全国平均水平的产业按照提高到全国平均水平计（见表 5-7）。

情景四：在情景三各产业整体达到全国平均水平的基础上再整体提高 20%（见表 5-8）。

表 5-5　情景一和情景二下的污染物排放水平递减率　单位：%

指标	情景一	情景二
万元工业增加值 COD 排放指标的年下降速度	26	13
万元工业增加值 SO_2 排放指标的年下降速度	18	12

表 5-6　情景一和情景二下各行业污染物排放水平

污染物排放水平递减率	情景一		情景二	
	26%	18%	13%	12%
污染物排放水平	万元增加值 COD 排放量 /（kg/ 万元）	万元增加值 SO_2 排放量 /（kg/ 万元）	万元增加值 COD 排放量 /（kg/ 万元）	万元增加值 SO_2 排放量 /（kg/ 万元）
煤炭开采和洗选业	0.61	2.26	2.24	3.98
石油和天然气开采业	0.03	0.95	0.11	1.68
电力、热力的生产和供应业	0.08	38.06	0.29	66.96
燃气生产和供应业	—	—	—	—
农副食品加工业	0.77	0.60	2.81	1.05
食品制造业	0.92	3.51	3.34	6.17
饮料制造业	0.63	1.06	2.31	1.87
烟草制品业	0.01	0.34	0.05	0.60
石油加工、炼焦及核燃料加工业	0.07	8.43	0.27	14.84
化学原料及化学制品制造业	0.83	5.54	3.04	9.75
医药制造业	0.86	1.41	3.15	2.47
化学纤维制造业	1.31	21.79	4.77	38.33
橡胶制品业	0.06	1.86	0.22	3.27
塑料制品业	0.14	0.12	0.50	0.22
金属制品业	0.18	0.56	0.65	0.98
通用设备	0.10	0.25	0.38	0.45
专用设备	0.06	0.12	0.23	0.20
交通运输设备制造业	0.08	0.14	0.29	0.25
电气机械及器材制造业	0.15	0.26	0.56	0.46
仪器仪表及文化、办公用机械制造业	0.10	0.01	0.35	0.02
通信设备、计算机及其他电子设备制造业	0.01	0.05	0.04	0.09

表 5-7 情景三下的资源环境效率水平

产业类型		能耗 /（t/ 万元）	COD /（kg/ 万元）	氨氮 /（kg/ 万元）	SO_2/（kg/ 万元）	水耗 /（t/ 万元）
能源	火电		0.80	0.01	167.57	498.85
	其他三类		2.47	0.08	4.90	2.39
农副食品加工		0.50	6.19	0.28	4.72	24.75
化工		2.08	5.58	1.07	14.39	51.89
装备制造		0.37	0.86	0.04	0.89	8.50
电子高新技术		0.09	0.10	0.01	0.21	6.05

表 5-8 情景四下的资源环境效率水平

产业类型		能耗 /（t/ 万元）	COD/（kg/ 万元）	氨氮 /（kg/ 万元）	SO_2/(kg/ 万元）	水耗 /（t/ 万元）
能源	火电		0.64	0.004	134.06	399.08
	其他三类		1.97	0.07	3.92	1.91
农副食品加工		0.40	4.95	0.22	3.78	19.80
化工		1.67	4.47	0.86	11.51	41.51
装备制造		0.30	0.69	0.03	0.71	6.80
电子高新技术		0.07	0.08	0.01	0.17	4.84

二、重点产业发展的资源环境压力

1. 情景一（地方需求）的资源环境压力

情景一（地方需求）下重点产业发展需求的资源利用量、污染物排放量与 2007 年成渝经济区重点产业排污和资源消耗现状比较见表 5-9。

在资源环境效率情景一下，2015 年污染物排放量出现“不增反降”效果显著，但实现这一情景难度较大；情景二主要控制污染物 COD 和 SO_2 有少量增加，情景三和情景四污染物排放量将比现状有大幅度增加，资源环境压力过大，表现在污染物控制水平有限的情况下，工业经济规模的增长依然在相当长一个时期内导致能耗和主要污染物排放量的持续增加。

总体来说，在地方需求情景下，若要实现成渝经济区 2015 年重点产业“增产不增污”，各产业资源利用水平和污染排放水平仍需有相当大幅度提升。表明地方需求情景下形成的产业结构仍不能在总体上体现资源节约型、环境友好型工业经济体系目标的要求。

表 5-9 地方需求愿景下的资源环境压力

资源环境效率情景	COD 排放增长 /%	氨氮增长 /%	SO_2 排放增长 /%	水耗增长 /%
情景一	–67		–27	
情景二	20		29	
情景三	184	226	105	104
情景四	128	161	64	63

成渝经济区需大力调整工业结构，在强调装备制造业、高新技术产业发展的同时，应加大传统产业改造升级的力度，全面提高技术水平，限制重污染行业的发展规模，大力提高清洁能源消费比例。

2．情景二（国家战略需求）的资源环境压力

按资源环境效率情景三和情景四分析国家产业发展战略需求情景的资源环境压力。到2015年，成渝经济区主要水污染物排放量呈显著增加趋势，水耗、主要大气污染物排放量有明显减少，具体见表5-10。

与地方需求情景形成的环境压力相比较，在区域经济中，适当地调整一、二、三产比例，优化调整工业部门内部产业结构，提高工业技术水平，控制主要水污染行业规模的增长速度等基础上，区域污染物排放总量的增加幅度可以控制在一定范围内。

表5-10　国家战略需求情景下的资源环境压力（2015年）

	能耗增长/%	COD排放增长/%	氨氮排放增长/%	SO_2排放增长/%	水耗增长/%
资源环境情景三	4	54	65	–67	–59
资源环境情景四	–16	24	32	–74	–67

第四节　区域传统产业升级改造情景分析

传统产业是指在经济发展过程中，兴起比较早，而且有一定的产业基础，主要采用传统的技术进行生产和服务的产业，是与信息产业、生物产业等新兴产业对应的一个相对概念，包括采矿业、冶金工业、纺织工业、建材工业、造纸工业等。

成渝经济区环境容量利用已经接近饱和，未来重点产业发展空间余地已经很小，通过对传统产业升级改造是为重点产业发展腾出资源环境空间的重要途径之一。

传统产业升级改造的要求，遵循优胜劣汰的原则，实行分类指导，重点实现三大转变：一是从高能耗的增长方式转变到低能耗的节约型增长方式上来；二是从非循环产业体系转变到循环型发展模式上来；三是从资源粗加工增长方式转变到深加工、高附加值发展的模式。

按照对成渝经济区产业的资源环境效率评估，需要通过升级改造提升技术水平和污染控制水平的传统行业门类共14个，现状产业经济规模占成渝经济区工业增加值的24%。传统产业升级改造的任务繁重。其中，属于水污染控制重点的6个行业门类分别归属农副产品产业、化工产业，列入重点产业。采矿、冶金、水泥、造纸、纺织等属于非重点发展产业。

一、传统产业升级改造方向

1．成渝经济区（重庆）

冶金产业注重与重庆现有的汽车摩托车、装备制造业等产业结合，重点向冶金—金属加工—汽车及装备制造产业链方向发展。

钢铁产业链主要依托长寿晏家工业园区，结合重钢搬迁，聚合钢铁下游企业，开发高附加值

钢材产品，发展钢锭－轧钢－合金钢等具有高附加值钢铁产业链，同时加强能耗调整和控制。

① 硅工业。按照硅矿—硅微粉、硅矿—工业硅—多晶硅及单晶硅的产业链模式，以万州化工园区和涪陵白涛工业园为载体，重点发展深加工、高附加值硅产品，建设硅质新材料基地，为太阳能发电、电子芯片、航空航天等行业提供高品质硅质新材料。

② 铝工业。充分利用铝土矿资源优势，大力发展铝工业，努力延长铝工业产品链，适度发展电解铝，逐步发展铝制品加工，形成铝土矿开发—氧化铝—电解铝—铝制品加工产业链。其中铝加工产业链重点以九龙坡西彭工业园区、南川工业园、永川港桥工业园为载体，构建铝加工—铝精深加工—废铝回收产业链，打造“中国铝加工之都”。

③ 采矿。到 2012 年，重庆将关闭小煤矿 300 个，淘汰落后煤炭产能 2000 万 t，淘汰焦炭产能 3 万 t。

④ 纺织印染。加快纺织印染行业结构调整，抓紧淘汰印染小企业和落后工艺技术，用高科技改变传统纺织业的生产方式，积极引进国内外新技术、新工艺，积极引进国内外知名纺织企业。

⑤ 造纸。成渝经济区（重庆）对造纸业调整主要是关闭年产量 5000 t 以下的小型造纸厂，按照循环经济发展模式，集中发展大型造纸企业，产品也向高档纸方向调整，并要求进入园区发展。到 2012 年，重庆将淘汰落后造纸产能 1.7 万 t。

2. 成渝经济区（四川）

① 造纸。加快实施林纸一体化工程，大力发展商品木浆、商品竹浆。推广采用深度脱木素技术、无元素氯漂白技术、中高浓技术和全自动控制系统等改造制浆造纸生产线。支持高得浆率、清洁化制纸生产技术改造，推广应用高得率制浆技术（TMP、CTMP、APMP 等）和污染物减排集成技术、过程节水与废水回用技术。支持造纸机采用新型脱水器材、宽压区压榨、全封闭式气罩、热泵热回收技术。推广制浆、造纸工艺过程及管理系统计算机控制等技术。支持文化用纸、包装用纸、生活用纸、特种纸（高级文化用纸、涂布机浆印刷纸、薄膜涂布胶印纸、高精度喷墨打印纸、液体食品包装纸板、细瓦楞纸等）等优先发展；促进中低档包装纸及纸板、低档印刷书写纸、低档生活用纸等产品的升级换代；限制质量低劣的黄纸板、箱纸板、瓦楞原纸、包装纸、卫生纸、书刊杂志纸等产品发展。

② 水泥。加快淘汰落后产能，重点建设新型干法水泥生产线，到 2015 年，新型干法水泥占水泥总产量比重达到 70% 以上。严格执行日产熟料 2000 t 以上（特种水泥不低于日产熟料 1500 t）新型干法水泥生产线的单线规模的行业准入标准。加快大型水泥企业采取兼并、重组、联合，提高产业集中度，到 2015 年，前 5 位企业生产集中度达到 40%，前 10 位企业生产集中度达到 50%。严格持企业加强矿山开发中的环境保护、尾矿资源利用、开采后的土地复垦和生态恢复制度。加强废渣废弃物生产水泥技术应用，充分利用工业废渣做原料。充分利用废弃余热资源。

③ 冶金。2011 年年底前淘汰落后钢铁产能 20 万 t、落后焦炭产能 300 万 t。支持省内同类型企业特别是采选类企业的联合重组，支持企业沿上下游产业链实施整合，鼓励国内外大型钢铁集团和具有高新技术的钢铁集团投资，兼并重组。加快发展高速铁路用钢、高强度汽车用钢、高档电站用钢、不锈钢板管、机械用高档工模具钢、高强度建筑钢材、多元优质铁合金等高附加值、高技术含量产品。发展符合国家产业政策的电解铝及铝制品精深加工。

④ 纺织。着力推进产业用纺织品开发应用，重点加速高性能芳纶、聚苯硫醚、玄武岩纤维等高新技术纤维和复合材料产业化步伐。利用竹子、麻类、桑皮、速生材等优势资源，实现可降解、可再生生物质纤维及综合开发利用的产业化，加快溶剂法纤维素纤维的产业化进

程。加快棉纺织业、印染行业、化纤行业、丝绸行业技术改造。

⑤ 家具制造。抓住产业转移机遇，主动承接国内外高端技术，大力引进知名品牌企业；鼓励企业实施新产品的开发与设计，提高专业化生产程度，提升家具产品附加值；利用现代高新技术改造传统家具制造业，用信息化带动家具制造工业化，实现家具产业的提档升级；实施差异化战略，支持板式家具发展壮大，着力提高特色产品的技术、文化含量；积极实施品牌带动战略，鼓励和扶持现有品牌企业，培育一批新的品牌企业。以骨干企业为龙头，促进中小生产与配套企业协调发展，实现家具产业集群发展。鼓励企业围绕市场、创立品牌、争创名优产品，形成区域品牌和企业品牌相互协调的发展格局。统筹规划和合理布局家具零售市场、批发市场及原料综合市场或专业市场。

二、传统产业升级改造目标

1．传统产业污染物排放预测

根据川渝两省市产业发展愿景，2015年成渝经济区传统产业将实现工业增加值4472亿元，占成渝经济区工业增加值总额的24%，年均增长率19%。与2007年传统产业占工业部门经济比重相比，传统产业依然占据重要地位，传统产业结构调整不明显，清洁产业、重点产业发展不突出。主要传统行业的升级改造增加值目标设计见表5-11，资源环境效率目标见表5-12与表5-13，相应的传统产业污染物排放量预测结果见表5-14。

从传统产业内部结构来看，造纸、冶金、采矿和水泥产业的经济比重均有所降低，纺织

表 5-11　传统产业升级改造产值目标　　单位：亿元

传统产业	2007年			2015年		
	成渝经济区	重庆部分	四川部分	成渝经济区	重庆部分	四川部分
纺织	124	21	103	698	85	613
造纸	59	10	49	177	72	105
冶金	405	109	296	1027	445	582
采掘	41	14	28	121	90	31
水泥	262	71	191	773	300	473
其他传统行业	210	45	165	1675	247	1428
合计	1101	833	269	4472	1239	3233

表 5-12　传统产业升级改造的资源环境效率目标（重庆）　单位：kg/万元工业增加值

传统产业	排放强度现状			升级目标			提高比重/%		
	COD	氨氮	SO_2	COD	氨氮	SO_2	COD	氨氮	SO_2
纺织	30.0	2.18	32.8	2.20	0.97	22.7	93	56	31
造纸	116.8	5.65	74.0	45.00	0.17	47.7	61	97	36
冶金	4.9	0.53	30.1	0.80	0.02	21.4	84	96	29
采掘	11.6	1.13	62.7	0.90	0.02	15.5	92	98	75
水泥	5.5	0.33	183.5	0.68	0.02	66.5	88	94	64
其他传统行业	2.8	0.01	0.5	0.80	0.01	0.2	71	10	50

表 5-13 传统产业升级改造的资源环境效率目标（四川） 单位：kg/ 万元工业增加值

传统产业	排放强度现状			升级目标			提高比重 /%		
	COD	氨氮	SO_2	COD	氨氮	SO_2	COD	氨氮	SO_2
纺织	22.96	0.54	9.33	2.19	0.05	2.01	90	91	78
造纸	153.09	1.67	55.28	60.9	0.5	22.56	60	70	59
冶金	1.47	0.08	24.96	0.9	0.05	9.45	39	38	62
采掘	1.94	0.03	76.92	0.98	0.01	8.72	49	95	89
水泥	0.9	0.02	54.71	0.76	0.01	24.68	16	50	55
其他传统行业	2.63	0.12	2.86	0.87	0.03	0.91	67	75	68

表 5-14 成渝经济区传统产业污染物排放量预测 单位：t

产业类别	2007 年			2015 年		
	COD	氨氮	SO_2	COD	氨氮	SO_2
纺织	29851.56	1008.99	16384.99	15192.7	1573	14871.3
造纸	86526.92	1367.73	34325.02	81945.0	885	28137.6
冶金	5945.44	804.1	106694.99	8800.6	326.7	108648.9
采矿	5840.36	160.92	29903.02	1112.0	7.2	9257.5
水泥	5616.67	273.69	234518.30	5098.0	77.3	221840.1
其他	7629.43	276.49	2958.55	14646.6	453.1	13488.8
合计	141410.38	3891.93	424784.87	126794.9	3322.4	396244.2
增长率	—		—	–17%	–15%	–13%

业和其他类传统产业的经济比重大幅增加。

在上述传统行业污染物排放水平较 2007 年提高 40% ～ 95% 的升级改造目标下，与 2007 年相比较，COD 排放量基本持平，氨氮排放总量减少 24.6%，SO_2 排放总量减少 39.6%。

预测分析结果表明，仅依靠加强污染源末端治理难以大幅度提升产业资源环境效率，并且由此带来的资源环境效益将被传统产业快速增长带来的资源环境压力所抵消，更难以为支撑区域重点产业腾出发展空间。传统行业升级改造的资源环境效率目标需要提高，在发展重点产业的总体目标下，必须进行产业结构的调整，限制重污染的传统产业发展规模。基于川渝两省市传统产业升级改造目标和发展规模，2015 年成渝经济区传统产业 COD 排放总量将较 2007 年减少 17%，SO_2 排放总量较 2007 年减少 13%，实现传统产业的“增产减污”。

从传统产业升级改造目标来看，川渝两省市 2015 年各传统产业污染物排放效率均较 2007 年有较大提高，但与全国污染物排放水平相比，2015 年成渝经济区仍将有少数行业的排放水平低于 2007 年全国污染物排放平均水平，这些行业的升级改造力度还需加大。

在发展重点产业的总体目标下，成渝经济区的传统行业升级改造必须以达到国内先进水平为基点，除了强化污染源末端治理，还必须加速产业结构的调整，限制重污染的传统产业发展规模，才能从根本上减轻传统产业发展的环境压力。

2. 全行业污染物排放量预测

基于传统产业升级改造情景，在地方需求情景下，预测 2015 年重点产业与传统产业 COD、SO_2 排放总量如表 5-15、表 5-16 所示。

根据四种资源环境效率情景的预测结果，考虑传统产业升级改造情况下，当重点产业污染物排放水平达到情景一设计的排放水平时，COD、SO_2 均能实现较大幅度的削减。但近十年是成渝经济区经济飞速增长的时期，也是全区加强环境污染治理的时期，COD、SO_2 排放水平均明显增高，随着污染治理、节能减排的实施，未来污染物减排空间会逐步缩小，污染物排放水平年均递减率继续维持如此高的水平可能存在一定难度。

表 5-15　2015 年重点产业与传统产业 COD 排放量预测　单位：t

资源环境效率情景	情景一	情景二	情景三	情景四
重点产业	40473	147728	349837	279870
传统产业	126795	126795	126795	126795
2015 年重点产业 + 传统产业合计	167268	274523	476632	406665
2007 年重点产业 + 传统产业合计	272768	272768	272768	272768
增长率	–39%	1%	75%	49%

表 5-16　2015 年重点产业与传统产业 SO_2 排放总量预测　单位：t

资源环境效率情景	情景一	情景二	情景三	情景四
重点产业	660626	789314	1048314	936899
传统产业	396244	396244	396244	396244
2015 年重点产业 + 传统产业合计	1056870	1185558	1444558	1333143
2007 年重点产业 + 传统产业合计	1576020	1576020	1576020	1576020
增长率	–33%	–25%	–8%	–15%

其中：火电行业 SO_2 排放量按机组核算。

在情景二、三、四下，2015 年成渝经济区 COD 排放量仍将有不同程度的增幅，难以实现“增产减污”的污染物控制目标；由于未来火电行业关停并转力度较大，SO_2 排放量有 10% ～ 20% 的削减。

总体来看，成渝经济区 SO_2 有一定的减排空间，能够腾出部分总量指标，但水污染物控制仍然任重道远。未来成渝经济区一方面要通过调整产业结构，限制重污染产业发展规模，突出清洁型产业发展比重，从根本上减轻产业发展带来的环境压力；另一方面要全面提高产业技术水平，缩小与全国和发达地区的资源环境效率差距，减少污染物排放。

第六章 资源环境承载能力综合评估

根据区域水资源、能源等资源禀赋，预测重点产业发展情景下的资源、能源需求，分析区域满足重点产业发展的资源、能源支撑能力下带来的环境问题。结果显示：

到 2015 年，成渝经济区缺水类型与 2007 年相比变化不大，为潜在工程型缺水，到 2020 年可能转变为潜在资源型缺水，水资源利用率将由 2015 年的 33% 增加到 2020 年的 39%。过度的水资源开发，将降低子流域的径污比，降低环境容量及缩小生态流量的安全空间。

到 2015 年，成渝经济区全社会能源消费总量预计达到 24648 万 t 标煤，较 2007 年增加 13848 万 t 标煤。在地方发展愿景中虽然考虑了能源消费结构的调整，大幅度增加了天然气和电力、石油等清洁能源的使用比例，将使能源消费结构得到一定改善，但在区域煤炭消费总量增加 50% 的情况下，很难实现区域 SO_2 总量减排和扭转酸雨污染严重的趋势。实现万元 GDP 能源消耗水平进一步下降，必须依靠产业结构调整、技术升级换代、能源消费结构优化等综合措施。

以满足区域环境质量达标为目标约束，分区域、流域进行的大气环境和水环境容量预测结果表明：

成渝经济区局部地区河流现有负荷分布及负荷强度已超过水环境承载力，氨氮是造成超标的污染物，在优化污染源空间布局条件下，可以使长江、嘉陵江、乌江流域 COD 容量有较大的安全余量；岷江、沱江有一定的安全余量，在优化布局条件下 COD 指标区域整体达标可以期待。沱江的氨氮安全余量较小，稳定持续达标可能存在一定困难。对于氨氮排放，应通过调整污染源结构，优化排放布局，结合城市污水处理厂脱氨、脱氮，实现功能区全面稳定达标；对于 COD 排放，应维持区域总量零增长或负增长的总量控制目标。

成渝经济区局部地区大气环境质量达到或超出大气环境承载力，SO_2 是造成超标的污染物，按排放总量优化模型结果，区域 SO_2 排放总量为 129.5 万 t，削减率为 20.8%；NO_x 排放总量为 70.2 万 t，比基准年略有增加；PM_{10} 排放总量为 59 万 t，削减率为 15%。

第一节 水资源承载能力

一、水资源供需发展趋势分析

1．需水预测

（1）生活需水量

由于城市和农村生活水平、供水条件等存在差异，在定额预测时按城镇人口和农村人口分别进行。根据成渝经济区四川省区域人口发展规划，考虑到未来生活质量不断提高，用水水平也会相应提高，用水定额逐步增大，加之城市化发展，城市人口大量增加，城镇生活需水量增长幅度较快。

成渝经济区重庆、四川两地的生活需水定额指标见表 6-1。

表 6-1　成渝经济区生活需水定额

需水定额		2007 年	2015 年	2020 年
四川	城镇生活 / ［L /（人·d）］	117	131	136
	农村生活 / ［L /（人·d）］	73	85	90
重庆	城镇生活 / ［L /（人·d）］	173	195	205
	农村生活 / ［L /（人·d）］	87	94	101

表 6-2　成渝经济区万元产业用水量指标递减速度　单位：%

	2007—2015 年	2015—2020 年
第一产业万元产值用水指标递减	5	5
第二产业万元工业增加值用水指标递减	10	7
第三产业万元工业增加值用水指标递减	5	5

（2）生产需水量

生产需水为有经济产出的各类生产活动所需的水量，包括第一产业、第二产业、第三产业。其中第一产业包括种植业、林牧渔业；第二产业分为高用水工业、电力行业、建筑业；第三产业包括商饮业、服务业。

采用万元产值用水量进行一、二、三产业需水预测，万元产值用水量指标以 2007 年为基准，考虑到节水技术的广泛应用和低耗水产业的发展，万元产值用水量指标逐年递减（表 6-2）。

（3）生态需水

城市生态需水量即维护城市各生态平衡的需水，目前各地区公共需水量的统计细目并无统一规定，一般来说包括城市绿化和环境卫生用水。城镇环卫绿化需水由地区规模、城镇化水平、社会文化水平决定，这部分需水量计算公式为：

$$Q_{te}=P_t \times B_t \times 0.365 \tag{6-1}$$

式中：Q_{te}——城镇环卫绿化用水第 t 年需水量；

P_t——第 t 年总人口数；

B_t——地区行政，环境保护平均需水定额，以 L /（人·d）计。该值尚无可靠的参考标准，考虑到要增强环境保护意识，该值取为 20 L /（人·d）。

（4）国民经济需水总量

根据各项用水的需水预测，预计到 2015 年成渝经济区国民经济需水总量为 422 亿 m^3，人均需水要求由 355.2m^3 增加到 422.0m^3，万元 GDP 用水量由前述的 262.1m^3 减少到 129.3m^3，接近全国及长江流域平均水平，但是与发达国家现状相比，仍有较大差距。到 2020 年成渝经济区国民经济需水总量为 469.6 亿 m^3，人均需水要求 462.5m^3，万元 GDP 用水量为 85.5m^3。成渝经济区国民经济需水预测成果见表 6-3。

2. 供水预测

根据四川和重庆多年平均供水量增加情况，预测到 2015 年四川区域供水量为 299.52 亿 m^3，重庆区域供水量为 111.65 亿 m^3，成渝经济区总供水量为 411.17 亿 m^3，预计到 2020 年四川区域、重庆区域和成渝经济区供水量分别为 339.70 亿 m^3、149.41 亿 m^3 和 489.11 亿 m^3。

表 6-3 成渝经济区国民经济需水预测成果

	四川区域			重庆区域			成渝经济区		
水平年	2007	2015	2020	2007	2015	2020	2007	2015	2020
生活需水 / 亿 m^3	26.1	31.7	34.4	11.5	14.1	15.7	37.6	45.8	50.1
生产需水 / 亿 m^3	248.9	287.5	306.5	56.7	84.3	108.2	305.6	371.8	414.7
环卫绿化需水 / 亿 m^3	2.1	2.7	3	1.7	1.8	1.8	3.8	4.5	4.8
总需水 / 亿 m^3	277.1	321.8	343.9	69.9	100.2	125.7	347.0	422.0	469.6
人均需水 /m^3	374.8	426.6	448.2	294.1	410.0	506.4	355.2	422.4	462.5
万元 GDP 需水量 /m^3	296.2	163.6	112.9	179.9	77.4	51.3	262.1	129.3	85.5

二、水资源承载力分析

1. 水资源供需态势分析

预测的需水量和供水量比较结果见表 6-4，就整个成渝经济区而言，2007 年需水量 347.0 亿 m^3，2015 年需水量 422 亿 m^3，2020 年需水量 469.6 亿 m^3；而 2007 年供水量 304.2 亿 m^3，2015 年供水量 411.2 亿 m^3，2020 年供水量为 489.1 亿 m^3。由此可知，在现状年 2007 年评价区供水能力欠缺 12.3%，而在预测年 2015 年缺水趋势减缓，缺水率为 2.6%，2020 年预计工程供水能满足需水要求。

表 6-4 成渝区供需平衡预测分析　　单位：亿 m^3

区域	四川区域			重庆区域			成渝经济区		
水平年	2007	2015	2020	2007	2015	2020	2007	2015	2020
总需水量	277.1	321.8	343.9	69.9	100.2	125.7	347.0	422.0	469.6
总供水量	234.1	299.5	339.7	70.05	111.6	149.4	304.2	411.2	489.1
缺水量	43.0	22.3	4.2	—	—	—	42.8	10.9	—
缺水率 /%	15.5	6.9	1.2	—	—	—	12.3	2.6	—

2. 水资源短缺分析

根据对成渝经济区 2015 年和 2020 年水资源量（供水量和需水量）以及人口的预测，计算出预测水平年的水资源利用率和人均供水量，判断成渝经济区内各行政区的缺水类型（见表 6-5 和表 6-6）。

3. 解决未来需水压力下带来的环境问题

（1）区域缺水类型的转变

2007 年、2015 年和 2020 年水资源紧缺状态转变情况见表 6-7。

表 6-5　成渝经济区水资源紧缺类型划分（2015 年）

行政区	水资源总量 / 亿 m^3	供水总量 / 亿 m^3	水资源利用率 /%	人均供水量 /m^3	缺水类型
成都市	80.4	71.85	89.36	635	潜在资源型
自贡市	14.8	10.75	72.67	326	资源型
泸州市	61.6	12.22	19.84	247	潜在资源型
德阳市	30.7	25.78	83.97	659	潜在资源型
绵阳市	114.2	27.91	24.44	521	不缺水
遂宁市	11.4	11.65	102.19	302	资源型
内江市	15.1	12.46	82.53	284	资源型
乐山市	118.9	17.96	15.11	504	不缺水
南充市	41.2	16.56	40.19	217	资源型
眉山市	59.9	17.03	28.42	474	潜在工程型
宜宾市	91.2	19.56	21.44	354	工程型
广安市	29.6	12.00	40.56	253	资源型
达州市	103.7	25.31	24.41	381	工程型
雅安市	168.6	6.87	4.08	425	工程型
资阳市	21.2	16.55	78.06	327	资源型
重庆主城区	29.7	37.89	127.58	556	资源型
渝西地区	91.1	43.3	47.53	504	资源型
三峡库区	176.1	30.46	17.30	338	工程型
成渝经济区	1258.9	416.1	33.05	417	潜在工程型

表 6-6　成渝经济区水资源紧缺类型划分（2020 年）

行政区	水资源总量 / 亿 m^3	供水总量 / 亿 m^3	水资源利用率 /%	人均供水量 /m^3	缺水类型
成都市	80.4	79.9	99.37	692	潜在资源型
自贡市	14.8	12.1	81.89	362	资源型
泸州市	61.6	15.4	24.98	307	潜在资源型
德阳市	30.7	29.4	95.86	745	潜在资源型
绵阳市	114.2	30.5	26.73	567	不缺水
遂宁市	11.4	13.8	121.23	353	资源型
内江市	15.1	14.2	94.11	318	资源型
乐山市	118.9	20.3	17.10	565	不缺水
南充市	41.2	20.4	49.61	263	资源型
眉山市	59.9	18.9	31.60	517	潜在资源型
宜宾市	91.2	22.5	24.68	394	工程型
广安市	29.6	14.5	49.09	301	资源型
达州市	103.7	27.2	26.21	403	工程型
雅安市	168.6	7.5	4.47	457	工程型
资阳市	21.2	18.7	88.16	364	资源型
重庆主城区	29.7	50.7	170.71	737	资源型
渝西地区	91.1	57.95	63.61	665	资源型
三峡库区	176.1	40.76	23.15	443	潜在工程型
成渝经济区	1258.9	495.0	39.32	488	潜在资源型

表 6-7 2007—2020 年成渝经济区水资源紧缺状态

	2007 年	2015 年	2020 年
水资源利用率 /%	24.43	33.05	39.32
人均供水量 /m^3	314	417	488
区域缺水类型	潜在工程型	潜在工程型	潜在资源型
资源型缺水地区	自贡市、遂宁市、内江市、资阳市、重庆主城区	自贡市、遂宁市、内江市、南充市、广安市、资阳市、重庆主城区和渝西地区	自贡市、遂宁市、内江市、南充市、广安市、资阳市、重庆主城区和渝西地区
潜在资源型地区	南充市、广安市、渝西地区	成都市、泸州市和德阳市	成都市、泸州市、德阳市和眉山市
工程型缺水地区	泸州、绵阳、乐山、宜宾市、达州市、雅安市和三峡库区	宜宾市、达州市、雅安市和三峡库区	宜宾市、达州市、雅安市

图 6-1 2020 年成渝经济区缺水类型

2015 年成渝经济区的水资源利用率为 33.05%，人均供水量为 417m^3，属于潜在工程型；区域内缺水类型属于潜在资源型的市区有 3 个，分别为成都市、泸州市和德阳市；属于资源型缺水的有 8 个，分别为自贡市、遂宁市、内江市、南充市、广安市、资阳市、重庆主城区和渝西地区；不缺水的有绵阳市、乐山市 2 个。工程型缺水的地区为宜宾市、达州市、雅安市和三峡库区。

到 2020 年，成渝经济区的人均供水量为 488m^3，缺水类型为潜在资源型；区域中不缺水城市仍然为绵阳市和乐山市，属于资源型缺水的地区同 2015 年一致，为自贡市、遂宁市、内江市、南充市、广安市、资阳市、重庆主城区和渝西地区；工程型缺水的地区为宜宾市、达州市、雅安市，潜在资源型缺水的为成都市、泸州市、德阳市和眉山市（图 6-1）。

（2）需水压力下带来的环境问题

过度的水资源开发，将降低子流域的径污比，降低环境容量及缩小生态流量的安全空间。资源型缺水和工程型缺水均将衍生下游地区的水质型、生态型缺水。

表 6-8 比较了各主要支流设计枯水流量和最小生态流量条件下径污比。岷江中游、沱江的径污比均小于 5，如果仅按一般的污水排放标准限值进行水污染控制，极有可能出现流域性的复合型缺水局面。

根据现状和潜在缺水地区分布主要支流径污比的变化，结合未来重点产业发展布局，岷江和沱江流域枯季径污比将会进一步降低，河流的水环境压力进一步加剧，对长江上游生态屏障建设和三峡库区的水安全可能造成潜在威胁。

表 6-8 成渝经济区主要河流枯水期径污比

	污水流量 /(m^3/s)		设计枯水流量 / (m^3/s)	最小生态流量 / (m^3/s)	枯季径污比			
	Q_{2001}	Q_{2007}	30B3*	Q10%**	30B3/Q_{2001}	30B3/Q_{2007}	Q10%/Q_{2001}	Q10%/Q_{2007}
岷江中游（彭山）	24.7	25.1	75.8	41.6	3.07	3.00	1.68	1.64
沱江	19.4	21.2	91.7	56.9	4.72	4.23	2.93	2.59
嘉陵江	18.1	25.2	268.0	164.6	14.77	10.34	9.07	6.24
乌江	0.5	1.8	198.3	149.2	438.19	111.66	329.71	83.83

注：*：设计枯水流量指标，其中 30 为允许平均期（天）；B 为生物安全；3 为重现期（年）。

**：最小生态流量指标，不低于 Q（多年平均流量）的 10%。

第二节 河流水环境承载能力

一、水环境承载能力概念

水环境承载力以地表水满足水质标准为评判依据，包含水环境容量、环境容量分配。

在设计风险条件和水环境目标约束下，给定的排污口位置、排污方式及数量条件下受纳水体单位时间的最大允许纳污量为水环境容量。

图 6-2 表述了目前我国普遍采用的水环境容量、纳污总量、污染负荷、最大允许排污量等概念之间的关系。

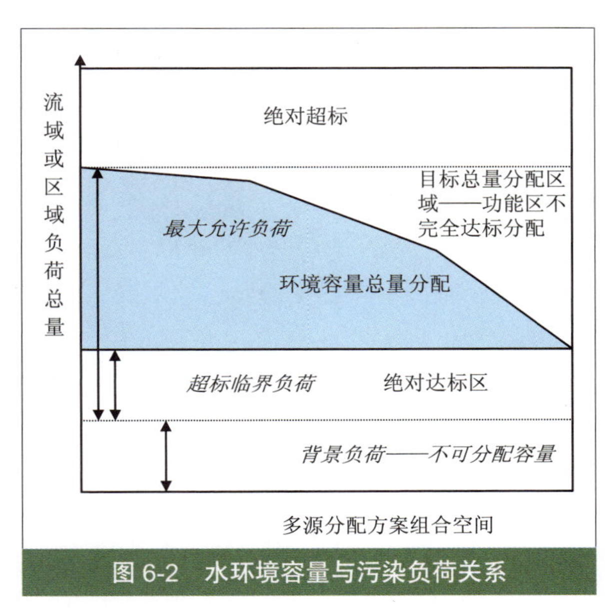

图 6-2 水环境容量与污染负荷关系

在设计风险条件和水环境目标不变的情况下，排污口位置或排放方式变化，水体所允许的纳污量也随之变化。水体纳污总量大于水环境容量时必定会有功能区超标，但纳污总量小于水环境容量时则功能区不一定全部达标。满足水环境功能区目标约束的总量分配位于超标临界负荷和最大允许负荷之间的阴影区，其余区域的总量分配均不满足水环境功能区目标约束。随着水污染物负荷总量的增加，容量总量分配的空间越来越小。

二、规划控制单元划分

1. 规划控制单元划分的原则

分水岭隔离原则：子流域控制单元内污染源负荷与其他控制单元没有陆域交换，非点源来源单一。如果分水岭隔离失效，存在污水管道出境以及非点源跨境不便于监管的问题。

行政管理隔离原则：单一行政区管理比较方便。

水体特征隔离原则：河—湖、河—库、河—河口的交界断面的隔离便于不同类别水体规划的衔接。

清洁边界隔离原则：一个控制单元两端为高功能边界便于独立规划，可不受上下游影响。

其他隔离原则：有利于简化污染源管理便于明确环境质量责任人的原则。

2．控制规划分区级别

以下规划分区，主要以流域分水岭隔离原则为主，行政分区为辅。

（1）一级控制分区

长江干流：按清洁边界隔离原则和行政区隔离原则，分为三段：四川段（屏山—永川羊石镇）、重庆上游段（永川羊石镇—涪陵清溪镇）、重庆下游段（涪陵清溪镇—云阳龙洞乡），三个分区之间均为Ⅱ类水质目标，为分区边界两侧行政管理部门均可接受，可保证分区独立进行容量及总量计算的结果，没有争议。

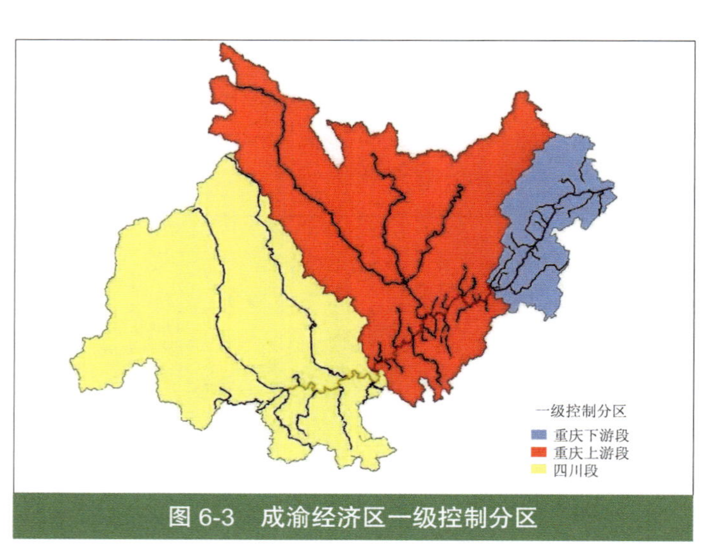

图 6-3 成渝经济区一级控制分区

（2）二级控制分区

按子流域分水岭隔离原则，将长江一级支流流域作为二级控制分区。以一级控制分区分配的入江负荷作为下边界约束，可独立进行一级支流干流（或整个子流域）容量及总量计算。

（3）三级控制分区

大的一级支流，按子流域分水岭隔离原则及行政区隔离原则，一般划 3 ～ 5 个控制单元；小的一级支流，按行政区隔离原则，一般划 3 ～ 5 个控制单元（从上游到下游）。

（4）四级控制分区

次级支流，按行政区隔离原则，一般划 3 ～ 5 个控制单元。

三、水环境容量及总量规划分析

针对成渝经济区的长江干流及支流的水环境容量规划分析，主要在确定的水文条件及水质目标约束条件下，考虑社会经济、排放口现状等因素，筛选出较佳排放量时空分配方案。重点考虑总量分配问题。采用局部规划法——采用控制单元分区分级技术进行规划，利用合理的分区边界处理方法使各分区间的规划可独立进行，同时利用整体的线性规划方法进行控制单元内的多污染源的优化分配。

对于河流常规污染物负荷与水质响应分析计算采用一维对流反应水质模型，对长江干流及较宽的支流河段增加二维对流扩散反应水质模型进行单一纳污点允许排放量上限的判别。

对河流污染物总量分配采用线性规划法。

1．单一污染物线性规划模型——总量分配

目标函数：

$$\max（\min）f(X_j) \tag{6-2}$$

浓度约束方程：

$$\sum_{i=1}^{m} a_{ij}X_j \leqslant C_i, i=1,2,\cdots,n \tag{6-3}$$

决策变量的上下限约束：

$$X_{j\min} \leqslant X_j \leqslant X_{j\max} \tag{6-4}$$

其他约束：

$$Y(x)_{j\min} \leqslant Y(x)_j \leqslant Y(x)_{j\max} \tag{6-5}$$

假设条件：污染物排放量的减少仅与处理效率有关，污水量维持不变。

式中：X_j——第 j 个污染源的排放量；

a_{ij}——第 j 源对第 i 控制点的响应系数，可由线性水质模拟计算得到；

C_i——控制断面（点）i 的水质控制浓度，可由水质目标减背景负荷贡献确定。目标函数可根据分配原则需要确定；

$Y(x)_j$——与第 j 个点决策变量 x 相关的其他因素。

2．单一污染物线性规划模型——环境容量

求解环境容量的目标函数为某一污染物在排放口位置确定、设计风险条件下、水质目标约束条件下最大允许排放总量。一般小河流的各决策变量（排污量）可不考虑上限约束，直接由浓度约束方程确定允许排放量；较宽的大河流的各决策变量（排污量）可按污染带限制确定单源排放的允许上限，实际允许排放量为公式（6-6）至（6-8）构成的线性规划确定。

目标函数：

$$\max \sum_{j=1}^{m} X_j \tag{6-6}$$

浓度约束方程：

$$\sum_{j=1}^{m} a_{ij} X_j \leqslant C_i, i=1,2,\cdots,n \tag{6-7}$$

决策变量的约束：

$$0 \leqslant X_j \leqslant X_{j\max} \tag{6-8}$$

3．总量分配情景

由于成渝经济区河系为多个功能区、多个排放口，允许纳污总量与环境容量仅存在必要条件，因此，确定合理、可行、经济的满足功能区水质目标约束的总量控制方案，比确定环境容量更重要。

在本研究中对水环境总量分配方案一般考虑三个情景：

① 环境容量方案：由公式(6-6)至(6-8)构成的线性规划确定现有排污口及规划排污口(新增工业园区）满足所有水质目标要求的最大纳污量，作为最大允许纳污超标判据。

② 总量分配方案1——现状削减控制方案：负荷零增长或负增长方案，由公式（6-2）至（6-5）构成的线性规划确定。

③ 总量分配方案2——优化布局控制方案：方法同总量方案1，规划目标为负荷正增长，在部分区域设置新的排放点，调整原有某些排放源的上限约束。使实际的总量方案在满足水质目标的前提下，兼顾现状负荷分布及未来发展。

4. 总量分配方案负荷上下限约束一般取法

（1）入河排污口

下限负荷取法：

① 非点源枯季入河率，0 ~ 2%；

② 污水处理厂按收集区域设计负荷的10% ~ 20%考虑（收集率90%，去除率90%）；

③ 其他点源负荷（工业园区——点源）按设计产生负荷的10%（清洁生产企业可更低），达标排放的一半。

上限负荷取法：

① 二维污染带计算的允许负荷。长宽采用地方标准，深度采用河道平均水深的一半，最大不超过15m；

② 区域远景人口或污水量预测上限（包括工业）；

③ 未来变化不大的企业，按达标排放考虑。

（2）支流汇入

下限负荷取法：

① 支流背景浓度与支流出口稳态设计流量之积；

② 比支流水质目标严一级的水质标准与支流出口稳态设计流量之积。

上限负荷取法：

① 达标出境：支流水质标准与支流出口稳态设计流量之积；

② 污染带限制出境：二维污染带计算的允许负荷。

5. 枯水期背景负荷上下限约束一般取法

① 根据近年枯水期实测浓度、流量，取10%保证率通量作为背景负荷（用于有水文站的断面)。

② 根据近年枯水期实测浓度，取10%保证率浓度作为背景浓度（用于无水文站的断面)。

四、水环境容量与允许排放量

成渝经济区各系统的允许水污染物排放总量见表6-9。

环境容量：COD 504.38万t/a，氨氮27.5万t/a。

现状点源格局下的允许排放量：COD 120.41万t/a，氨氮12.0万t/a。

优化布局方案的允许排放量：COD338.52万t/a，氨氮21.01万t/a。

表 6-9 成渝经济区各流域允许排放总量 单位：万 t/a

流域	容量方案		优化布局方案		现状（削减）达标方案	
	COD	氨氮	COD	氨氮	COD	氨氮
成渝经济区						
长江	194.3	12.36	129.43	8.76	33.52	3.64
岷江	92.84	4.05	61.87	3.9	34.82	3.06
沱江	41.08	2.59	37.50	2.18	18.44	1.77
嘉陵江	171.34	8.07	108.25	5.89	32.93	3.37
乌江	4.82	0.43	1.47	0.28	0.69	0.14
合计	504.38	27.50	338.52	21.01	120.41	12
环境容量利用率	100%	100%	67%	76%	24%	44%
重庆部分						
长江	91.19	3.94	65.61	3.84	22.45	2.81
嘉陵江	44.93	1.59	19.81	1.18	8.12	0.99
沱江	1.12	0.56	0.86	0.16	0.51	0.09
乌江	4.82	0.43	1.47	0.28	0.69	0.14
合计	142.06	6.52	87.75	5.46	31.76	4.03
四川部分						
长江及小支流	103.11	8.42	63.82	4.92	11.07	0.83
岷江	92.84	4.05	61.87	3.9	34.83	3.07
沱江	39.96	2.03	36.64	2.02	17.93	1.69
嘉陵江	126.41	6.48	88.44	4.71	24.82	2.38
合计	362.32	20.98	250.77	15.55	88.65	7.97

两个总量分配方案对环境容量利用率控制在 80% 以下，全流域各功能区达标的保证率及抗风险能力会比较高，其中现状削减达标方案，可作为“十二五”期间国家要求的减排指标分配的基础。

在现状点源格局下，现状水污染物排放总量虽然远小于环境容量，但由于水污染物排放量在岷江和沱江流域过于集中，依然导致水环境功能区超标的情况。按照区域水污染排放总量不增加的原则进行优化，在岷江流域、沱江流域均需削减 COD、氨氮负荷（表 6-10）。

近年来，岷江中游、沱江的水环境整治初见成效，河流生态环境恢复处于转折的关键阶段，保持水环境质量持续改善的趋势任务十分艰巨。

表 6-10 2007 年点源排放与现状点源格局下允许排放量比较

流域	2007 年排放量（污普）		现状（削减）达标方案		安全余量 /%	
	COD/（万 t/a）	氨氮 /（万 t/a）	COD/（万 t/a）	氨氮 /（万 t/a）	COD	氨氮
长江	32.57	3.70	33.52	3.64	2.8	−1.6
岷江	36.66	3.23	34.82	3.06	−5.3	−5.6
沱江	20.56	2.02	18.44	1.77	−11.5	−14.1
嘉陵江	30.39	2.95	32.93	3.37	7.7	12.5
乌江	0.23	0.11	0.69	0.14	66.7	21.4
合计	120.41	12.00	120.41	12.00		

注：现状（削减）达标方案的允许排放量是指区域排放总量不增长、现状点源格局、环境质量达标条件约束下的允许排放量。

五、水环境承载力实证

1. 断面样品达标率评价

根据环保部《重点流域水污染防治专项规划实施情况考核指标解释（试行）》（环办函[2009] 445号），以下简称《指标解释》。在规划五年期内，单个断面水质达标率，按年度依次分别不低于40%、50%、60%、70%和80%，即视为该断面达标。

表6-11列出了2008年长江干流及主要一级支流入干断面水质达标率情况。2008年为“十一五”的第三年，按照《指标解释》，达标断面水质达标率应不低于60%。由表6-11可以看到，所有断面总磷和粪大肠菌群均不满足60%的达标率要求。沱江大桥断面汞达标率为58.3%，不满足要求。朱沱断面铅达标率为66.7%，沱江大桥的高锰酸盐指数达标率为66.7%，大溪沟的氨氮达标率为66.7%，石门子的高锰酸盐指数和COD达标率分别为66.7%和63.6%，均刚满足要求。但是按2010年80%达标率，还是不能满足。因此，可以认为，以2007—2008年的污染负荷水平，在未来同等水文条件下，高锰酸盐指数和COD无法满足达标要求。

表6-11 2008年长江干流及主要一级支流入干断面达标率 单位：%

河流	断面	高锰酸盐指数	氨氮	COD	挥发酚	汞	铅	铜	总磷	粪大肠菌群
金沙江	石门子	66.7		63.6		91.7			0.0	0.0
长江	沙溪口	83.3		91.7		75.0		77.7	8.3	0.0
	朱沱	83.3		90.9	94.4	94.4	66.7		30.8	0.0
	寸滩								0.0	0.0
	晒网坝								0.0	0.0
岷江	凉姜沟	91.7				91.7			0.0	0.0
沱江	沱江大桥	66.7	75.0	91.7	91.7	58.3		75	0.0	0.0
嘉陵江	大溪沟		66.7			76.9	92.3		0.0	0.0
乌江	涪陵		88.0						4.0	0.0

2. 断面污染负荷历时曲线法

“断面污染负荷历时曲线法”的分析步骤：

① 建立水质断面的日流量数据，建立流量历时曲线（利用当地或相邻水文站数据）。

② 确定实测断面水质目标（不同污染物允许浓度）。

③ 将水质断面的流量历时曲线数据乘水质目标得到允许负荷历时曲线，绘制允许负荷频率曲线图。

④ 将实测水质乘以当日流量转换到实际负荷。

将日流量乘水质样品浓度得到一个样品采样日负荷，再将负荷点绘到负荷历时曲线图上。曲线上面的点，表示对水质标准和允许负荷的偏离。曲线下面的点，表示符合标准，表现实测的水质支持使用功能。某一断面允许负荷历时曲线示意如图6-4所示。

⑤ 根据超标的点数确定超标重现期。

3. 监测日超标与允许平均期超标的转化处理

主要控制断面主要污染物重现期分析的允许平均期取值：

- 常规有机污染物：30 天（月均）；
- 重金属：4 天；
- 营养盐：30 天（或富营养化敏感期平均，如春、秋季）；
- 允许重现期：3 年。

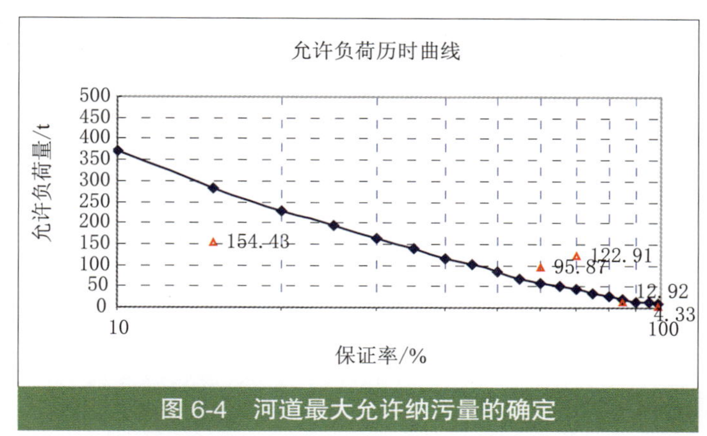

图 6-4 河道最大允许纳污量的确定

由于常规有机污染物允许平均期多以 30 天计，毒性污染物慢性毒性效应以 4 天计，致癌类长期毒性效应多以 70 年计。

低频的常规监测数据判断污染趋势、评估急性毒性效应使用价值较高，短期毒性评价需要高频数据，需要利用自动监测站连续数据分析才有可能。

本研究评价利用朱沱断面 2004—2008 年自动监测数据，进行了月均超标与单日超标的对比分析，尽管目前自动监测数据的精度低于常规监测，自动监测数据用于分析年内及月内的变动幅度等还是比较理想的。

采用 2003—2007 年 5 年朱沱站自动监测数据，比较当月采样日平均浓度与同期 30 天平均浓度的差别，结果表明高锰酸盐指数日均数据表达重现期基本上与 30 天平均数据表达重现期一致，但表达的平均超标幅度高于 30 天平均（平均高 36%）；DO、氨氮日均数据表达重现期基本上与 30 天平均数据表达的重现期一致，表达的平均超标幅度略高于 30 天平均（平均高 4%）。

基于这一结果，负荷历时分析的超标重现期评估采用以下方法：

① 对 COD 及高锰酸盐指数采用较宽松的要求，日均浓度允许重现期按 2 年考虑（等同于月均浓度允许重现期 3 年）。

② 对其他指标，允许重现期按 3 年考虑。

4. 常规指标承载力分析

基础数据：采用 6 ～ 12 年常规监测数据（1 月 1 次），按 3 年一遇要求，允许超标次数为 2 ～ 4 次。

评价断面：所选断面均为《三峡库区及其上游水污染防治规划》2010 年水质目标所要求的Ⅱ类断面。

采用标准：长江上游鱼类保护区内断面，参考渔业标准，各类目标不同时，采用要求最严格的标准。

5. 耗氧有机物分析

表 6-12 为 5 种耗氧类污染控制指标断面月均浓度超标重现期分析结果。可以看到，高锰酸盐指数和 COD 只有 9.1% 断面满足重现期要求，BOD_5 满足要求的断面比例为 27.3%，氨氮和 DO 分别为 72.7% 和 81.8%。

表 6-12　主要断面耗氧污染控制指标月均浓度超标重现期分析　　单位：年

年数	河流	断面	DO	高锰酸盐指数	BOD_5	氨氮	COD
9	岷江	凉姜沟	>9	0.4	4.5	>9	1.8
9	沱江	沱江大桥	0.5	0.4	0.9	0.5	0.5
12	嘉陵江	大溪沟	0.8	1.09	1	0.57	1.17
12	乌江	麻柳嘴	12.0	6.0	6.0	>12	>12
9	金沙江	石门子	>9	0.5	>9	>9	1.8
9	长江	挂弓山	>9	0.5	>9	>9	2.3
9	长江	手爬岩	>9	0.6	>9	4.5	1.5
9	长江	沙溪口	>9	0.56	9.0	>9	1.17*
9	长江	朱沱	>9	0.9	1.3	1.8	0.3
12	长江	寸滩	6.0	2.4	>12	3.0	2.0
12	长江	晒网坝	>12	1.7	12.0	>12	1.0
	满足重现其要求的断面比例		81.8%	9.1%	27.3%	72.7%	9.1%

注：* 沙溪口 COD 数据为 7 年。

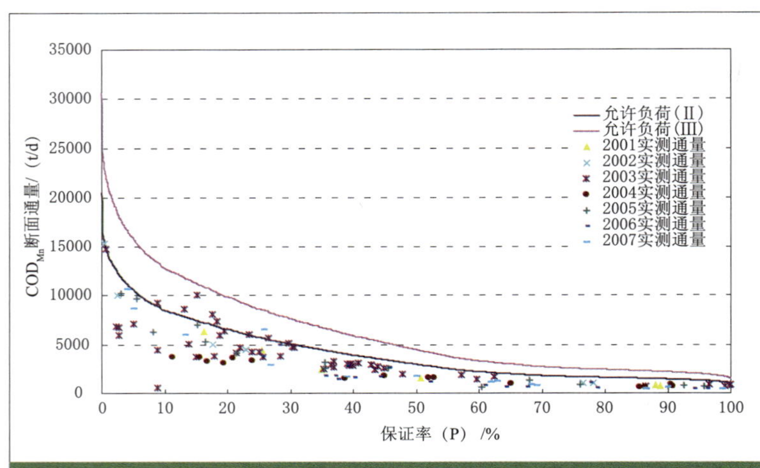

图 6-5　清溪场高锰酸盐指数通量历时曲线

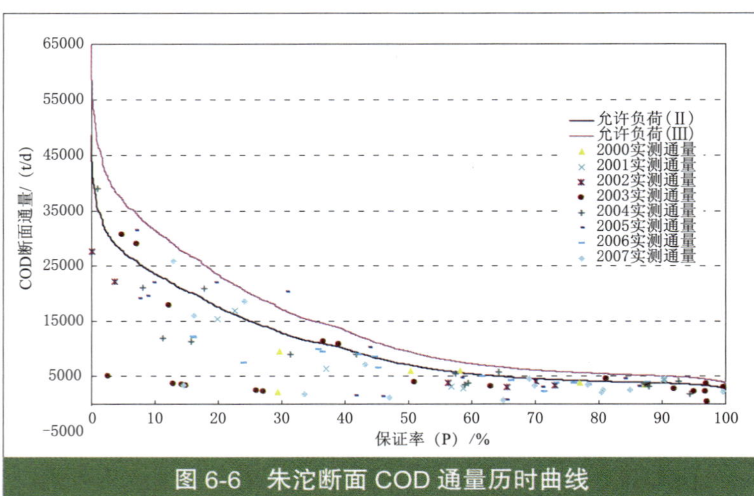

图 6-6　朱沱断面 COD 通量历时曲线

长江干流各断面高锰酸盐指数和 COD 均不能满足要求，其他指标尚好。朱沱断面除 DO 外其他各项指标均不满足要求，寸滩断面氨氮处于临界状态。乌江有机污染基本在可承载的范围内；岷江高锰酸盐指数和 COD 超出可承载的范围；嘉陵江和沱江没有一个指标能满足要求。

根据主要断面的污染负荷历时曲线分析显示，在近十年的污染负荷水平上，就区域总体而言长江干流有机污染大致在可接受的临界范围内，在目前的污染源位置及源强分布条件下，再增加污染负荷将超过水体承载力。支流的情况相对要差一些，需要削减污染负荷。

（1）高锰酸盐指数例

本例（图 6-5）显示，清溪场丰水期按高锰酸盐指数多次超标（日均超标 6 次，折算月均超标 4 次），且最近年份也有超标记录（2007 年）。显示单纯依靠削减点源，已不能保证高功能水体的达标。

（2）COD 例

本例（图 6-6）显示，朱沱断面

各水期按COD多次超标，远高于允许次数，且最近年份也有超标记录。由于各水期均有超标，削减点源非点源均存在压力。

（3）BOD例

本例（图6-7）显示，朱沱BOD多次超标，超标时段为丰平水期，但枯水期也基本达到限制要求。显示单纯依靠控制点源，已不能保证高功能水体的达标。从历时曲线来看，现状负荷已经接近或超过环境承载力。

（4）氨氮例

本例（图6-8）显示，清溪场氨氮有超标（Ⅱ类）现象，超标时段主要在丰平水期，枯水期也基本达到限制要求，仅有一次超标。显示单纯依靠控制点源，已不能保证高功能水体的达标。从历时曲线来看，现状负荷已经接近或超过环境承载力。

（5）DO例

本例（图6-9）显示，清溪场3次超标，超标时段主要在丰水期。从历时曲线来看，BOD/氨氮等常规有机污染现状负荷已经接近环境承载力，导致河流溶解氧超标。

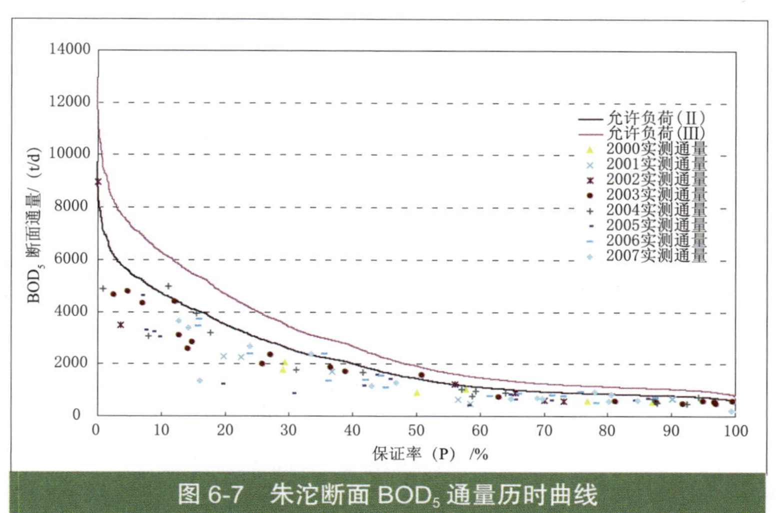

图6-7　朱沱断面BOD_5通量历时曲线

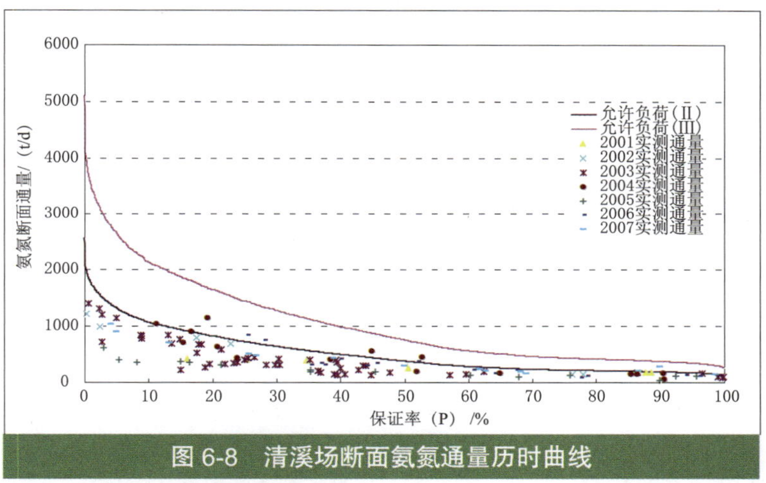

图6-8　清溪场断面氨氮通量历时曲线

表6-13　主要断面重金属污染物月均浓度超标重现期分析表　单位：年

年数	河流	断面	第一类污染物					第二类污染物	
			汞	铅	六价铬	镉	砷	铜	锌
12	嘉陵江	大溪沟	0.2	0.38	12	>12	>12	>12	>12
12	乌江	麻柳嘴	>12	>12	6.0	12.0	3.0	>12	>12
12	长江	寸滩	0.5	0.3	>12	>12	>12	>12	>12
12	长江	晒网坝	>12	0.4	>12	>12	>12	>12	>12
9	长江	朱沱	1.0	0.7	>9	>9	>9	3.0	>9
9	长江	石门子	1.5	0.7	>9	>9	>9	3.5	>7
9	长江	挂弓山	1.5	0.6	>9	>9	>9	3.5	>7
9	长江	手爬岩	3.0	>9	>9	>9	>9	0.1	>6
8	长江	沙溪口	2.67	>8	>8	>8	>8	0.2	>7
9	岷江	凉姜沟	1.5	0.8	>9	>9	>9	7.0	>7
9	沱江	沱江大桥	0.8	>9	>9	>9	>9	0.2	>7
	满足重现期要求的断面比例		27%	36%	100%	100%	100%	72.7%	100%

注：表中灰色表格铜、锌按渔业标准评价。

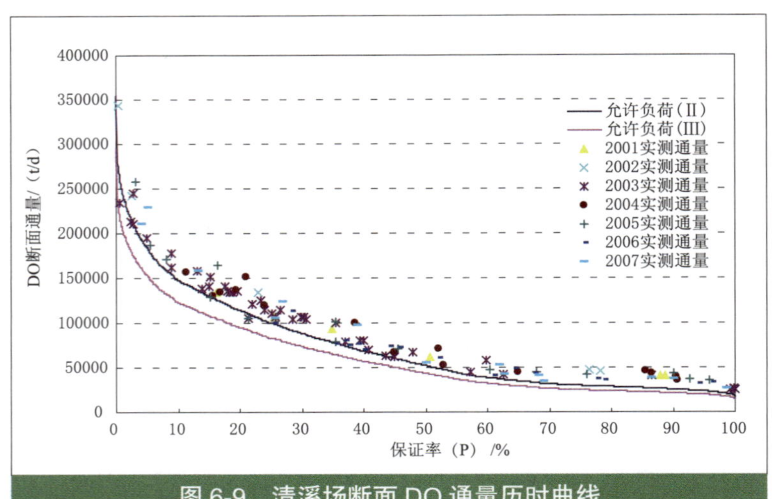

图 6-9　清溪场断面 DO 通量历时曲线

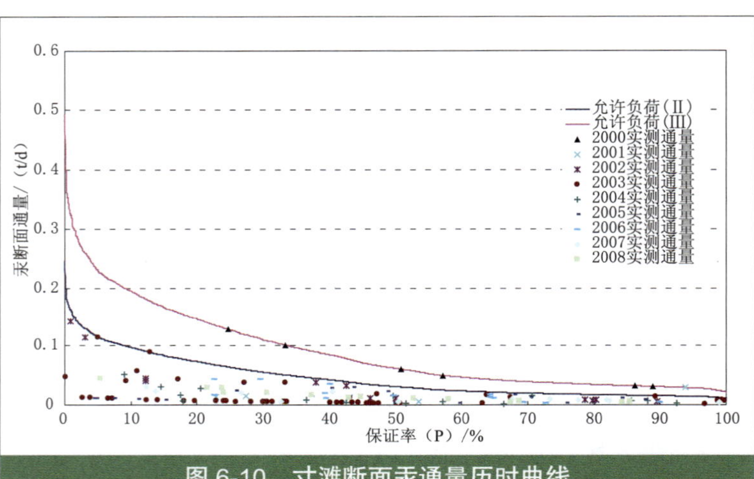

图 6-10　寸滩断面汞通量历时曲线

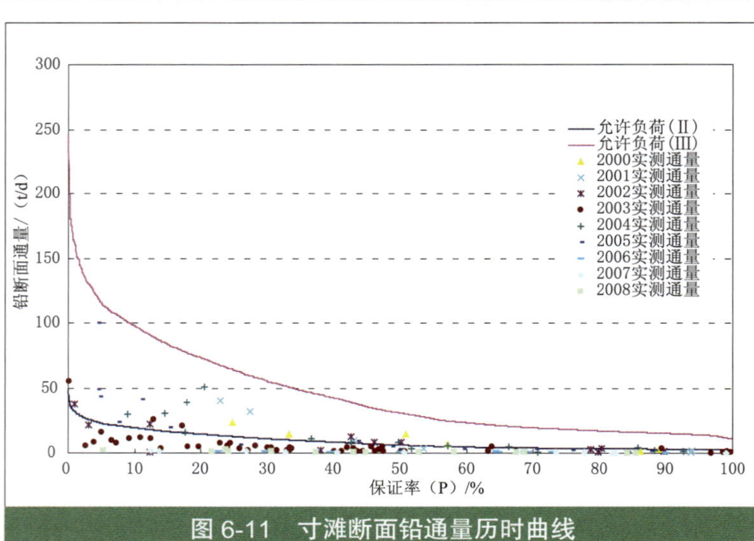

图 6-11　寸滩断面铅通量历时曲线

6. 重金属分析

表 6-13 为 6 种重金属污染物断面月均浓度超标重现期分析表。从表 6-13 可以看到，重现期小于 3 年的指标主要是汞、铅，铜，为区域重点污染物，满足重现期要求的断面比例分别为 27%、36% 和 72.7%；鱼类保护区的铜超出可承载的范围；乌江流域全部满足重现期要求，仅砷重现期等于 3 年的情况，为临界状态。

污染负荷历时曲线分析显示，在近十年长江干流重金属超标种类比较少，但汞、铅的超标频次较高。从各水期均有超标的情况来看，似乎非点源有较大贡献。从趋势来看，汞早期个别年份超标较多，近期有好转；铅的超标较多，但近期寸滩断面明显好转，朱沱断面达标情况稍差。总体而言，在目前的污染源位置及源强分布条件下，现有汞、铅负荷已经回到水体承载力的范围。

（1）汞例

本例（图 6-10）显示，寸滩多次超标，超标时段涵盖各水期，由于超标年份主要在 2000 年，超标可能与当年的某种特殊原因有关。但即使扣除 2000 年的数据，从历时曲线来看，接近控制线的点也很多，因此，现状负荷已经接近环境承载力。

（2）铅例

本例（图 6-11）显示，寸滩断面多次超标，超标时段主要集中于丰水期。从历时曲线来看，现状负荷已经超过环境承载力极限。不过近 3 年超标数据减少比较明显，近期排放负荷似乎回到环境承载力的范围之内。

（3）铜例

本例（图 6-12）显示，长江上游鱼类保护区沙溪口断面铜历年多次超标，超标时段涵盖各水期，现状负荷已经超过环境承载力。

7. 石油类、营养盐和细菌类等污染物分析

表 6-14 为石油类、营养盐和细菌类等 6 种污染物断面月均浓度超标重现期分析结果。从表 6-14 中可以看到，粪大肠菌群全部不满足重现期要求，基本上是 1 ～ 3 个月就超一次。总氮、总磷全部不满足重现期要求，基本上是 1 ～ 3 个月就超一次，对三峡库区支流有很大压力。氟化物除沱江外，全部满足重现期要求。石油类、挥发酚重现期大于 3 年和小于 3 年的断面数大致对等，说明该类污染物有超载的问题。

根据主要断面的污染负荷历时曲线分析显示，在近十年的污染负荷水平上，长江干流营养盐类污染、生物类（细菌）污染比较普遍，是区域整体污染问题，对地表水体（特别是三峡库区水体）的生物安全、生态安全及人类健康构成威胁。

（1）挥发酚例

本例（图 6-13）显示，晒网坝 4 次超标，超标时段主要在丰枯水期，由于挥发酚一般不存在非点源，丰水期的超标可能与事故排放有关。从历时曲线来看，现状负荷已经接近或超过环境承载力。

（2）总氮例

本例（图 6-14）显示，总氮的超标次数远高于达标次数，超标时段涵盖各水期。从历时曲线来看，现状负荷远远超过三峡库区支流的环境承载力极限。

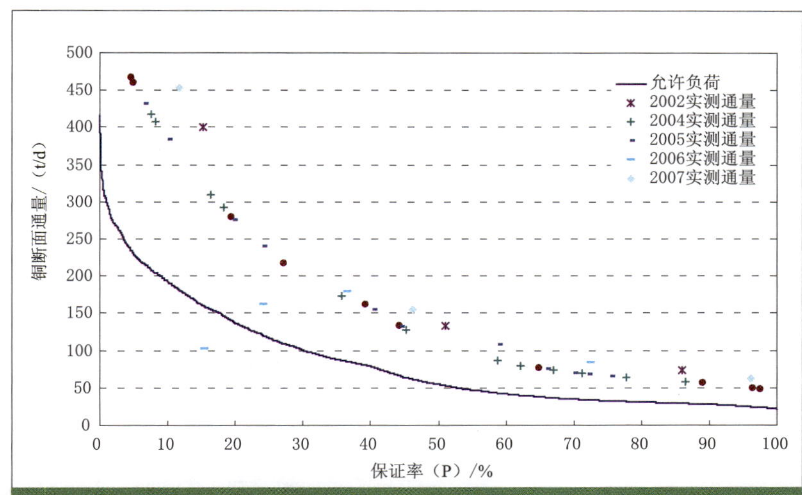

图 6-12 沙溪口断面铜通量历时曲线

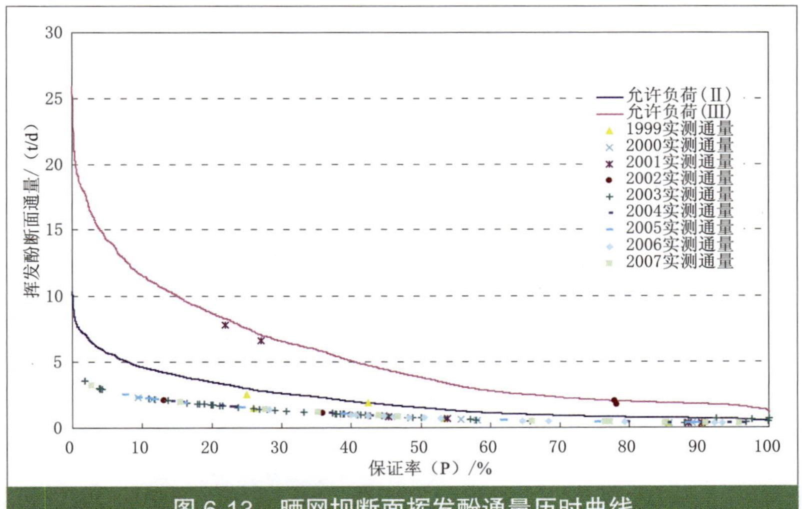

图 6-13 晒网坝断面挥发酚通量历时曲线

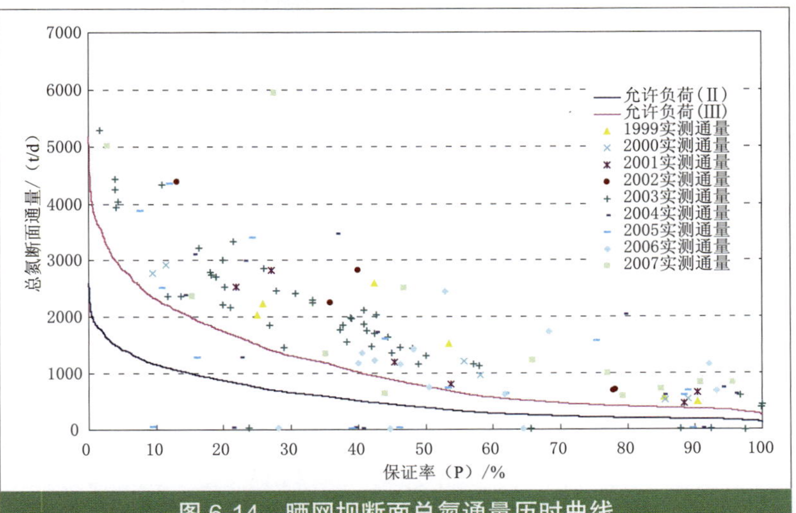

图 6-14 晒网坝断面总氮通量历时曲线

表 6-14 主要断面主要污染物月均浓度超标重现期分析表 单位：年

年数	河流	断面	石油类	挥发酚	氟化物	粪大肠菌群	总氮	总磷
12	嘉陵江	大溪沟	0.75	1.5	>12	0.06	0.08	0.07
12	乌江	麻柳嘴	>12	>12	>12	0.08	0.07	0.11
12	长江	寸滩	2.0	12.0	>12	0.1	0.1	0.1
12	长江	晒网坝	6.0	1.7	>12	0.1	0.1	0.1
9	长江	朱沱	>9	4.5	>9	0.1	0.1	0.2
9	长江	石门子	>9	1.8	>9	0.2	0.4	0.2
9	长江	挂弓山	1.3	2.3	>9	0.3	0.4	0.3
9	长江	手爬岩	>9	>9	>9	0.2	0.2	0.2
8	长江	沙溪口	>8	>8	>8	0.15	0.14	0.16
9	岷江	凉姜沟	1.3	3.0	>9	0.2	0.3	0.2
9	沱江	沱江大桥	0.6	2.3	2.3	0.2	0.2	0.2
满足重现期要求的断面比例			54.5%	54.5%	90.9%	0	0	0

注：表中斜体字指按湖库标准要求。

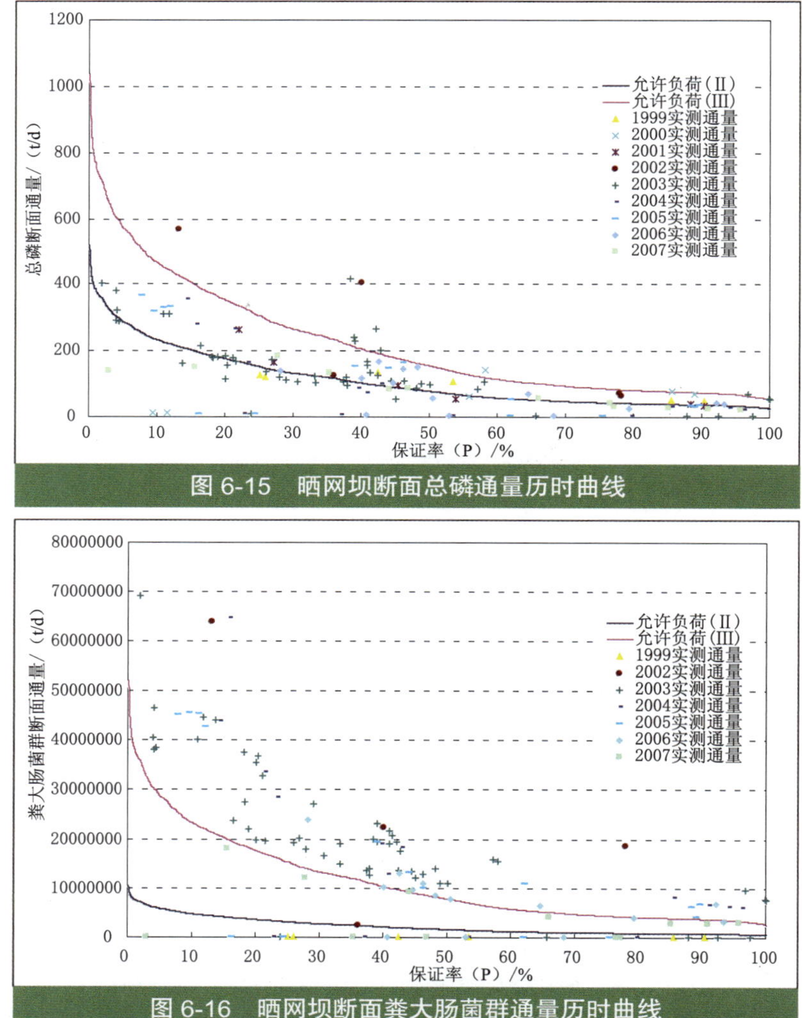

图 6-15 晒网坝断面总磷通量历时曲线

图 6-16 晒网坝断面粪大肠菌群通量历时曲线

（3）总磷例

本例（图 6-15）显示，总磷的超标次数远高于达标次数，超标时段涵盖各水期。从历时曲线来看，现状负荷远远超过三峡库区支流的环境承载力极限。

（4）粪大肠菌群例

本例（图 6-16）显示，粪大肠菌群超标次数远高于达标次数，超标时段涵盖各水期。从历时曲线来看，细菌污染远远超过三峡库区支流的环境承载力。

六、水环境承载力的比较分析

1. 流域实证环境承载力与规划分析环境承载力的比较分析

流域实证环境承载力与规划分析环境承载力的比较分析表明，成渝经济区局部地区河流现有负荷分布及负荷强度已超过水环境承载力，氨氮是造成超标的主要污染物；长江朱沱断面以上河段 COD、高锰酸盐指数总体超标重现期低于长江朱沱断面以下河段，总体超标重现期尚可接受，但 DO 指标屡屡逼近功能区控制限制，现有负荷分布及负荷强度显示耗氧有机物的排放负荷已无增排的空间，已接近水环境承载力。

在 COD 实际排放量超过环境容量 24% 的条件下，已经出现水质超标的接近临界状态；在氨氮实际排放量超过环境容量 44% 略高的条件下，也会出现水质超标超过临界状态，即区域具有水环境容量的情况下，河流断面水质并不一定能够达标。这说明目前由于自然因素及经济发展的聚集过程产生的城市群、污染负荷集中区导致区域污染源的空间强度分布与水环境容量不相匹配。

2. 流域现状 COD 排放量与优化布局达标方案比较分析

从区域整体不增污（以 2007 年排放量为基数）的角度，讨论流域允许排放总量方案的整体安全性。表 6-15 表明，在优化污染源空间布局条件下，长江、嘉陵江、乌江流域 COD 均有较大的安全余量；岷江、沱江也有一定的安全余量，可以认为，在优化布局条件下 COD 区域整体达标可以期待。沱江的氨氮安全余量较小，稳定持续达标可能存在一定困难。

从全局上来看，在污染源优化布局条件下，表 6-15 中的安全余量值可理解为增排空间，其中 COD 的腾挪空间更大一些；氨氮的回旋余地要小一些。

3. 流域 COD 和氨氮总量控制趋向

从经济的角度来看，优化布局方案投资要大一些，涉及较多的搬迁、排污交易，政府

表 6-15　2007 年点源排放与优化布局方案对比

流域	2007 年排放量（污普）		优化布局达标方案		优化方案安全余量	
	COD/（万 t/a）	氨氮 /（万 t/a）	COD/（万 t/a）	氨氮 /（万 t/a）	COD/%	氨氮 /%
长江	32.57	3.70	129.43	8.76	297	137
岷江	36.66	3.23	61.87	3.9	69	21
沱江	20.56	2.02	37.5	2.18	82	8
嘉陵江	30.39	2.95	108.25	5.89	256	100
乌江	0.23	0.11	1.47	0.28	539	155
合计	120.41	12.00	338.52	21.01	181	75

投资较大。现状减排方案相对容易一些，减排主要压力在企业。从实施的角度来看，优化布局方案由于涉及增加排污量，“十二五”很难实施。现状减排方案相对容易一些，零增长或许可以期待。

① COD、氨氮允许纳污量较大，环境承载力较高，但由于人类活动强度较大，目前存在较大压力。主要控制因子是氨氮，目前的容量估算是在假设无溶解氧限制、COD 降解比较快的前提下进行的，对有些河段的容量可能高估了。

② 氨氮排放压力加大，减排有一定难度，建议可不强行要求零增长、负增长的总量控制（实施优化布局总量控制方案），而调整污染源结构，优化排放布局，结合城市污水处理厂脱氨、脱氮，实现功能区全面稳定达标。

③ COD 排放压力相对宽松，维持总量零增长、负增长的总量控制（现状削减达标方案）。

从理想的角度来看，将污染源位置按优化布局方案进行调整，而排放总量按 2007 年排放量控制，可使部分流域或地区在发展的过程中实现无污染损害、无生态破坏过渡。这需要在技术进步、产业结构调整等方法做更深入的研究及实践才有可能实现。

七、水环境承载力综合评估结论

根据近年的监测分析，区域总体水质较好，但仍存在长江干流断面的超标情况（阈值超限，允许重现期超限），说明评价区在目前的污染源及污染负荷强度分布条件下，部分控制区或已达到或超过水环境承载力的上限。

环境承载力分析评估结论如下。

① 库区富营养化风险：三峡库区上游来流总氮、总磷负荷较大，长江干流向三峡库区支流回灌水水质的超标重现期仅为 1 个月，对于汛末蓄水受干流倒灌影响的三峡库区支流富营养化贡献不可忽略；目前部分支流藻花现象时有发生，现有负荷分布及负荷强度已超过三峡库区部分支流水环境承载力。

② 细菌污染：大肠菌群超标重现期仅为 1 个月，超标是常态，达标为特殊，为国内一般河流的普遍问题，与人口密度大，生活污水处理水平低有关；另外畜禽养殖的点源及非点源贡献也比较大；现有负荷分布及负荷强度已超过水环境承载力。细菌污染水平对水生生物和人体健康构成威胁。

③ 氨氮污染：氨氮有约一半断面重现期小于 3 年，允许重现期超限，其毒性对敏感水生生物可能产生一定的影响。局部地区现有负荷分布及负荷强度已超过水环境承载力。

④ 重金属污染：铅、汞、铜（鱼类自然保护区）的超标重现期较低。从近期数据看总体符合要求，对生态影响比较小，早期的汞污染现象已有所缓解，铅负荷分布及负荷强度接近水环境承载力。长江上游鱼类保护区的铜负荷已接近承载力，重现期最大达到 7 年，最低为 0.1 年，对鱼类构成一定危害。

⑤ 常规耗氧有机物污染：长江朱沱断面以上河段 COD、高锰酸盐指数、BOD_5 和氨氮总体超标重现期低于长江朱沱断面以下河段，总体上超标重现期尚可满足评价要求，但 DO 指标接近功能区控制限制，现有负荷分布及负荷强度显示耗氧有机物排放负荷已无增排的空间，已接近水环境承载力。氨氮的点源及非点源控制将成为区域水安全的重要任务。

第三节 能源支撑能力

一、区域能源发展概况

1. 区域能源资源特点

成渝经济区的能源资源品种齐全，具有丰富的水能、天然气资源，一定储量的煤炭等常规能源，缺少石油资源。从全国能源优势来看，水能占全国水能资源总量的27.3%，天然气储量占全国的60%，均居全国首位。

到2007年，探明可开发的常规能源资源总量约为254.5亿t标准煤，占全国能源资源总量的8.2%，人均占有资源量为299t标准煤，高于全国243t标准煤的平均水平，具有一定的优势，为成渝经济区能源工业的发展奠定了相对可靠的资源基础。近年全区共生产原煤（包括乡镇小煤矿）7547.58万t，占全国原煤总产量的5.2%。

在水能资源方面，中国西部地区水能资源主要在四川。四川河流众多，径流充沛，落差大，水能资源极为丰富，开发条件优越。水能理论蕴藏量达1.43亿kW，占全国的21.2%。经济可开发量达7611.2万kW，是我国可开发水能资源最富集的区域。在重庆，除三峡电站外水能理论蕴藏量为1388万kW，其中可开发的水能资源为760万kW，总装机容量可达650万kW，占可开采水能资源总量的85.5%。水电装机容量达1173万kW，居全国第一位。

根据全国第三次油气资源评价结果，四川盆地天然气总资源量为7万亿m^3，四川累计探明地质储量为7590.56亿m^3。重庆已探明天然气可开发蕴藏量为3200亿m^3。川渝地区已成为中国天然气宝库。

2. 区域能源生产

重庆市能源生产量变化趋势见表6-16。能源生产以煤炭为主，天然气次之；发电量占能源生产总量的比例相对较低，保持在15%以下。与1997年相比，2007年全市的原煤生产量增长了92.86%，发电量增长了132.46%，天然气生产量也有大幅增加。

四川省能源生产量变化趋势见表6-17。2001—2007年，能源生产总量持续增长。一次能源生产总量由2000年的4686万t标准煤，增长为2007年的10695万t标准煤，平均年增长率为12.5%。其中煤炭从2000年的4385万t增长为2007年的9557万t，平均年增长率为

表6-16 重庆市能源生产量变化趋势 单位：万t标煤

年度	原煤生产量	发电量	天然气生产量
2000	785.73	206.35	471.66
2001	857.16	209.43	—
2002	857.16	227.06	—
2003	1071.45	231.84	572.33
2004	1214.31	286.14	624.00
2005	1428.6	287.62	690.79
2006	1571.46	338.52	857.65
2007	1928.61	399.70	860.31

表 6-17 四川省 2000—2007 年能源生产量 单位：万 t 标煤

年份	生产总量	煤炭	石油	天然气	水电
2000	4686	3132	24	1077	454
2001	4815	3122	20	1147	526
2002	4798	3132	24	1077	565
2003	7143	5187	19	1322	615
2004	8335	6035	20	1556	724
2005	8302	5647	20	1832	803
2006	9064	6070	25.69	2127	841
2007	10088	6827	25.91	2283	952

11.77%；天然气从 2000 年的 81 亿 m^3 增长为 2007 年的 171 亿 m^3，平均年增长率为 11.27%；水电从 2000 年的 369 亿 kW · h 增长为 2007 年的 775 亿 kW · h，平均年增长率为 11.15%。

二、能源需求预测

1. 能源需求预测模型

（1）能耗系数法

$$E=\sum_{1}^{3}G_iN_i+\gamma\cdot P\ (i=1,\ 2,\ 3) \qquad (6\text{-}9)$$

其中：E——预测年能源需求总量；

G_i——第一、二、三产业增加值；

N_i——第一、二、三产业的万元增加值能源消耗系数；

γ——预测年的人均民用耗能值；

P——预测年的总人口数。

根据产业发展情景，第二产业的万元增加值能源消耗量可由式（6-10）计算：

$$E_2=\sum_{1}^{n}g_tn_t\ (t=1,2,\ ...,\ n) \qquad (6\text{-}10)$$

其中：g_t——预测年 t 行业工业总产值；

n_t——t 行业对应的万元产值能耗系数。

（2）能源消费弹性系数法

能源消费弹性系数是反映能源消费增长速度与国民经济增长速度之间比例关系的指标，通常用两者年平均增长率间的比值表示。计算公式为：

能源消费弹性系数＝能源消费量年均增速 / 国民经济年均增速 （6-11）

计算与分析能源消费弹性系数的目的，主要为了研究国民经济发展与能源消费间的关系，预测今后能源消费与国民经济的增长速度。能源消费弹性系数的发展变化与国民经济结构、技术装备、生产工艺、能源利用效率、管理水平乃至人民生活等因素密切相关。当国民经济中耗能高的部门（如重工业）比重大，科学技术水平还很低的情况下，能源消费增长速度总是比国民生产总值的增长速度快，即能源消费弹性系数＞1。随着科学技术的进步，能源利用效率的提高，国民经济结构的变化和耗能工业的迅速发展，能源消费弹性系数会普遍下降。

利用能源弹性系数法预测能源需求量，只要确定一个比较符合实际的弹性系数，确定经济年均增长速度，便可计算出能源消费增长速度，依据基准年的能源消费量计算未来时期的能源需求量。

预测年 2015 年能耗消费弹性系数取 0.50，电力消费弹性系数取 0.95。

2. 成渝经济区能源需求预测

根据重庆、四川两省市的经济发展和能源战略需求，按照成渝经济区"十二五"经济发展目标预测（见表 6-18），成渝经济区全社会能源消费总量预计在 2015 年达到 24648 万 t 标煤，较 2007 年增加 13848 万 t 标煤，年增长率为 7.3%。2015 年预计煤炭消费总量比例为 55%，比 2007 年下降 9%，但煤炭消费总量较 2007 年还将增加 50%，天然气和石油的需求量较 2007 年增加 1.3 倍（见图 6-17 和图 6-18）。总体来看，成渝经济区地方发展愿景中充分考虑了能源消费结构的调整，大幅度增加了天然气和电力、石油等清洁能源的使用比例，能源消费结构将得到一定改善。

在地方发展愿景下，川、渝两地通过大力调整能源消费结构和提高各行业单位能耗水平，在成渝经济区 GDP 增长 300% 的发展愿景下，区域能源消耗总量仅增长 78%。预计在"十二五"经济社会发展速度和能源消费结构下，2015 年成渝经济区的万元 GDP 能源消耗指标降至 0.57 t 标煤 / 万元 GDP，其中重庆部分为 0.76 t 标煤 / 万元 GDP，四川部分为 0.49 t 标煤 / 万元 GDP（见表 6-19）。

三、重点产业发展的能源供给分析

按照成渝经济区能源消费需求分析，2015 年原煤的需求量为 18000 万 t，其中四川部分

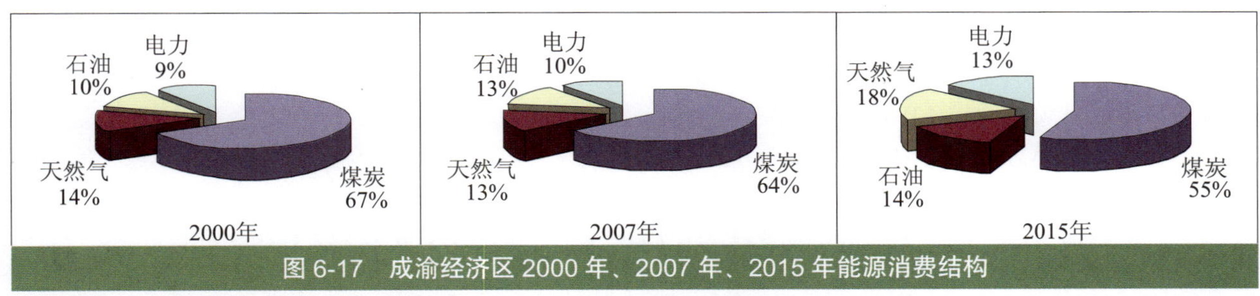

图 6-17　成渝经济区 2000 年、2007 年、2015 年能源消费结构

表 6-18　2015 年成渝经济区能源消费结构预测

品种与分类	成渝经济区		重庆部分		四川部分	
	折标煤 / 万 t 标煤	比例 /%	折标煤 / 万 t 标煤	比例 /%	折标煤 / 万 t 标煤	比例 /%
煤炭	13565	55	5735	58	7830	53
石油	3452	14	1470	15	1982	13
天然气	4433	18	1476	15	2957	20
电力	3198	13	1137	12	2061	14
合计	24648		9818		14830	

表 6-19 成渝经济区 2015 年能源消耗指标

指标	GDP/ 万元			能耗 / 万 t 标煤			单位能耗 /（t 标煤 / 万元）		
	成渝	重庆	四川	成渝	重庆	四川	成渝	重庆	四川
2007 年	9929	2691	7239	13827	4494	9305	1.06	1.16	1.01
2015 年	42950	12950	30000	24648	9818	14830	0.57	0.76	0.49
提高率 /%	333	381	314	78	118	59	46	34	51

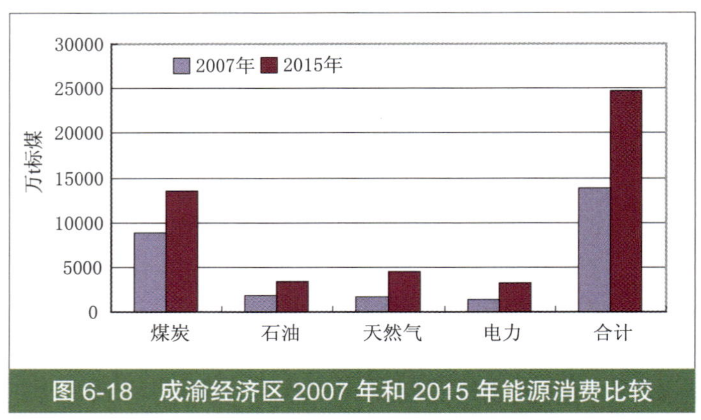

图 6-18 成渝经济区 2007 年和 2015 年能源消费比较

的需求约为 11200 万 t，重庆部分的需求约为 6700 万 t。

重庆市通过对小煤矿的整合，2015 年原煤生产量可维持在 4000 万 t，重庆本地煤炭生产能力不能满足区域发展需求，总体需要较大比例的净调入量。重庆计划通过“疆煤入渝”工程实现 3500 万 t 低硫煤输入；通过甘肃省拥有的资源，每年专项调集煤炭 800 万 t；陕西省、贵州省每年各输入 500 万 t，因此预计重庆市的煤炭资源供给总能力将达到 8800 万 t。

四川省 2007 年煤炭产量为 9556 万 t（折标煤 6827 万 t），四川省的原煤产量基本可以满足现状能源消费的需求。预计 2015 年四川煤炭产量预计可达 13201 万 t，其中成渝经济区内可产煤炭总量约为 10700 万 t，从区内平衡考虑则尚存 500 万 t 的缺口，但从全省平衡来看略有余量。

从区域重点产业的发展来看，燃煤火电的发展和煤化工都是对煤炭需求量大的产业。

川渝两省市的火电发展主要集中在成渝经济区，2007 年现状装机总量为 1600 万 kW，规划 2015 年火电装机总量达到 3700 万 kW。其中成渝经济区（重庆）规划火电为 1700 万 kW，届时煤炭的需求量约为 3500 万 t 标煤；成渝经济区（四川）规划火电为 2000 万 kW，届时煤炭的需求量约为 4010 万 t 标煤。

在地方发展愿景下，煤化工发展主要集中在宜宾、泸州和万盛，对煤炭的总需求在 1300 万 t 以上，其中四川宜宾和泸州规划煤化工项目对煤炭的需求在 1100 万 t，重庆煤化工发展按照国家产业政策下的最小规模考虑，煤炭的需求量也在 200 万 t 以上。

2015 年成渝经济区规划重点产业中的火电和煤化工两个重点行业对煤炭的总需求占全区 2015 年自身可供煤炭量的 65%。规划能源发展情景下，满足区域能源需求自有煤炭资源已经不能支撑。依靠外调煤炭来大规模发展火电和煤化工需要慎重，同时存在区域内部规划重点产业争资源的问题。

建议以提高区域能源利用水平为前提，确定合理的区域能源需求，火电的发展规模应以满足区域能源需求为目标，不宜大规模发展。在此基础上，结合天然气化工与煤化工产业链的融合可适当发展少量煤化工。在有限的煤炭资源条件下不宜大规模发展煤化工。

四、能源生产消费的主要环境问题

1．高硫煤成为改善大气环境质量的“瓶颈”

成渝经济区的不同含硫量煤炭资源及开采情况见表6-20，在煤炭资源中，高硫煤、中高硫煤资源所占比例相当高。目前，中高硫煤的开采量约占总煤炭开采量的35.8%，高硫煤的开采量约占煤炭总开采量的46.7%。大量高硫煤、中高硫煤的使用，将使得成渝经济区煤炭消费部门的SO_2排放环境绩效远低于使用低硫煤的地区，并成为扭转区域酸雨污染趋势的主要制约因素。

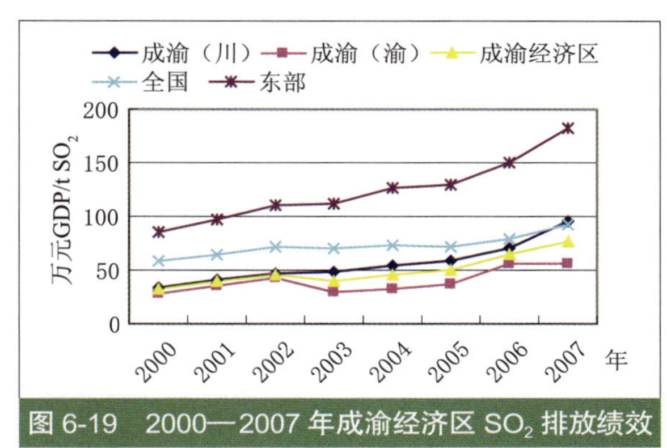

图6-19　2000—2007年成渝经济区SO_2排放绩效

表6-20　成渝经济区不同含硫量煤炭资源及开采情况

	资源状况		开采状况	
	资源量/万t	比例/%	开采量/万t	比例/%
中低硫煤（含硫＜1.5%）	367200	31.88	1395.0	17.57
中高硫煤（含硫1.5%～3%）	314400	27.29	2839.8	35.76
高硫煤（含硫＞3%）	470300	40.83	3706.0	46.67

在煤炭消费利用中，相当部分来自区内的中小煤矿，以高硫煤、中高硫煤为主。2000—2007年，成渝经济区煤炭消费总量的增长速度与SO_2排放绩效的提升速度相当，这些年实施脱硫工程带来的环境效益在相当大程度上被煤炭消费总量的增长所抵消。大量高硫煤、中高硫煤的使用，使得成渝经济区多年来能源消费的环境绩效低于国内平均水平（图6-19）。高硫煤、中高硫煤的大量使用已经成为区域改善大气环境质量、扭转酸雨污染趋势的瓶颈。如果不尽快解决高硫煤、中高硫煤资源的合理使用问题，煤烟型大气污染和酸雨污染仍将长期困扰成渝经济区的发展。

2．基于能源消费的大气污染物负荷预测

虽然在快速经济增长的愿景下，能源需求的增长得到相当程度的控制，但从能源需求的绝对量来看，还是呈现增长趋势，特别是煤炭消费。

成渝经济区SO_2排放主要来自煤炭燃烧。根据能源需求预测中的煤炭需求量，通过可能的煤炭供给途径确定煤炭的含硫水平，在考虑全社会脱硫效率全面提高的基础上，预测成渝经济区2015年能源消耗中煤炭消费所产生的SO_2排放量的变化见表6-21。

由表6-21可知，在2015年全社会脱硫效率提高3%的情况下，按照地方经济发展和能源需求意愿，成渝经济区SO_2排放量将达到191万t；较2007年区域SO_2排放现状增加32万t。成渝经济区万元GDP的SO_2排放量4.46kg/万元，其中重庆部分为6.63kg/万元，四川部分为3.52kg/万元。

表 6-21 煤炭消耗带来的 SO_2 排放量

地区	年份	标煤耗 / 万 t	折原煤 / 万 t	含硫率 /%	SO_2 产生量 / 万 t	SO_2 排放量 / 万 t	脱硫率 /%
重庆部分	2007	2916	4165.7	3.0	249.9	73	71
	2015	5735	8192.9	2.0	327.7	85.9	74
四川部分	2007	5958	8511.4	2.0	340.5	90.5	73
	2015	7830	11185.7	2.0	447.4	105.5	76
成渝	2007	8874	12677.1	2.3	590.4	163.5	72
	2015	13565	19378.6	2.0	775.1	191.4	75

3．基于 SO_2 排放总量不增加的基础上的能源结构调整建议

若以区域 SO_2 排放量不增加为控制目标，成渝经济区需要对 2007 年 SO_2 排放源削减 25%（38 万 t）排放量，以保证抵消能源需求增加下 SO_2 排放量的增量。如考虑区域重点产业发展中来自生产工艺中 SO_2 的排放量，特别是石油炼制、煤化工和天然气开采中的脱硫，则需要削减的 SO_2 排放量将进一步增加。若以控制酸雨污染发展趋势，各级城市 SO_2 环境质量达标为控制目标，则还需加大对现状 SO_2 排放量的削减力度（不低于 50%）。力图扭转酸雨污染的发展趋势，区域对现有 SO_2 的削减任务将更加艰巨。

地方发展愿景下的能源消耗和 SO_2 排放水平跨度较大（见表 6-22），需要强有力的宏观调控和技术支撑。若要实现 2015 年成渝经济区耗能指标大幅度超越东部地区现状耗能指标，需要加大产业结构调整的力度，有效控制高耗能行业的发展规模；若要实现 2015 年成渝经济区万元 GDP 的 SO_2 排放量优于东部地区现状水平，需要着力调整能源消费结构，改变以煤炭为主的消费格局。

在经济快速发展，产业结构、能源消费结构未进行大的调整背景下，区域 SO_2 污染控制具有相当大的难度，区域 SO_2 浓度超标在一定时期内依然存在，酸雨污染也将难以得到根本遏制。

按 SO_2 排放总量不增加为目标测算万元 GDP 的 SO_2 排放指标，2015 年万元 GDP 的

表 6-22 成渝经济区 2007 年和 2015 年能源绩效指标与其他地区比较

绩效指标	2007 年			2015 年
	成渝经济区	全国平均	东部地区	成渝经济区
耗能 /（t 标煤 / 万元 GDP）	1.08	1.16	0.97	0.57
SO_2 排放量 /（kg/ 万元 GDP）	12.98	10.75	5.5	4.46

表 6-23 2015 年区域能源消费结构的调整建议

能源类型	地方能源需求情景		能源结构调整方向		
	t 标煤	比例 /%	t 标煤	比例 /%	变化 /t 标煤
煤炭	13565	55	11217.8	45	–2347.2
天然气	4433	16	4929.6	20	496.6
电力	3198	14	4929.6	20	1731.6
合计	24648	100	24648	100	—

SO_2 排放量应降至 3.91kg/ 万元，需要将煤炭消费占比由地方愿景的 55% 进一步调整至 45% ～ 50%，增加水电清洁能源和天然气消费的比例，具体调整建议见表 6-23。

实现万元 GDP 能源消耗降至 4.68kg/ 万元或 3.91kg/ 万元，必须依靠产业结构调整、技术升级换代、能源消费结构优化等综合措施。因此，调整能源消费结构，加大清洁能源消费比例是成渝经济区控制区域大气污染和酸雨污染发展的必由之路。

成渝经济区所属的川渝两省市具有利用水电、天然气清洁能源的区位优势，在国家实施“西部大开发”的战略背景中，“西电东送”“西气东输”能源战略应做出适当调整，增加三峡水电等“水电清洁能源”在成渝经济区的自留比例，增加天然气用于“煤改气”的配额资源，支撑其能源消费结构中煤炭消费下调至 45%。从根本上改变以煤炭资源为主的能源消费结构。

低质、高含硫的煤炭使用，导致 SO_2 排放指标与全国平均水平差距明显。成渝经济区应优化煤炭资源的利用，统筹自有煤炭资源的洁净化利用，研究解决高质、低硫煤炭输入，替代劣质煤利用，优先解决火电行业 SO_2 排放环境绩效低下的问题。

进一步控制燃煤电厂的 SO_2 排放将是区域现在和未来较长时期内的主要任务，同时工业园区，特别是化工园区，积极采用 IGCC 发电技术将是缓解大气污染的新途径。IGCC 发电技术所具有的高效、清洁、燃料适应性广、产业链延伸能力强的显著特点是新一代煤炭开发可利用技术。

按照地方发展愿景，包括石油化工、天然气化工和煤化工为主的化工产业是重点产业。成渝经济区资源禀赋下的高硫煤、高硫天然气，一方面为地方化工产业发展提供了资源基础，同时增加了脱硫的难度和带来 SO_2 排放量大的环境问题。这将成为下一阶段成渝经济区 SO_2 控制的新问题和新难点。

总体来看，在目前确定的重点产业发展情景和能源消费结构情景下，区域 SO_2 污染控制具有相当大难度，区域 SO_2 浓度超标问题将在一定时期内存在，酸雨污染难以得到根本遏制。在 2015 年能源消费结构情景下，成渝经济区存在 1300 万 t 原煤（其中四川部分 211 万 t，重庆部分 1100 万 t）和 2420 万 t 油料（其中四川部分 1350 万 t，重庆部分 1080 万 t）缺口。能否成功解决能源需求的缺口，将直接关系到成渝经济区未来能源消费结构，也关系到区域大气污染控制的策略。

第四节　主要大气污染物允许排放总量

成渝经济区内现状部分城市 SO_2 年均浓度超过国家二级标准，SO_2 超标城市主要包括泸州、宜宾、德阳、内江、重庆的渝中、万盛、南川、永川、南岸、九龙坡、江北、涪陵，区域 SO_2 现状承载力已经饱和，没有剩余大气环境容量空间。区域未来产业的发展需要通过区域 SO_2 总量减排和产业优化调整为重点产业发展腾出发展空间。区域主要大气污染物允许排放总量采用大气污染物总量优化模型确定。

一、区域大气污染物总量优化模型

1. 大气污染物总量优化模型框架

区域大气污染物总量优化模型包括源变量、总量目标和约束条件几部分。模型中的源变量可定义为区域内各排放源主要大气污染物的排放量；总量目标是使得区域范围的大气污染物排放量最大；约束条件主要是满足空气质量标准限值，同时也考虑了地区发展和控制水平约束。

为了给出区域内城市间空气污染的相互影响，需要选择合适的大气扩散模型来建立起区域范围内各城市各类排放源的排放量与大气环境控制点空气质量浓度之间的响应关系，例如可选择 CALPUFF 区域大气扩散模型。在此基础上按照各环境控制点空气质量浓度低于空气质量标准的条件给出各控制点的环境质量约束条件。

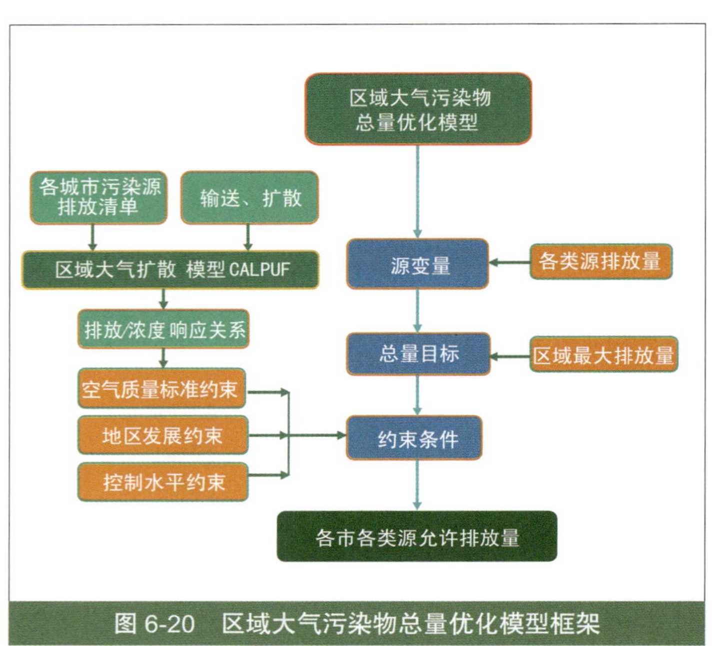

图 6-20 区域大气污染物总量优化模型框架

通过求解总量优化模型可以对区域内各城市大气污染物允许排放量进行优化分配，得到基于现有排放空间结构、且满足空气质量标准情况下的区域最大污染物排放量，也可间接得到区域最小的削减量，以此可作为制定区域大气污染物排放总量控制目标的参考依据。

图 6-20 为整个区域大气污染物总量优化模型的基本框架。

2. 区域大气污染物总量优化模型基本结构

区域大气污染物总量优化模型基本结构如下。

目标函数：

$$\max F(Q)=\sum_{i=1}^{n}Q_i \tag{6-12}$$

Ⅰ类约束：

$$\sum_{i=1}^{n}a_{ij}Q_i\leqslant D_j\quad j=1，2，\cdots，L \tag{6-13}$$

Ⅱ类约束：

$$Q_i\geqslant(1-k_i)Q_{0i}\quad i=1，2，\cdots，N \tag{6-14}$$

Ⅲ类约束：

$$Q_i\leqslant m_iQ_{0i}\quad i=1，2，\cdots，N \tag{6-15}$$

其中（以 SO_2 总量控制为例）：

Q_i——第 i 排放单元的 SO_2 年排放量，这里表示某个城市的某类污染源排放量；

N——全部城市污染源类个数，这里 $N=537$；

$\max F(Q)$——SO_2 排放控制目标函数（排放总量最大）；

a_{ij}——影响传递函数，即第 i 排放单元排放单位数量 SO_2 对第 j 个控制点浓度的贡献，由排放 / 环境浓度响应关系可给出各控制点的约束条件；

D_j——第 j 个控制点的 SO_2 浓度控制标准，$j=1, 2, \cdots, L$，这里 $L=46$，代表 46 个有效控制点；

Q_{0i}——第 i 类污染源基准年 SO_2 年排放量；

k_i——第 i 类污染源相对基准年 SO_2 排放总量的最大削减率；

m_i——第 i 类污染源相对基准年 SO_2 排放总量的最大排放率。

模型中，目标函数表示希望获得成渝经济区城市群最大的 SO_2 排放总量，以保证社会经济发展的需要。

求解最大排放总量，最关键的是计算影响传递函数（a_{ij}），该系数用于区域总量优化模型中Ⅰ类约束。其定义为第 i 类污染源对第 j 个控制点的单位排放量的浓度贡献，计算过程为：利用 CALPUFF 大气扩散模型计算出每类污染源 SO_2 排放量对各个控制点的浓度贡献，得到 SO_2 输送 / 接收矩阵 $\{A_{ij}\}$，A_{ij} 是由第 i 类污染源 SO_2 排放量计算的对第 j 个控制点的贡献。贡献量 A_{ij} 与排放量 Q_i 之比即为第 i 类污染源单位排放量对第 j 个控制点的影响系数，亦称传递函数 a_{ij}，计算式为：

$$a_{ij}=A_{ij}/Q_i \tag{6-16}$$

Ⅰ类约束是对各控制点环境质量目标的约束；Ⅱ类约束为最小削减量约束，引入此类约束可避免某类源出现过大的削减量，以确保地区发展的需要；Ⅲ类约束为最大排放量约束，用以避免某类源出现过大排放量，对于影响系数较小的排放单位，为了考虑经济最优，还可以放大其排放约束。

3．计算参数设定

对于 SO_2 控制，目标函数以 46 个城市 556 类污染源的目标排放量为参数，求解最大 SO_2 排放总量。

Ⅰ类约束以各个控制点的相互影响系数和目标排放量的乘积小于该点环境质量控制目标（D_j）来建立。本次测算成渝经济区 SO_2 总量的Ⅰ类约束是以本次 CALPUFF 计算的模拟值为基础，用监测值减去模拟值所得值作为该控制点的背景浓度值，然后再用空气质量二级标准值 60μg/m^3 减去背景浓度值，其所得值则为该控制点的Ⅰ类约束值。

Ⅱ类约束以最大削减率 k_i 建立方程，即目标排放量大于基准年排放量的（$1-k_i$），为了防止某些城市的某类污染源被全部削减，Ⅱ类约束要对不同种类的污染源分别设置保留参数。本次的Ⅱ类约束设定为：基准年现有火电按照 2008—2015 年对每个电厂削减后的量给定下来（既不让增加也不让减少），生活面源保留 50%，化工、冶金、建材、其他行业、规划火电等这几类源的排放量至少保留 10%。

Ⅲ类约束则是对每个目标单元设置排放上限，即最多允许某排放单元的排放量达到上限值，一般此类约束可以总体上设置一个上限值，也可以根据实际情况针对不同排放单元设置不同上限值。本次的Ⅱ类约束设定为：按照 GDP 年均增长 10% 的规划愿景，除了生活面源和基准年现有火电（不包括规划新增火电）外，其他目标单元排放量允许超过基准年排放量的 10%。另外，根据产业报告里涉及的工业园区规划，允许该规划的工业园区所在市区县的该类源的排放量适当增加。

本研究测算将点源和面源分开，点源分为五大行业，分别是火电、化工、冶金、建材、其他工业；面源同样也分为五大行业，分别是化工面源、冶金面源、建材面源、其他工业面源、生活面源。由于单独的火电类排放源以及面源类排放源的排放量相对较大，因此将每个城市的各个火电点源以及类面源均作为单独排放单元，而火电以外其他行业点源由于排放量相对较小，则按所属城市整合起来作为一个排放单元，本次共计 556 个排放单元。

二、区域主要大气污染物允许排放总量

1. SO_2 总量优化控制方案

利用总量优化分配模型，针对成渝经济区重点产业发展需求，设定优化控制约束条件（如上小节所述），根据多次的测算，最终得到成渝经济区基于环境容量的 SO_2 的排放总量及其优化控制方案。

表 6-24 中给出成渝经济区各类源优化后的排放量，并给出了排放量优化后相对基准年的削减量及削减率，其中负数表示削减，正数表示可适当增加。由表 6-24 可知，成渝经济区基准年 SO_2 排放量为 163.6 万 t，在保证所有控制点达标的条件下，总量优化后 SO_2 排放量为 129.5 万 t，总量削减 34.1 万 t，削减率为 20.8%。其中火电削减 25.5 万 t，削减率达 34.1%，化工和冶金行业优化后的排放量比基准年排放量略有增加，分别增加了 8% 左右。总量优化后，重庆的 SO_2 排放量为 52.3 万 t，比基准年排放量减少了 20.7 万 t，削减率为 28.4%；四川的 SO_2 排放量为 77.2 万 t，比基准年减少了 13.3 万 t，削减率为 14.7%。

图 6-21 给出了成渝经济区 SO_2 总量优化前后各类源的排放比例。由图可以看出，总量优化后，火电的排放比例由 46% 降低到 38%，生活面源的排放比例基本未变，建材、化工、冶金以及其他工业等四类源的排放比例有所增加。

在总量优化过程中，由于部分地区的某些行业的单位排放影响较大，因此对这些行业采取工程减排、技术更新、优化结构、“上大压小”等措施来加强排放控制，否则这些地区的进

表 6-24 成渝经济区 SO_2 总量优化后各类源排放量及其削减量

		火电	化工	冶金	建材	其他	生活面源	总计
重庆成渝区	优化后 /t	181947	59368	29786	90760	74222	86685	522767
	原始量 /t	312216	55844	27765	113848	107299	112975	729946
	削减量 /t	–130269	3524	2021	–23088	–33077	–26290	–207179
	削减率 /%	–41.7	6.3	7.3	–20.3	–30.8	–23.3	–28.4
四川成渝区	优化后 /t	309290	57411	79124	108455	113409	104538	772227
	原始量 /t	434007	51474	75814	98748	114317	131227	905587
	削减量 /t	–124717	5937	3310	9707	–907	–26689	133360
	削减率 /%	–28.7	11.5	4.4	9.8	–0.8	–20.3	14.7
成渝区合计	优化后 /t	491237	116779	108910	199215	187631	191223	1294994
	原始量 /t	746223	107318	103579	212596	221616	244202	1635533
	削减量 /t	–254986	9461	5331	–13381	–33985	–52979	–340539
	削减率 /%	–34.2	8.8	5.1	–6.3	–15.3	–21.7	–20.8

一步发展将受到制约。这些受到制约的行业和地区划分如下。

火电行业：重庆的主城区、江津区、綦江县、南川区、万盛区；四川的宜宾市、泸州市。

化工行业：重庆的渝北区、沙坪坝区、大渡口区、南岸区、巴南区、万盛区、涪陵区、南川区；四川的德阳市。

冶金行业：重庆的大渡口区、九龙坡区、巴南区、南岸区、綦江县、南川区、万盛区；四川的德阳市、绵阳市。

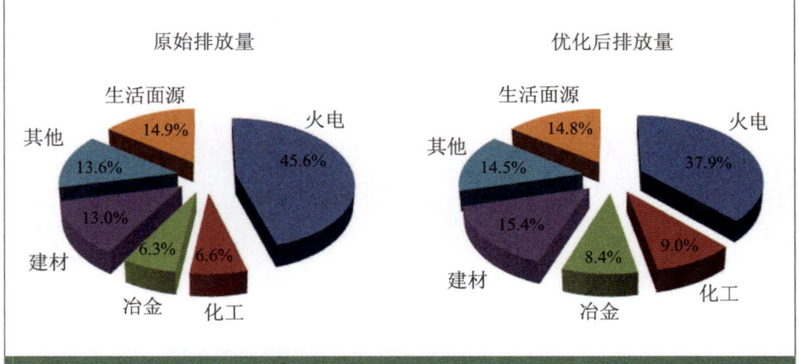

图 6-21　成渝经济区 SO_2 总量优化前后的排放结构

建材行业：重庆的主城区、巴南区、涪陵区、南岸区、万盛区、长寿区、南川区、垫江县、丰都县；四川的德阳市。

表 6-25 给出了基于环境容量的成渝经济区 SO_2 总量分配方案。在总量优化分配中，由于重庆的源排放分布不太合理，目前重庆市超过一多半以上的 SO_2 源排放都集中在重庆市主城区及其周边地区，导致了该地区 SO_2 浓度远高于重庆其他地区，在满足 SO_2 浓度全面达标的约束条件下，该地区的排放单元所分配的排放量相对较少，需要在基准年排放的基础上进行削减。

根据优化分配结果，成渝经济区部分地区需要在基准年排放量的基础上进行重点减排（见表 6-25 中的削减量较大的地区），可规划为优化发展区。在这些地区，由于环境容量有限，应坚持环境优先，大力发展高新技术，优化产业结构，加快产业和产品的升级换代，同时率先完成排污总量削减任务，做到增产减污。尤其是在一些规划火电建设地区需要对现有排放量进行有效削减，通过以新带老、调整结构来为新增产的布局腾出环境容量，才能保证在这些地区环境质量达到标准并逐渐改善。

另一些地区，按总量优化分配结果是可以适当增加排放（见表 6-25 中的可增排量地区），在这些地区可实行重点开发，加快基础设施建设，科学合理利用环境承载能力。虽然这些地区尚有一定的环境容量，但仍应严格控制污染物排放总量，做到增产不增污，以使这些地区的环境质量保持良好。

2．NO_x 排放总量优化控制方案

利用总量优化模型运算，成渝经济区的 NO_x 排放总量为 70.2 万 t，比基准年增加了 21.3 万 t，增加率为 43.8%。其中，重庆 NO_x 基准年的排放量为 22.4 万 t，优化后的排放量为 31.3 万 t，优化增加了 8.9 万 t，削减率达 39.8%；四川 NO_x 基准年的排放量为 26.5 万 t，优化后的排放量为 38.9 万 t，优化增加了 12.4 万 t，增加率为 47.1%。

按照优化控制方案，所有控制点全部达到空气质量二级标准；NO_2 地面年均浓度保持现有水平，并能全部满足空气质量二级标准。由于近年来成渝地区严峻的酸雨污染形势尚未得到有效缓解，而且区域性的复合污染已经逐步显现，建议对成渝经济区的 NO_x 排放总量应该适当从严控制。

表 6-25 成渝经济区 SO_2 总量分区优化分配方案 单位：t

地区	基准年排放量	优化分配排放量	减排量	可增排量
渝中区	154	76	78	
沙坪坝区	8088	6351	1737	
南岸区	10632	6992	3640	
江北区	7915	4919	2996	
渝北区	9073	3352	5720	
九龙坡区	66038	30587	35451	
大渡口区	29487	4030	25458	
北碚区	10744	8946	1798	
巴南区	9518	3976	5542	
长寿区	39638	68792		29154
綦江县	32684	14986	17698	
潼南县	8359	7885	474	
铜梁县	13056	12729	327	
大足县	9197	6214	2983	
荣昌县	15960	14161	1799	
璧山县	10260	9949	311	
万盛区	48102	25859	22243	
双桥区	561	572		11
永川区	27799	22283	5515	
江津区	144349	110702	33647	
合川区	41187	40771	416	
万州区	26747	23664	3083	
开 县	27121	16320	10801	
忠 县	10617	10383	234	
梁平县	9127	9264		137
云阳县	11435	7209	4226	
涪陵区	43784	15033	28751	
垫江县	9403	5358	4044	
南川区	38016	11980	26036	
丰都县	6917	1967	4949	
石柱县	11438	17455		6017
成都市	150676	118936	31740	
自贡市	38327	36705	1621	
泸州市	44037	60647		16610
德阳市	21266	18558	2708	
绵阳市	55260	52394	2865	
遂宁市	8405	6879	1526	
内江市	121068	99648	21420	
乐山市	80494	75436	5059	
南充市	18273	23083		4810
眉山市	25897	26424		527
宜宾市	127553	111997	15556	
广安市	41860	26379	15481	
达州市	133956	84117	49839	
雅安市	5713	5385	328	
资阳市	25340	25639		298
总计	1635533	1294994	398100	57564

3．PM_{10} 排放总量优化控制方案

利用总量优化模型，得出成渝经济区的 PM_{10} 排放总量为 59 万 t，比基准年减少了 10.8 万 t，削减率为 15%。其中，重庆 PM_{10} 基准年的排放量为 28.8 万 t，优化后的排放量为 12.5 万 t，优化削减了 16.3 万 t，削减率达 56%；四川 PM_{10} 基准年的排放量为 40.9 万 t，优化后的排放量为 46.5 万 t，优化增加了 5.5 万 t，增加率为 13.5%。优化后主要削减地区为成渝区重庆部分，主要是由于重庆市的 PM_{10} 排放强度过于密集致使重庆主城区大部分地区超标而造成的。除重庆主城区外，重庆的永川区、江津区、合川区、南川区、潼南县、万盛区、长寿区、万州区等地区都不宜新增 PM_{10} 排放；四川虽然总体上的 PM_{10} 排放量是允许增加的，但是也有少部分地区，如成都市、遂宁市、达州市、泸州市等地区的排放是不宜新增的。

按照优化控制方案，能够使得成渝经济区 PM_{10} 地面年均浓度有所改善，所有控制点全部达到空气质量二级标准。

表 6-26　成渝经济区 PM_{10} 总量分区优化分配方案

	重庆				四川			
	优化后 /t	原始量 /t	变化量 /t	变化率 /%	优化后 /t	原始量 /t	变化量 /t	变化率 /%
火电	39376	55202	–15825	–28.7	103037	85864	17173	20.0
化工	5266	8207	–2941	–35.8	26885	23994	2891	12.0
冶金	780	6101	–5321	–87.2	24486	26520	–2034	–7.7
建材	35108	132749	–97641	–73.6	125182	111341	13841	12.4
其他	18514	30283	–11769	–38.9	68899	62302	6597	10.6
生活面源	26044	55722	–29677	–53.3	116407	99680	16726	16.8
总计	125089	288264	–163175	–56.6	464896	409703	55193	13.5

第七章

重点产业发展的主要中长期环境影响与生态风险

从水环境长期生态风险影响来看：

水污染较重的产业过度集中在成德绵地区，是导致岷江中游、沱江流域水环境污染的重要原因。岷江干流中游上段、沱江干流下游水质氨氮超标，如大规模布局发展化工、食品等项目，需要以区域氨氮削减为前提。

岷沱江流域大规模化工产业布局，将使流域水污染呈现由传统水污染向有机复合污染转变的趋势，三峡库区水生态系统仍处于急剧演替阶段，水生态系统抵御外部环境压力和自我调节能力相对脆弱。沿岸高密度地布局化工园区对长江上游干流和三峡库区水环境产生直接的长期累积影响，化工产业水环境风险将迅速增加，生态安全形势相当严峻。

从生态安全格局和生态环境长期风险影响来看：

在长期的生态演进过程中，成渝经济区逐渐形成了由“一圈四江九个关键节点”构成的区域生态格局框架，维护和提升“一圈”的完整性和“一圈”中“九个关键节点”间的联系，保护和维持“四江”的连通性和生物通道、物质运输等重要功能，保持和不断提升“九个关键节点”的生物多样性保护、水源涵养、土壤保持等，是确保区域生态安全，提升区域生态环境质量的关键所在。

成渝经济区支撑重点产业发展的矿产资源除天然气外，煤炭、磷矿、岩盐和铝土矿与区域主要生态服务功能重要区高度重叠。盆周山区是当前矿产资源开发利用的重点区域，也是未来矿产资源进一步开发利用的热点地区，同时又是维系生态安全格局的生态建设重点区域。由于矿产资源的不合理开发，在局部区域已出现矿山生态破坏严重，诱发滑坡、地面塌陷等次生地质灾害，采矿破坏的土地和采矿废弃地相当部分未得到整治、修复，对水源涵养、土壤保持功能造成不利影响。

规划的水电开发布局上存在与《中华人民共和国自然保护区条例》有关要求相冲突。规划实施将进一步降低长江干流生境的连续性，对珍稀特有鱼类的生境空间产生显著影响。规划实施将河道淹没形成多个狭长的河道型水库，水文情势发生显著变化，急流环境变为缓流环境，水库蓄水淹没涉及多处珍稀特有鱼类产卵场和集中分布点。使当前长江上游珍稀特有鱼类等重要生物完成其生活史的仅存的天然河段生境进一步受损。

从对大气环境和酸雨的长期影响来看：

火电行业依然是影响大气环境质量，制约酸雨污染改善的主要因素。规划的火电布局与现有火电高度重合，装机规模快速增长，将进一步加剧现有火电大气污染物排放的影响。尽管对新建电厂采取严格的脱硫控制措施，并对现有污染源进行有效减排可在一定程度上降低 SO_2 的排放量，但较大的发展规模仍将对成渝经济区长江沿岸城市带的大气环境形成压力，也使得部分地区酸雨污染风险增加。

成渝经济区内重庆、成都两大都市大气环境已经呈现出复合型污染特征，成都市、重庆主城区部分时段出现 O_3 超标现象，且成都市臭氧浓度与 NO_2 浓度具有明显的负相关，重庆主城区臭氧浓度与 NO_2 浓度和 VOC 浓度都具有一定的负相关性，表明该地区存在潜在的光化学污染风险。

第一节 重点产业发展对水环境安全的影响分析

一、现状产业布局带来的水环境问题

1．在工业部门内部，水环境压力主要来自造纸、纺织、化工等行业

经过数十年发展，成渝经济区已经形成了完整的工业体系，产业门类齐全。既有属于技术密集型、环境友好型的装备制造业、以电子信息产业为代表的高新技术产业和军工产业，又有属于资源密集型、劳动密集型的冶金、造纸、基础原料化工等技术高耗能、高污染、高排放的产业。

根据重点行业资源环境效益分析，造纸、纺织、化工和农副产品加工业的工业增加值占全区工业增加值的 27.5%，而其 COD 和氨氮排放总量占全区工业排放总量的 76.5% 和 82%，这三大水污染产业是区内主要水污染行业。

从这些产业的现状分布来看（见表 7-1、表 7-2），现状化工产业 47% 分布于岷沱江流域，其中，上游成德乐分布占 2/3，长江流域分布占 41.6%；农副产品 51% 分布在长江流域的宜宾、泸州、涪陵、万州和重庆主城区等地，其中位于长江上游的宜宾和泸州，占 40% 以上；造纸和纺织业 42.2% 分布在嘉陵江沿线的铜梁、南充和遂宁等地，还有

表 7-1 主要水污染产业（工业增加值）按流域分布情况 单位：%

		农副产品	化工	造纸和纺织
占工业增加值比重		14	12	4
岷沱江流域		35.4	46.6	37.7
其中	德阳	6.7	9.4	1.8
	乐山	1.6	4.4	4.1
	成都	18.7	20.7	12.0
	合计	27.0	34.5	17.8
嘉陵江流域		13.6	11.9	42.2
长江流域		51.0	41.6	20.1

表 7-2 主要水污染产业 COD、氨氮排放量在流域中的分布 单位：%

		农副产品加工业		化工		造纸和纺织	
		COD	氨氮	COD	氨氮	COD	氨氮
占工业排放的比重		19.9	14.3	21.7	60.2	46.8	19.9
岷沱江流域		28.4	22.9	26.4	34.7	43.9	49.8
其中	成德乐	10.0	11.4	17.7	11.1	24.6	13.7
	嘉陵江流域	17.5	23.7	10.8	4.6	27.1	24.5
	长江流域	54.2	53.3	62.8	60.7	29.1	25.7

37.7% 分布在岷沱江流域。

目前，造纸、纺织、化工的万元工业产值排放水平远低于全国平均水平，河流水环境质量的改善，在相当大程度上取决于对这些水污染产业改造升级的力度和速度。

2．过度集中的产业布局导致水污染负荷接近岷沱江水环境承载能力

近年来，四川省在流域水污染治理方面做了大量的工作，主要支流岷江、沱江等水环境质量呈现持续改善的状态，但与河流生态环境恢复还有相当一段距离。

成都平原经济社会的历史发展，形成了沿岷江中游、沱江流域布局的格局。成渝经济区（四川部分）现状工业的 38% 布局于岷江中游和沱江上游的成德绵地区。其中主要水污染产业中 37.7% 的造纸、纺织，46% 的化工行业集中分布在岷江中游和沱江流域，主要水污染物 COD 排放量占全区工业部门的 24%。水污染较重的产业过度集中在成德绵地区，是导致岷江中游、沱江流域水环境污染的重要原因。现状水污染物排放负荷已导致岷江中游水质下降约一个类别。

化工行业集中分布在沱江流域的源头区域，其中相当部分是规模较小、技术水平较低、加上污染控制措施不到位，是导致沱江全流域水环境恢复困难的重要原因。

3．水环境质量达标的“瓶颈区”

根据水污染负荷类型分布分析，在岷江、沱江存在水环境质量达标“瓶颈区”。

• 重度“瓶颈区”：岷江干流中游上段、沱江干流下游；限制因子：氨氮。

• 轻度“瓶颈区”：岷江干流中、下游、沱江干流中上游、重庆长江干流下段；限制因子：氨氮。

在上述区段上游布局发展以氨氮为主要水污染物的产业，将加剧下游河段氨氮指标超标状况。

从优化产业布局角度考虑，在上述“瓶颈区”大规模布局发展化工、食品等项目，发展相关产业需要以区域氨氮削减为前提。

二、规划产业布局对水环境的压力

现状分析表明，长江上游干流和支流水环境承载力接近限值，沉积物重金属生态危害程度处于中度生态危害水平，成渝经济区西部和沿长江上游一线的区域经济社会发展对水环境形成的强大压力已经初步显现出来。

除成都市和重庆主城区之外，区域内其他城市发展处于工业化前期和初期阶段，特别是三峡库区腹地，基本上处于“产业空心”的状态，经济发展对于水环境的压力还未显现出来。

未来成渝经济区的产业布局仍将依托城市经济发展带布局，即呈现出成德绵乐城市经济带、沿长江干流城市发展带继续率先发展的态势，其中，成德绵乐城市带以成都都市圈为核心，沿长江干流发展带呈现以重庆都市圈为核心。

根据重点产业情景设计中情景三（资源环境约束条件）分析，在重点产业优于全国平均水平 20% 的水平下，以水污染为主的农副产品加工业、化工和造纸、纺织在各流域的布局比例和水污染物排放预测见表 7-3 至表 7-5。

在岷沱江流域水环境总体上处于水生态恢复的初期阶段，水污染负荷尚处在水环境承载

表 7-3　现状与 2015 年情景三工业增加值结构对比　单位：%

		农副产品加工业		化工		造纸和纺织	
		现状	2015 年	现状	2015 年	现状	2015 年
占工业增加值比重		14.0	17	12.0	18	4.0	5
岷沱江流域		35.3	43.0	46.1	35.9	37.8	36.1
其中	成德乐	27.60	27.6	35.50	22.7	18.52	19.8
	嘉陵江流域	13.9	19.6	12.3	20.4	43.4	45.8
	长江流域	50.8	37.4	41.6	43.7	18.9	18.1

表 7-4　现状与 2015 年情景三 COD 排放量对比　单位：t

COD 比重		农副产品加工业		化工		造纸和纺织	
		现状	2015 年	现状	2015 年	现状	2015 年
岷沱江流域		13997	47582	16130	40457	49577	73795
其中	成德乐	5739	30586	10968	25563	28259	42084
	嘉陵江流域	9072	21700	5195	22968	35728	114696
	长江流域	28773	41348	28202	49320	31073	72273

表 7-5　现状与 2015 年情景三氨氮排放量对比　单位：t

氨氮比重		农副产品加工业		化工		造纸和纺织	
		现状	2015 年	现状	2015 年	现状	2015 年
岷沱江流域		532	2162	2832	7773	696	2293
其中	成德乐	288	1390	1359	4911	460	1287
	嘉陵江流域	594	986	583	4413	989	3221
	长江流域	1230	1879	4793	9475	692	1670

能力边缘，继续削减水污染负荷有利于河流生态系统的恢复，增加水污染负荷则可能重新出现严重水污染状态。

在城市化进程加快的背景下，按照现有的工业结构发展，即在岷江流域的中游和沱江流域继续布局发展化工、造纸产业等水污染严重的产业，将抵消近年在水环境整治上的努力，对水环境安全构成显著的不良影响。

按照情景三，工业增加值以 19% 的速度增长，成渝经济区 2015 年重点产业工业增加值的 37% 将来自成德绵乐经济带，产业布局重心仍在岷江中游和沱江上游地区（占四川重点产业的 65%）。目前，岷江中游、沱江接纳的水污染物负荷已经接近或超过水环境承载力水平。在未实现产业结构调整、技术水平大幅提高的背景下，岷江和沱江的水环境压力将骤增。

成渝经济区 2015 年重点产业工业增加值的 32% 将来自于沿长江干流城市发展带，其中，化工产业布局分布在长江干流沿岸上自宜宾、泸州，下至三峡库区的长寿、涪陵和万州。

近十年来，长江干流水环境质量呈现波动状态，总体上有所下降，主要水污染物负荷已经接近水环境承载力水平，氮、磷负荷远超过三峡库区水环境承载力水平。三峡水库水生态健康和安全不仅对于区域生态环境，而且对于长江中下游水生态健康和水安全具有重要意义。

就常规水污染物负荷而言，三峡库区及长江干流尚有一定的承载能力，而且通过对非点源、畜禽养殖水污染负荷的控制等，还可能实现常规水污染负荷的削减。

对于化工产业发展产生的废水常规污染负荷总量，长江干流尚有接纳能力。但是，大规模地、不加优化选择地发展化工产业，尤其是重金属和持久性有机污染物负荷的增加，将使得长江上游水环境形势复杂化。

三、有机化工、石化产业发展与长期的水环境风险

1. 化工产业发展可能导致水污染特征转化

按照地方发展愿景，化工产业在各流域将有显著的增长（见表 7-6）。岷沱江流域的化工产业将增长约 200%，呈现由以无机化工为主转化为无机化工和有机化工并重的格局。随着造纸、纺织、无机化工等传统产业的技术升级，未来工业水污染控制的重点将转化为有机化工、无机化工行业。

表 7-6　各流域化工产业工业增加值的增长概况

区域	2007 年工业增加值 / 亿元	2015 年地方发展愿景工业增加值 / 亿元	工业增长比例 /%
成渝经济区	637.0	2515	295
岷沱江流域	293.7	903	207
嘉陵江流域	78.3	513	555
长江干流	265.0	1099	315

位于岷江中游、沱江上游的成都市化工行业的增长将主要来源于依托彭州大乙烯项目发展的石油化工。石化产业将主要分布在成都市的青白江区、彭州市、邛崃市和新津县，石化产品包括以乙烯、丙烯、丁二烯、苯、甲苯、二甲苯为代表的基础化工原料，氯乙烯、苯乙烯、PTA 等有机化工原料。这些基础化工原料和有机化工原料的生产过程产生大量难处理的持久性有机污染物，将排入岷江中游或沱江上游河流。

石油化工、天然气化工、盐化工等在沱江上游和岷江中游地区的聚集发展，地表水环境将呈现耗氧性和持久性有机污染特征，持久性有机污染物对生物的累积性影响也将逐步变得显著，水环境保护形势更为严峻，对长江干流水环境安全存在潜在威胁。

按照地方发展愿景，长江上游干流沿岸的化工产业将增长约 250%，聚集在已经布局的化工园区，在现有天然气化工、盐化工为主的基础上，石油化工中下游产业、煤化工产业可能成为未来发展的重点。来自化工行业的持久性有机污染物排放也将显著增长。

叠加岷沱江流域呈现的耗氧性和持久性有机污染状况，长江干流和三峡库区持久性有机物指标将会上升，沉积物中有毒有害污染物潜在生态危害程度也将发生明显的变化。

持久性有机污染将对长江干流和三峡库区水环境安全构成潜在威胁。

2. 累积性风险将进一步加剧

采用美国 EPA 推荐的健康风险评估模型，根据水体污染物浓度进行健康风险评估。

选用区域内可作为饮用水源地（水质类别为Ⅲ类及其以上）的河流断面 2004—2008 年

水质监测数据。各流域化学致癌物质（Cd、As、Cr^{6+}）联合风险率见表 7-7。

表 7-7 2004—2008 年各流域联合致癌物的风险率 单位：10^{-4}/a

流域	断面数	2004 年	2005 年	2006 年	2007 年	2008 年	平均值
长江	8	1.25	1.17	9.27	5.42	7.51	9.28
涪江	4	6.28	4.10	1.11	8.24	5.83	7.11
嘉陵江下游	5	1.51	1.47	6.12	7.19	7.88	1.02
金沙江	2	5.00	6.12	3.68	3.68	3.76	4.45
岷江	7	6.28	7.41	6.20	6.68	7.11	6.74
渠江	2	4.37	4.67	3.68	1.84	1.84	3.28
沱江	6	7.27	6.94	4.81	5.38	5.15	5.91

联合致癌物风险率以嘉陵江下游为饮用水源的人群健康风险最大，8 个流域由大到小是嘉陵江 > 长江 > 涪江 > 岷江 > 沱江 > 金沙江 > 渠江。

2008 年，长江的朱沱段、岷江的彭山县段、嘉陵江重庆段等联合致癌物风险率在每年 10^{-4} 水平，呈现较高的饮水健康风险。

联合致癌物风险率持续在每年 10^{-5} 水平，将严重削弱这些水体作为饮用水源的安全。

属于区域重点发展的化工、石油炼化、轻工以及有色金属采选、冶炼等都将导致上述化学致癌污染物排放量的增加，对于饮水健康风险具有叠加效应。

对于长江上游河段、岷江中游上段、嘉陵江下游段，需要在产业布局中特别注意对排放有毒有害化学物和重金属产业的控制和限制，并加强对化工、石油炼化、金属矿采选、有色金属加工、造纸等行业的有毒有害化学物和重金属排放的治理和控制，有效降低风险水平。

岷沱江流域上中游发展的 1000 万 t 级炼化一体石化产业，在布局上必须避免对水源涵养、饮用水源的影响和长期累积风险。在嘉陵江流域发展新型的天然气化工产业，应合理布局、适度规模，提高技术准入门槛，有效控制累积性影响增长。

四、三峡库区水安全影响分析

1．三峡库区水生态系统处于急剧演替阶段，生态系统敏感脆弱

三峡水库水生态是受三峡工程影响最直接、最主要的部分。三峡水库在 145 ～ 175 m 运行，形成落差近 30 m、面积约 310 km^2 的消落区。消落带湿地生态系统处于重建初期，生态调节功能低下，亟须开展保护和整治。

三峡水库水位在 145 ～ 175 m 运行，长 600 km 的库区水文特征的急剧波动，完全改变了自然河流洪水涨落的特征，缓流、静水环境取代了急流水环境，饵料生物组成发生大的变化，使原来在该江段栖息的一部分种类不适应，从而在水库逐渐消失。原有在该江段栖息的约 40 种鱼类受到不利影响，其中，有 2/5 上游特有鱼类。原有珍稀特有鱼类和土著水生生物的生境丧失或受到严重挤压。

库区珍稀特有鱼类资源量不断下降，多数流水性鱼类种群数量减少，小型缓流和静水性鱼类种群数量上升，水库生态系统处于更替、演变的过程中，生物多样性下降，水生态系统结构不完整，生态功能呈现弱化趋势，水生态系统处于脆弱的阶段，抵御外部环境压力的能力较弱。

2．历史发展形成的产业结构布局与三峡库区水安全需求的矛盾

除在全国占有重要地位的水能、天然气资源外，磷矿、盐岩等基础化工原料资源在成渝经济区工业经济发展中占有重要地位。依托优势资源发展的天然气化工、盐化工、磷化工等化工产业主要布局在长江干流沿岸城市、岷江中游和沱江上游地区，2007年长江沿岸城市化工产业的工业增加值占成渝经济区化工产业工业增加值的40%。作为未来化工产业发展载体的各类化工园区，重点布局在长江上游沿岸（包括三峡库区）、岷江中游和沱江上游地区化工园区。

三峡库区水生态系统仍处于急剧演替阶段，水生态系统抵御外部环境压力和自我调节能力相对脆弱。沿岸高密度地布局化工园区对长江上游干流和三峡库区水环境产生直接的长期累积影响，化工产业水环境风险将迅速增加，生态安全形势相当严峻。

“天然气化工、盐化工、石油化工”的发展将使得长江上游水环境安全形势进一步复杂化，水安全问题将更加突出。

3．沱江上游化工产业布局的潜在生态风险可能引发水安全问题

成都经济圈的污水排放导致岷江干流中游水环境质量降低一两个类别，成德绵城市带的发展给水环境承载能力相对低下的沱江全流域造成重大的不良环境影响，虽然近年加大整治力度，但城市规模继续扩展以及借助资源优势大力发展化工等重污染产业，将抵消近年在水环境整治上的努力，对水环境安全构成显著的不良影响。

沱江上游化工产业布局的潜在生态风险主要来源于位于沱江流域源区的磷化工和石油化工基地。

在沱江上游源头地区布局大型石化基地，发展石化产业带，不符合一般的布局原则，存在一系列的生态环境隐患和风险。

① 化工基地布局在河流径流量相对最小的沱江流域，不利于利用水环境容量；由于沱江径流稀释能力有限，液体化学物泄漏或废水事故性排放都将对水安全产生显著的影响。

② 废水排放将导致自沱江上游源头区开始的包括持久性有机污染物在内的复合型水污染。

③ 源头区总体上是区域地下水的补给区，化工区雨水径流携带可溶性污染物下渗，将对地下水产生长期累积性的影响。

④ 大面积的全防渗措施，不但付出巨大的经济代价，并不能规避对地下水污染的潜在风险，对地下水补给造成长期的影响。

炼油-乙烯一体化项目对于石油化工行业的拉动作用强劲，中下游产业链包括有机化工原料、三大合成（合成树脂、合成橡胶、合成纤维）材料等将得到发展。但沱江水环境承载能力、复合型有机污染的长期累积影响是制约在沱江流域上游和岷江中游地区依托在建大型炼油-乙烯石化基地发展石化工业的主要水环境因素。

考虑到岷江中游、沱江流域水污染负荷已经接近或超过水环境承载能力，对在成德绵乐

一线依托彭州大型石化基地发展石化产业的布局战略进行适当调整是必要的，有利于为成德绵城市经济带其他重点产业的发展腾出空间。

可将依托石化基地发展的部分化工产业调整至水环境承载能力相对比较大、水生态环境敏感程度相对低的嘉陵江中下游、岷江下游地区。

位于沱江流域上游源区的磷化工产业在国家层面上具有举足轻重的地位，同时也是当地的三大支柱产业之一。“5·12”汶川特大地震使磷矿化工产业受到重大损失，矿山生态恢复重建任务十分艰巨。目前，该地区的磷化工企业存在规模小、分散布局、技术水平不高、水环境污染、大气环境污染、生态破坏等复合型的环境问题。需要调整磷矿化工发展战略，磷矿化工产业必须以循环经济建设为基点，进行升级改造，向精细化工发展，否则磷化工带来的不利环境影响可能将影响到城市和其他产业的发展。

4．长江干流沿岸布局发展化工产业将面临不同的环境敏感问题

按照地方发展愿景，在位于长江干流上游的宜宾、泸州等地将重点发展以天然气化工、盐化工、煤化工为代表的化工产业，在位于三峡库区的长寿、涪陵、万州等地将重点发展以天然气化工、盐化工、石化下游产品为主的化工产业。在长江沿岸的化工产业布局上，呈现重庆上游和重庆下游均为化工产业的重点发展区域。

发展天然气化工、盐化工产业，总体上符合利用开发优势资源深加工的发展定位。发展煤化工产业和石化产业，均不具资源优势。

从水环境安全的多个方面进行比较（表 7-8)，在位于重庆上游的“宜宾、泸州”发展化工产业和在位于三峡库区的“长寿、涪陵、万州”发展化工产业均不具相对优势，各自面临不同的环境敏感问题，需要慎重决策。

5．水污染控制体系的缺陷将导致区域性水环境安全的长期影响

长江上游沿岸地区较普遍地存在化工园区污水处理工艺与实际工业废水特征不适应问题，所采取的废水处理工艺大多数是照搬城市污水处理工艺，处理效率达不到预期效果，有些甚至不能正常运行。

化工园区污水处理厂普遍不能有效地去除化工企业工业废水中的特征污染物，同时又缺乏对特征污染物的监测和控制，缺乏特征污染物超标排放影响园区污水处理效率时的应对措施；对于特征污染物的控制与管理严重地缺位，难以估计特征污染物带来的长期累积影响。

普遍缺乏对化工园区地面径流的有效管理，以及缺乏对“三级风险防范”中事故后处置体系的建设等。

当前的化工园区水污染管理体系存在较大隐患，对水环境特别是下游水源地构成长期的安全风险。

现状产业布局、水安全的技术与管理问题交织在一起，水安全形势令人担忧。工业园区、化工园区沿江布局，与城市主要水源地呈现交叉分布状态。

园区废水处理效率不高，风险防范措施存在重大疏漏，缺乏对化工园区地面雨水径流的有效处置和管理，加上管理水平落后，对水源地安全构成威胁，对水环境安全构成长期累积性的不良影响。

表 7-8　长江干流沿岸发展化工产业的水环境条件和环境敏感问题比较

环境条件 / 敏感问题	长江干流上游（宜宾、泸州）	三峡库区（长寿、涪陵、万州）
水文	自然水文特征，由于向家坝、溪洛渡水电站运用，丰枯期水位涨落幅度变小	水位涨落受三峡水库运行调度的控制，枯水期处于高水位状态，库尾至坝前流速减缓
河川形态	自然河川形态	长寿、涪陵处于回水变动区，保持河道基本形态；万州以湖库形态为主
岸线	自然岸线为主	落差近 30 m 的消落带，岸线生态环境脆弱
泥沙	基本保持自然河道冲淤特征	长寿以上基本保持自然河道冲淤特征，泥沙淤积主要分布在万州以下至坝前区
水生态系统	水生态系统受向家坝、溪洛渡水电站运行调度而发生演替	水生态系统急剧演替阶段，栖息条件变化频繁，水生态环境脆弱
长江上游珍稀特有生物保护	长江上游珍稀特有鱼类产卵场、索饵场，连通未受干扰适宜珍稀特有鱼类生境的赤水河	三峡水库成库后，长江上游珍稀特有鱼类生境条件丧失
沉积物重金属生态危害水平	中度危害（RI ≥ 300），工业废水排放累积影响显著	中度危害（涪陵以上），工业废水排放累积影响显著→轻度（万州）接近天然状态
沉积物中持久性有机物生态危害水平		
水环境质量	呈持续下降，接近或超过水环境承载能力，总氮、总磷对三峡库区具有决定性控制作用	呈持续下降，接近或超过水环境承载能力，总氮、总磷远超过水环境承载能力
风险事故	下游有特大型城市重庆主城区、大、中城市，社会影响显著	位于三峡库区，万州为三峡库区腹地，社会影响显著
饮用水源地安全	废水排放构成长期累积影响，涉及特大城市、大、中城市等饮水安全	废水排放构成长期累积影响，涉及中等城市等饮水安全
相对敏感性	饮用水源地安全是最敏感的环境问题，长江上游珍稀特有鱼类保护敏感性与三峡库区水生态系统安全具有相同敏感性	水生态系统的安全是最敏感的环境问题，饮用水水源地安全

第二节　资源开发对长江上游生态屏障功能的影响

一、构建区域生态安全格局

1. 区域生态安全格局框架

成渝经济区是长江上游生态屏障的重要组成部分，盆地低山丘陵区、盆周山区、成都平原区和三峡库区，具有不同的生态服务功能，在长江上游生态屏障中发挥不同的重要作用。

在长期的生态演进过程中，成渝经济区逐渐形成了由“一圈四江九个关键节点”构成的区域生态格局框架（图 7-1）。

（1）“一圈”

“一圈”即成渝经济区的盆周山地。盆周山地是成渝经济区生物多样性保护、水源涵养和土壤保持的关键区域。

（2）“四江”

“四江”即长江（包括三峡库区）、岷江、沱江、嘉陵江。“四江”是成渝经济区内物质（如水、沙、各种商品和原材料等）和能量流动的重要通道，也是水生生物活动的关键廊道。

图 7-1　成渝经济区区域生态安全格局框架

（3）“九节点”

九个关键节点指分布在盆周山区的“一圈”内的九个关键生态功能区域，主要包括龙门山生物多样性保护区、茶坪山生物多样性保护和土壤保持区、邛崃山南段生物多样性保护和水源涵养区、峨眉山—大风顶生物多样性保护和水源涵养区、盆地南缘岩溶土壤保持区、渝南山地生物多样性保护区、方斗山—七曜山水土保持区、三峡库区水质保护—水源涵养区和大巴山水源涵养区等。九个生态功能区的主导生态功能与主要生态问题见表 7-9。

① 龙门山生物多样性保护区：位于川西平原向川西高山峡谷至青藏高原的过渡地带和涪江源头，以中亚热带常绿阔叶林为基带，具有中亚热带山地常绿阔叶林至高山流石滩植被类型的完整序列变化，生境多样，生物多样性高，主导生态功能为生物多样性保护。

② 茶坪山生物多样性和土壤保持保护区：位于四川盆周西部，森林植被主要类型为常绿阔叶林、常绿与落叶阔叶混交林和亚高山常绿针叶林，生物多样性丰富，是大熊猫的主要分布区；土壤侵蚀极敏感，水土流失严重；主导生态功能为生物多样性保护和土壤保持。

③ 邛崃山南段生物多样性保护和水源涵养区：位于四川盆周西部，森林植被主要类型为常绿阔叶林、常绿与落叶阔叶混交林，生物多样性丰富，是大熊猫的主要分布区，河流主要为青衣江水系。主导生态功能为生物多样性保护和水源涵养。

④ 峨眉山—大风顶生物多样性保护和水源涵养区：位于四川盆地西南部，森林类型主要有常绿阔叶林、常绿与落叶阔叶混交林和亚高山常绿针叶林，生物多样性丰富，是大熊猫的主要分布区，河流主要属大渡河水系（马边磷矿规划区位于马边河源头）。主导生态功能为生物多样性保护和水源涵养。

⑤ 盆地南缘岩溶土壤保持区：位于大娄山北缘山地，植被类型主要有常绿、落叶灌丛和矮林以及竹林，石灰岩广泛出露，岩溶地貌发育，水土流失严重，石漠化较严重。主导生态功能为土壤保持。

⑥ 渝南山地生物多样性保护区：以低山和中山为主，生物多样性丰富，有四面山和金佛山两个国家级自然保护区，有大量珍稀、濒危的古老、孑遗物种。植被类型主要有常绿、落叶灌丛和矮林。主导生态功能为生物多样性保护。

⑦ 方斗山—七曜山水土保持区：属中高山过渡地带，山高坡陡，沟壑纵横，地形破碎，水土流失较严重，山地地质灾害较频繁。植被类型主要有常绿针叶林和常绿、落叶灌丛和矮林，森林覆盖率较高，植被类型多样。主导生态功能为土壤保持。

表 7-9 关键区域的主导生态功能与主要生态问题

关键区域	区位特征	主导生态功能	主要生态问题
龙门山生物多样性保护区	区域位于川西平原向川西高山峡谷至青藏高原的过渡地带，是华西雨屏带的重要组成部分。以中亚热带常绿阔叶林为基带，具有中亚热带山地常绿阔叶林至高山流石滩植被类型的完整序列变化。是长江一级支流——岷江、嘉陵江及沱江水系的上游地区或重要水源涵养地	生物多样性保护	山地资源的不合理开发利用带来的生态问题较为突出，表现为土壤侵蚀严重、山地灾害频发和生物多样性受到威胁
茶坪山生物多样性保护和土壤保持区	位于四川盆周西部，河流主要属岷江和沱江水系，森林植被主要类型为常绿阔叶林、常绿与落叶阔叶混交林和亚高山常绿针叶林，生物多样性丰富，是大熊猫主要分布区，水资源丰富	土壤保持功能、生物多样性保护功能	崩塌泥石流滑坡强烈发育，易发生洪水、冰雹灾害。土壤侵蚀、野生动物生境极敏感
邛崃山南段生物多样性保护和水源涵养区	位于四川盆周西部，河流主要为青衣江水系，森林植被主要类型为常绿阔叶林、常绿与落叶阔叶混交林。生物多样性丰富，是大熊猫主要分布区，矿产和水资源丰富	生物多样性保护功能，水源涵养功能	崩塌泥石流滑坡强烈发育，易发生洪涝灾害，石材开发造成植被破坏，土壤侵蚀、野生动物生境极敏感
峨眉山—大风顶生物多样性保护和水源涵养区	位于四川盆地西南部，河流主要属大渡河水系，森林类型主要有常绿阔叶林、常绿与落叶阔叶混交林和亚高山常绿针叶林，生物多样性和水资源丰富	土壤保持功能、生物多样性保护功能、水源涵养功能	水土流失严重，滑坡泥石流崩塌强烈发育，个别地方滥挖乱采矿产资源造成生态破坏较严重，土壤侵蚀极敏感，野生动物生境极敏感
盆地南缘岩溶土壤保持区	大娄山北缘山地，地势南高北低，山势北陡南缓，是盆地边缘山地中海拔高度最低的地段。山地广泛出露石灰岩，岩溶地貌发育	土壤保持	滑坡塌陷较强发育，水土流失较为严重。易发生旱涝灾害。土壤侵蚀高度敏感石漠化中度敏感
渝南山地生物多样性保护区	该区地貌以低山和中山为主，区内溪河众多，生物多样性丰富。自然资源丰富，主要矿藏资源有煤炭、铝土矿等数十种	生物多样性保护、水源涵养	局部区域森林生态系统有退化趋势，山地多，平地少，人地矛盾突出，自然灾害频繁
方斗山—七曜山水土保持区	渝、鄂结合部，属中高山过渡地带，山高坡陡，沟壑纵横，地形破碎，河流发育，水资源丰富，是三峡库区的重要汇水区。森林覆盖率较高，生物物种丰富，植被类型多样，是中国生物多样性保护关键地区之一	水土保持、水源涵养	坡耕地比重大，水土流失较严重，山地地质灾害较频繁
三峡库区（腹地）水源涵养区	地处中亚热带季风湿润气候区，包括三峡库区长江干流第一层山脊，以及主要支流源头区域，平行岭谷山脊地带，山高坡陡，降雨强度大，是三峡水库水环境保护的重要区域	水源涵养	受过度垦殖、三峡工程建设与生态移民的影响，森林植被破坏较严重，水源涵养能力下降，库区周边点源和面源污染严重；土壤侵蚀量和入库泥沙量增大，地质灾害频发
大巴山水源涵养区	该区位于秦巴山地南缘，地处我国亚热带与暖温带的过渡带上，嘉陵江和汉江流域的分水岭，不但是重要的水源涵养区，也是我国暖温带与北亚热带地区生物多样性最丰富的地区之一	水源涵养、生物多样性保护	土壤侵蚀极为敏感，山地植被破坏和水电、矿产等资源开发带来的水土流失及山地灾害问题较为突出，生物多样性受到严重威胁

⑧ 三峡库区（腹地）水源涵养区：山高坡陡，降雨强度大，紧临三峡水库，陡坡耕地多，人口密度大，经济发展落后，受就地后靠移民安置压力大。植被类型主要有常绿、落叶灌丛和矮林，受过度垦殖、三峡工程建设和移民安置影响，植被破坏较严重。主导生态功能为水源涵养。

⑨ 大巴山水源涵养区：位于秦巴山地南缘，是嘉陵江和汉江流域的分水岭，地形起伏大，降雨强度大，植被类型主要为落叶灌丛、矮林，有一部分落叶阔叶林和常绿针叶林，植被覆盖良好，主导生态功能为水源涵养。

维护和提升“一圈”的完整性和“一圈”中“九个关键节点”间的联系，保护和维持“四江”的连通性和生物通道、物质运输等重要功能，保持和不断提升“九个关键节点”的生物多样性保护、水源涵养、土壤保持等，是强化区域“一圈四江九个关键节点”生态安全格局，提升区域生态格局安全水平，提升区域生态环境质量的关键所在。

2. 生态安全格局分区

成渝经济区是长江上游生态屏障的重要组成部分，盆地低山丘陵区、盆周山区、平原区和三峡库区，具有不同的生态服务功能，在长江上游生态屏障中发挥不同的重要作用。根据区域主要生态功能（土壤保持、水源涵养和生物多样性）的重要性，进行区域生态安全格局分区。主要生态功能重要性为极重要的，划为一级安全区，主要生态功能重要性为重要的，划为二级安全区，主要生态功能为一般重要的，划为三级安全区。以土壤保持重要性评价、水源涵养重要性评价和生物多样性保护重要性评价为基础，通过加权、赋值、分级的方法构建区域生态安全格局。在此基础上，在生态安全一级区中，叠加了自然保护区和天然林；在生态安全二级区中，叠加了除进入一级区外的各生态功能区的主导功能“重要”区域或“重要”区域的并集（对于具有 2 个主导生态功能的生态功能区）。区域生态安全格局综合指数计算如式（7-1）：

$$\begin{aligned}\text{Eco\_SP}=\max(&[\text{recnature}],[\text{recforest}],([\text{Bio–SP}]\times 0.45+\\&[\text{Water–SP}]\times 0.30+[\text{Soil–SP}]\times 0.25))\end{aligned} \tag{7-1}$$

式中：Eco_SP——生态安全综合评价指数；

[recnature]——自然保护区评价指数；

[recforest]——天然林分布区评价指数；

[Bio-SP]——生物多样性保护重要性评价指数；

[Water-SP]——水源涵养重要性评价指数；

[Soil-SP]——土壤保持重要性评价指数。

生态安全格局分区的赋值、权重及分级标准如表 7-10 所示。

根据以上方法，成渝经济区生态安全格局划分为一级区、二级区和三级区，其中一级区占区域面积接近 10%，二级区占区域面积超过 25%，一级区和二级区合计占区域面积超过 35%，具体分布见图 7-2。成渝经济区重庆部分一级区和二级区的比例均超过成渝经济区四川部分。各区面积及所占比例如表 7-11 所示。

区域生态安全格局一级区主要分布在四川盆地盆周区域，主要包括邛崃山南段、大巴山、渝南山地、方斗山—七曜山等关键节点，生态安全格局一级区内主要分布着一些重要的自然保护区和天然林区以及一些风景名胜区、森林公园等。

区域生态安全格局二级区主要分布在四川盆地盆周区域，主要包括邛崃山南段、盆地南

表 7-10 生态安全格局分区的赋值、权重和分级标准

项目	极重要	重要	一般重要	权重
生物多样性保护重要性评价指数	5	3	1	0.45
水源涵养重要性评价指数	5	3	1	0.30
土壤保持重要性评价指数	5	3	1	0.25
自然保护区评价指数	5			
天然林分布区评价指数	5			
生态安全一级分区标准	Eco_SP > 3.6			
生态安全二级分区标准	3.6 ≤ Eco_SP < 2			
生态安全三级分区标准	2 ≤ Eco_SP < 1			

表 7-11 成渝经济区生态安全分区面积及比例统计

区域	指标	安全等级		
		一级	二级	三级
成渝区	面积 / km^2	19376.59	53639.72	134844.8
	比例 / %	9.32	25.81	64.87
重庆部分	面积 / km^2	5189.96	14722.98	31145.99
	比例 / %	10.16	28.84	61.00
四川部分	面积 / km^2	14186.63	38916.74	103698.82
	比例 / %	9.05	24.82	66.13

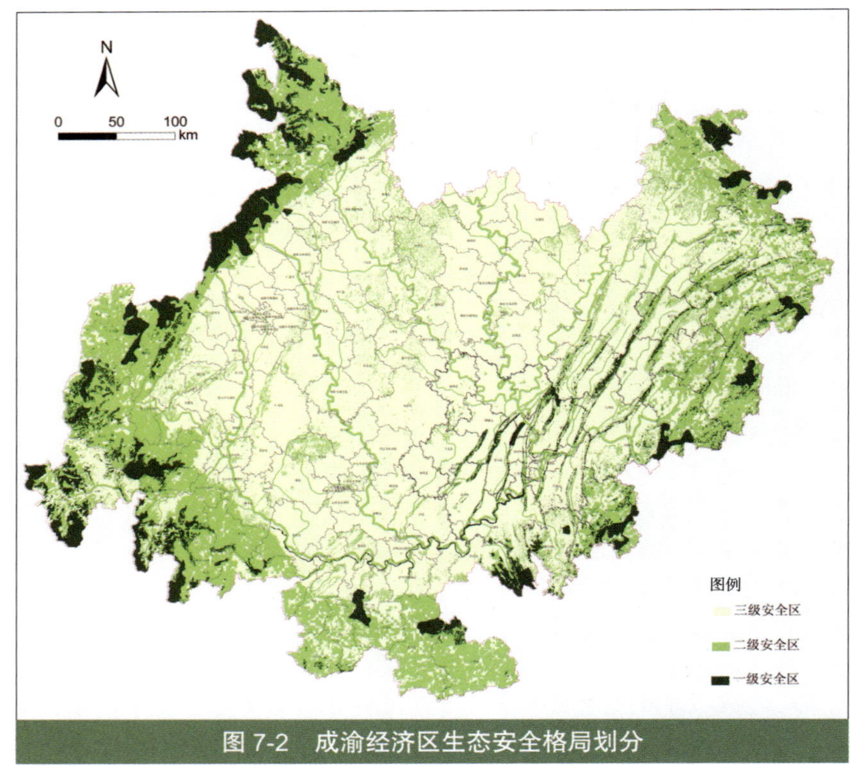

图 7-2 成渝经济区生态安全格局划分

缘、峨眉山—大风顶、大巴山、渝南山地、方斗山—七曜山等关键节点，涵盖三峡库区的大部分区域和川东平行岭谷区的山脊区域。

区域生态安全格局三级区是成渝经济区内除一级区和二级区外的区域，主要包括成都平原、盆中丘陵平坝区、渝西方山丘陵区、川东平行岭谷间的平坝丘陵区等区域。

3. 区域主要生态功能区与生态安全格局

（1）生态功能区与区域安全格局高度重叠

叠图分析表明，成渝经济区九个关键（节点）与区域生态安全格局分区具有较高的重

叠度。九个关键（节点）中的生态安全一级区面积约占一级区总面积的 81.78%；成渝经济区生态安全格局二级区的面积约为 53640 km^2，九个关键（节点）中的生态安全二级区面积约占 50.53%（表 7-12），可见九个关键（节点）在区域生态安全格局中的重要地位。保护九个关键节点区的生态功能，对于维护区域生态安全格局具有重要意义。

表 7-12　成渝经济区生态功能区划各生态安全区分布

编号	生态功能区	指标	安全区等级		
			一级区	二级区	一级区 + 二级区
1	龙门山农林业与生物多样性保护生态功能区	面积 /km^2	3473	3921	7394
		比例 /%	34.78	39.28	74.06
2	茶坪山生物多样性保护与土壤保持生态功能区	面积 /km^2	1869	739	2608
		比例 /%	57.23	22.62	79.85
3	邛崃山南段生物多样性保护与水源涵养生态功能区	面积 /km^2	2179	3264	5443
		比例 /%	25.39	38.04	63.43
4	峨眉山—大风顶生物多样性保护与水源涵养生态功能区	面积 /km^2	2013	5633	7646
		比例 /%	16.39	45.86	62.25
5	盆地南缘岩溶土壤保持生态功能区	面积 /km^2	694	3553	4247
		比例 /%	6.07	31.10	37.17
6	大巴山水源涵养生态功能区	面积 /km^2	865	2280	3145
		比例 /%	19.05	50.20	69.25
7	三峡库区（腹地）水源涵养生态功能区	面积 /km^2	3476	4933	8409
		比例 /%	21.77	30.89	52.66
8	渝南山地生物多样性保护生态功能区	面积 /km^2	714	1082	1796
		比例 /%	23.22	35.19	58.41
9	方斗山—七曜山水土保持生态功能区	面积 /km^2	563	1698	2261
		比例 /%	18.50	55.81	74.32
10	小计	面积 /km^2	15846	27103	42949
		比例 /%	81.78	50.53	58.82

（2）生态功能区与未来发展的关系

九个关键（节点）不仅在区域生态安全格局中地位重要，同时还与区域未来重点产业发展、国家脱贫致富重点扶持区和汶川地震区紧密重合，使区域生态保护与发展、脱贫、重建等问题交织在一起。具体表现为：

盆地南缘岩溶土壤保持功能区是土壤侵蚀最为敏感的区域之一，也是未来矿产资源重点开发的区域，该区域植被覆盖度较低，多为低矮的灌丛或疏林，岩溶地貌发育，土层较薄，其一级安全区和二级安全区之和仅占该生态功能区面积的 37.17%，土壤保持功能亟待进一步加强。

三峡库区（腹地）水源涵养功能区是国家生态功能区划中的重要生态功能区，目前该区域经济落后，多国家级贫困县，且山高坡陡，降雨量较大而集中，陡坡耕地所占比例高，且尚有较大比例的陡坡耕地未退耕，其一级安全区和二级安全区之和仅占该生态功能区面积的 52.66%，目前的水源涵养功能不能满足国家对于三峡库区水源涵养功能的需要，水源涵养功能亟待进一步加强。

汶川地震重灾区涉及龙门山、茶坪山和邛崃山南段的生态安全一级区和二级区所占比例较高，是区域生物多样性保护、水源涵养和土壤保持的重要区域。该区域受地震影响较大，植被破坏严重，水土流失加剧，生物多样性受损严重，在恢复生产的同时，急需加强生物多样性保护、水源涵养和土壤保持等区域重要的生态功能。

（3）生态功能区的保护现状

成渝经济区九个关键（节点）与区域水源涵养、生物多样性保护和土壤保持重要功能区的关系分析见表 7-13。

从九个关键（节点）区域一级安全区、二级安全区所占的比例，可以看出龙门山、茶坪山、邛崃山南段、峨眉山—大风顶、大巴山、方斗山—七曜山等六个生态功能区域的一、二级生态安全区的面积占生态功能区面积的 2/3 ～ 3/4，生态服务功能较强。三峡库区（腹地）为国家水源涵养重要区，一、二级生态安全区的面积占生态功能区面积的 53%，水源涵养功能（主导生态功能）亟待加强。

盆地南缘岩溶土壤保持功能区是土壤侵蚀最为敏感的区域之一，也是未来矿产资源重点开发的区域。该区域植被覆盖度较低，土层较薄，一、二级安全区面积占生态功能区面积的 37%。土壤保持压力较大。

二、生态安全分区的生态建设调控

维护和提升“一圈”的完整性和“一圈”中“九个关键节点”间的联系，保护和维持“四江”的连通性和生物通道、物质运输等重要功能，保持和不断提升“九个关键节点”的生物多样性保护、水源涵养、土壤保持等，是确保区域生态安全，提升区域生态环境质量的关键所在。

生态安全一级区坚持生态保护优先，以维护和巩固生态服务功能为主，保障自然保护区和天然林总面积不减少；生态安全二级区以优化与提升其生态服务功能为主；生态安全三级区以改善生态服务功能及合理引导产业发展为主。

1．生态安全一级区——生态优先、维护与巩固

坚持生态保护优先，以维护和巩固生态服务功能为主。保障自然保护区和天然林面积不减少，巩固天然林保护成果和退耕还林成果，维护和提高其水源涵养、土壤保持等生态服务功能，保持区域生态系统的结构完整和功能高效。

关键区域的基本要求：

① 岷山—邛崃山区域：重点加强地震灾区岷山—邛崃山区域龙溪—虹口、白水河、九顶山、千佛山、片口、雪宝顶等 6 个自然保护区建设，逐步恢复自然保护区基础设施。同时通过加强现有天然林保护，以及其他工程或管理措施恢复地震受损的珍稀动物栖息地及其联系的通道。使该区域生态安全水平得以恢复到地震之前的水平。

② 大巴山区：为维持区域的水源涵养、生物多样性重要功能不降低，应大力推动秦巴山地水源涵养和生物多样性生态功能保护区建设。通过生态功能保护区建设引导和调整当地社会经济的发展模式，合理选择发展方向，发展山地特色农林产业，合理减轻生产活动对区域自然生态系统的压力。同时建立生态补偿机制，从制度上保障保护当地居民的生计。

③ 渝东南武陵山：该区域是著名的生物避难地，重点保护常绿阔叶林生态系统及其丰富的生物多样性，充分保障水源涵养、生物多样性保护功能的发挥。通过生态功能保护区建设

表 7-13　成渝经济区关键生态功能区主要生态功能重要性分区

生态功能区		极重要区			重要区			极重要区 + 重要区		
		水源涵养	生物多样性保护	土壤保持	水源涵养	生物多样性保护	土壤保持	水源涵养	生物多样性保护	土壤保持
龙门山农林业与生物多样性保护生态功能区	面积 /km^2	2081	2304	11	5166	4916	0	7248	7220	11
	比例 /%	20.84	23.08	0.11	51.74	49.23	0.00	72.58	72.31	0.11
茶坪山生物多样性保护与土壤保持生态功能区	面积 /km^2	503	1815	261	1899	617	776	2402	2433	1038
	比例 /%	15.38	55.57	8.00	58.13	18.90	23.77	73.52	74.47	31.77
邛崃山南段生物多样性保护与水源涵养生态功能区	面积 /km^2	1537	1213	96	4768	4198	540	6304	5412	635
	比例 /%	17.91	14.14	1.12	55.57	48.93	6.29	73.48	63.07	7.41
峨眉山—大风顶生物多样性保护与水源涵养生态功能区	面积 /km^2	1862	893	1024	7687	6440	2788	9549	7333	3811
	比例 /%	15.16	7.27	8.34	62.59	52.44	22.70	77.75	59.70	31.03
盆地南缘岩溶土壤保持生态功能区	面积 /km^2	496	482	283	5451	4188	3762	5946	4671	4045
	比例 /%	4.34	4.22	2.48	47.71	36.66	32.93	52.05	40.88	35.40
大巴山水源涵养生态功能区	面积 /km^2	435	753	0	2704	1843	0	3139	2595	0
	比例 /%	9.59	16.58	0.00	59.55	40.58	0.00	69.13	57.16	0.00
三峡库区（腹地）水质保护—水土保持生态功能区	面积 /km^2	2106	704	3476	4898	5389	4551	7005	6093	8027
	比例 /%	13.19	4.41	21.77	30.67	33.75	28.50	43.86	38.15	50.27
渝南山地生物多样性保护生态功能区	面积 /km^2	474	406	174	1257	1332	1524	1731	1737	1698
	比例 /%	15.41	13.19	5.67	40.86	43.30	49.53	56.28	56.48	55.21
方斗山—七曜山水土保持生态功能区	面积 /km^2	345	257	516	1490	1539	1734	1834	1796	2249
	比例 /%	11.34	8.47	16.96	49.00	50.62	57.03	60.34	59.09	74.00

引导和调整当地社会经济的发展模式，合理选择发展方向，发展以混农林业为主的特色生态农林产业，合理减轻生产活动对区域自然生态系统的压力。

④ 渝南金佛山和四面山区：该区域生物资源丰富，以区域内山地及山地森林生态系统为主，基本上构成了重庆南部生态防护体系，对保障区域的整体生态安全起着极其重要的作用。应围绕生物多样性保护的主导方向，加强水土保持和水源涵养。

2. 生态安全二级区——优化与提升

成渝经济区生态安全二级区坚持生态保护优先，以优化与提升其生态服务功能为主，保障生态服务功能不下降。维护并培育区域生态系统结构和生态服务功能，优化经济发展方式，合理开发资源，控制开发建设强度。

重点加强水土流失控制、巩固退耕还林成果，继续推进陡坡耕地的退耕还林，优先推进三峡库区及渝南山区采矿废弃地的生态修复。确保 2020 年四川省森林覆盖率不低于 37%，重庆市不低于 45%。

关键区域的基本要求：

① 岷山—邛崃山区域：在该区北部（平武、北川及江油、安县西北部），加强该区内的林地、草地建设及河流生态廊道完整性的建设，巩固退耕还林成果，加快宜林荒山荒坡绿化造林进程和对低质、低产、低效林分改造。保障公益林建设，适度进行林地的集约经营。进一步规范区内矿山开采，重点加强石材、水泥原料开采的监管。

在该区中部（德阳绵竹、什邡西部山地）要加大自然生态的保护力度，引导人口有序转移，大幅度降低山区人口数量。提高磷矿开采的规模门槛，做好矿产资源开发生态恢复。

② 乐山—大风顶山地区域：加强封山育林和水系源头保护，巩固生态防护林体系建设和退耕还林。重点在峨边、马边、沐川、金口河、犍为、峨眉山市等县加强保护和恢复森林生态系统，治理坡耕地和疏林地的水土流失。发展优质林果基地和森林药材基地、优质茶叶基地、优质蚕桑基地。引导规模化、科学化矿产开采，关停布局不合理、生产技术落后的矿山。

③ 重庆都市区“四山”地区：都市区“四山”包括从北向南纵贯都市区的明月山、铜锣山、中梁山、缙云山，森林茂密，形成了都市区重要的生态屏障和“肺叶”。坚持资源保护和生态优先，四山建设管制区内的各类建设活动必须与管制区生态环境保护要求相协调。

④ 三峡库区库周山地区域：以保护三峡水库水质和恢复自然生态为重点，适度开发，点状发展。鼓励以优势资源加工转化为支撑的特色产业发展，发展旅游、绿色农林产品加工等为主的生态特色经济。加强地质灾害、水土流失综合治理；加强消落区生态环境综合整治。

3. 生态安全三级区——改善与引导

成渝经济区生态安全三级区以改善生态服务功能及合理引导产业发展为主。根据资源环境条件，合理确定空间布局、开发模式和规模。保护基本农田，加强面源污染治理，改善区域生态环境质量。

① 围绕面源污染治理、农村环境综合整治、城镇生态建设、次级河流生态环境综合整治，重点加强区域城乡生态建设。

② 成都平原、盆中平原丘陵、渝西方山丘陵、渝中平行岭谷区要通过推广绿色食品、有机食品、无公害食品尽量减少化肥农药的使用；改良农田耕作种植方式，提高耕地的保水保土能力。科学划定、合理布局畜禽养殖的禁养区、限养区和宜养区，制定并严格实施规模化

禽畜养殖及其污染治理规划；推进禽畜、水产养殖的清洁生产，使禽畜养殖废弃物减量化、无害化、资源化。因地制宜，积极推行“猪—沼—果”“猪—沼—菜”等立体农业模式，促进畜禽粪便的资源化利用，大力推广沼气池建设，推进农村洁净能源建设。

③ 加强农村生态环境建设，重点开展村庄环境综合整治。开展饮用水水源地治理保护，推广使用低动力或无动力生活污水处理设施、人工湿地等污水处理技术。

三、重点产业发展影响区域生态质量的主要因素

在区域重点产业发展中矿产资源开发和水电、航电开发对于区域生态质量存在的现实影响和未来潜在压力。

（1）影响区域生态质量的主要驱动力是矿产资源开发和水电、航电开发

天然林保护工程、退耕还林还草工程、水土流失治理工程、四川生态省建设和森林重庆的建设、三峡库周绿化带建设、长江上游珍稀特有鱼类保护区的建设等对于区域生态质量的好转起着非常积极的作用。

矿产资源主要采矿点和资源点与盆周山区在空间上高度重合，矿产资源开发对盆周山区陆域生态系统的水源涵养、土壤保持和生物多样性保护等生态功能产生负面影响。

长江干流及其主要支流水电、航电开发对珍稀鱼类及其生境产生较大的负面影响，长江上游珍稀特有鱼类保护区的保护功能被削弱。

矿产资源开发对区域生态质量的负面影响在一定程度上将抵消区域生态屏障建设的成果。

（2）影响区域生态质量的主要内在因素是土地退化、植被覆盖质量不高

土地退化主要是由土壤侵蚀、石漠化、滑坡和泥石流、矿区复垦率低等引起。

盆地低山丘陵区植被覆盖较差，地形较为破碎，且紫色土为非常易于流失的土壤类型，土壤侵蚀较为严重。

盆周山区地形起伏大，降雨量大，大雨和暴雨比例高，植被覆盖良好，一旦植被破坏，土壤侵蚀敏感性高，易于发生土壤侵蚀。

盆南宜宾和泸州南部为喀斯特地貌类型，部分区域石漠化为中度敏感；雅安、乐山和盆东平行岭谷区部分区域石漠化为中度或高度敏感，存在一定的石漠化问题；滑坡和泥石流及矿区复垦率低也是导致土地退化的重要因素。

植被覆盖质量不高是由于区域退耕还林主要以单一纯林为主，由于退耕时间不长，目前低幼林所占比例较高，土壤保持和水源涵养等生态功能难以充分发挥。

（3）区域生态质量在保护和发展中需要寻求新的平衡

未来随着区域陆域和水域生态建设的进一步开展，生态质量将进一步好转。随着区域社会经济发展对于矿产资源开发和水电、航电发展需求的不断增长，区域陆域生态和水域生态质量仍将面临着矿产资源开发范围的扩大、开发强度的提高以及水电、航电资源的进一步开发带来的巨大压力。区域生态质量需要在保护和发展中寻求新的平衡。

四、支撑重点产业发展的矿产资源的分布特征

支撑重点产业发展的主要矿产资源包括支撑能源和化工的天然气和煤炭资源，支撑磷化工和盐化工的磷矿和岩盐资源，支撑矿山、冶金、装备制造等产业的铝土矿、钒钛磁铁矿和

稀土矿。其中钒钛磁铁矿和稀土矿主要分布在攀西地区，不在成渝经济区内，因此本次研究所指支撑重点产业发展的主要矿产资源包括天然气、煤炭、磷矿、岩盐和铝土矿。

1. 矿产资源沿盆周分布与主要生态服务功能重要区域高度重叠

成渝经济区支撑重点产业发展的矿产资源除天然气外，煤炭、磷矿、岩盐和铝土矿与区域主要生态服务功能重要区高度重叠。成渝经济区支撑重点产业发展的主要矿产资源与区域生态功能重要区的关系见图 7-3。

根据叠图分析，煤矿在水源涵养、土壤保持和生物多样性保护极重要区内的资源量约占资源总量的 10.12%，在重要区内的资源量约占资源总量的 44.72%，即煤矿在主要生态功能极重要区和重要区的资源量约占煤矿资源总量的 54.84%。磷矿在水源涵养、土壤保持和生物多样性保护极重要区内的资源量约占资源总量的 13.91%，在重要区内的资源量约占资源总量的 61.45%，即磷矿在主要生态功能极重要区和重要区的资源量约占磷矿资源总量的 75.36%。铝土矿在水源涵养、土壤保持和生物多样性保护极重要区内的资源量约占资源总量的 18.43%，在重要区内的资源量约占资源总量的 60.47%，即铝土矿在主要生态功能极重要区和重要区的资源量约占铝土矿资源总量的 78.90%（表 7-14）。主要矿产资源煤矿、磷矿铝土矿资源大多位于水源涵养、土壤保持和生物多样性保护的极重要区和重要区内，与区域主要生态功能保护之间存在一定的冲突，部分采矿点或矿产资源点甚至在自然保护区内（如金佛山的铝土矿开采）。

图 7-3 成渝经济区主要矿产资源与区域生态功能重要区关系

表 7-14 生态功能极重要区和重要区的主要矿产资源压覆比例

安全格局		煤		磷		铝土	
		压覆量 / 万 t	比例 /%	压覆量 / 万 t	比例 /%	压覆量 / 万 t	比例 /%
水源涵养重要性分区	极重要区	57326.56	3.97	14500	11.08	150.00	0.81
	重要区	339891.90	23.53	75200	57.47	12992.88	70.16
土壤保持重要性分区	极重要区	86360.18	5.98	4000	3.06	1468.05	7.93
	重要区	622562.00	43.10	11700	8.94	3464.68	18.71
生物多样性保护重要性分区	极重要区	12973.30	0.90	14000	10.70	3412.66	18.43
	重要区	284096.10	19.67	41500	31.72	11198.27	60.47
水源涵养、土壤保持、生物多样性重要性分区的并集	极重要区	146186.70	10.12	18200	13.91	3412.66	18.43
	重要区	646042.00	44.72	80400	61.45	11198.27	60.47

2. 主要矿产资源多以中、小型矿为主，尤以小煤矿突出

2007 年成渝经济区重庆境内有矿区 276 个，大型矿山 121 个，中型矿山 13 个，小型矿山 2110 个，具体见表 7-15。2007 年四川境内有小煤矿 277 家（15 万 t 以下）。重庆境内有小煤矿 200 余家，分布在除重庆主城区外的各区县。成渝经济区现状矿产资源开发利用多以中、小型矿为主，尤以小煤矿开采比较突出。

煤矿小型资源点约占 84.68%，中小型合计约占 96.06%；小型采矿点约占 97.99%，中小型合计约占 99.48%；小型矿产能约占 70.52%，中小型合计约占 86.21%。小煤矿无论是资源点、采矿点还是产能比例均超过 70%，小煤矿开采引发的生态环境问题应当引起足够重视。

表 7-15　成渝经济区主要矿产资源点、采矿点和产能

矿种	规模	资源点个数	比例 /%	开采点个数	比例 /%	产量 / 万 t	比例 /%
煤	大型	18	3.94	6	0.52	870.0	13.79
	中型	52	11.38	17	1.49	990.0	15.69
	小型	387	84.68	1121	97.99	4448.8	70.52
磷	大型	3	20.00	1	1.92	100.0	15.87
	中型	12	80.00	11	21.15	330.0	52.38
	小型	—	—	40	76.92	200.0	31.75
铝土	大型	1	10.00	1	14.29	200.0	75.05
	中型	4	40.00	2	28.57	38.3	14.37
	小型	5	50.00	4	57.14	28.2	10.58

3. 支撑重点产业发展的主要矿产资源的开发利用

盆东北天然气属大型气田，是正在开发和未来重点要开发的区域；川南多为小型矿，且是历史上的集中开采区，目前资源趋于枯竭；成都平原多为中型矿，资源总量远不及盆东北，且多已开采。总体上，天然气资源的开发重心正逐渐从南部向东部转移。

川南古叙矿区和筠连矿区为国家规划的 13 个大型的煤炭基地的重要组成部分，主要资源为无烟煤，含硫量较低，是未来煤炭开发的重点区域。除古叙矿区和筠连矿区为大型矿区外，其余多为中、小矿区，且多为高硫煤和中高硫煤。其中高硫煤资源量约为 40.83%，开采量约占 46.67%，高硫煤和中高硫煤合计资源量约占 68.12%，开采量约占 82.43%（表 7-16）。

乐山马边磷矿资源位列全国八大磷矿之四，目前开采规模较小，且为小矿开采，未来可能成为磷矿开采的主要区域。绵竹什邡磷矿是汶川地震前磷矿开采的重点区域，未来将逐步恢复磷矿的开采。

岩盐未来市场需求不会有大的增长，基本维持现有的开发格局，主要在南充、乐山、自贡、宜宾、遂宁、万州和忠县等地开采，适度进行资源整合。

表 7-16　成渝经济区不同含硫量的煤的资源量和开采量

不同硫含量的煤	资源量 / 万 t	比例 /%	开采量 / 万 t	比例 /%
中低硫煤（含硫＜ 1.5%）	367200	31.88	1395.0	17.57
中高硫煤（含硫 1.5% ～ 3%）	314400	27.29	2839.8	35.76
高硫煤（含硫＞ 3%）	470300	40.83	3706.0	46.67

目前铝土矿主要集中在南川开采，未来仍然以南川为主要开采区域，可能向涪陵拓展。铝土矿开采已经涉及金佛山自然保护区，且有大中型资源点位于保护区内，须严格控制保护区内的铝土矿开发。

4．矿产资源开发对生态服务功能区的主要影响

盆周山区是当前矿产资源开发利用的重点区域，也是未来矿产资源进一步开发利用的热点地区，同时又是维系生态安全格局的生态建设重点区域。由于矿产资源的不合理开发，在局部区域已出现矿山生态破坏严重，诱发滑坡、地面塌陷等次生地质灾害，采矿破坏的土地和采矿废弃地相当部分未得到整治、修复，对水源涵养、土壤保持功能造成不利影响。如果不采取有力措施，矿产资源的开采，特别是煤炭、铝土矿、磷矿的开采将持续对关键区域的生态服务功能产生累积性影响，并可能对区域生态安全格局造成损害。矿产资源与生态安全格局和生态功能区的关系见图 7-4。

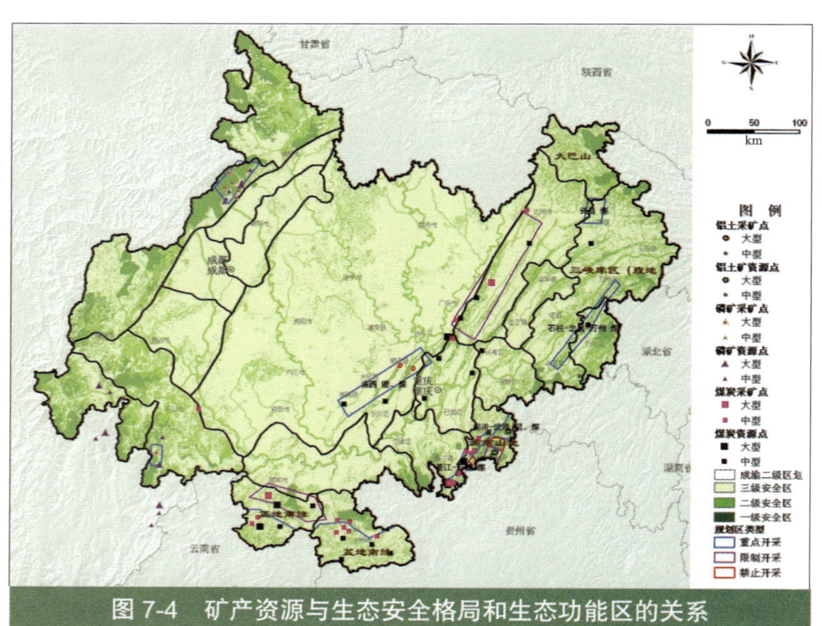

图 7-4　矿产资源与生态安全格局和生态功能区的关系

图 7-5　煤矿开采与生态安全格局和生态功能区的关系

（1）煤炭资源开发

煤炭资源开采主要集中在宜宾和泸州南部、三峡库区内部分区县，将对渝南山地生物多样性及水源涵养、三峡库区水源涵养及土壤保持、秦巴山地水源涵养及土壤保持、盆地南缘岩溶土壤保持生态服务功能产生长期累积性影响（图 7-5）。

在川南喀斯特岩溶地貌区域，由煤炭开采带来的土壤侵蚀增加，有可能加剧该区域石漠化进程。

在国家规划大型煤矿开发的同时，应加快对区内现有小型煤矿及煤硫共采矿的整治，整合资源、关闭小煤矿，实施以控制水土流失和石漠化为重点的矿山生态修复工程，促进区域土壤保持功能的恢复。

列入重庆市煤炭重点开采区的万州—云阳、开县、綦江—万盛、南川—武隆重点开采区等大部分

属于中、小煤矿开采。加强资源整合、小煤矿整治和矿山生态修复，维护和提升水源涵养和土壤保持功能是这些煤炭开采区的当务之急。

万州—云阳重点开采区应以三峡库区水源涵养和土壤保持优先为原则实施煤炭开采，结合实施森林工程建设和即将实施的库周生态屏障建设做好生态保护。

（2）磷矿资源开发

磷矿资源开采主要集中在什邡绵竹（德阳市）和马边（乐山市），将对峨眉山—大风顶生物多样性与水源涵养及土壤保持、茶坪山土壤保持和水源涵养生态服务功能产生长期累积性影响。

德阳的什邡绵竹位于沱江源区和“汶川 5 · 12 地震”的极重灾区，地震对茶坪山土壤保持和水源涵养生态服务功能产生了极大的破坏作用。目前该区域面临着恢复生产和加强生态屏障功能建设的双重任务。地震后该区域对土壤侵蚀更加敏感，磷矿恢复生产和进一步开采将对该区域的土壤保持和水源涵养形成较大压力，需要在恢复生产的同时，加强水土流失控制和生态修复。

乐山的马边位于岷江的支流马边河源区，属于峨眉山—大风顶生物多样性保护与水源涵养功能区，生物多样性保护、水源涵养和土壤保持的一级重要区。与该区域紧邻的有大风顶国家级自然保护区，其主要保护对象为大熊猫等珍稀濒危物种和常绿阔叶林。该区域需要按照生态优先的原则实施磷矿资源的开发，强化生物多样性和水源涵养功能保护，避免无序开

表 7-17　主要资源开发区域与可能受影响的生态服务功能区

生态服务功能	矿种	资源开发区域	受影响的生态服务功能区
水源涵养	煤炭	万州—云阳重点开采区	三峡库区水源涵养重要区
		开县重点开采区	秦巴山地水源涵养重要区
		綦江—万盛重点开采区	渝南山地生物多样性保护生态区
		南川—武隆重点开采区	渝南山地生物多样性保护生态区
	铝土矿	南川（重庆市）	渝南山地生物多样性保护生态区
	磷矿	什邡绵竹（德阳市）	茶坪山生物多样性保护与土壤保持生态功能区
		马边（乐山市）	峨眉山—大风顶生物多样性保护与水源涵养生态功能区
土壤保持	煤炭	宜宾和泸州南部	盆地南缘岩溶土壤保持生态功能区
		万州—云阳重点开采区	三峡库区水源涵养重要区、土壤保持生态功能区
		开县重点开采区	秦巴山地水源涵养重要区、方斗山—七曜山山地水土保持生态区
	铝土矿	—	—
	磷矿	什邡绵竹（德阳市）	茶坪山生物多样性保护与土壤保持生态功能区
		马边（乐山市）	峨眉山—大风顶生物多样性保护与水源涵养生态功能区
生物多样性	煤炭	綦江—万盛重点开采区	渝南山地生物多样性保护生态区
		南川—武隆重点开采区	渝南山地生物多样性保护生态区
	铝土矿	南川（重庆市）	渝南山地生物多样性保护生态区
	磷矿	马边（乐山市）	峨眉山—大风顶生物多样性保护与水源涵养生态功能区

采，严格控制尾矿污染。

（3）铝土矿资源开发

铝土矿资源开采主要集中在重庆南川，将对渝南山地生物多样性保护和水源涵养产生长期累积性影响。

铝土矿部分采矿点和资源点与金佛山国家级自然保护区重叠，金佛山是盆地低山丘陵区向云贵高原过渡的区域，生境多样，珍稀濒危动物种类多样，生物多样性高，有各种古老、孑遗物种分布。铝土矿的开采将可能对部分古老、孑遗物种及其生境或栖息地产生影响，从而引发生物多样性保护问题。需要对铝土资源开采和尾矿实施严格管理。

（4）主要矿产资源开发区域可能影响的主要生态服务功能区

主要矿产资源开发的区域及可能影响到的主要生态服务功能区如表 7-17 所示。其中影响水源涵养功能的主要是什邡绵竹和马边的磷矿开采、南川—武隆的铝土矿和煤矿开采以及綦江、万盛、云阳、开县等的煤矿开采，主要影响的水源涵养生态功能区包括：三峡库区（腹地）、秦巴山地和峨眉山—大风顶，其他受影响的水源涵养较重要的区域包括：渝南山地生物多样性保护生态功能区和茶坪山生物多样性保护与土壤保持生态功能区。影响土壤保持功能的主要是宜宾和泸州南部的煤矿开采、云阳和开县等的煤矿开采、南川和武隆的铝土矿开采以及什邡绵竹和马边的磷矿开采等，主要影响的土壤保持功能区包括：盆地南缘岩溶土壤保持生态功能区、方斗山—七曜山山地水土保持生态区、茶坪山生物多样性保护与土壤保持生态功能区，其他受影响的土壤保持较重要的区域包括：三峡库区（腹地）水源涵养区、秦巴山地水源涵养区、渝南山地生物多样性保护区、渝南山地生物多样性保护生态区。

5. 基于生态服务功能保护的矿产资源开发调控

从维护生态功能区的主导生态功能出发，对煤炭、铝土矿和磷矿资源的开发提出相应的调控对策和措施，见表 7-18。

表 7-18 基于生态服务功能保护的矿产资源开发调控对策

	调控对象	维护土壤保持、水源涵养、生物多样性保护功能
煤矿	古叙、筠连煤矿	进行资源整合；关闭小煤矿；实施以控制水土流失和石漠化为重点的矿山生态修复工程
	三峡库区腹地	加强资源整合；避免小矿无序开采；实施以降低土壤侵蚀敏感性和控制入库泥沙量为重点的矿山生态修复工程
	华蓥山、芙蓉山	关闭小煤矿；实施以控制废弃矿山和中小煤矿水土流失为主的生态修复
	綦江、万盛和南川	加强资源整合；避免小矿无序开采；以渝南山地和古老、孑遗物种及其生境为重点保护对象，从严控制保护区内的采矿行为，加强尾矿管理
铝土矿	綦江、万盛和南川	加强资源整合；避免小矿无序开采；以渝南山地和古老、孑遗物种及其生境为重点保护对象，从严控制保护区内的采矿行为，加强尾矿管理
磷矿	什邡—绵竹	主要进行灾后恢复生产；以自然保护区、珍稀濒危动植物及其生境、以常绿落叶阔叶混交林带和针叶林带为重点保护对象，减少采矿对水源涵养、土壤保持、区域生物多样性保护的影响
	马边	按生态优先原则进行有序开发；以自然保护区珍稀濒危物种和常绿阔叶林为重点保护对象，严控采矿、基础设施建设和尾矿污染，保证区域水源涵养功能不降低、生物多样性不降低

五、水电梯级开发的叠加影响效应导致珍稀特有鱼类生境在逐渐丧失

1．水电梯级开发建设现状

流入成渝经济区的主要河流金沙江、大渡河、岷江流域水能资源丰富，具备水电梯级开发的优越条件。在国家能源发展战略定位上，是水电清洁能源“西电东送”的重要输出地。但发展水电清洁能源与水生生物多样性保护存在一定的冲突，由于梯级开发的累加效应，这种冲突在成渝经济区表现得尤为突出。

成渝经济区内及周边的主要江河（包括长江干流上游、金沙江、大渡河、嘉陵江、沱江、岷江上游）均已被水电梯级枢纽工程截断，对“长江上游珍稀特有鱼类保护区”形成了“合围”的态势（图 7-6）。

图 7-6　成渝经济区水电站分布

2．现状水电开发造成的生态影响

长江上游干、支流水电和航电工程梯级开发对于长江上游珍稀特有鱼类的繁殖、索饵、洄游产生了明显的叠加影响效应。上游大量特有鱼类的栖息环境、食物种类特别是繁殖条件，发生显著的变化，可能除了栖息于青藏高原河源段的少数鱼类外，大部分特有种的生存将受到严重威胁。

在长江上游生活的珍稀鱼类白鲟、达氏鲟，以及上游的重要经济鱼类圆口铜鱼，它们的产卵场位于金沙江下游和上游的干流内，胭脂鱼产卵场除分布于干流江段，还分布于几条主要支流。目前，金沙江下游向家坝、溪洛渡水电在建，嘉陵江干流、沱江已基本完成了航电梯级开发，大渡河已建、在建 6 级梯级水电，乌江等主要干、支流骨干工程相继建成，截断了这些鱼类向上游的洄游走廊，产卵场也被分割得支离破碎，它们被阻隔在狭小的“长江上游珍稀特有鱼类保护区”。

现状水电开发对长江上游生活的珍稀鱼类的影响主要表现在：

（1）建坝造成鱼类洄游和漂流通道受阻

洄游性鱼类往往需要洄游或上溯到河道上游产卵，大坝的建设切断了其洄游通道，对洄游性鱼类产生重要的影响不可逆。

白鲟、中华鲟、胭脂鱼等珍稀特有鱼类都是在长江全江段活动（包括主支流）并在长江上游产卵的鱼类。白鲟、达氏鲟和胭脂鱼主要的天然繁殖场都在金沙江下游，也就是溪落

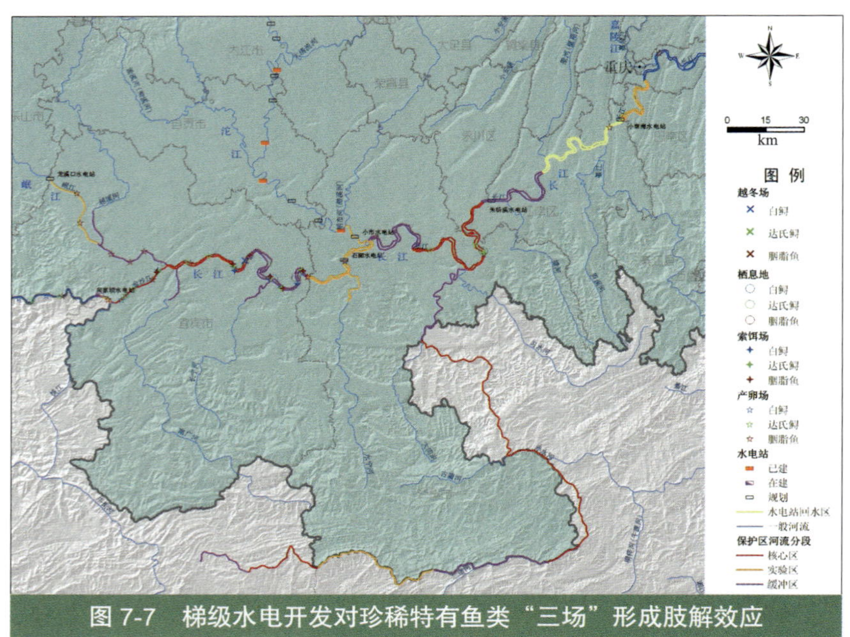

图 7-7 梯级水电开发对珍稀特有鱼类“三场”形成肢解效应

渡电站大坝以下 100 多 km 的江段内。中华鲟每年的繁殖季节会上溯到上游产卵繁衍。它们孵化出的部分幼鱼可能会随水流漂至长江中下游及其附属水体生长发育，至性成熟前返回上游参加繁殖，而后留在上游生活。目前长江上游水电的开发已经对这些鱼类的洄游产生了重大的影响，洄游问题及洄游通道成为流域开发的重要问题。

葛洲坝水利枢纽工程、三峡水利枢纽工程、溪落渡电站高坝等的建设，事实上已经将长江干流的鱼类洄游及上溯产卵通道阻断，金沙江水电工程的建设，使长江上游洄游走廊再次截断。洄游性鱼类和水生动物受工程阻拦被迫改变洄游行程，或被迫压缩在相对狭小的水域中洄游与繁殖，如中华绒螯蟹、刀鲚洄游行程在年内均缩短了一半以上，凤鲚生境也日趋狭窄。水电开发带来的大坝建设已经导致洄游鱼类群体数量急骤下降，资源明显衰退。近年来在上游江段已很难发现白鲟。河海间洄游的鱼类如鲟鱼、鲥鱼等珍稀鱼类也已大为减少，珍稀鱼类——虎嘉鱼已经基本消失。1981 年葛洲坝水利枢纽工程的截流阻断中华鲟的产卵洄游通道，其产卵场从长江上游 600 km 的江段缩减至葛洲坝至古老背长约 30 km 的江段，且产卵规模也大为缩小。

（2）漂流性产卵鱼类鱼卵漂程不足

鱼类根据流速、水温、水位等信息获得产卵的信号，因此河流流态的改变必然会影响到鱼类的产卵和生长。对产漂流性卵的鱼类来说，日平均涨水幅度在 0.01 ～ 9.39m 时，尤其是日平均涨水幅度在 0.4m 以上时，日平均流速增加 0.01 ～ 1.87m/s 的情况下，产卵活动较为强烈。产漂流性卵的鱼类还要求产卵场水流发生漩滚，鱼卵才不至于下沉（如四大家鱼和铜鱼）。大坝建成以后，河水由流动状态逐渐改变为相对静止状态。水文情势改变，使得产漂流性卵的鱼类的产卵条件消失。当流速降低、流量减少、水流动能不足以形成漩滚时，鱼卵下沉，漂程不足，由于泥沙覆盖、其他动物吞食等不利因素，会导致一些鱼卵死亡。而即使存活下来，也因无法到达适宜的栖息地环境，从而无法孵化成幼鱼。

梯级水库将使自然河道的洪枯过程减弱，甚至消失。季节性高峰流量的丧失会导致鱼类产卵、孵化和迁徙激发因素的中断，一些鱼类遇洪水或急流才能刺激产卵和幼苗生长。如长江特有鱼类白鲟的产卵场要求水流较急、水深 10 m 以内。

（3）下泄水滞热和滞冷效应改变原有生境

水温作为鱼类栖息地环境的一个重要因素，直接影响鱼类的新陈代谢。鱼类的生长一般与温度呈正相关。高坝大水库建成运行后，由于体积大、水流缓，垂向水温分布呈现不同的分层。水库在围堰发电期下泄水温过程发生了一定的变化，下泄水温在不同时期分别出现

“滞温”和“滞冷”现象，对鱼类繁殖的产生不利影响。如三峡水库月平均下泄水温改变在±1.7℃。水温变化虽然很小，但水温 4 月“滞冷”和 10 月“滞温”对下游干流水域水生态环境特征的构成产生影响。

对于大坝下游的鱼类，由于水库经常下泄底层的低温水，造成大坝下游河道水体温度比历史同期温度低，下泄的低温水使鱼类达到产卵水温所需的时间延长，推后了鱼类繁殖时间，使鱼类原有长期形成的繁殖与自然环境条件的耦合关系可能被打乱，影响繁殖。如：达氏鲟、胭脂鱼在每年 3—4 月产卵，水温需求 15 ～ 18℃，三峡大坝 2—5 月下泄水温比建坝前降低 2.8 ～ 4.4℃，将可能导致鱼类产卵时间的推迟及性腺的退化。如果下泄冷水导致鱼类产卵延迟时间过长，刚孵化的卵遇到春汛，江水很有可能将卵带走，破坏卵的孵化。

中华鲟每年 7—8 月由河口溯河而上，生殖季节为 10 月上旬至 11 月上旬，水温需求为 17 ～ 20.2℃。三峡大坝工程围堰发电期，10 月下泄水温与天然水温相比变化由 19.7℃上升至 20.4℃，变幅虽很小，但是水温对这个时候正值中华鲟的产卵繁殖构成为限制因素。

（4）河水气体过饱和

大坝建成后，在泄洪过程中，水与空气中的气体混合后一起释放到坝下的深潭中，对大坝下游的鱼类而言，高水位下泄时，在高速水流表面形成掺氧，将空气卷吸入下泄水体中，使水体发生剧烈曝气，水体中溶解气体（N_2、O_2、CO_2）处于过饱和状态。2003 年 11 月 1—3 日，从三峡大坝到宜都清江河口，长约 79 km 的范围内，溶解氧高达 11.1 ～ 11.9 mg/L，饱和度范围为 119% ～ 126%，高出三峡库区约 40%。三峡大坝蓄水（库水位 135 ～ 139 m）泄流时，下游黄陵庙、东岳庙以及南津关等江段溶解氧的饱和度均超过 110%。

许多高坝大库下泄水流，通过掺气进行消能防冲，保护河道，但同时造成水库下游相当长的河段的河水气体过饱和，水体中溶解气体过饱和会导致鱼体内血液中产生气泡引起“气泡病”而使鱼类大规模死亡。三峡库水跌落后，坝下出现气体过饱和，曾出现中华鲟鱼卵死亡，鱼苗患气泡病升至水面而死亡的现象。其中距三峡坝区的三斗坪（距大坝 6 km）和宜昌嘴较为严重（距大坝约 40 km）。最远曾观测到洪湖江段（距大坝 482 km）出现过因过饱和死鱼现象。

3．规划水电开发的生态影响

按照规划，未来长江上游干支流还将形成较大规模的梯级水电站群，具体见表 7-19。

考虑到向家坝水电站、大渡河梯级水电运行后下游河床冲淤变化对产卵场的不利影响，以及长江干流港口、码头建设及航道疏浚，污水排放对河床底质的影响等，长江上游珍稀特有鱼类在成渝经济区内河段的生境条件将进一步退化、缩小、丧失。水生物种多样性将受到严重损害。

表 7-19　长江干流及主要支流重要节点拟开发的水电站状况

流　域	枢纽名称	正常蓄水位 /m	回水里程 /km	电站装机容量 / 万 kW
沱江	小市	231.6	19.6	—
岷江下游	老木孔	358.0	18.0	32.0
	东风岩	344.0	10.1	18.0
	犍为	335.0	24.9	36.0
	龙溪口	318.0	31.1	36.0
长江干流	小南海	195.0	54.5	175
	朱杨溪	230.0	—	190

目前，岷江干流中下游、赤水河依然保持着自然河流系统特征，与长江干流保持着天然的水力连通状态，生物群落栖息条件未发生重大变化。赤水河干流和部分支流、岷江下游和越溪河支流等，可能成为长江上游珍稀特有鱼类等重要生物完成其生活史的仅存的自然生境。

在川渝地区的水电开发已经导致还将进一步使得水生态系统发生变化，对生物多样性的长期性风险将逐渐显现。

按照四川省《岷江下游（乐山—宜宾段）航电梯级开发规划》，在岷江下游将建设6级航电梯级枢纽工程，其中最末两级古柏和喜捷场航电枢纽在“长江上游珍稀特有鱼类国家级自然保护区”缓冲区内。规划实施后航道标准可由四级提高到三级，连通长江干流黄金水道，解决重大装备水路运输出川的问题。在自然保护区缓冲区内建设航电枢纽与《中华人民共和国自然保护区条例》的缓冲区“只准进入从事科学研究观测活动”的要求相冲突。长江上游珍稀特有鱼类自然保护区对实现重大装备水运出川的目标形成重大制约。需要从长江上游珍稀特有鱼类保护和岷江下游重大装备出川通航的角度，将岷江下游航电梯级开发纳入《全国内河高等级航道建设规划》，进一步研究论证。

按照《长江上游水电基地规划》，长江干流从向家坝水电站至三峡电站间还将建设三座水电站，即石棚、朱杨溪和小南海水电站。规划的三个水电站将涉及现有的长江上游珍稀特有鱼类国家级自然保护区，与《中华人民共和国自然保护区条例》有关要求相冲突。

规划实施将进一步降低长江干流生境的连续性，对珍稀特有鱼类的生境空间产生显著影响。规划实施将河道淹没形成多个狭长的河道型水库，水文情势发生显著变化，急流环境变为缓流环境，水库蓄水淹没涉及多处珍稀特有鱼类产卵场和集中分布点。

规划实施提供的清洁水电能源，在一定程度上能缓解对发展火电的需求，有利于改善成渝经济区大气环境质量、控制酸雨污染，但与长江上游珍稀特有鱼类的保护存在冲突。

维护长江上游水生态多样性，是构建长江上游生态屏障的重要内涵。建议对长江上游珍稀特有鱼类及其保护进行系统的调查和研究。

六、农业资源开发对长江上游生态屏障建设的影响

1. 农林资源开发与生态安全格局

成渝经济区作为全国重要的农林产品提供的生态功能区域，其农林资源开发在全国占有非常重要的位置。成渝经济区的成都平原、盆地丘陵地区、渝西方山丘陵农业生态区，主要提供粮食、肉类、蛋、奶、水产品等农产品，是全国商品粮基地和集中连片的农业用地，以及畜产品和水产品提供的区域。成渝经济区的盆地东部低中山丘陵区为全国重要的林产品提供生态功能区，是提供林产品为主的林区，即速生丰产林基地。

按照对成渝经济区生态安全格局的分析，成渝经济区农林资源开发的主要区域分布在生态安全格局的三级区内，主要包括成都平原、盆中丘陵、渝西方山丘陵、渝中平行岭谷区。该区人口密度较大，城市化水平较高，基本不存在限制建设发展的生态要素，区内产业布局基本以城镇为依托，是成渝经济区农林资源开发及以农林资源加工利用为主的重点产业布局的主要区域。

从支撑重点产业发展的农林资源开发的空间分布看，由于主要分布区不在生态安全格局的一级区和二级区内，因此，农林资源的开发不会对成渝经济区的生态安全造成威胁；而且，

由于经果林等森林资源的培育和生态农业的发展，将在一定程度上引导与改善生态安全格局三级区的生态环境质量，从而使成渝经济区整体生态安全格局得到进一步加强。

但农林资源开发中的耕地保护和农林资源开发中农业面源污染问题为区域应关注的主要问题。

2．农业资源开发与土地资源

农业资源开发将对土地资源利用格局产生重大影响。保障区域耕地特别是基本农田面积不减少，不仅是区域和国家粮食安全的需要，也是维持区域农业生态系统稳定的需要。保持国家分配的耕地红线指标，保证基本农田面积不减少是基本的原则。

成渝经济区耕地面积由 2000 年的 114464.4km^2 减少为 2007 年的 105928.4km^2，净减少了 8536.0km^2，年变化率为 –1.07%。耕地减少的原因是多方面的，坡耕地退耕和城市化建设用地增加以及交通基础设施用地增加是主要的因素。坡耕地退耕主要在 25° 以上的陡坡耕地，主要分布在盆周山区和三峡库区；城市建设用地增加主要分布在成都和重庆两个区域特大型城市，区域来看主要分布在成—德—绵—乐城市带和沿长江城市发展带；交通基础设施用地增加主要分布在成都平原和盆中丘陵区。

3．农业资源开发与农业面源污染

成渝经济区农业生产条件优越，是国家最大的粮、油、猪生产基地之一，是我国的粮食主产区和水果、肉、蛋、奶、木材等农产品的重要生产区，油菜、蔬菜、马铃薯、茶叶、蚕桑的面积和产量已进入全国前五位。

成渝经济区农业资源开发对于国家粮食安全具有重大意义，但由于长期不合理地使用化肥、农药等以及畜禽养殖的快速发展，部分次级河流水质变差，区域面源控制面临较大压力，农业面源污染整治已经成为农村环境综合整治的重要内容。

从区域看，成都平原和盆中丘陵区是传统的农业生产区，化肥施用量较大，三峡库区的化肥施用量并不低。从流域看，沱江上游和下游、涪江中游和渠江中游的化肥施用量较大（图 7-8）。根据《四川省新增 100 亿斤粮食生产能力建设规划纲要》确定的粮食增产任务，至 2012 年，成渝经济区粮食产量规划新增 81 亿斤，其中成渝经济区内 54 个粮食生产核心县规划增产 60.17 亿斤，相对 2007 年增产约 12%。在耕地面积减少，粮食产量需求增加的背景下，由于区域化肥施用强度已经处于高位且呈增长趋势，提高化肥施用量

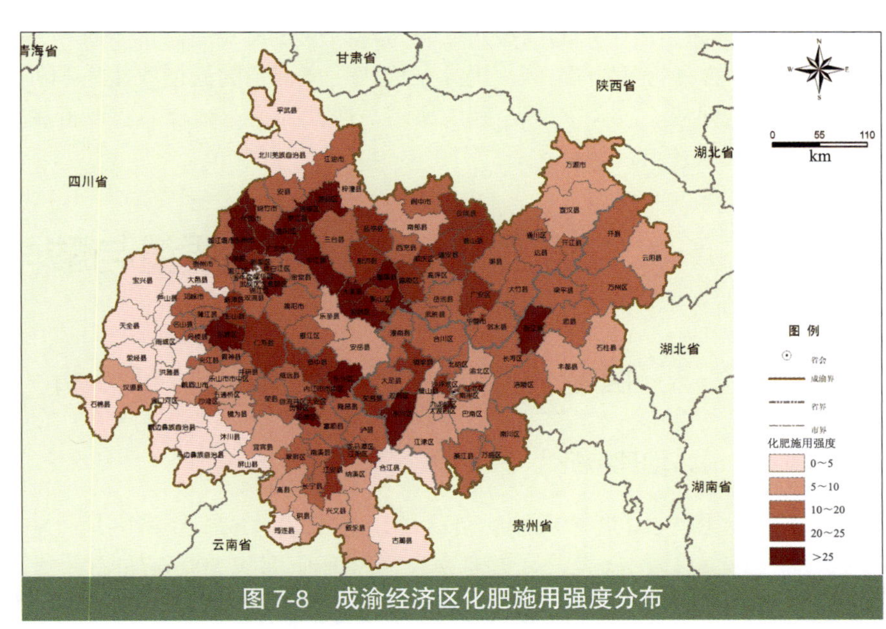

图 7-8　成渝经济区化肥施用强度分布

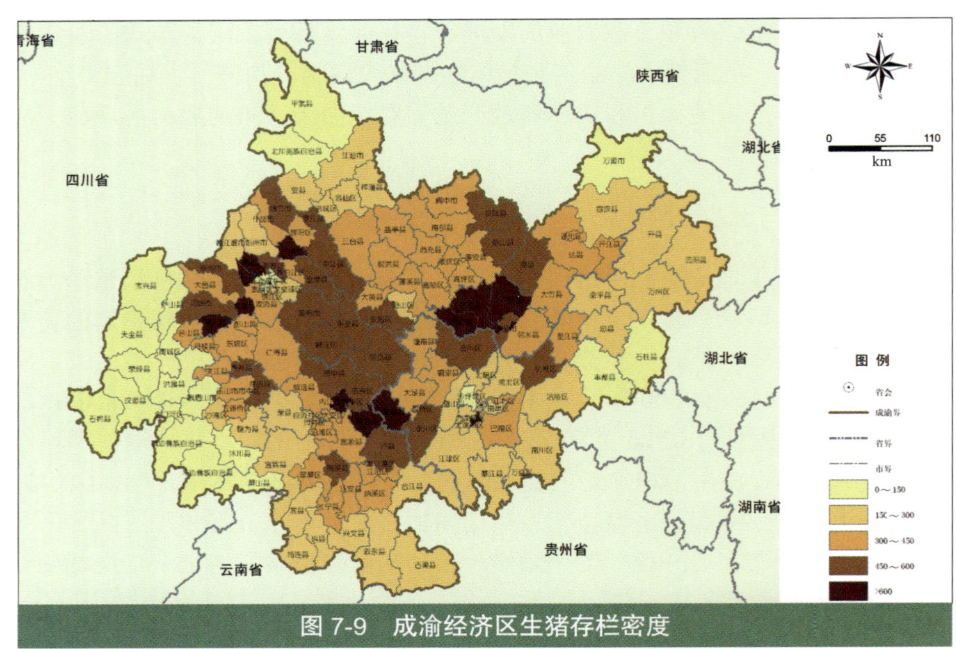

图 7-9 成渝经济区生猪存栏密度

增加粮食产量存在化肥施用效益显著递减和化肥利用效率显著下降的问题，依靠化肥投入的粮食增产策略是不可行的。实现粮食增产和面源污染有效控制的重点在于控制化肥施用量、提高化肥利用率（如缓释肥、精准施肥等）和加强农田基础设施建设等。

从区域看，成渝经济区生猪养殖的重点区域在成都平原区、盆中丘陵区的中部和盆东北的南—广—达三角区域。从流域看，主要分布在沱江流域和渠江中游右岸（图 7-9）。根据《四川省国家优质商品猪战略保障基地项目建设规划（2009—2015 年）》，到 2015 年，四川省将新增出栏优质商品猪 2000 万头，全省年出栏生猪总量达到 1.2 亿头，增长幅度约为 30%。在畜禽养殖需求增长和畜禽养殖面源污染控制的背景下，单纯依靠规模扩张的发展模式势必严重加剧区域畜禽养殖带来的面源污染，实现区域畜禽养殖需求增长和面源污染控制的重点是大幅提高现代化畜禽养殖的比例，提高规模化畜禽养殖的粪便收集率和处理利用率，提高分散畜禽养殖的粪便收集、处理和综合利用率，与现代种植业结合，实现畜禽粪便的有效利用。

第三节 大气环境质量与酸雨影响分析

一、区域污染气象模拟与输送特征分析

1. 地理特征

图 7-10 展示成渝经济区的地形地貌。成渝经济区地处中国西南部，涵盖整个四川盆地，地势总体起伏大，高差悬殊。东部平原海拔 500 m 左右，最低处 445 m；西北部山地海拔达 5000 m 以上，高低相差 4000 余 m。成渝经济区四面环山，其气候特点是：风速小、静风频

率高、逆温频率较高、云雾多、日照少、雨量充沛、湿度高，属中亚热带湿润气候。该地区不利于污染物扩散的静小风和逆温天气状况出现频率较高，平均风速 1.2 m/s，静风频率高达 40%，近地逆温出现频率为 13%；上部逆温出现频率为 2.5%。四川盆地处于云贵高原夏季风的背风地位，气流越山下沉增温，且盆地热量不易与外界交换。

图 7-10　成渝经济区地形示意

城市及周边区域环境空气的污染与城市污染源排放和气象条件有关，同时也与城市本身的特点相关。有关研究表明：成都城市的热岛明显存在，且强度较大；热岛强度的季节变化是冬、夏大于春、秋；日变化规律是夜间大于白天，午间最小；晴天大于阴天。上部逆温的出现，限制了高架源所排放污染物的扩散，易出现短时的高浓度污染。

2．气象场模拟

气象场是扩散模式描述污染物的输送、扩散和稀释作用的主要动力因子，气象场的质量优劣直接影响到空气质量模拟结果的精度。在空气质量模拟的前期准备工作中，尽可能地获得接近客观的气象场是至关重要的。

CALPUFF 模式的首选气象场为由 CALMET 模块生成的三维气象场，使用 CALMET 预先处理 CALPUFF 所需的气象资料，可以全面细致地描述污染物在近地面层扩散的微气象背景场和长距离输送的对流层中 -β 尺度常规气象背景场。模拟过程中选用诊断风场模式，经过两步模拟，最后形成完整的诊断风场。

在常规气象资料缺乏的情况下，CALPUFF 的气象场可由 MM5 提供。可在 MM5 运行结果输入 CALMET 时加入少数地面站和探空站数据进行同化，以提高模拟的准确性。

由于本次模拟的范围较大，因此本次采用 MM5 的计算结果作为 CALMET 的初始猜测场，然后加入成渝经济区少量的地面站和探空站的数据进行同化的办法来模拟整个成渝经济区的气象场，以期尽量减小气象场的模拟误差。

（1）气象资料收集

CALMET 模块对于气象资料输入要求至少有 1 个气象探空站的每日探空资料和尽量多的气象地面站的每日逐时观测资料。其中地面站观测资料包括风速、风向、气温、云底高度、云量、气压和相对湿度；探空站资料包括风速、风向、气温、气压和抬升高度的垂直廓线。

本次地面气象数据采用重庆的潼南、大足、荣昌、永川、万盛、铜梁、北碚、合川、渝北、沙坪坝、江津、巴南、南川、长寿、涪陵、綦江等 16 个地面站，四川的眉山、温江、乐山、宜宾、自贡、南充、资阳、广安、内江、自贡、泸州等 11 个地面站，共 27 个站点 2007 年地面 10m 处的风速、风向，气压、降水量、相对湿度、云量和温度。

探空气象数据采用重庆沙坪坝、四川宜宾以及四川温江共 3 个探空站 2007 年全年的每日 2 次（分别为 8 时和 20 时）的探空数据。

MM5 初始场采用美国国家环境预报中心（NCEP）2007 年的全球再分析资料，其水平分辨率为 1°×1°，每天共 4 个时次：00、06、12、18 时。

（2）地理资料收集

CALMET 模块所必需的地理资料包括土地类型，海拔高度，地表参数（表面粗糙度，距离，反照率，波文比率，土壤热传导系数和植被区域分类）和人为热传导系数。土地类型和海拔有关的数据需要按网格输入，地表参数和人为热传导系数可以按网格输入，也可根据各网格点土地类型数据通过查表得到，模式已经提供了与土地信息相关的这些参数的缺省值。

地理数据中的土地类型和海拔高度取自于GTOPO的全球30″的地形数据。选取模拟范围，通过详细分析确定成渝经济区的土地类型，使用非城市用地、灌溉农业用地、林地和水体等用地类型信息描述成渝经济区地形特征。

MM5 地形和地表类型数据采用美国地质调查局（USGS）的全球数据，30s 数据同样采用 GTOPO 的全球地形数据。

① MM5 模型介绍。

MM5（Mesoscale Model 5）为美国国家大气研究中心（NCAR）和美国宾州大学（PSU）在原有的流体静力模式 MM4 基础上发展的新一代中尺度非流体静力模式。MM5 具有多重嵌套能力、非静力动力模式以及四维同化的能力，并能在计算机平台上运行，来模拟或预报中尺度和区域尺度的大气环流。特别是它的非流体静力模式，可以满足中 $-\beta$（20 ～ 200 km）和中 $-\gamma$ 尺度（2 ～ 20 km）强对流天气系统演变的模拟需要。本研究采用 MM5 的最新版本 v3.7 版。

MM5 模式结构可分为前处理模块（TERRAIN、REGRID、INTERPF）、主模块、后处理及绘图显示等辅助模块（包括 RIP、GRAPH、GrADS、Vis5D）。在每一部分中又有其具体细致的内容，前处理中包括资料预处理、质量控制、客观分析及初始化，它为 MM5 模式运行准备输入资料；主模块部分是模式所研究气象过程的主控程序；后处理及绘图显示模块则对模式运行后的输出结果进行分析处理，包括诊断和图形输出、解释和检验等。MM5 模式是具有数值天气预报业务系统功能和天气过程机理研究功能的综合系统，是较先进的中尺度数值预报模式，一经发布就以其优良的性能赢得世界各国相关学科众多业务和科研部门科学家的关注，被广泛应用于各种中尺度现象的研究中。目前 MM5 注册用户遍及全球数十个国家，我国是 MM5 的主要使用国家之一，在气象、环境、生态、水文等多个学科领域都得到广泛使用。

图 7-11　MM5 气象模型三重嵌套区域示意

② MM5 模拟范围。

MM5 模拟采用三层网格嵌套，如图 7-11 所示：第一层模拟区域为五大经济区所共有的范围设置，涵盖整个东南亚地区，其中心经纬度为北纬 32°、东经 118°，X 方向网格数为 88、Y 方向网格数为 75，网格距为 81 km。第二层模拟区域涵盖整个四川省和重庆市以及近邻周边省市，X 方向网格数为 52、Y 方向网格数为 49，网格距为 27 km。第三层区域涵盖整个成渝经济区，X 方向网格数为 97、Y 方向网格数为 67，网格距为 9 km。

③ MM5 参数方案选择。

此次模拟的气象场对所有的区域，垂直方向从地面到 100mb 的等压面，定义 23 个 σ 层：1.00，0.9975，0.995，0.988，0.98，0.97，0.956，0.95，0.938，0.90，0.893，0.85，0.839，0.80，0.777，0.75，0.702，0.60，0.582，0.50，0.40，0.30，0.20，0.00。考虑到这里研究的污染物输送主要在行星边界层中，所以在低层采用较高的分辨率，从地面的 σ 为 1 到 0.85 的高度，共设置了 12 层。

根据模拟区域实际情况，选取边界层参数化、积云参数化、显示水汽方案、辐射等方案。

3．气象特征分析

（1）风场特征

图 7-12 为成渝经济区所模拟的逐时风场中所选出的非常典型的地面风场示例图。由第一幅图可以看出，盆地周围下坡风明显，山顶风往山下吹，在盆地中又呈现出旋涡型风场，使得污染物集中在盆地内无法输送，从而形成旋涡型污染带；第二幅图显示了盆地内出现小风、静风的情况，盆内多出现小风、静风，而盆周风往盆里吹，使得污染物无法输送与扩散。由逐时的气象场分析得出，成渝经济区盆地内出现小风、静风频率较高，盆地外的风向盆地里吹，且风速较大，盆地周围坡风明显，盆地内时有旋转型风场出现，不利于污染物的输送与扩散。

（2）温度结构特征

图 7-13 为成渝经济区东西向垂直剖面的逆温示例图。第一幅图展示了冬季近地面逆温现象，而第二幅图则展示了夏季近地面逆温现象。由逐时的温度场剖面可以看出，近地面经常出现逆温现象，且冬季较夏季更明显，出现频率更高。逆温出现时间有明显的规律性，一般从下午 18 点开始到第二天早上 8 点左右结束。盆地中部区域有明显的热岛效应。

（3）输送轨迹特征

选择成都、重庆和宜宾 3 个代表性地点，进行成渝地区典型季节的输送轨迹分析，可将轨迹分为几种代表性的类型，其中各类型出现的大概比例见表 7-20。图 7-14 至图 7-18 分别给出了各类型的典型轨迹。

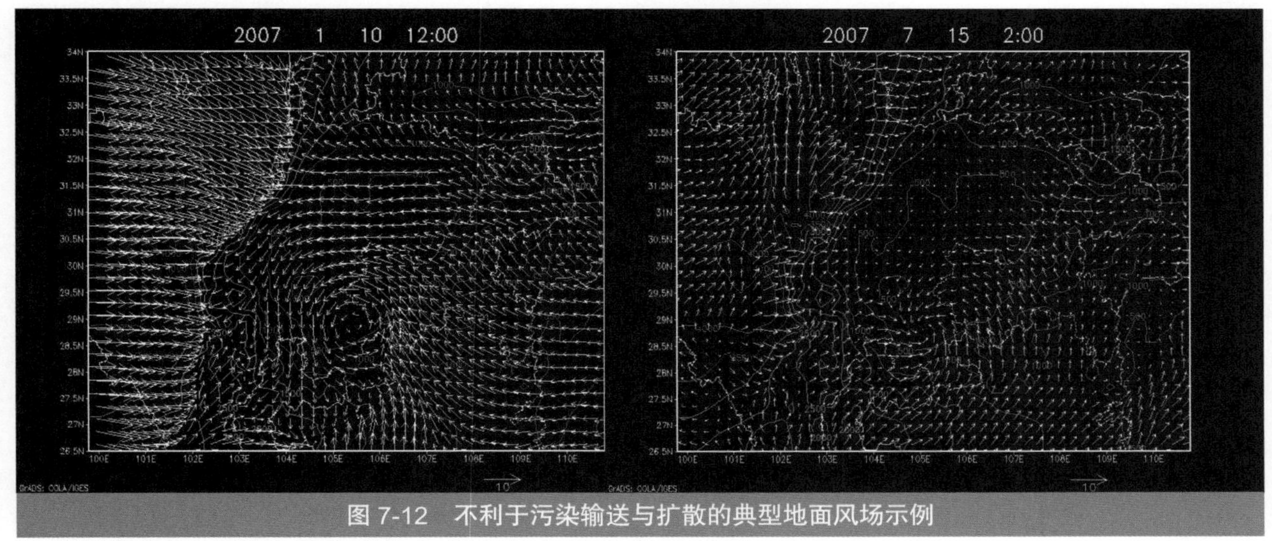

图 7-12　不利于污染输送与扩散的典型地面风场示例

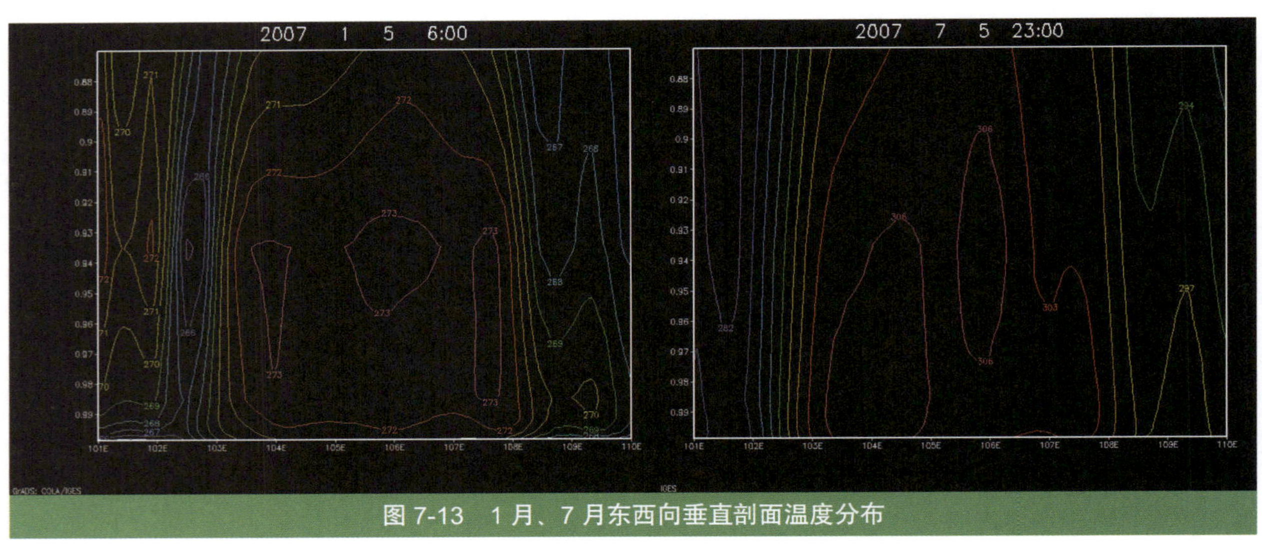

图 7-13 1 月、7 月东西向垂直剖面温度分布

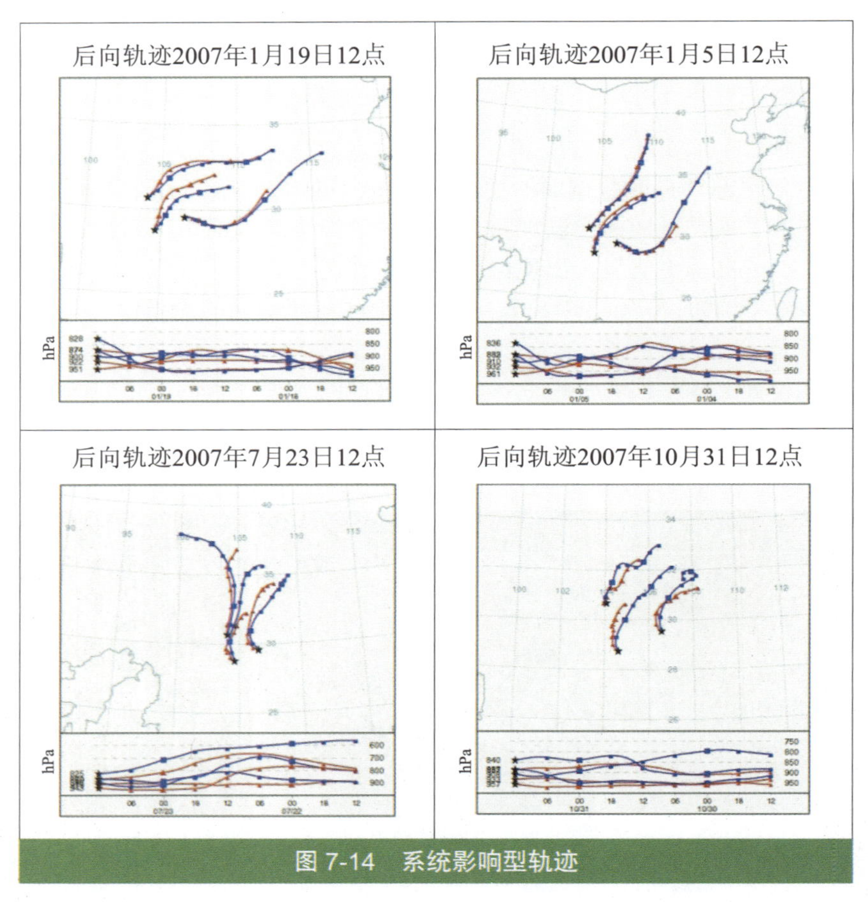

图 7-14 系统影响型轨迹

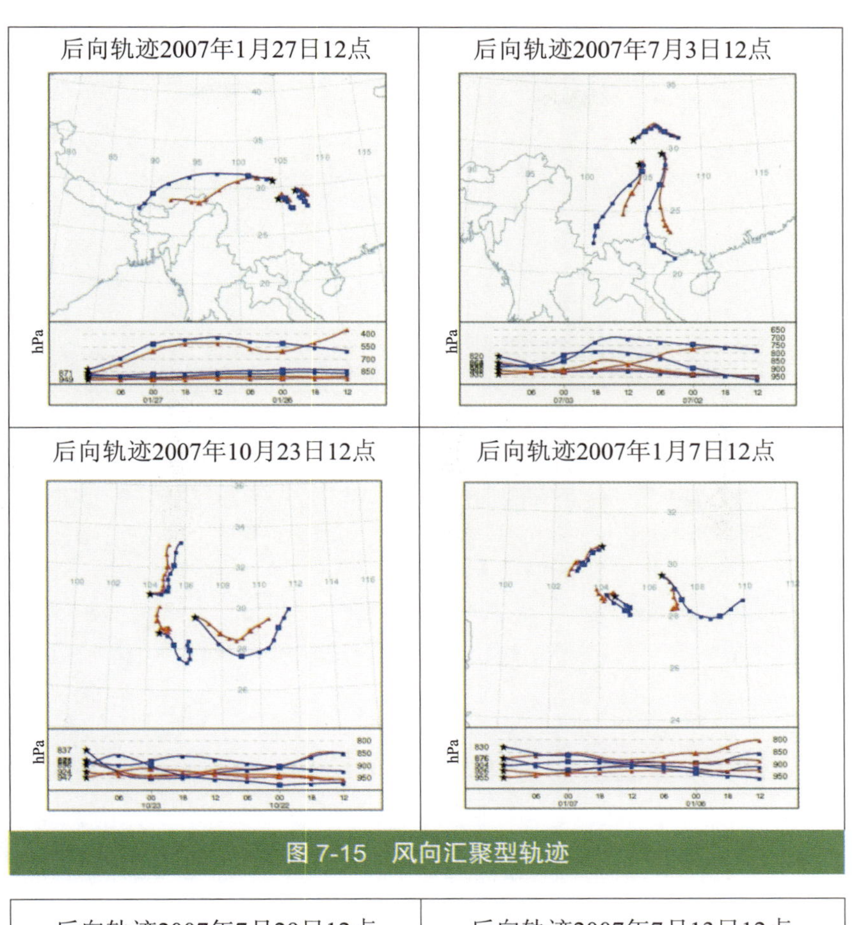

图 7-15 风向汇聚型轨迹

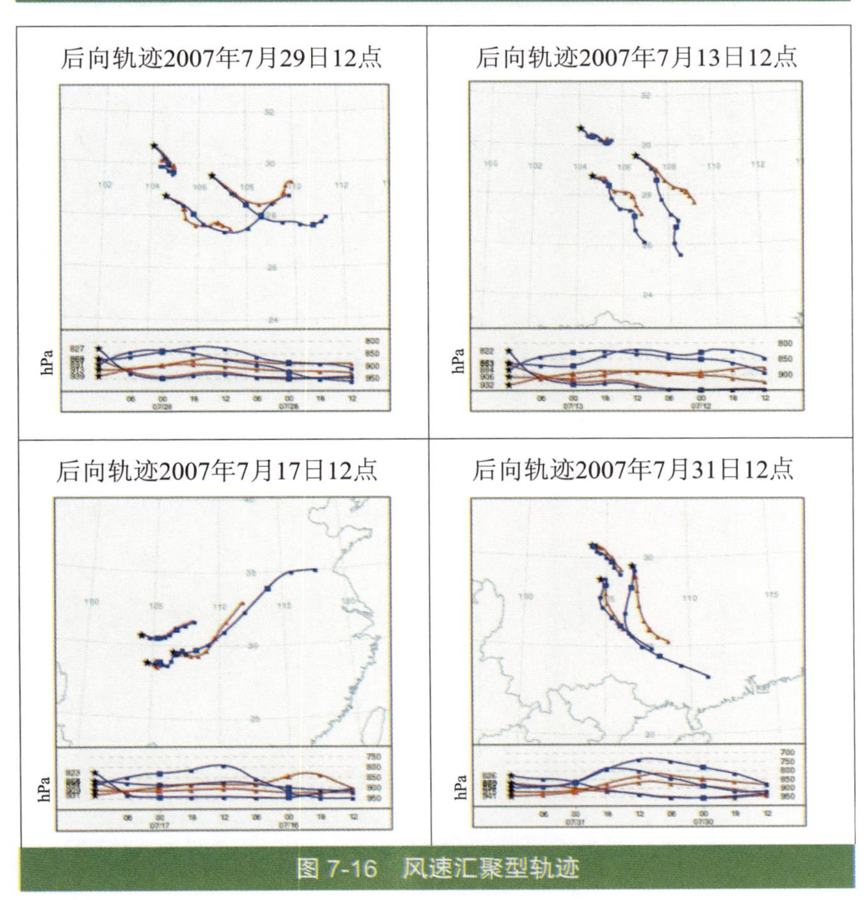

图 7-16 风速汇聚型轨迹

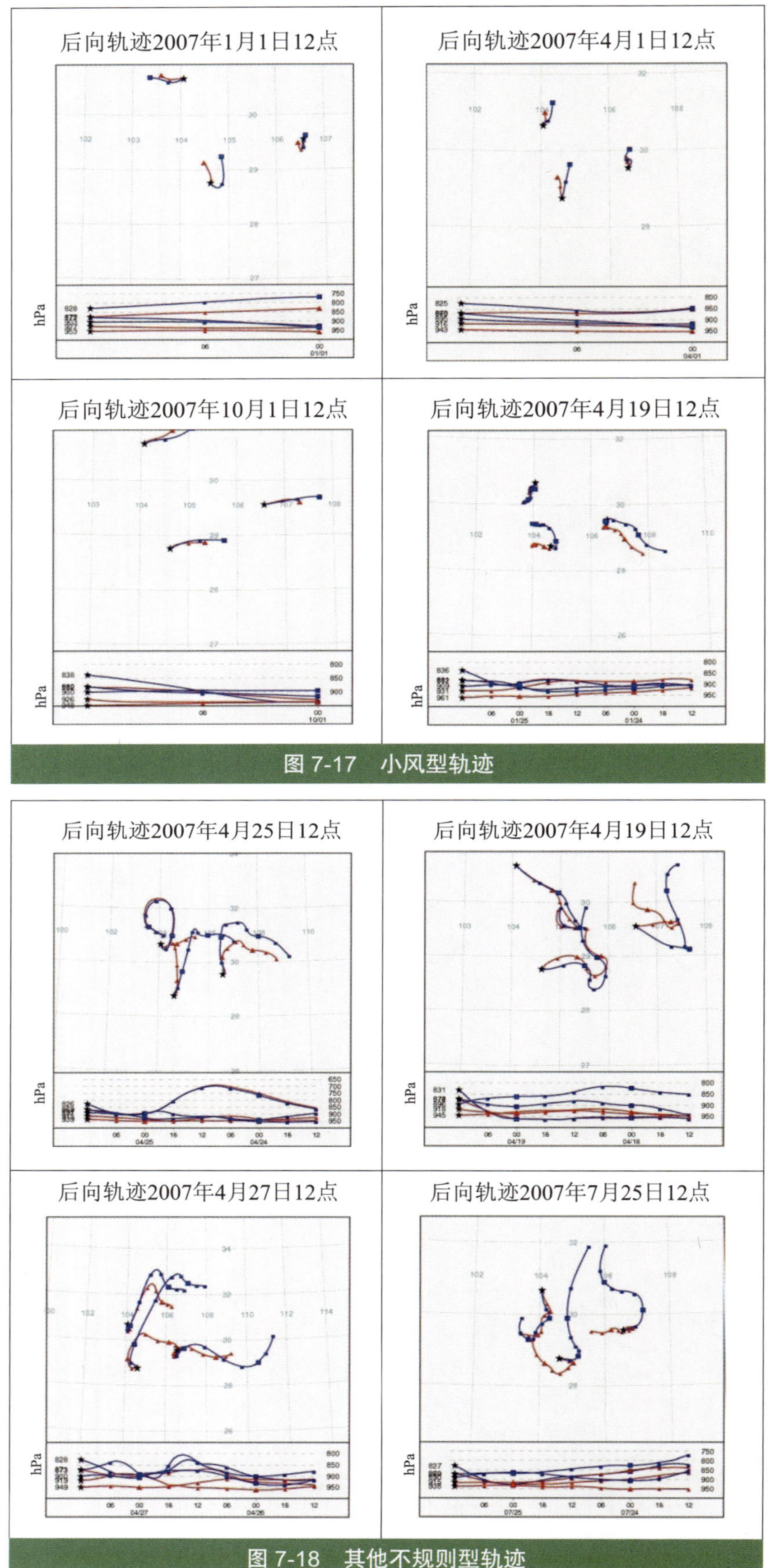

图 7-17　小风型轨迹

图 7-18　其他不规则型轨迹

表 7-20　成渝地区典型季节输送轨迹类型

轨迹类型	所占比例 /%	特征
大尺度系统影响型	14	主要受区域性大的天气系统的影响，风速较大，风向一致，对污染物输送比较有利
风向汇聚型	27	表现为由区域外围不同方向向区域内部集中，可以造成污染物在盆中的堆积
风速汇聚型	14	风向一致，但区外风速较大，而区内风速较小，可造成污染物在区域中心地区堆积
小风型	24	由于风速很小，造成污染物输送极为缓慢，引起污染物高浓度现象出现
其他不规则轨迹		包括走向不同的轨迹、输送方向改变的轨迹等，这类轨迹往往造成污染物在区域内往返输送而出现污染现象

二、区域空气质量与硫沉降模拟

1. 大气模拟

本次大气模拟采用 Calpuff 模型，该模型是多层、多物种非定常烟团扩散模型，用于模拟在时空变化的气象条件下对污染物输送、转化和清除的影响。Calpuff 适用于几十至几百千米范围的评价，它包括计算次层网格区域的影响（如地形的影响）和长距离输送的影响（如由于干湿沉降导致的污染物清除、化学转变和颗粒物浓度对能见度的影响）。Calpuff 模拟系统包括气象模式 Calmet、高斯烟团扩散模式 Calpuff 和后处理软件 Calpost 三部分。

（1）Calmet 气象模块

① 网格坐标系统。

由 X、Y、Z 方向构成的三维网格坐标系统，同时考虑兰伯特坐标系中由于地球本身曲率的影响；Z 轴采用地形追随坐标。

$$Z=z-h_t \tag{7-2}$$

式中：Z 为地形追随坐标；z 为笛卡儿垂直坐标；h_t 为地形海拔高度。

在地形追随坐标系中，垂直风速为

$$W = w - u\frac{\partial h_t}{\partial x} - v\frac{\partial h_t}{\partial y} \tag{7-3}$$

式中：w 为笛卡儿坐标系垂直风速；u、v 为水平方向风速。

② 诊断风场模型。

选用兰伯特投影坐标系，以便校正由于地球曲率造成的误差。诊断风场模式经过两步模拟，最后形成完整的诊断风场。

用诊断模型模拟第一步风场时，需要调整地形、坡风、闭合效应的影响，还需要进行三维散度最小化。

诊断模型的第二步风场由如下几部分组成：内插和外推、平滑处理、垂直风速的 O’Brien 调整、散度最小化。

③ 微气象模型。

描述边界层时所采用的主要参数是：地表热通量（Q_h）、地表动力通量（ρu^{*2}）和边界层高度（h）。

另外，还有一些其他的参数，如：摩擦速度（u^*）、对流尺度（w^*）和莫宁—奥布霍夫长度（L）。

三维温度场：在模拟三维温度场时，所要求的条件如下：具有可利用的探空站观测数据；具有可利用的时变地表温度数据；把对流层以下的大气看做是绝热的。通过对探空数据的连续线性插补最终形成三维温度场。

降水插值：模型需要把观测站观测到的时变降水数据通过插值的方法转变为网格化数据，有三种插值方法可供选择：1/d 插补、$1/d^2$ 插补和 $1/d^2$- 指数插补，通常默认的插补方法是 $1/d^2$ 插补法，其中 d 是网络点与观测点之间的距离。

（2）Calpuff 烟团扩散模型

Calpuff 是一个用来模拟不稳定状态的多层、多物种污染的高斯型烟团扩散模式，它适用于模拟时空变化气象条件下污染物的迁移、转化和清除。考虑了复杂地形的影响，水上传输，海岸的交界影响，建筑物的下沉影响，干湿沉降以及简单的化学转化，以平流扩散的方式模拟从源排放出来的污染物，可以估算出在预设点的浓度和沉降量。

（3）模拟范围

Calmet 模型计算地图投影采用兰伯特投影方法，其坐标原点为东经 101.5°，北纬 27°，网格距为 18km 的网格，网格数为 48×40，涵盖整个成渝经济区。计算范围为 864km×720km×2km，垂直方向层的高度分别为 20m、50m、100m、200m、300m、500m、800m、1000m、1500m 及 2000m。运行 Calmet 模块，将获得研究区域的时变多个垂直层的模拟气象场，用以分析高空及地面的气象场对污染物的传输和扩散影响。

Calpuff 浓度场的模拟区域在网格设置、网格间距以及模拟范围与 Calmet 模块参数一致。图 7-19 为本次 Calpuff 的模拟范围示意图。

2. 硫沉降模拟

（1）ATMOS 模型

ATMOS 模型是美国依阿华大学研究开发的旨在进一步研究亚洲地区酸雨源和受体关系的长距离传输模型。ATMOS 模型为三维、多层拉格朗日烟团轨迹模型，实质上是一种假定有高斯型解的拉格朗日型 *K* 模式。随时空变化的大尺度气流的平均输送作用占主导地位，小尺度气流的扩散作用处于次要地位。

在模拟范围内，用一系列按一定时间间隔连续释放的分离烟团来近似模拟从污染源连续排出的 SO_2 烟流；SO_2 排放量按排放源强及时间间隔，分配给每个烟团；由于边界层的高度随时间和垂直温度分布变化，垂直分层上，白天分为边界层和上层，晚上分为地面层、边界层和上层。在垂直风切变作用下假设烟团在给定层的垂直方向均匀混合，水平方向按高斯分布扩散；每个烟团在它的整个传输和沉降周期内一直被跟踪数天，直到它的质量低于某一给定的限值，或烟团移动到模拟范围之外。在烟团移动过程中，假设烟团半径线性增长，同时 SO_2 按一定速率发生化学变化，然后通过干、湿沉降形式使烟团中污染物质量、浓度逐渐减少。按一定的时间间隔，累积同时存在于输送路径上的所有烟团的贡献得出模拟范围内 SO_2 和 SO_4^{2-} 的年、季、月平均浓度和干、湿沉降量，烟团运行的路径、扩散和清除过程等均按时步逐个计算，因此可以模拟非均匀非定常条件下的扩散。

（2）模型参数选取

模拟区域：涵盖包括成渝经济区在内的所有网格，东经 101.5°～110.2°，北纬 27°～33.5°，网格分辨率 0.1°×0.1°；垂直方向上，地面层为 300 m，上层为 6000 m，边界层高度随时间变化。

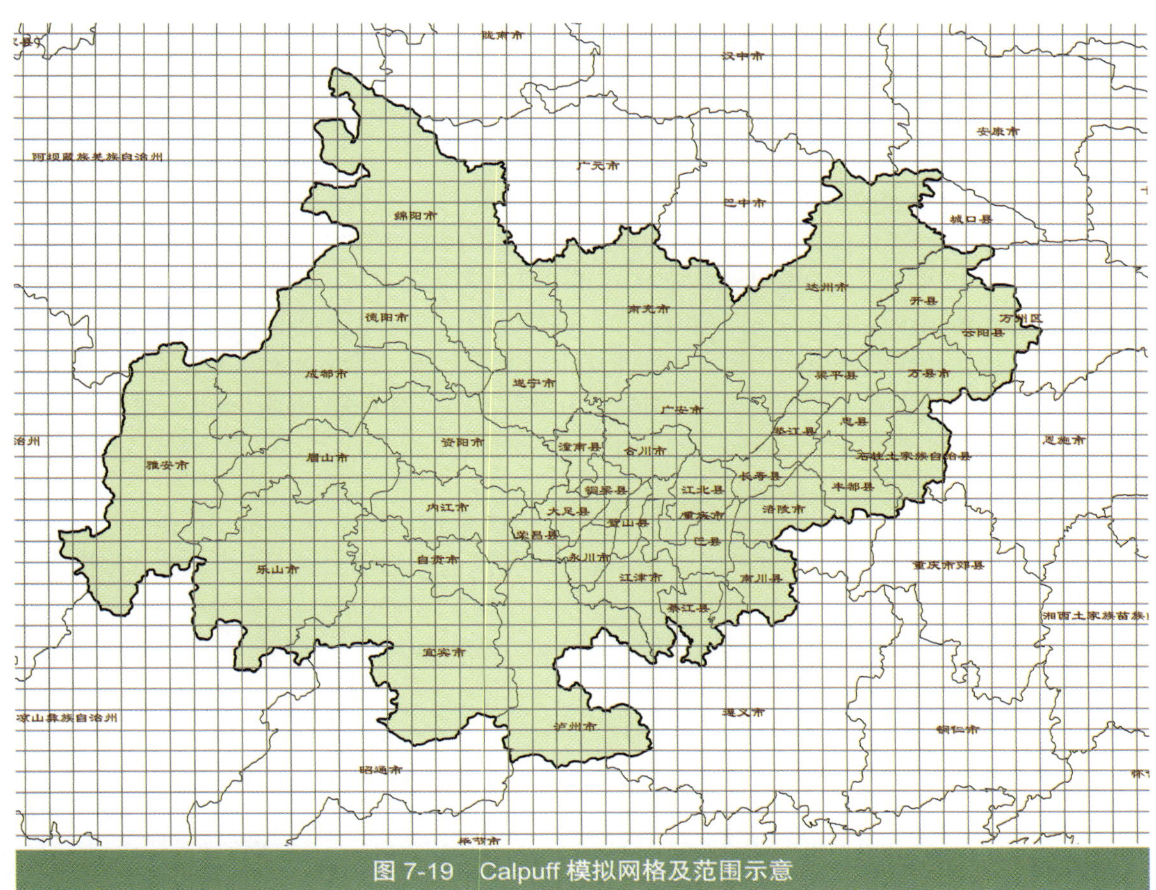

图 7-19 Calpuff 模拟网格及范围示意

扩散参数：烟团增长过程中采用 P-G-T 法、Briggs 法和 Heffter 法分别处理近距离农村、城市输送和长程输送三种扩散类型。

转化速率：假定模拟初始时刻，释放烟团中污染物 SO_2、SO_4^{2-} 分别占 95%、5%，输送过程中 $SO_2 \rightarrow SO_4^{2-}$ 转化率为纬度和时间的函数。

清除率参数：干清除率根据下垫面粗糙度、混合层高度和季节变化分别给出 SO_2 和 SO_4^{2-} 的干清除率；SO_2 和 SO_4^{2-} 的湿清除率均为降水强度的函数，$K_{SO_2}=2\times10^{-5}\times P_0$，$K_{SO_4^{2-}}=9.2\times10^{-5}\times P_0^{0.83}$（$P_0$ 为降水强度：mm/h）。

（3）气象模块

气象数据用来模拟烟团扩散轨迹、确定大气稳定度的时空变化、垂直分层的划分、估算逆温层高度以及计算模拟参数。

该模型采用美国国家环境预报中心（NCEP）提供的根据全球观测资料同化再分析的 2007 年气象资料，分辨率为 2.5°×2.5°，时间间隔为 6h，包括垂直方向从地面到 6000m 高空的风向、风速、降水量及混合层高度等，区域范围为纬度 20° S ～ 55° N，经度 60° E ～ 160° E。模型通过插值得到模拟范围各网格点及各时间步长上的地面气象信息和诊断风场信息及其他气象参数，用于对污染物输送、扩散及转化、清除过程的模拟。

三、区域空气质量现状模拟

1．主要大气污染物年均浓度空间分布

（1）SO_2 年均浓度空间分布

图 7-20 为成渝经济区现状所有污染源 SO_2 地面年均浓度空间分布。由图 7-20 可知，SO_2 的浓度峰值区基本落在四川盆地盆周地区，其中峰值区又相对集中在盆周东部和西部地区，并且东部地区峰值浓度值要高于西部地区。从地域上看，重庆境内峰值区的浓度值量级要略高于四川境内，重庆的峰值则主要集中在重庆主城区及其周边附近地区，其中又以重庆主城区的西部地区以及江津区的西北部地区的峰值为最高；四川的成都、绵阳、乐山、内江、自贡、宜宾都有地面浓度峰值区。

（2）NO_2 年均浓度空间分布

图 7-21 为成渝经济区现状所有污染源 NO_2 地面年均浓度空间分布。由图 7-21 可知，NO_2 的年均浓度的峰值区较为集中，出现在成渝经济区的东部和西部地区，其中部地区也有较小峰值区。从地域上看，重庆的主城区落地浓度较高，峰值区出现在其主城区的西部地区；而四川的成、眉、乐一带的年均落地浓度要高于四川的其他地区，四川的内江市中部地区也有一个较明显的峰值区。

（3）PM_{10} 年均浓度空间分布

图 7-22 为成渝经济区现状所有污染源 PM_{10} 地面年均浓度空间分布。由图 7-22 可知，PM_{10} 的峰值区主要落在成渝经济区的东部地区和西部地区。东部地区的峰值区主要集中在四川的广安市以及重庆的合川区、主城区、江津区一带，西部的峰值区主要集中在四川的成、眉、乐一带。

图 7-20 成渝经济区 SO_2 年均浓度空间分布（μg/m³）

（4）成渝经济区各类源对空气质量浓度的贡献

将计算范围内统计到的所有源按类别分为火电、化工、建材、冶金、其他行业、生活面源六大类，分别计算出各类源所排放的三种污染物对各离散点的年均浓度贡献。从各类源的浓度贡献比例来看，四川的 15 个离散点上的 SO_2 浓度主要由火电和其他行业两类源贡献，重庆的 31 个离散点上的 SO_2 浓度，火电、建材和其他行业三类源对其浓度贡献相对较大，冶金、化工和生活面源对其年均浓度贡献相对较小。

从各类源的浓度贡献比例来看，生活面源对重庆的 31 个离散点的 NO_2 落地浓度贡献相对较高，

其次是其他行业、建材、火电、冶金和化工两类源对其贡献相对较小。四川的 15 个离散点上，其他行业、建材以及火电三类源对其浓度贡献相对较大，冶金、化工以及生活面源对其贡献相对较小。

从各类源的浓度贡献比例来看，建材类源对重庆的 31 个离散点上 PM_{10} 的年均浓度值的贡献占绝对优势，其次是其他行业与生活面源，火电、冶金、化工三类源对其浓度贡献较小。四川各离散点上的浓度值主要由其他行业和建材两类源贡献，生活面源、冶金、化工、火电四类源对其浓度贡献较小。

2．成渝经济区各地区间大气污染物相互输送影响分析

为掌握成渝经济区各地区之间大气污染物的相互输送情况，按照分地区、分行业的污染源清单进行污染物浓度模拟，并统计各关心点上来自不同地区的污染物的贡献。

总体上看，成渝经济区 46 个市区县中大部分地区的污染物浓度本地排放的贡献最大，其本地排放污染物对自身浓度贡献超过 50% 的地区共 9 个，重庆 3 个分别为永川区、万州区和开县，四川有 6 个地区，分别为成都市、自贡市、绵阳市、乐山市、宜宾市和达州市。重庆的江津本地贡献也超过 40%，江津、九龙坡排放的污染物还是其周边几个地区的最大浓度贡献者，贡献率可达 20% 以上。也有少部分地区的污染物对自己的贡献较小，如重庆的渝中区、沙坪坝区、南岸区、江北区、巴南区、双桥区等地区的污染物对本地的浓度贡献率仅在 5% 左右，四川的雅安市污染物对本地的浓度贡献率只为 10.8%，这些地区的污染物基本为地区外输送。成渝区 46 个市区县中，除了上述 7 个对自身浓度贡献较小的地区和 9 个对自身浓度贡献较大的地区外，其余 30 个地区的污染物对本地的

图 7-21　成渝经济区 NO_2 年均浓度空间分布（μg/m³）

图 7-22　成渝经济区 PM_{10} 年均浓度空间分布（μg/m³）

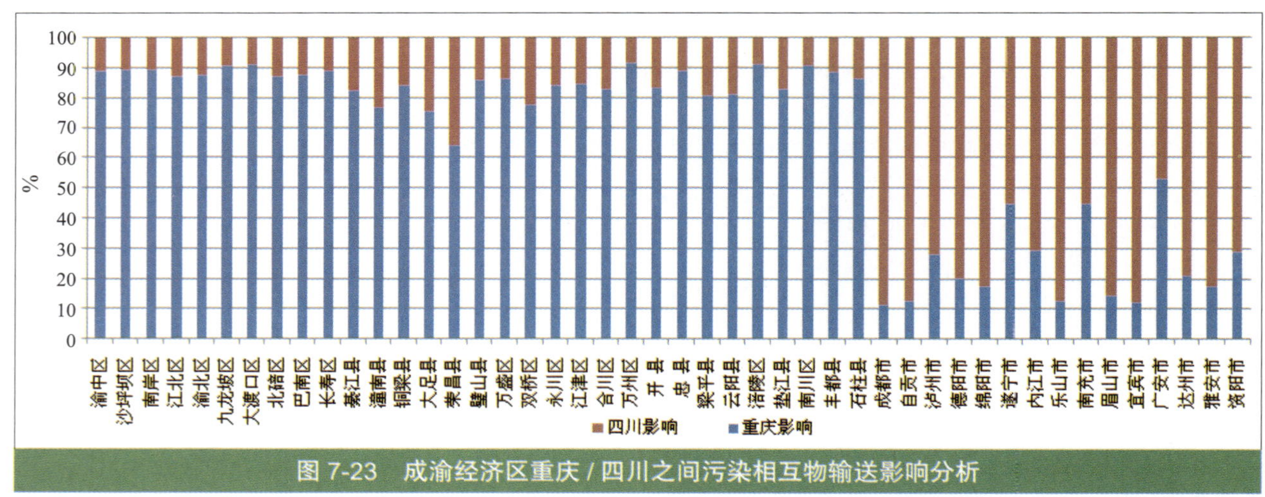

图 7-23 成渝经济区重庆 / 四川之间污染相互物输送影响分析

浓度贡献的均值在 30% 左右。

图 7-23 显示了成渝经济区四川所辖地区与重庆所辖地区之间的相互影响关系。由图 7-23 可知，大部分地区主要还是受本省市的影响，但两省市交界处的各地区受对方影响较大，如重庆的荣昌县，以及四川的遂宁市、南充市、广安市。

四、火电行业的现状排放模拟与分析

从重点产业的现状排污来看，火电行业 SO_2 排放占全区重点行业排放总量的 78%，占全区工业排放总量的 53%，占全区总排放量的 46%，是区域主要大气污染行业。而且 SO_2 是全区环境空气质量主要超标因子，区域 77% 的市区为酸雨控制区，火电行业的未来发展规划布局与规模的环境合理性分析为本区战略环评大气的研究重点。

1. 成渝经济区电力发展现状与规划

（1）成渝经济区电力生产

成渝经济区内电力生产仍是以火电占主，2007 年全区发电总量为 985 亿 kW · h，其中水电发电量为 300 亿 kW · h，占发电总量的 30%，火电发电总量为 685 亿 kW · h，占发电总量的 70%。

成渝经济区重庆部分 2007 年发电量为 324.65 亿 kW · h，其中火电为 285.7 亿 kW · h，占 88%；水电为 39.95 亿 kW · h，占 12%。

2007 年底，四川省发电装机容量达到 3108 万 kW，其中水电为 2106 万 kW，占发电总量的 67.8%，成渝经济区四川部分电力生产总量为 660 亿 kW · h，其中水电为 266 亿 kW · h，占 40%，火电 400 亿 kW · h，占 60%。

川渝两省市，特别是四川省水能资源相对丰富，但在成渝经济区内水能资源相对不足，区域的燃料结构也表明，煤炭是区域主要的能源。

（2）火电厂分布

根据 2007 年统计，成渝经济区现有火电行业点源包括四川的 57 个火电厂以及重庆的 28 个火电厂。图 7-24 为成渝经济区 2007 年火电行业 SO_2 排放量分布图。

图 7-24　成渝经济区火电行业 SO_2 排放分布

成渝经济区内火电行业 SO_2 排放分布总体上是南部地区高于北部地区，东部高于西部地区。重庆地区火电行业 SO_2 的排放主要集中在重庆的西南部地区，西北部地区有少量排放，排放量较大的区县有江津区、九龙坡区、合川区。四川境内火电行业 SO_2 排放主要集中在其南部和东北部地区，排放量较大的城市有乐山市、宜宾市、内江市、泸州市以及达州市。

（3）火电行业的污染控制

从单位发电 SO_2 排放水平来看，成渝经济区火电污染控制水平远低于全国平均水平，四川略优于重庆（表 7-21）。分析原因，虽然存在火电污染控制技术装备水平较低的问题，客观上，成渝经济区当地煤质较差，煤炭含硫率高于全国平均水平，四川平均煤质含硫率为 1.8%，重庆煤质含硫率 3%，大量高硫煤、中高硫煤的使用，使污染治理的成效不显著。

表 7-21　2007 年火电行业单位发电量 SO_2 排放绩效水平

	火电绩效 /（g/kW·h）	占全国比 /%
成渝经济区	10.75	2.53
成渝经济区（四川）	10.13	2.38
成渝经济区（重庆）	11.63	2.74
全国	4.3	

2．现有火电对成渝经济区（各地）空气质量的影响

利用 Calpuff 模型，基于 2007 年成渝经济区内现有火电厂污染物排放情况，模拟火电行业排放 SO_2、NO_2、PM_{10} 三种主要污染物的年均浓度空间分布，见图 7-25 至图 7-27。

整体上，SO_2 年均落地浓度的峰值区基本落在四川盆地的盆周，盆中几乎没有浓度峰值。成渝经济区东部的峰值较西部高、密，南部面积较北部大。从区域分布来看，长江沿岸城市带是 SO_2 高浓度分布区，宜宾和重庆主城区又是这个区内的高浓度区。

将模拟的现状火电 SO_2 浓度与成渝经济区 SO_2 监测结果对比来看，两者重合度较高。从整个成渝区角度，现状 SO_2 监测超标的长江沿岸的重庆主城区、宜宾、涪陵、合川，及成都、内江、泸州等地，其火电模拟 SO_2 浓度也较高。说明这些城市 SO_2 环境空气质量超标，与当地火电影响显著相关。

图 7-25 成渝经济区火电排放 SO_2 年均浓度空间分布（μg/m³）

图 7-26 成渝经济区火电排放 NO_2 年均浓度空间分布（μg/m³）

图 7-26 为成渝经济区火电类排放 NO_2 的年均浓度空间分布。由图 7-26 可以看出，NO_2 年均浓度的峰值区基本落在成渝经济区的东南、东北、西南、西北四个角上，其中又以东南角的落地峰值最高。从地域上看，重庆的峰值仍落在重庆市主城区，四川的达州、绵阳以及乐山都有较高的值落地。

图 7-27 为成渝经济区火电类排放 PM_{10} 的年均浓度空间分布。PM_{10} 年均浓度峰值区基本落在四川盆地的盆周地区，成渝经济区的东北部地区也有一个较小峰值落地。从地域上看，重庆市其主城区的落地浓度要高于其他地区，在四川的广安中部有一个很高的峰值落地，在四川达州的东北部、绵阳中部、乐山中部以及成都西部等地区也有峰值落地。

虽然现状监测中 NO_2 年均浓度一直达标，但成都和重庆复合大气污染都呈现消耗 NO_2 型。现状火电引起的 NO_2 高浓度区主要集中在重庆，NO_x 的潜在影响不容忽视。

3．现有大气污染的硫沉降

（1）所有点源与火电点源叠加的硫沉降

利用 ATMOS 模型，基于 2007 年成渝经济区内大气污染源，对区域所有点源和分行业的点源进行硫沉降大气模拟。

2007 年成渝经济区内所有点源硫沉降分布见图 7-28。其中大于 1.5g/（m²·a）高值中心主要在重庆主城区，以及宜宾、内江、成都、绵阳、南川的部分地区，最大值出现在重庆主城区西南部，达到 4.59g/（m²·a）。

2007 年成渝经济区内火电点源硫沉降分布见图 7-29。其中大于 1.5g/（m²·a）高值中心主要有 5 个：以重庆主城区为中心的重庆市，以宜宾为中心的宜宾中部，以内江为中心的内江中东部，以成都为中心的成都东部，以绵阳为中心的中部，其中重庆地区出现了 3.65 g/(m²·a)

的极值。

火电点源硫沉降与所有点源硫沉降分布情况相似，其高值中心与所有点源硫沉降分布中的高值中心吻合。在模拟范围内，火电点源硫沉降量占所有点源沉降量的67.6%。从各行业点源硫沉降分布可以看出，火电行业是整个点源硫沉降的贡献者，硫沉降的控制重点必然为火电行业。

（2）成渝经济区外火电源硫沉降分布

从2007年成渝经济区外火电源硫沉降分布见图7-30，可以看出，区外火电对成渝区影响主要来自于贵州省，其次为陕西省。贵州火电硫沉降对成渝区南部泸州市影响最大。外省火电源硫沉降最大值为1.17 g/（$m^2 \cdot a$），高值区主要分布在贵州省的遵义市、毕节市，紧邻泸州市的东部及南部。北部陕西汉中市西部也出现一小高值区。

（3）区内、区外火电叠加硫沉降分布

硫沉降模拟电厂源分布主要为成渝区内火电源及成渝区周边省份火电源。成渝经济区内、区外火电SO_2排放量见表7-22。

将2007年成渝经济区内、外火电源叠加后硫沉降分布图（见图7-31）与区内火电硫沉降分布对比可以看出，叠加后硫沉降影响范围加大，沉降量进一步增大。硫沉降面积增大突出表现在北部的绵阳、德阳一带，及南部泸州、自贡一带。硫沉降最大值仍位于重庆市主城区，最大值为3.79 g/（$m^2 \cdot a$）。

图7-27　成渝经济区火电排放PM_{10}年均浓度空间分布（μg/m^3）

图7-28　成渝经济区内所有点源硫沉降分布

表7-22　模拟成渝经济区内、区外火电SO_2排放量统计　单位：t

电厂源分布	甘肃省	贵州省	湖北省	湖南省	陕西省	云南省	成渝经济区	
							成渝（川）	成渝（渝）
SO_2排放	18791	235002	6675	5405	165990	84237	392390	308221
							700611	

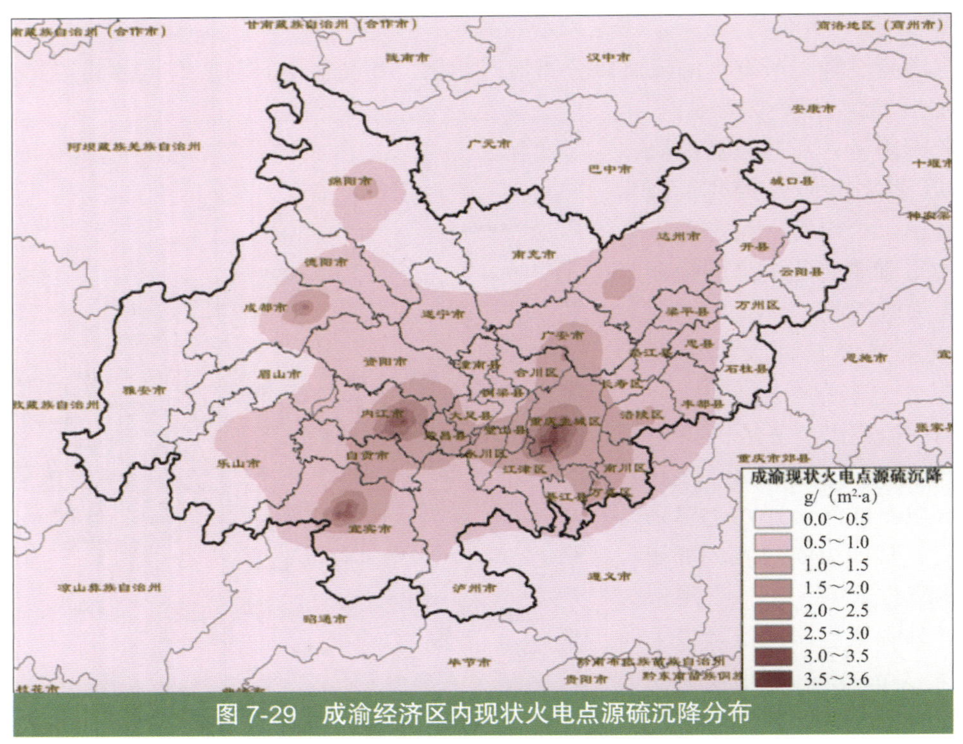

图 7-29 成渝经济区内现状火电点源硫沉降分布

图 7-30 成渝经济区区外周边现有火电源硫沉降分布

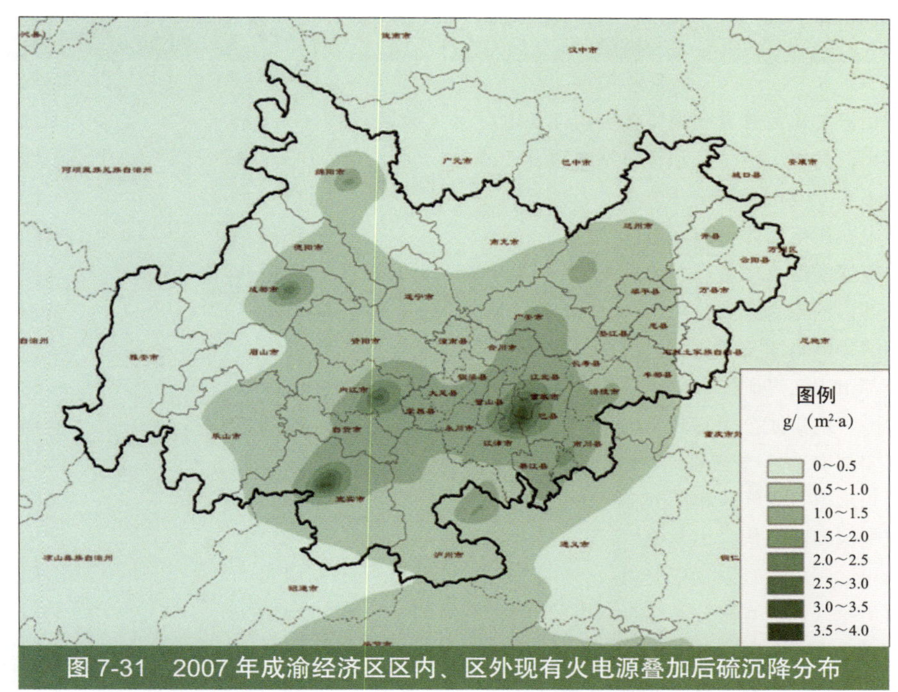

图 7-31　2007 年成渝经济区区内、区外现有火电源叠加后硫沉降分布

（4）火电引发的酸沉降与 SO_2 传输影响

受区域地形和大气污染气象条件的影响，成渝经济区内 SO_2 高排放区域与中、高酸雨区的分布并不完全吻合。SO_2 排放强度超过 10 万 t/a 的成都、达州、内江、江津和绵阳)，属于弱酸雨区，表现为 SO_2 向外输送能力较强；目前属于 SO_2 低排放城市的南充、雅安、自贡等，酸雨污染严重，表现为受周边污染物输送和远距离输送的影响。

与监测降水中硫湿沉降高浓度区域对比分析表明，火电行业硫沉降主要分布在宜宾、泸州、乐山的一部分及重庆主城部分地区。

五、2010 年火电行业减排后 SO_2 环境影响分析

2010 年火电行业 SO_2 减排是指在以 2007 年为基准年火电行业 SO_2 的排放量基础上，考虑“十一五”火电行业减排任务完成后的排放量，即考虑 2008 年、2009 年火电行业的 SO_2 减排削减量后 2010 年火电行业 SO_2 排放量。

1．2008 年、2009 年国家核定 SO_2 减排量

成渝经济区的火电行业在 2008 年、2009 年两年内的 SO_2 减排量是 20.9 万 t，其中四川两年的减排量共 13.4 万 t，重庆两年的减排量共 7.5 万 t。具体减排量分配见表 7-23。

2．火电减排后对各离散点的年均浓度影响分析

表 7-24 为成渝经济区 2008 年、2009 年火电行业减排后落在各离散点 SO_2 的年均浓度及其相对于未减排前 SO_2 年均浓度的削减量和削减率。由表 7-24 可知，重庆 SO_2 年均浓度削减量最高的离散点为永川区，其削减浓度达 16 μg/m^3，四川削减量最高的离散点为内江市，其削减浓度为 3.27 μg/m^3。

表 7-23　2008 年、2009 年国家核定火电行业 SO_2 减排量　单位：t

年度	地区	企业名称	认定结果（t）	减排类型工程 / 结构
2008	绵阳市	四川巴蜀电力开发有限责任公司江油电厂	783.89	工程减排
2008	内江市	四川白马循环流化床示范电站有限责任公司	14372.86	工程减排
2008	广安市	四川广安发电有限责任公司	11135.58	工程减排
2008	内江市	国电四川电力股份白马电厂	1856.58	工程减排
2008	达州市	国电深能四川华蓥山发电厂	1215.06	工程减排
2008	成都市	成都彭西电力有限公司	169	结构减排
2008	成都市	中国华能集团公司成都火力发电分公司成都电厂	715	结构减排
2008	成都市	成都市出江煤矿二火电厂	321.6	结构减排
2008	宜宾市	中国华电集团公司宜宾发电总厂	9924.5	结构减排
2008	宜宾市	江安县宏丰热电公司	2612.5	结构减排
2008	宜宾市	四川水电投资经营集团兴文电力公司火电厂	667	结构减排
2008	达州市	国电深能四川华蓥山发电厂	7853.1	结构减排
2008	达州市	四川达源电力有限责任公司	3450	结构减排
2008	自贡市	四川德兴能源有限公司综合利用发电厂	1480.36	结构减排
2009	泸州市	泸天化集团有限责任公司	3379	工程减排
2009	乐山市	国电四川岷江发电有限公司	4975.69	工程减排
2009	宜宾市	四川华电黄桷庄发电有限公司	9886.65	工程减排
2009	成都市	中国华能集团公司成都火力发电分公司成都电厂	8999.5	结构减排
2009	宜宾市	四川水电投资经营集团兴文电力公司火电厂	61	结构减排
2009	宜宾市	中国华电集团公司宜宾发电总厂	21825.5	结构减排
2009	宜宾市	江安县宏丰热电公司	237.5	结构减排
2009	达州市	四川达源电力有限责任公司	3450	结构减排
2009	达州市	国电深能四川华蓥山发电厂	10517.8	结构减排
2009	达州市	达州市电力公司热电厂	582.74	结构减排
2009	达州市	宣汉县明泰发电有限公司	272	结构减排
2009	达州市	开江县火电厂	72.5	结构减排
2009	达州市	大竹县发电厂	90.67	结构减排
2009	成都市	成都崇光电力有限责任公司崇州火电厂	376	结构减排
2009	成都市	四川省新源煤矿热电厂	184	结构减排
2009	成都市	成都关口综合利用煤矸石发电有限公司	779.83	结构减排
2009	德阳市	德阳市电化有限责任公司	605	结构减排
2009	遂宁市	四川省明星电力股份有限公司热电厂	1430	结构减排
2009	内江市	国电四川电力股份白马电厂	6576	结构减排
2009	乐山市	金粟电厂	587	结构减排
2009	广安市	邻水县鑫光发电有限公司	3037.9	结构减排
四川减排总计			134483.31	
2008	九龙坡区	重庆中梁山煤电气有限公司	1619.9	工程减排
2008	江津区	华能重庆珞璜发电有限责任公司	13433.0	工程减排
2008	合川区	重庆合川发电有限责任公司	2730.2	工程减排
2008	南川区	南川区东胜电业有限责任公司	860.0	结构减排

续　表

年度	地区	企业名称	认定结果（t）	减排类型工程 / 结构
2008	永川区	渝永电力股份有限公司	5374.0	结构减排
2008	涪陵区	中国核工业建峰化工总厂热电分厂	5502.8	结构减排
2009	合川区	重庆合川发电有限责任公司	18010.0	工程减排
2009	九龙坡区	重庆市中梁山煤电气有限公司发电厂	472.1	工程减排
2009	长寿区	达尔凯长扬热能（重庆）有限责任公司	2925.1	工程减排
2009	江津区	华能重庆珞璜发电有限责任公司	10236.7	工程减排
2009	綦江县	重庆松藻煤电有限责任公司发电厂	1273.5	工程减排
2009	万盛区	国电重庆恒泰发电有限公司	4651.0	工程减排
2009	永川区	重庆理文纸厂火电工程	3396.7	工程减排
2009	南川区	南川区东胜电业有限责任公司	614.3	结构减排
2009	云阳县	云阳供电有限责任公司向阳火电厂	672.0	结构减排
2009	万州区	重庆三峡水利电力集团股份有限公司沱口电厂	3088.9	结构减排
重庆减排总计			74860.2	
成渝减排总计			209343.5	

表 7-24　2008 年、2009 年火电行业减排后各离散点的 SO_2 年均浓度削减表　单位：μg/m^3

离散点	火电减排后浓度	火电基准年浓度	削减浓度	削减率 /%
渝中区	11.08	12.68	1.60	12.62
沙坪坝区	15.67	17.85	2.19	12.25
南岸区	12.81	14.46	1.66	11.45
江北区	7.96	9.29	1.33	14.32
渝北区	8.09	9.41	1.32	14.03
九龙坡区	24.66	26.49	1.83	6.91
大渡口区	15.98	18.10	2.12	11.73
北碚区	9.29	11.05	1.76	15.93
巴南区	12.86	14.78	1.92	12.99
长寿区	6.49	7.04	0.56	7.92
綦江县	11.21	13.16	1.95	14.79
潼南县	6.73	8.43	1.70	20.22
铜梁县	8.58	10.73	2.16	20.09
大足县	6.26	8.24	1.98	24.04
荣昌县	5.87	7.71	1.84	23.88
璧山县	10.67	13.19	2.51	19.06
万盛区	9.95	11.47	1.52	13.24
双桥区	6.11	8.46	2.34	27.73
永川区	6.55	22.56	16.01	70.98
江津区	10.53	12.82	2.28	17.83
合川区	8.05	9.99	1.94	19.42
万州区	1.29	2.09	0.80	38.11
开　县	2.35	2.80	0.46	16.30

续 表

离散点	火电减排后浓度	火电基准年浓度	削减浓度	削减率 /%
忠 县	1.56	1.92	0.36	18.62
梁平县	2.03	2.67	0.64	23.91
云阳县	0.69	0.91	0.22	24.37
涪陵区	6.15	6.48	0.34	5.21
垫江县	3.39	3.92	0.53	13.55
南川区	12.29	14.85	2.56	17.26
丰都县	2.64	2.92	0.29	9.89
石柱县	1.08	1.35	0.26	19.68
成都市	11.20	13.36	2.16	16.19
自贡市	8.16	10.42	2.26	21.73
泸州市	7.76	9.41	1.65	17.50
德阳市	4.65	5.58	0.92	16.54
绵阳市	6.01	6.86	0.85	12.38
遂宁市	5.86	7.67	1.82	23.69
内江市	10.90	14.17	3.27	23.09
乐山市	6.20	7.94	1.74	21.91
南充市	5.45	7.07	1.62	22.96
眉山市	6.10	7.37	1.27	17.24
宜宾市	9.03	11.97	2.94	24.55
广安市	5.63	7.23	1.60	22.08
达州市	8.61	9.55	0.94	9.86
雅安市	5.74	7.37	1.63	22.11
资阳市	5.82	7.32	1.50	20.47

六、规划火电发展对环境空气质量和酸雨的影响分析

1．规划火电装机与分布

2007 年成渝经济区内现有火电装机规模 1600 万 kW，规划新建约 2300 万 kW（2015 年成渝经济区火电装机规划分布见图 7-32），扣除关停和环保搬迁改造机组，2015 年成渝经济区火电总装机规划达到 3700 万 kW，比现有火电装机容量增加 130%。规划新增火电主要分布在长江沿岸城市带的宜宾、泸州、内江、江津、合川、石柱、奉节等地。

2．规划火电发展的环境压力

（1）规划火电厂分布与规模的压力

现有火电与规划火电在主要城市的装机分布见表 7-25。在依托地区煤炭资源优势的背景下，成渝经济区规划火电与现有火电分布高度重合，尤其是大型火电的布局。在地方发展愿景下，2015 年全区 56% 的火电将分布在长江沿岸城市带，长江沿岸城市带新增火电规模将达到现状规模的 250%。

表 7-25　长江沿岸主要城市现状和规划火电装机分布　　单位：万 kW

	现状火电装机	关闭装机	规划装机	合计
泸州	154.6	1.2	240	393.4
内江	109.1	0	160	269.1
宜宾	111.3	26.2	730	815.1
江津	264	0	400	664
合川	60	0	332	392
重庆	64	64	0	0
永川	27	0	120	147
綦江	30	0	120	150
合计	820	91.4	2102	2830.6
占全区比 /%	51.25		56.81	

长江沿岸城市带将成为成渝经济区的火电基地（见表 7-25），其中宜宾和江津又将成为长江沿岸带上的两大火电高地，2015 年火电总装机容量达到 815.1 万 kW 和 664 万 kW；其次是泸州和合川，2015 年火电总装机容量达到近 400 万 kW 级。

（2）大气环境影响的压力

大气预测表明，规划新增火电排放 SO_2 的年均落地浓度的峰值主要集中在成渝经济区的南部地区。四川宜宾市的中部和南部分别有两个较大的峰值落地，其中最大的峰值可以达到 14μg/m^3；另在四川的泸州、内江、广安以及重庆的江津、綦江、万州等地都有较小的峰值落地。

（3）规划火电的硫沉降影响

硫沉降预测表明，规划火电硫沉降高值中心主要有 3 个：以宜宾为中心的宜宾市中部地区，以内江为中心的内江市中南部地区，以江津、永川及泸州北部为中心的四川、重庆交界地区。规划火电硫沉降极值为 1.31 g/（m^2 · a），出现在宜宾市中部。

从大气扩散来看，高密度的火电布局不利于大气环境扩散，将形成局部的 SO_2 高浓度分布区和硫沉降高值区。

在现有火电布局和规模下，成渝经济区内主要 SO_2 超标城市与火电影响直接相关，规划的火电布局与现有火电高度重合，装机规模快速增长，将进一步加剧现有火电影响区的大气环境压力。同时使目前已经受现状火电影响的硫沉降高负荷区域的面积加大，负荷量增加，酸雨问题将较现状进一步加剧。对酸雨高浓度区的生态环境存在潜在的不利影响，甚至可能出现由酸雨引发的区域生态环境问题。

图 7-32　2015 年成渝经济区火电装机规划分布

图 7-33 预测情景下的火电 SO_2 网格年均浓度净削减（增加）（μg/m³）

3．火电行业 SO_2 削减情景的分析

基于成渝经济区现状酸雨污染和大气环境质量存在超标的情况，支撑成渝经济区重点产业发展的大气环境容量将来自区域大气污染物的削减和现有产业的升级换代。

以 2007 年环统数据为基准，到 2015 年区域现有火电行业 SO_2 减排约 40 万 t，其中 2008 年、2009 年两年内的 SO_2 减排量是 20.9 万 t，新增火电 SO_2 排放量控制在 18 万 t（区域火电行业 SO_2 排放总量较 2015 年净减 22 万 t）。

大气预测方案：以 2007 年为基准，考虑 2008 年、2009 年两年国家已核定的 SO_2 实际削减量以及“十二五”期间现有火电 SO_2 拟削减量，叠加“十二五”期间拟新增火电 SO_2 的排放量。

SO_2 年均浓度预测结果如图 7-33 所示。图中红色的等值线为较 2007 年 SO_2 浓度增加区域，蓝色等值线区域为较 2007 年 SO_2 浓度降低区域。

与 2007 年相比，成渝经济区的东部大多数地区和西部地区的年均浓度是呈现出净削减的，而南部地区以及东部的个别地区的年均浓度呈现出净增加。

SO_2 浓度峰值明显下降的地区包括：成都市中部地区、达州市与南充市的交界一带地区、重庆主城区、长寿区与涪陵区交界一带等。

SO_2 浓度峰值出现增加的地区：宜宾市南部地区、广安市西南部地区，重庆市西南部地区、綦江县等。

综上分析，成渝经济区的火电发展导致 SO_2 浓度和硫沉降都会对宜宾、泸州等地区造成一定影响。这些地区现状酸雨和 SO_2 污染状况已经较为严重，因此在区域火电发展过程中，应优化电厂布局，必须加大力度对现有火电排放进行有效削减，严格控制 SO_2 排放。

七、大气复合型污染风险

在成渝经济区重点发展产业中，挥发性有机污染物的排放不容忽视。装备制造业、汽车制造业的喷漆工艺中、石化和化工产业、承接东部产业的制鞋业、高新技术的电子产业在生产过程中都会有排放挥发性有机污染物的生产工序。

目前成渝经济区围绕成都、重庆两大都市圈已经显现大气复合型污染的特征。在地方产业愿景下，拟在成都和重庆主城区两大都市圈周边布局 70% 的石化、医药和 30% 的装备制造业以及 80% 以上的电子产业。

成渝经济区石油化工工业主要包括石油炼制行业和石油化工行业。其中，石油炼制是以原油为基本原料，通过对原油进行常减压蒸馏、催化重整、催化裂化、加氢裂化、延迟焦化和炼厂气加工等操作，生产石油燃料（液化石油气、汽油、煤油、柴油、燃料油）、润滑油脂、石油溶剂和化工原料、石油蜡、石油沥青、石油焦等产品。石油化工行业作为石油炼制行业的下游行业，是以炼油过程提供的油和气作为原料，进行裂解及后续化学加工，生产以三烯（乙烯、丙烯、丁二烯）、三苯（苯、甲苯、二甲苯）为代表的石油化工基本原料以及各种有机化学品、合成树脂、合成橡胶、合成纤维等产品。

石油化工工业属于高能耗、高污染行业。石油炼制废气主要来自燃烧烟气和工艺尾气，主要是经常性的固定排放源，如：加热炉烟气、锅炉烟气、催化剂再生烟气、焦化放空气、氧化沥青尾气、硫回收尾气等，石油化工行业废气主要有燃烧烟气、工艺尾气、装置设备泄

表 7-26　重庆化工产业园区布局规划及大气特征污染物排放

地　区	园　区	发展重点	主要产品	大气特征污染物
长寿区	重庆长寿化工产业园区	天然气化工	化学原料及化学制品制造（甲醇、醋酸、乙炔）	甲醇、醋酸、乙炔
		石油化工	原油加工及石油制品制造	恶臭、H_2S、氰化物、烃类化合物
		精细化工	专用化学品制造（医药、农药中间体）、医药制造（中成药、化学药品原药）	烃类化合物、苯及苯系物、醇类、酮类、酚类、醚类、醛类、酯类、胺类、腈类、氰、恶臭
		化工新材料	合成材料制造（MDI）	苯、硝基苯、甲醛、苯胺、光气、氯气
涪陵区	重庆李渡工业园区	天然气化工	化学原料及化学制品制造业（油漆）	VOCs（甲醇、苯、甲苯、二甲苯、乙苯、甲醛、碳氢化合物等）、恶臭
	重庆白涛化工园区	天然气化工	专用化学品制造（中间体）	
		氯碱化工	基础化学原料制造（氯碱）	氯乙烯（VCM）、HCl、Cl_2
		化肥化工	肥料制造（合成氨 / 尿素）	NH_3、H_2S、尿素
		石化下游产品加工	精炼石油产品的制造	烃类化合物、恶臭、H_2S
万州区	重庆万州工业园区盐化园	盐化工、精细化工	化学原料及化学制品制造	VOCs、恶臭
万盛区	重庆万盛工业园区	煤化工	化学原料及化学制品制造（醋酸、二甲醚）	醋酸、二甲醚、恶臭
合川区	重庆合川工业园区	天然气精细化工	基础化学原料制造	VOCs、NH_3、氰化物
永川区	重庆永川工业园区	天然气精细化工	基础化学原料制造	VOCs、NH_3、氰化物

漏的烃类气体，碱渣处理装置、污水处理厂等散发的恶臭气体等，其特征污染物主要包括烃类、恶臭物质以及 VOC 等。

重庆市化工园区规划及其化工产行业特征和复合型大气物排放特征见表 7-26。四川省石化化工园区规划及其化工产行业特征和复合型大气物排放特征见表 7-27。

石化行业、电子行业和汽车涂装工序排放的 VOC 和火电行业排放的 NO_x 将导致并增加臭氧和细颗粒物的产生，预计 2015 年这些地区 VOC 的排放量将进一步增加，加之该地区盆地型的气象条件不利于大气污染物扩散，成都和重庆主城区已出现细粒子现状超标，将使已经显现出气溶胶、VOC、臭氧及细粒子等新型复合污染进一步加剧。

这将成为成渝经济区继酸雨污染后，可能出现的新型大气污染风险。

表 7-27　四川省石化产业园区分布及大气特征污染物排放情况

县市	序号	工业园区（集中区）名称及级别	规划面积 / km^2	园区规划主导产业	备注	大气特征污染物
彭州	1	四川石化基地（省级）	6.4	建设 80 万 t/a 乙烯综合石化工程项目，及 1000 万 t/a 炼油及联合芳烃（PX）项目；通过炼油和乙烯工程建设将使四川石化基地形成石化产业链。	成都市彭州市隆丰镇	烃类化合物、苯及苯系物、醇类、恶臭、H_2S、氨、酚、萘、苯并 [*a*] 芘、氰化物等
	2	彭州工业开发区川闽工业园（省级）	首期占地 5.3	主要规划发展如下 10 大类产品：塑料软包装、工业产品包装塑料件、物流储运用塑料件、塑料建筑与装饰材料、医药配套塑料件、旅游用塑胶件、农业用塑胶件、工业用塑胶零配件、塑料改性专用料、橡胶制品。	成都市彭州市致和镇	烃类化合物、苯及苯系物、恶臭
南充	3	南充经济开发区化学工业园区（省级）	40.30	以当地及周边丰富的石化基础原料、生物原料、天然气和优势岩盐资源为基础，重点发展石油化工、天然气化工、生物新能源化工和氯碱化工等产业。	南充市嘉陵区	烃类化合物、苯及苯系物、醇类、恶臭、H_2S、氨、酚类、萘、氟化物、Cl_2、HCl、氰化物等
眉山	4	四川彭山经济开发区成眉石化园区（省级）	4.0	充分利用四川在资源、市场、基础设施等方面的优势，依托四川石化基地炼化一体化的项目，以建设高技术含量、高附加值、高辐射力的项目为核心，以培育和构建下游产品链为重点，实现炼化一体化和石化产品深加工的紧密结合，逐步形成科技含量高、经济效益和社会效益好、资源配置合理、具有持续发展能力、环境友好的四川彭山经济开发区成眉石化园区。	眉山市彭山县凤鸣镇	烃类化合物、苯及苯系物

第八章

重点产业优化发展的调控对策与建议

通过重点产业发展对资源环境的影响分析，可以发现，产业发展与资源环境之间的矛盾十分突出，并将逐步加剧。重点产业发展的生态环境风险凸显，资源环境的“短板效应”对产业发展的约束加强。必须在科学发展观的指导下，本着“近远结合”的原则，大力推进生态环境保护优化经济增长的一系列措施。本次研究提出“坚定目标，优化调整”的产业发展调控要求。

成渝经济区重点产业发展中，应优先发展装备制造业、高新技术产业、农副产品加工业等区域优势产业，大力推动新能源、新材料、生物工程等新兴产业发展。

重点实施化工、造纸、纺织、冶金等高污染高耗能产业技术改造和升级，大幅提高资源环境利用效率；延伸化工产业链、构建循环经济体系、降低环境风险。优化化工产业战略布局，控制持久性有机污染发展势头、维系长江上游和三峡库区水安全。调整能源消费结构，提高清洁能源使用比例，遏制酸雨污染发展趋势、改善城市大气环境质量。维护区域生态安全格局，加快生态修复，以生态优先进行矿产资源开采。以解决“贫困问题”和建设生态工业体系、生态经济区为基点，发展三峡库区腹地和川东北革命老区经济。通过农产品深加工园区化，特色农业、养殖业基地化，全面实施改善农村环境和非点源控制基础工程建设，遏制土地退化趋势、提升三峡库区腹地的水源涵养服务功能。

第一节　成渝经济区三大环境保护战略目标

1．全面加强水环境管理，有效控制重金属和持久性有机污染发展势头，维护长江上游干流和三峡库区水生态安全

长江上游和三峡库区水安全。

现状：成渝经济区主要水污染负荷表现为两个“三七”开，即点源负荷与面源负荷呈 3∶7，点源负荷中工业与生活污染负荷呈 3∶7。地表水环境表现为耗氧性有机污染特征，长江干流水环境质量尚未实现稳定达标，岷沱江水环境质量亦是在近两年才出现扭转的局面，沉积物中重金属处于中度潜在生态危害水平（RI=173）；三峡库区受到富营养化威胁，水安全处于一般安全水平（生态安全综合指数为 67）。主要污染物负荷已接近或达到水环境承载力水平，氮、磷负荷已远超出三峡水库水环境承载力水平。饮水健康风险水平普遍持续偏高。

可能的发展趋势：按照现有的经济增长方式，未来五年内国家确定的三峡库区和长江上游水环境功能目标将受到全面冲击。工业部门资源环境利用效率普遍较低的背景下，现有的经济增长方式必然带来水污染负荷的显著增加；地表水环境的耗氧性有机污染特征将转化为耗氧性＋持久性有机污染特征，重金属和持久性有机污染的累积效应加速；由于人口产业高度集聚将对岷沱江形成强大压力，并出现复合型缺水状态；不加优化的石油化工、天然气化工、盐化工等的发展和布局使得水环境风险骤增，长江上游干流和三峡库区水生态安全形势令人担忧，长江沿岸特大、大、中城市存在潜在饮用水安全隐患。

2．巩固和发展生态建设成果，维护“一圈四江”生态安全格局，提升区域生态系统服务功能

生物多样性与长江上游生态屏障。

现状：生态环境质量处于“良好”等级（生态环境质量指数 63.2），土地退化成为影响生态环境质量的最主要因素；区域水源涵养服务功能不高，水源涵养功能极重要区面积仅占 29%，水源涵养重要性“一般”的面积占 47.6%；约占幅员面积 53.5% 的区域属于土壤保持极重要区，土壤侵蚀对河流水资源危害程度极高；约占 32.8% 的区域属于土壤保持重要区，土壤侵蚀敏感性较高。2007 年生态景观破碎度指数为 4.93，比 2000 年上升了 1.76，人类活动对土地斑块的切割和生境威胁加剧。

可能的发展趋势：支撑重点产业发展的矿产资源开发可能导致矿区及周边的生态服务功能下降，具有极重要或重要的生态服务功能的面积减少；三峡库区腹地整体上属于生态服务功能重要区域，人口相对密集，产业处于空心状态，采用传统的经济增长方式将可能导致灾难性生态后果。长江上游珍稀特有鱼类等生境将进一步受到累积性影响，自然保护区成为其最后的脆弱的庇护场所。

3．优化能源消费结构，扭转酸雨污染发展的趋势

酸雨与城市大气污染。

现状：能源消耗总量以 15% 的速度增长，以燃煤为主的能源消费结构没有改善（煤炭占能源消费的 64%），加上煤质多数属于高硫煤、中高硫煤，长期存在的酸雨污染尚未得到有效控制，在长江沿岸城市带有加重的趋势；约 25% 的城市（区），特别是长江干流沿岸城市 SO_2 年均浓度依然处于超标状态，约有 50% 的城市 SO_2 年均浓度升高。成、渝两省市呈现复合型大气污染特征。

可能的发展趋势：以煤炭为主的能源消费结构使得未来数年内酸雨污染难以实现根本扭转局面；在火电发展需求的强劲压力下，整个区域内的硫沉降高负荷区范围没有明显变化。化工、石化产业过度集聚，来自低矮源的致酸性污染物和 VOC 排放将使得局部区域大气污染控制形势更为复杂。处于盆周边缘地带的城市面临大气污染加剧，成、渝两大经济“高地”面临大气复合型污染逐步凸显的局面。

第二节　调控对策与建议

一、资源节约型、环境友好型为主导推进经济增长方式转变

成渝经济区经济社会发展和生态环境保护具有重要的战略地位。在大力推进“西部大开发”战略背景下，为有效缓解产业发展与环境保护战略目标之间存在的矛盾与冲突，规避长期性环境风险，必须在科学发展观的指导下，建设生态文明，实践环境保护“历史性转变”，以环境保护优化经济为原则，以资源节约型、环境友好型为主导，加快推进成渝经济区经济增长方式转变，优化区域重点产业规模、结构和布局。

坚持在产业发展中强化环境保护，在保护环境中寻求发展，避免“重开发（经济增长）轻保护”和“重保护轻发展”两种倾向，以环境保护优化经济增长。

确保“区域生态功能不退化”“资源环境不超载”“污染物排放总量不突破”“环境准入标准不降低”四条战略性红线，规避和减缓对生态屏障功能、长江上游和三峡水库水环境区域长期累积性环境影响和风险，扭转酸雨污染趋势。

坚持“优先保证环保投入”“优先环保能力建设”“优先落实产业升级政策”，继续实施长江上游生态屏障建设的战略，巩固和发展长江上游生态建设的成果，建设环境友好型、资源节约型、低风险的工业体系，以绿色和循环经济方式推动重点产业发展的整体升级、布局的优化调整和效率的提升。促进经济的快速增长，实现我国经济发展重要增长极、先进装备制造业、现代服务业、高新技术产业和农产品基地目标。

① 优先发展产业装备制造业、高新技术产业、农副产品加工业等区域优势产业，并大力推动新能源、新材料、生物工程等新兴产业发展。

② 重点实施化工、造纸、纺织、冶金等高污染高耗能产业技术改造和升级，大幅提高资源环境利用效率；延伸化工产业链、构建循环经济体系、降低环境风险。

③ 优化化工产业战略布局，控制持久性有机污染发展势头、维系长江上游和三峡库区水安全。调整能源消费结构，提高清洁能源使用比例，遏制酸雨污染发展趋势、改善城市大气环境质量。维护区域生态安全格局，加快生态修复，以生态优先进行矿产资源开采。以解决“贫困问题”和建设生态工业体系、生态经济区为基点，发展三峡库区腹地和川东北革命老区经济。通过农产品深加工园区化，特色农业、养殖业基地化，全面实施改善农村环境和非点源控制基础工程建设，遏制土地退化趋势、提升三峡库区腹地的水源涵养服务功能。

1．维护生态安全格局，加强生态建设

维护“一圈四江九节点”区域生态安全格局，确保成渝经济区水源涵养、水土保持、生物多样性保护，以及农产品提供功能不削弱。

严格生态安全格局一级区（面积为 1.94 万 km^2，占成渝经济区总面积的 9.3%）的保护、强化生态保育。有序地退出各种不符合生态环境保护要求的活动，对区域内实行生态抚育和系统恢复。

重点提升生态安全格局二级区（面积 5.36 万 km^2，占总面积的 25.8%）的水源涵养、土壤保持生态服务功能，巩固退耕还林成果，加强矿山生态修复和生态建设，提升生态屏障服

务功能。

龙门山生物多样性保护生态功能区、茶坪山生物多样性保护与土壤保持生态功能区、邛崃山南段生物多样性保护与水源涵养生态功能区、川西南山地生物多样性保护与水源涵养生态功能区、盆地南缘岩溶土壤保持生态功能区、大巴山水源涵养生态功能区、三峡库区（腹地）水源涵养生态功能区、渝南山地生物多样性保护生态功能区、方斗山—七曜山水土保持生态功能区是保障区域生态安全的关键区。

四川区域内已有的 58 个不同级别、总面积 1.1 万 km^2 的各类自然保护区，重庆区域内 41 个不同级别、总面积为 2839 km^2 的各类自然保护区得到严格保护，保护区总面积不减少。

保护长江上游珍稀特有鱼类和土著种群生境，维护水生态的多样性，保留赤水河、岷江干流（月波以下河段）与长江干流的连通性，确保自然保护区范围不缩小、功能不降低，为漂流性、洄游性鱼类提供生存空间。

2．强化土地资源和水资源高效节约利用，提升承载能力

加大城区产业用地调整力度，强化产业用地集约化；以生态保护优先的原则合理开发生态脆弱区、江河源区和三峡库区的矿产资源，遏制土地退化趋势，在“一圈”地带实行生态屏障建设和生态抚育与系统恢复；维护“四江”河岸带的自然形态，限制河岸带的开发。强化产业建设过程中的水土保持工作，严格控制人为水土流失，提高土地承载能力。

以河流多年平均径流量的 10% 为生态基流底线，必须予以保障。大力推进节水建设，提高区域水资源利用效率。

3．坚持“基于环境质量目标排放总量不突破”促产业发展

区域内实施基于环境质量改善的污染物排放总量控制目标、“以新带老”推动技术改造、升级换代和循环经济建设。

“十二五”期间，传统产业（含化工、轻工、农副产品加工、冶金、建材）资源环境绩效达到全国同期水平。

实施二氧化硫和氮氧化物的排放总量控制，对有机废气 VOC，特别是氯乙烯、苯、多环芳烃等致癌物的排放进行有效管制。

在环境空气质量未达标的以及酸沉降负荷持续高居不降且本地贡献为主的地区控制火电、冶金等高耗能高污染产业规模的盲目扩张，严格控制新建、扩建除“上大压小”“优化布局”和热电联产以外的火电厂。通过脱硫技术、淘汰落后机组等措施，对现有燃煤发电机组的二氧化硫排放总量至少削减 40 万 t，为新增火电装机和重点产业生产工艺过程二氧化硫排放腾出指标。

建立包括营养盐、重金属、持久性有机物等污染物的排放控制体系，严格控制营养盐、重金属、持久性有机物等污染物的排放，促进节水型、低污染产业的发展，确保长江干流及主要支流汇入长江干流的水质目标为Ⅱ类，主要支流不超过Ⅲ类，持久性有机污染物和重金属在水生生物自然保护区内满足“渔业水质标准”。

4．严格技术水平门槛，有效控制特征污染物

按照国家主体功能区建设有关要求，以“不欠新账、多还旧账”为基本原则，在区域实行严格的环境准入政策，从严控制“两高一资”产业技术工艺水平、总体规模和空间布局。大、

中型新、改、扩建项目达到国际先进水平，小型项目达到国内先进水平。同时，要加快严格按照国家现行产业政策，加大小化工、小钢铁、小造纸、小水泥等行业落后产能的淘汰力度。

提高引进的重化工、冶金项目的准入门槛，要求清洁生产水平达到国际先进水平，实施区域级的“以新带老”。

在燃煤火电实施“脱硫”的基础上，新改扩燃煤火电厂必须实施“脱硝”，现有燃煤火电厂分阶段实施“脱硝”，2015年前酸雨严重地区的燃煤火电厂全部实现“脱硝”，2020年前成渝经济区燃煤火电厂全部实现“脱硝”。

二、重点产业优化发展的调控建议

1．全面实施燃煤污染控制工程，实现清洁能源利用战略

调整“西电东送”“西气东输”配额，实施燃煤污染控制工程，2015年将煤炭在能源消费结构中占比控制在45%，天然气在能源消费中占比不低于22%。

①国家适度调整“西电东送”“西气东输”配额，提高成渝经济区自留水电、天然气的比例。

②大力推进“煤改气”工程。全面实施天然气替代城乡民用燃煤；实行价格倾斜政策，大幅度提高天然气在工业燃料结构中的比例。

③扶持和推进洁净煤技术的运用，支持满足总量控制目标约束的超临界、超超临界发电机组运用。

④加快成德绵城市经济带和长江干流沿岸现有燃煤电厂机组的脱硫改造；燃煤火电机组配套建设脱硫脱硝设施，淘汰能源环境绩效达不到全国平均水平的火电机组。

2．发展循环经济，促进传统产业全面实施技术改造和升级

“十二五”期间，大力推进化工、造纸、纺织、冶金、建材等高污染高耗能的升级改造，产业发展必须走延长产业链的道路，严格控制以扩大资源消耗规模为特征的产业扩张。2015年达到全国同行业同期水平行业。

化工产业突出延伸化工产业的产业链，通过建设循环经济示范园区的方式，对传统的天然气、盐卤化工产业进行技术升级，避免单纯的规模扩张。支持体现优势资源（天然气、盐卤、磷矿）的天然气化工、盐化工、磷化工在高技术水平上的规模适度增长，优先支持下游产品生产技术的升级换代。

关闭不符合国家产业政策、资源环境利用效率低下、污染严重的小型造纸。加大现有造纸特别是分布在岷沱江流域的造纸行业技术改造、淘汰落后生产工艺的力度，实现清洁生产。造纸行业发展应实现大型化生产，增产减污。

冶金行业应控制高载能（高耗能）产业的发展规模，着重产业链的延伸。铝业发展必须实施向下游产品链发展的战略，控制盲目地扩张初加工规模。铝合金精深加工重点是研发军用器材、舰船、装甲车辆、战机及导弹用等新型高精度高性能铝合金材料以及航空航天、汽车摩托车、装备制造、印刷包装、建筑装饰、电子电器等六大铝加工材产品。

应着力加强化工园区的环保基础设施和环境风险防范能力建设，推动园区循环经济的发展，在长江干流和三峡库区现有化工区应率先打造循环经济和环境风险防范示范园区。

3．限制重污染、高风险产业的发展规模

在区域酸雨污染趋势未得到根本扭转的背景下，严格限制燃煤火电装机容量的增长。在关闭淘汰不符合国家产业政策、环境绩效低下、环境污染严重的小电厂的前提下，2015 年新增火电控制在 2400 万 kW 以内，实现增产减污，同时适度发展天然气发电。对于 2007 年大气环境质量超标或酸雨严重且硫沉降本地贡献比较大的地区，如：重庆主城区、江津、涪陵、南川、万盛、成都、泸州、德阳、内江、宜宾等区域在大气环境质量和酸雨污染未得到持续改善之前，除热电联产外，原则上不新建燃煤电厂电源点；该区域以优化布局为目标的新建燃煤电厂，必须在本地区实现“上大压小”和“增产减污”；改、扩建燃煤电厂项目应做到本地区内“增产减污”。加快淘汰小火电、优先安排现有电源点的技术改造，提高环境绩效。

2015 年炼油生产能力控制在 1000 万 t/a，乙烯生产能力控制在 80 万 t/a，石化产业中、下游产品规模应以与 1000 万 t/a 炼油、80 万 t/a 乙烯相配套为原则。

电解铝、氧化铝产能规模应严格执行国家产业政策的要求，铝产业以向下游产品发展为主。淘汰不符合国家产业政策的小规模煤矿，严格限制高硫煤煤矿的开采。

4．以规避环境风险、减缓环境压力为基点，优化岷沱江产业布局

成德绵宜坚持以装备制造业、高新技术产业、现代服务业、现代中医药、军工产业重点发展战略。将化工、造纸、纺织等产业向成德绵经济带的东部、南翼转移。建议统一规划建设 3 ～ 5 个产业转移示范园区，有序引导从成德绵和重庆主城区向区内其他区域的转移。

在生态环境敏感的沱江上游、岷江上游及中游的成都段，严格限制布局石油化工等高风险、高污染产业，“油头化工”不再进一步扩张规模。建议位于沱江上游源区的彭州大型炼油 - 乙烯基地保持现有规划规模，不再进行规模扩张。依托彭州大型炼油 - 乙烯项目中、下游产业链发展，应突破行政区界，选择生态环境风险相对小的地区布局，构建相对完整的石化工业体系，强化向下游深加工产品链的延伸。

优化资源配置，利用成渝经济区天然气资源优势和现有天然气化工发展基础，与石油化工产业衔接，优化发展下游化工产品。通过淘汰、搬迁、改造等措施，大力推进化工产业入化工园区；着力改变化工、造纸等重污染产业在岷沱江流域过度集聚的格局。

5．水环境安全优先，优化长江沿岸化工产业布局

按照“重点发展、适度发展、有选择地发展”原则，调整发展方向、优化长江沿岸化工产业布局。长江沿岸化工园区的石化产业发展应与彭州石化基地 1000 万 t 炼油、80 万 t 乙烯工程密切结合，以发展中、下游产品为主，构建延伸工业园区化工产业链。

长寿化工园区应以资源优势和循环经济体系建设为基点，在环境风险可控的前提下，与天然气化工、盐化工产业链的耦合发展石油化工下游产品。建议不在该园区发展煤化工。

涪陵化工园区应以利用现有天然气化工、氯碱化工产业向下游产品延伸为重点，优化产业链。

万州化工园区应选择环境风险相对较低的产品发展；不宜同时重点发展盐化工和天然气化工，可选择具有相对资源优势的盐卤发展化工产业链。

支持宜宾、泸州以技术升级换代方向发展的天然气化工、盐化工产业。以产业链延伸为重点，提高产品附加值，完善工业园区产业链。根据资源环境约束条件，可以结合天然气化

工与煤化工产业链的耦合需要，适当发展煤化工产品。

优先支持具有天然气资源优势的川东北选择环境约束相对小的区域建设天然气化工基地；应选择附加值高、有利于带动落后地区经济发展和产业链延伸的产品发展。天然气化工布局和发展应规避对嘉陵江流域人群健康、饮水安全等的环境风险。

支持在南充建设工业园区，发展以石化下游产业和生物质能源为主导的产业，加快解决现有炼油化工与城市发展的矛盾。

6．实施财政扶持和生态补偿，推动区域生态经济建设

在成渝经济区进行资源税试点改革。采取财政扶持和生态补偿的方式，支持和扶持生态农业园区的基础设施建设，大力推动区域生态经济建设，加强水源涵养和水土保持。重点扶持的区域包括三峡库区（腹地）、地震灾区、川东北革命老区。

提高水源涵养林、水土保持林建设补偿标准。进一步延长天然林保护工程和退耕还林还草工程的补偿期限。实施天然气资源税改革试点，推进资源税改革，增强区域生态经济建设的地方财政支撑能力。设置“生态环境保护”转移支付，向生态环境保护重点地区、资源型地区经济转型提供财政补助。

三峡库区（腹地）：大力推动农业走廊建设，推动盆地东南山地特色农业基地的发展，加快发展绿色食品加工业、现代中药及生物医药加工业、丝麻纺织加工业等特色产业。

优先发展以优势特色资源深加工等绿色产业为代表的生态经济园区，安排财政专项资金配套建设污水处理、固废综合利用等环保设施。

坚持优势矿产资源的有序开发，在三峡库区环境适中的地区，加强生态保护与污染控制并重，扶持发展优势资源的就地深加工。

通过“生态环境保护”转移支付，加强三峡库区水源涵养林、滑坡和泥石流等地质灾害防治资金的扶持力度。

地震灾区：继续大力推进受损耕地的修复性建设和基本农田的恢复性建设，进一步加强农业基础设施的恢复和建设。大力扶持农村人居环境、环境基础设施的建设。扶持发展中药材原料基地、特色农副产品种植和加工业、生态旅游业。加强自然保护区恢复和天然林保护的资金支持力度。

通过“生态环境保护”转移支付，加强地震灾区特别是龙门山、茶坪山水源涵养林的恢复和建设，以及滑坡和泥石流等地质灾害的防治。

川东北革命老区：大力推动川东北革命老区的农业基础设施建设，推动有机食品、绿色食品和中药材原料种植基地的建设，扶持建立以林为主，林农牧多种经营的生态产业模式。加大沼气工程扶持力度。大力发展生态旅游和红色旅游业。

通过“生态环境保护”转移支付，加强大巴山的水源涵养林建设和盆东平行岭谷区的矿山生态修复和环境治理。

7．盆周山区矿产资源开发实行生态保护优先

以生态环境保护优先实施矿产资源开发，加速矿山特别是小煤矿开采区生态治理、恢复的速度；加快淘汰和关闭浪费资源、污染严重的矿山开采企业。

德阳什邡绵竹和乐山马边的磷矿开采区、南川铝土矿开采区的矿产资源开采应以生态保护优先、以资源整合、小矿整治为前提，采取更严格的措施维护其水源涵养、生物多样性等

生态服务功能。

8．进一步研究论证水电航电梯级开发规划

长江上游干、支流水电和航电工程梯级开发对于长江上游珍稀特有鱼类的繁殖、索饵、越冬、洄游产生了明显的叠加影响效应。目前，金沙江下游向家坝、溪洛渡水电在建，嘉陵江干流、沱江已基本完成了航电梯级开发，大渡河已建在建6级梯级水电，乌江等主要干、支流骨干工程相继建成，对“长江上游珍稀特有鱼类保护区”形成了“合围”的态势，截断了这些鱼类向上游的洄游走廊，产卵场也被肢解的支离破碎，它们被阻隔在狭小的“长江上游珍稀特有鱼类保护区”。

应从有效保护长江上游珍稀特有鱼类、提高航运能力和发展清洁能源的角度，结合国家有关规划的编制，进一步论证水电、航电梯级开发的环境合理性。

三、重点产业与资源环境协调发展的对策建议

1．加强环境保护基础能力建设

“十二五”期间，成渝经济区应重点建设四大环境保护基础工程，即区域酸雨联防联控能力建设工程，长江上游和三峡库区环境风险预警和联防联控应急工程，工业园区暴雨径流污染控制与处置示范工程，非点源控制示范工程。

环保科研和示范工程：设立国家公益项目专项研究长江上游和三峡库区环境风险预警和联防联控应急体系，建设预警和应急响应工程；研究平原地区和丘陵山区工业园区暴雨径流污染控制与处置方案，开展示范工程建设；研究区域间大气致酸污染物输送的相互影响和酸雨污染控制机制，配套能力建设；建设非点源控制示范工程。

加强环境监测能力建设，优先装备先进的水环境自动监测设备、数据网络和大型实时监控平台。全面加强大气、土壤环境监测能力建设。

2．提高环保投入，加强环保基础设施和应急能力建设

“十二五”期间，环保投入占GDP总量的比例年增长速度不低于15%。

2015年“成、渝”都市圈城市污水处理率达到90%，地市级城市污水处理率达到85%以上，各县级城市污水处理率达到80%以上。各类工业园区废水处理率达到100%，地表暴雨径流污染物处置率达到80%以上。

加强城镇生活垃圾收集和无害化处理设施建设，2015年城镇生活垃圾无害化处理率达到85%以上。

2015年完成长江上游和三峡库区化工园区环境风险预警和应急设施和能力建设，加强化工园区突发环境事件预防、快速响应处置能力。

3．对重金属和持久性有机污染物采取严格的控制措施

“十二五”期间，优先推动改进工业园区废水处理与管理，全面加强不同特征水污染物的处理与控制。重新评估化工园区的“三级风险防范”中事故后处置体系的有效性。

优先在长江沿岸选择三个不同类型的工业园区进行废水控制与管理改进的试点工程，建

设包括工业废水处理、暴雨径流控制与管理、水环境风险事故防范、废水毒性评估一体的水污染控制管理体系，全面提升工业园区的废水管理水平。

对于有色冶金特色园区、化工园区、电子工业园区，必须建立加强企业级和园区级的工业废水中的重金属、持久性有毒有机物的控制和管理机制。

通过示范工程研究，全面建立地面径流污染物处置与管理体系，强化暴雨径流污染的控制与监测。

4．强化二氧化硫和氮氧化物控制

扶持和推进洁净煤技术的运用，支持满足总量控制目标约束的超临界、超超临界发电机组运用。优先支持“煤改气”的项目建设。

燃煤火电机组配套建设脱硫脱硝设施，淘汰能源环境绩效达不到全国平均水平的火电机组。

加快成德绵城市经济带和长江干流沿岸现有燃煤电厂机组的脱硫改造；淘汰能源环境绩效低下的火电机组。

5．实施非点源污染控制工程，加强城乡水环境综合治理

在巩固退耕还林成果、继续推进长江中上游水土保持的同时，将长江上游生态屏障建设工程从退耕还林等扩展到支持生态农业建设、非点源控制工程建设。

生态农业建设、非点源控制工程建设纳入未来十年生态屏障建设重点工程。制订十年发展规划，建议国家采取财政扶持和生态补偿的方式予以支持。

在盆中丘陵区和成都平原区，将农田径流非点源控制作为长江上游生态屏障建设的重要工程内容，加快推进以非点源控制为重点的农村环境综合治理工程，加大现代化养殖业的比重，引导畜禽集中饲养向现代化饲养转移。

重庆、成都两城市及区域性中心城市应加强城市污水处理基础设施建设，提高污水收集率和处理率。建设城市暴雨径流和初期雨水处置工程体系，有效减轻非点源污染负荷。

将三峡库区影响区范围内水土保持、非点源控制工程建设，以及发展区域生态型经济作为长江上游生态屏障建设的重要组成部分，加大国家财政支持力度。

参考文献

[1] Malin F. Water searcity and Population growth：a spiraling risk[J]. Ecodeision，1992，21（9）：498-502.

[2] 张丽萍 . 四川省水资源短缺程度及缺水类型综合研究 [D]. 四川农业大学硕士论文，2004.

[3] 王建生，钟华平，耿雷华，等 . 水资源可利用量计算 [J]. 水科学进展，2006，17（4）.

[4] 王浩，秦大庸，王建华，等 . 区域缺水状态的识别及其多维调控 [J]. 资源科学，2003，25（6）.

[5] 富国 . 湖库富营养化敏感分级指数方法研究 [J]. 环境科学研究，2005，18（6）.

[6] 贾振邦，周华，张宝权，等 . 应用地积累指数法评价太子河沉积物中重金属污染 [J]. 北京大学学报（自然科学版），2000，36（4）：525-530.

[7] 马德毅，王菊英 . 中国主要河口沉积物污染及潜在生态风险评价 [J]. 中国环境科学，2003，23（5）：521-525.

[8] 程祥圣，流汉奇，张昊飞，等 . 黄浦江沉积物污染及潜在生态风险评价研究 [J]. 环境科学，2006，15（4）：682-686.

[9] Angulo E. The Tomlinson pollution load indexapplied to “heavy” metal “mussel-watch” data：a useful index to assess coastal pollution[J]. Science of the Total Environment，1996，187（1）：19-56.

[10] Hilton J，Davison W，Ochsenbein U. A mathematical model for analysis of sediment coke data：implications for environment factor calculation and trace transport mechanisms[J]. Chemical Geology，1985，48（2）：281-291.

[11] 赵智杰，贾振邦，张宝权 . 应用脸谱图法与地累积指数法综合评价沉积物中重金属污染的研究 [J]. 环境科学，1994，14（4）：48-52.

[12] Chee K K，Wong M K，Lee H K. Microwave extraction of phthalate esters from marine sediment and soil[J]. Chromatographia，1996，42：378-384.

[13] Long J L A，House W A，Parker A，et al. Micro-organic compounds associated with sediments in the Humber rivers[J]. Science of the Total Environment，1998，210/211：229-253.

[14] Vitali M，Guidotti M，Macilenti G，et al. Phthalate esters in freshwaters as markers of contamination sources-A site study in Italy[J]. Environment International，1997，23（3）：337-347.

[15] 沙玉娟，夏星辉，肖翔群 . 黄河中下游水体中邻苯二甲酸酯的分布特征 [J]. 中国环境科学，2006，26（1）：120-124.

[16] Giam C S，Chan H S，Neff G S. Concentrations and fluxes of phthalates，DDTs，and PCBs to the Gulf of Mexico[A]. In：Windom H L，Duce R A（eds）. Marine Pollutants Transfer，Lexington Books[C]. Lexington，Massachutsetts，1978.

[17] Morita M H，Nakamura H，Mimura S. Phthalic acid esters in water[J]. Water Research，1974，8：781-788.

[18] Yuan S Y，Liu C，Liao C S，et al. Occurrence and microbial degradation of phthalate esters in Taiwan river sediments[J]. Chemosphere，2002，49：1295-1299.

[19] 王凡，沙玉娟，夏星辉，等 . 长江武汉段水体邻苯二甲酸酯分布特征研究 [J]. 环境科学，2008（5）：1163-1169.

［20］张雷，秦延文，郑丙辉，等．松花江沉积物中硝基苯的分布特征 [J]. 环境科学，2008（6）：1227-1232.

［21］李杏茹，何孟常，孙艳，等．硝基苯类化合物在黄河小浪底至高村河段水体中的分布特征 [J]. 环境科学，2006（3）：3513-3518.

［22］Long E R，MacDonald D D，Smith S L，Calder F D. Incidence of adverse biological effects within ranges of chemical concentrations in marine and estuarine sediments. Environmental Management，1995，19：81-97.

［23］蒋红梅．水库对乌江河流汞生物地球化学循环的影响 [D]. 中国科学院地球化学研究所博士学位论文，2005.

［24］徐小清，张晓华，靳立军，等．三峡水库活化效应对于提供含量影响的预测 [J]. 长江水资源与环境，1999，8（5）.

［25］靳立军，徐小清，等．三峡库区地表水和鱼体中甲基汞含量的分布特征 [J]. 长江流域资源与环境，1997，6（4）.

［26］龚玲兰，奚小双．河流重金属的分布与迁移转化研究进展 [J]. 广东微量元素科学，2006（11）：21-28.

［27］Woodfine D G. Simulating the response of the metal contaminated lakes to reductions in atmospheric loading using a modified QWASI model[J]. Chemosphere，2000（4）：1377-1388.

［28］李然，李嘉，赵文谦．水环境中重金属污染研究概述 [J]. 四川环境，1997（16）.

［29］黄本生，李西萍，范舟，等．河流重金属随水 - 悬浮物 - 底泥迁移转化模型 [J]. 中国安全科学，2008（12）.

［30］龙维．水体中重金属迁移转化及累积模拟研究 [D]. 广州：中山大学，2006.

［31］申献辰，冯惠华，王凤荣，等．重金属在黄河中游输送和迁移的水质模拟研究 [J]. 水利学报，1997（11）.

［32］黄海燕．乐安河水环境中重金属污染模型及应用 [J]. 江西蓝天学院学报，2007（4）：22-27.

［33］黄岁梁，万兆惠．泥沙浓度和水相初始浓度对泥沙吸附重金属影响的研究 [J]. 环境科学，1995（1）：15-19.

［34］黄岁梁，万兆惠．河流重金属迁移转化数学模型研究综述 [J]. 泥沙研究，1995（4）：12-17.

［35］何用，李义天．重金属迁移转化模型研究 [J]. 水科学进展，2004（5）：576-583.

［36］刘信安，吴昊，Charles Q J. 三峡水域重金属化学污染归趋行为的多介质等量浓度计算模型 [J]. 计算机与应用化学，2004（2）.

［37］窦明，马军霞，谢平，等．河流重金属污染物迁移转化的数值模拟 [J]. 水电能源科学，2007（3）：23-27.

［38］袁德奎，郑康，聂红涛．水沙环境中重金属迁移转化模型的两个解吸解 [J]. 海洋技术，2008（3）：12-17.

［39］弗斯特纳 U，维特曼 G.T.W. 水环境的重金属污染 [M]. 北京：海洋出版社，1988.

［40］Susan O R，Daniel R，Lazaro L. Assessment of heavy metal levels in Almendares Rivers sediments-Havana City[J].Cuba.Water Research，2005.

［41］Donald J O C，谭炳卿．河流系统吸附有毒物质的模型及其应用 [J]. 水资源保护，1991：23-27.

［42］Ciffroy P，Moulin C，Gailhard J. A modle simulating the transport of dissolved and particulate copper in the Seine river[J]. Ecological Modelling，2000.

［43］周孝德．河流中重金属迁移转化数学模型的研究 [M]. 西安：陕西机械学院出版社，1990.
［44］禹雪中，杨志峰，钟德钰．河流泥沙与污染物相互作用数学模型 [J]. 水力学报，2006（1）：12-17.
［45］刘国杰，黑思成．气固吸附于 Gibbs 吸附等温式 [J]. 大气化学，2005（6）：17-21.
［46］吕升奇．利用泥沙治理水体污染的初步研究 [D]. 南京：河海大学，2004.
［47］张继生，王平义．泥沙吸附重金属污染物的主要影响因子研究进展 [J]. 中国环境水力学，2004：23-27.
［48］Mc Duff R E，Ellis R A. Determinining diffusion coefficient in marine sediment：A laboratory study of the validity of resistivity techniques[J]. Am J Sci.，1979（279）.
［49］郭震远．铅山河金属污染物（Cu，Fe）迁移规律及污染预测研究 [J]. 环境科学，1983（3）：34-37.
［50］何孟常，杨居荣，等．水质模型，生态模型机计算机模型软件 [J]. 环境科学进展，1999（3）：31-35.
［51］窦明，谢平，等．综合水质模型参数识别研究 [J]. 重庆环境科学研究，2002（6）.
［52］唐将．三峡库区镉等重金属元素迁移富集及转化规律 [D]. 成都：成都理工大学，2005.
［53］王张峤．三峡封坝前长江中下游河床沉积物分布及河床稳定性模拟研究 [D]. 上海：华东师范大学，2006.
［54］孙卫玲，倪晋仁．泥沙吸附重金属研究中的若干关键问题 [J]. 泥沙研究，2002（6）：41-46.
［55］杨程．三峡库区悬浮态泥沙吸附解吸磷酸盐影响因素研究 [D]. 重庆：重庆大学，2007.
［56］刘瑞霞，汤鸿霄．重金属的生物吸附机理及吸附平衡模式研究 [J]. 化学进展，2002（2）：42-47.
［57］孙丽菲，贝荣塔，马叶．污染河流底质中铅的解吸规律研究 [J]. 2009（5）：46-53.
［58］陈苏，孙丽娜，等．无机阴离子对镉、铅解吸特性的影响 [J]. 2008（1）：34-39.
［59］叶裕中．沉积底泥中重金属的释放 [J]. 环境化学，1990（5）：34-37.
［60］陈静生，周家义．中国水环境重金属研究 [M]. 北京：中国环境科学出版社，1992.
［61］朱圣清，臧小平．长江主要城市江段重金属污染状况及特征 [J]. 人民长江，2001（7）：23-27.
［62］周建军．关于三峡水库泥沙计算可靠性的讨论 [J]. 水力发电，2005（1）：34-39.
［63］张书农．环境水力学 [M]. 河海大学出版社，1988.
［64］金相灿．湘江重金属迁移转化模型研究 [J]. 中国环境科学，1987（6）：34-38.
［65］周财敬，金相灿．河流中重金属迁移的数学模型 [J]. 中国环境科学，1985（1）：12-17.
［66］林玉环．蓟运河下游含汞底泥水力迁移作用的研究 [J]. 环境科学，1985（3）：25-31.
［67］戴京宪，阎有禄．应用 TOXI 模型进行重金属在河流中迁移转化规律的研究 [J]. 环境科学进展，1995（3）：70-74.
［68］高继军，张力平，黄圣彪，等．北京市饮用水源水重金属污染物健康风险的初步评价 [J]. 环境科学，2004，25（2）.
［69］胡二邦．环境风险评价实用技术、方法和案例 [M]. 北京：中国环境科学出版社，2009.
［70］刘红，萍萍，张兴卫．我国生态安全研究述评 [J]. 国土与自然资源研究，2006（01）：57-59.
［71］孟伟，王丽婧，郑丙辉，等．河口区营养物基准制定方法 [J]. 生态学报，2008，28（10）.
［72］周文华，王如松．基于熵权的北京城市生态系统健康模糊综合评价 [J]. 生态学报，2005（12）：3244-3251.
［73］许文杰，许士国．湖泊生态系统健康评价的熵权综合健康指数法 [J]. 水土保持研究，2008（1）：125-127.
［74］王丽婧，郑丙辉．水库生态安全评估方法（Ⅰ）：IROW 框架 [J]. 湖泊科学，2010，22（2）：169-

175.

[75] 王如松，迟计，欧阳志云 . 中小城镇可持续发展的生态整合方法 [M]. 北京：气象出版社，2001.

[76] 王如松，周启星，胡聃 . 城市生态调控方法 [M]. 北京：气象出版社，2000.

[77] 苏化龙，马强，林英华 . 三峡库区陆栖野生脊椎动物监测与研究 [M]. 北京：中国水利水电出版社，2007.

[78] 陈国阶，徐琪，杜榕桓，等 . 三峡工程对生态与环境的影响及对策研究 [M]. 北京：科学技术出版社，1995.

[79] 邬建国 . 景观生态学——格局，过程，尺度与等级 [M]. 北京：高等教育出版社，1999.

[80] 危起伟，等 . 长江鲟鱼类的保护策略 [M]// 黄真理，等 . 21 世纪长江大型水利工程中的生态与环境保护 . 北京：中国环境科学出版社，1998：208-216.

[81] 钟成华 . 三峡水库对重庆段水环境影响及其对策 [M]. 重庆：西南师范大学出版社，2004.

[82] 四川省长江水产资源调查组 . 长江鲟鱼类生物学及人工繁殖研究 [M]. 成都：四川科学技术出版社，1988.

[83] 马世骏，王如松 . 社会－经济－自然复合生态系统 [J]. 生态学报，1984，4（1）：1-9.

[84] 马克明，孔红梅，关文彬，傅伯杰 . 生态系统健康评价：方法与方向 [J]. 生态学报，2001，21（12）：2106-2116.

[85] 王强，袁兴中，刘红，王建修 . 三峡水库 156 m 蓄水后消落带新生湿地植物群落研究 [J]. 生态学杂志，2009，28（8）：1268-1271.

[86] 李伟峰，欧阳志云，王如松，王效科 . 城市生态系统景观格局特征及形成机制 [J]. 生态学杂志，2005，24（4）：428-432.

[87] 肖建红，施国庆，毛春梅，等 . 三峡工程对河流生态系统服务功能影响预评价 [J]. 自然资源学报，2006，21（3）：424-431.

[88] 袁兴中，刘红，陆健 . 生态系统健康评价——概念构架与指标选择 [J]. 应用生态学报，2001，12（4）：627-629.

[89] 黄真理 . 三峡工程中的生物多样性保护 [J]. 生物多样性，2001，9（4）：472-481.

[90] 俞孔坚，王思思，李迪华，等 . 北京市生态安全格局及城市增长预警 [J]. 生态学报，2009，29（3）：1189-1204.

[91] 俞孔坚 . 生物保护的景观生态安全格局 [J]. 生态学报，1999，19（1）：8-15.

[92] 马克明，傅伯杰，黎晓亚，等 . 区域生态安全格局：概念与理论基础 [J]. 生态学报，2004，24（4）：761-768.

[93] 陈进，等 . 长江上游水电开发对流域生态环境影响初探 [J]. 水利发展研究，2006，8：10-14.

[94] 余文公，等 . 三峡水库蓄水前后下泄水温变化及其影响研究 [J]. 人民长江，2007，38（1）：20-22.

[95] 施炜纲，等 . 水工工程对长江下游渔业的胁迫与补偿 [J]. 湖泊科学，2009，21（1）：10-20.

[96] 谭德彩，等 . 高坝导致的河流气体过饱和及其对鱼类的影响 [J]. 淡水渔业，2006，36（3）：56-59.

[97] 程香菊，等 . 大坝泄洪下游水体溶解气体超饱和理论分析及应用 [J]. 水科学进展，2007，18（3）：346-350.

[98] 蒋玫，等 . 洋山深水港水域鱼卵仔鱼分布特征 [J]. 海洋环境科学，2008，27（1）：43-46.

[99] 秦卫华，等 . 小南海水利工程对长江上游珍稀特有鱼类自然保护区生态影响预测 [J]. 生态与农村环境学报，2008，24（4）：23-26，36.

[100] 周春生，等 . 兴修水利枢纽后汉江产漂流性卵鱼类的繁殖生态 [J]. 水生生物学集刊，1980，7（2）：

175-188.

[101] 成渝经济区区域规划，2011.

[102] 陈映 . 成渝经济区城市化发展研究 [J]. 贵州社会科学，2010（9）：102-106.

[103] 成渝经济区成内渝发展轴建设研究 .

[104] 戴宾 . 成渝经济区与成渝城市集群、成内渝经济带 [J]. 重庆工商大学学报（西部经济论坛），2005，6.

[105] 曹佳 . 成渝经济区次级经济中心的选择及发展研究 [D]. 成都：西南交通大学，2007.

[106] 刘锋 . 中部生产力布局与城市群建设 [C]// 中部崛起 • 城市发展论坛论文集 . 2005.

[107]徐建军，梁振民 . 成渝经济区：中国西部增长极的发展对策研究 . 华北电力大学学报（社会科学版），2009，2.

[108] 刘朝明，岳书敬，韩斌 . 成渝地区工业结构的比较与协调研究 [J]. 上海经济研究，2007，3.

[109] 刘朝明，董晖，韩斌 . 西部增长极与成渝经济区战略目标定位研究 [J]. 经济学家，2006，2.

[110] 马景娜，罗有贤，苏维词 . 成渝经济区作为西部增长极的 SWOT 分析 [J]. 乡镇经济，2009，（1）.

[111] 王方 . 成渝经济区的地域范围研究 [J]. 经济师，2006（10）.

[112] 黄炳康，李忆春，吴敏 . 成渝产业带主要城市空间关系研究 [J]. 地理科学，2000（5）.

[113] 丁湘城，何波 . 成渝经济区区域发展的若干问题探讨 [J]. 理论与改革，2008（6）.

[114] 李庆 . 对重庆在西部大开发中实现工业结构调整的思考 [J]. 重庆教育学院学报，2001（1）.

[115] 柴发合，陈义珍，文毅，等 . 区域大气污染物总量控制技术与示范研究 [J]. 环境科学研究，2006，19（4）：163-171.

[116]袁新生，邵大宏，郁时炼 . LINGO 和 Excel 在数学建模中的应用 [M]. 北京：科学出版社，2007：1-50.

[117]《运筹学》教材编写组 . 运筹学 [M]. 北京：清华大学出版社，1990：8-44.

[118] 张宏伟，牛志广 . LINGO8.0 及其在环境系统优化中的应用 [M]. 天津：天津大学出版社，2005：1-205.

[119] 李云生，谷清，冯银厂 . 城市区域大气环境容量总量控制技术指南 [M]. 北京：中国环境科学出版社，2005.

[120] Joseph S Scire，David G Strimaitis，Robery J Yamartino. A User's Guide for the CALPUFF Dispersion Model（Version 5）[EB/OL]. Earth Tech，Inc.

[121] Joseph S Scire，Francoise R Robe，Mark E Femau，Robery J Yamartino. A User's Guide for the CALMET Meteorological Model（Version5）[EB/OL]. Earth Tech，Inc（www.src.com/calpuff/download/ download.htm）.

[122] 林凌 . 共建繁荣成渝经济区发展思路研究报告 [M]. 北京：经济科学出版社，2005：9.

[123] 徐建军，梁振民 . 成渝经济区：中国西部增长极的发展对策研究 [J]. 华北电力大学学报（社会科学版），2009（2）：27-30.

[124] 刘朝明，岳书敬，韩斌 . 成渝地区工业结构的比较与协调研究 [J]. 上海经济研究，2007（3）：52-57.

[125] 国家统计局 . 中国统计年鉴 2008[EB/OL]. http：//www.stats.gov.cn.

[126] Environmental Protection Agency. A comparison of CALPUFF modeling results to two tracer field experiments[M]. North Carolina：Office of Air Quality Planning and Standards Research. Triangle Park，NC，1998：26-27. and Standards Research Triangle Park，NC，1998：1-10.

[127] 宋宇，陈家宜，蔡旭辉 . 石景山工业区 PM10 污染对北京市影响的模拟计算 [J]. 环境科学，2002，23（增刊）：65-66.

[128] 王淑兰，张远航，钟流举，等．珠江三角洲城市间空气污染的相互影响 [J]. 中国环境科学，2005，25（2）：136-137.

[129] 岳丽，段宁，刘厚凤．西电东送—火电项目对区域 NOx 的影响 [J]. 贵州科技信息（科学教研），2007，3（1）：21-23.

[130] 王繁强，周阿舒，王琦，等．区域大气质量评价数值模式系统的建立及试用 [J]. 气象科技，2007，35（6）：769-770.

[131] 宗蓓华．战略预测中的情景分析法 [J]. 预测，1994（2）：50-55.

[132] 刘永，郭怀成，王丽婧，等．环境规划中情景分析方法及应用研究 [J]. 环境科学研究，2005，18（3）：82-87.

附　录

关于印发《关于促进成渝经济区重点产业与环境保护协调发展的指导意见》的通知

环函 [2011]180 号

重庆市、四川省环境保护厅（局）：

为了贯彻落实科学发展观，促进区域经济社会与环境协调发展，充分发挥战略环评成果对成渝经济区环境管理的指导作用，促进区域重点产业与环境资源协调可持续发展，从源头预防环境污染和生态破坏，我部在 2009 年组织编制《成渝经济区重点产业发展战略环境评价》的基础上，组织专家根据战略环评成果制定了《关于促进成渝经济区重点产业与环境保护协调发展的指导意见》。现印送你们，作为指导区域重点产业环境管理的参考和依据。

附件：关于促进成渝经济区重点产业与环境保护协调发展的指导意见

中华人民共和国环境保护部
二〇一一年七月一日

附件：

关于促进成渝经济区重点产业与环境保护协调发展的指导意见

为深入贯彻落实科学发展观，引导成渝经济区走新型工业化道路，优化空间开发格局，科学调整经济结构，促进区域经济社会和资源环境协调可持续发展，提出以下意见：

一、充分认识区域重点产业发展与生态环境保护的重要性

（一）在国家区域经济和生态安全格局中占有重要地位。成渝经济区资源丰富、人口稠密、中心城市综合竞争力强劲，是国家深入实施西部大开发战略的重要板块，在西部大开发中占有举足轻重的地位。同时，成渝经济区处于三峡水库上游，是长江上游生态屏障的重要组成部分；盆周丘陵山地生物多样性极其丰富，是我国具有全球保护意义的生物多样性关键地区之一；区域生态环境质量好坏和演变趋势在相当大程度上影响长江上游生态安全屏障和区域生态安全。正确统筹处理好这一地区经济快速增长与环境保护和生态安全，对促进我国西部经济增长方式的根本转变具有突出的示范作用。

（二）布局性和结构性矛盾突出。成渝经济区处于工业化中期阶段，已初步成为国家重

要的装备制造业基地、水电能源基地、天然气化工基地、国防科技工业基地、高新技术产业基地和西部最富饶的农牧业区。第二产业主要布局在“双核两带”，即重庆、成都两大都市区，成德绵城市经济带和沿长江城市经济带。工业行业门类齐全，但化工、矿山、冶金、建材等传统产业亟待升级换代，资源环境绩效总体低于全国平均水平。区域经济发展不平衡，严重制约区域综合竞争力整体水平的提高。

成渝经济区部分地区的粗放式发展导致水环境超载，带来生态安全隐患；化工产业的同质化竞争和化工园区无序布局使得水环境安全隐患和饮水健康风险相互交织；长江上游干支流水电、航电开发对水生生物原有生境造成破坏，部分流域水电无序过度开发对生物多样性和生态安全造成严重影响；矿产资源开发利用重点区域与生态服务功能重要区域高度重叠，以小、中型矿山为主体的矿产资源开采严重损害区域生态安全格局；以高硫煤为主体支撑不断增长的能源需求，导致部分区域 SO_2、NO_x 环境空气质量难以稳定达标，酸雨污染未得到根本遏制。如不及时引导、优化和调控，长江上游生态屏障和三峡库区水环境安全将受到重大影响，将威胁区域的全面协调可持续发展。

二、促进区域重点产业与环境保护协调发展的总体要求

（三）指导思想。全面落实科学发展观，大力建设生态文明，推进环境保护历史性转变，努力探索环保新道路，以资源节约型、环境友好型经济发展为主导，加快传统产业升级换代、调整产业结构、优化产业布局，有效缓解重点产业发展对资源环境承载的压力，预防中长期环境风险，推动经济增长方式的根本转变，将成渝经济区建设成为环境保护优化经济发展的示范区域。

（四）基本原则。按照“保底线，优布局，调结构，控规模，严标准”的总体思路，确保生态功能不退化、水土资源不超载、污染物排放总量不突破、环境准入不降低。预防或减缓对长江上游生态屏障功能、长江上游和三峡水库水环境累积性影响和环境风险，扭转酸雨污染。坚持总量控制与质量控制相结合，确保生态保护红线不突破；坚持环境准入与淘汰落后相结合，加快产业转型；坚持产业发展与生态空间管制相结合，促进生产力合理布局；坚持结构优化与产业升级相结合，加快构建现代产业体系；坚持规模增长与资源环境承载相结合，统筹配置区域环境资源。

（五）主要目标。加快推进重点产业整体升级、布局优化和效率提升，发展环境友好型、资源节约型工业体系，将成渝经济区建设成为我国先进装备制造业、现代服务业、高新技术产业和农副产品加工基地，国家经济发展重要增长极。全面加强水环境管理，有效控制重金属和持久性有机污染发展势头，减轻农业面源污染，维护长江上游干流和三峡库区水环境安全。巩固和发展生态建设成果，维护“一圈四江九节点”生态安全格局，提升区域生态系统服务功能。优化能源消费结构，扭转酸雨污染发展的趋势，促进成渝经济区成为西部地区经济发展与环境保护协调发展示范区。

三、推进构建符合区域生态安全格局要求的现代产业体系

（六）大力发展战略性新兴产业，壮大优势装备制造业。优先发展装备制造业、高新技术产业、农副产品加工业等区域优势产业，大力推动新能源、新材料、生物工程、节能环保等新兴产业发展。依托重庆“两江新区”和成德绵城市群的产业基础优势，重点围绕发电

和输变电设备、轨道交通设备、风电设备、汽车制造、摩托车制造、环保成套设备、数控机床、国防装备等领域，切实提升综合集成水平，逐步建设具有国际竞争能力的先进装备制造业基地。立足自主创新，引导产业集聚，培育一批具有核心竞争力的高新技术产业集群，形成以电子信息、新医药、新材料为主体的高技术产业发展格局。

（七）加快推进化工、造纸、纺织、冶金、建材等传统产业升级换代，力争2015年达到全国同行业同期水平。优先安排化工下游产品生产技术升级换代，支持天然气化工、盐化工、磷化工等高水平适度发展；加大造纸行业技术改造，实现生产技术装备大型化，加速淘汰落后产能，推动以竹代木、以竹代棉；控制冶金行业高耗能初级加工规模的无序扩张，引导产业链的延伸发展。

（八）优化能源结构，推进洁净煤利用。大力提高水电、天然气、可再生能源在一次性能源中的比重；扶持和推进煤炭气化等洁净煤技术的运用，支持超临界、超超临界发电机组运用；积极推进“煤改气”工程；加快成德绵城市经济带和沿长江城市经济带现有燃煤电厂机组的脱硫改造；燃煤火电机组配套建设脱硫脱硝设施，加强汞污染防治。

（九）着力推动区域生态经济建设。完善以转移支付为主的生态补偿机制，扶持三峡库区及其影响区、地震灾区和革命老区生态经济基础设施建设和产业发展。大力推动三峡库区农业走廊建设，加快发展绿色食品加工业、现代中药及生物医药加工业、丝麻纺织加工业等特色产业；继续推进地震灾区受损耕地、基本农田和农业基础设施的恢复和建设，扶持发展中药材原料基地、特色农副产品种植和加工业、生态旅游业，加强自然保护区恢复和天然林保护；大力推动川东北革命老区的农业基础设施建设，扶持发展有机食品、绿色食品和中药材原料种植基地，建设以林为主、林农牧多种经营的生态产业模式。

（十）优化重点产业布局。重庆主城区宜发展高新技术产业、汽车、摩托车产业、装备制造业；成德绵城市经济带宜发展装备制造业、高新技术产业、现代服务业、现代中医药、军工等重点产业；统筹规划建设3—5个产业转移示范园区，有序引导成德绵城市经济带和重庆主城区的产业结构调整和优化布局；支持沱江、岷江中上游化工、造纸产业结构调整，优化产业布局；严格限制在三峡库区、沱江上游、岷江上游及中游的成都段布局石化等高风险、高污染产业。

（十一）优化重点工业园区发展。按照“环境风险可控、发挥资源优势、建设循环经济”的原则，优化长江城市经济带重点工业园区的发展；有选择地发展天然气化工、盐化工、石化中下游产业，适度发展煤气化工产业；新兴天然气化工基地应选择附加值高、有利于带动落后地区经济发展和产业链延伸的产品发展。

（十二）限制重污染、高风险产业的发展规模。在环境空气质量超标或酸雨严重且本地贡献比较大的地区，严格限制燃煤火电、冶金等高耗能高污染产业规模的盲目扩张。在环境质量和酸雨污染未得到持续改善之前，除热电联产外，原则上不允许新建燃煤电厂电源点；以优化布局为目标的新建燃煤电厂，必须在本地区实现“上大压小”和“增产减污”；改扩建燃煤电厂项目应做到本地区内“增产减污”。加快淘汰小火电，优先安排现有电源点的技术改造，提高环境绩效。在关闭淘汰不符合国家产业政策、环境绩效低下、环境污染严重的小电厂的前提下，2015年火电行业装机总规模应控制在3060万千瓦以内，其中新增火电控制在1880万千瓦以内，火电行业SO_2排放量应控制在49.1万吨以内。石化产业以延伸、完善中下游产品产业链为重点，炼油和乙烯规模应符合国家有关规划。

（十三）矿产资源开发实施生态保护优先。加快淘汰和关闭浪费资源、污染严重的矿山开采企业；新建矿山应以资源整合、小矿整治为前提，采取严格措施维护其水源涵养、生物多样性等生态服务功能；加强盆南岩溶地区、平行岭谷区和三峡库区腹地矿山生态修复。

（十四）科学规划、有序开发水电。在做好生态保护的前提下，进一步统筹水电、航电梯级开发。从有效保护长江上游珍稀特有鱼类、提高航运能力和发展清洁能源的角度，结合国家有关规划的编制，进一步协调水电、航电梯级开发与环境保护的关系。

四、实施区域生态环境战略性保护，提升资源环境支撑能力

（十五）维护生态安全格局，加强生态建设。维护盆周山地及长江、嘉陵江、岷江和沱江“一圈四江九节点”生态安全格局，确保成渝经济区水源涵养、水土保持、生物多样性保护等生态服务功能不削弱；确保四川境内已有的58个不同级别、总面积1.1万平方千米的各类自然保护区，重庆区域内41个不同级别、总面积为2839平方千米的各类自然保护区总面积不减少；确保到2020年，四川省森林覆盖率不低于37%，重庆市不低于45%；加强龙门山、三峡库区、秦巴山地、武陵山、大娄山等区域的生物核心栖息地保护、水源涵养和水土保持；加强长江上游珍稀特有鱼类和土著种群生境的保护，确保自然保护区范围不缩小、功能不降低。

（十六）强化资源高效节约利用，加强生态保护。生态脆弱区、河流源区和三峡库区的矿产资源开发应做到生态保护优先、合理有序；盆周丘陵地带实行生态屏障建设和生态抚育与系统恢复，长江、岷江、沱江、嘉陵江河岸带实行限制开发，维护河岸带自然形态；强化水土保持，严格控制人为水土流失；水电、水资源开发应确保河流生态基流流量不低于多年平均径流量的10%；大力推进节水建设，提高区域水资源利用效率。

（十七）大力削减污染物排放总量，提高资源环境效率。实施基于环境质量改善的污染物排放总量控制目标、“以新带老”推动技术改造、升级换代和循环经济建设；“十二五”期间，化工、轻工、农副产品加工、冶金、建材等传统产业的资源环境绩效达到全国同期水平；强化火电机组脱硫脱硝设施建设和运行管理，加大小火电机组削减现有燃煤火电二氧化硫排放量40万吨以上；加强成都、重庆市区挥发性有机污染物排放控制；强化长江上游干流和主要支流营养盐、重金属、有毒有害化学物质、持久性有机物等污染物控制。

（十八）严格技术水平“门槛”，有效控制特征污染。着力提高“两高一资”产业技术工艺水平，大、中型新建、改扩建项目清洁生产应达到国际先进水平；严格按照国家现行产业政策，淘汰小化工、小冶金、小造纸、小水泥等落后产能；新建、改扩建燃煤火电厂必须实施脱硫脱硝。

五、统筹区域环境管理，强化战略性环境保护措施

（十九）制订相关环境经济政策，引导产业升级和淘汰落后产能。在高风险、高污染的重化工企业中推行绿色保险制度，研究制订对投保企业和保险公司分别给予保费补贴和营业税优惠的激励措施。引导产业朝多元化发展，扶持旅游业、农副产品加工业、现代服务业以及新能源、新材料、生物工程等高新技术产业，限制小冶金、小水泥、小化工、小造纸等高污染高耗能产业扩张；对于不能满足所在区域环境管理要求的企业，限制其上市融资和扩大再生产。按规定对环境保护、节能节水项目所得给予税收优惠，对高污染高耗能产业和资源环境效率低下的企业要提高相关环境收费标准。制订符合本地社会、经济、生态协调发展的生态补偿机制，根据国家的相关政策在资源开发的收益中确定一定比例，用于区域生态恢复、跨地区生态环境综合治理与生态补偿。

（二十）加强环境保护能力建设。“十二五”期间，环保投入占 GDP 总量比例的年增长速度不低于 15%；重点建设区域酸雨联防联控能力建设工程、长江上游和三峡库区环境风险预警和联防联控应急工程、工业园区暴雨径流污染控制与处置示范工程、非点源控制示范工程；优先装备先进的水环境自动监测设备、数据网络和大型实时监控平台，加强环境监测标准化建设，全面提高大气、土壤环境、农村面源污染监测能力；加强自然保护区规范化和基础能力建设。

（二十一）大力推进环保基础设施和应急能力建设。2015 年城市污水处理率应不低于 85%，生活垃圾无害化处理率力争不低于 80%，工业固体废物综合利用率不低于 72%，完成长江上游和三峡库区化工园区环境风险预警和应急设施和能力建设，加强化工园区突发环境事件预防、快速响应处置能力。

（二十二）对重金属和持久性有机污染物采取严格的控制措施。“十二五”期间，推动工业园区包括工业废水处理、暴雨径流控制与管理、环境风险防范的一体化水污染控制管理体系建设，优先在沿长江城市经济带、成德绵城市经济带选择工业园区进行试点，全面提升工业园区的废水管理水平；有色冶金、化工、电子等工业园区必须建立企业级和园区级重金属、持久性有毒有机物的控制和管理机制；开展工业园区地面径流污染物处置与管理体系示范工程，全面评估化工园区的风险防范与事故后处置体系有效性。

（二十三）实施非点源污染控制工程，加强环境综合治理。在巩固退耕还林成果、继续推进长江中上游水土保持的同时，大力支持生态农业建设、非点源控制工程建设；在盆中丘陵区和成都平原区，加快推进以非点源控制为重点的农村环境综合治理工程，加大现代化养殖业的比重，积极推进畜禽标准化、规模化养殖，有效控制畜禽养殖污染；加大财政支持力度，推进三峡库区影响范围内水土保持、非点源控制工程建设。

（二十四）切实发挥规划环评作用。建立规划环评与项目环评的联动机制，将规划环评作为项目环评准入的依据；对规划中包含由上级环保部门负责审批的重大项目的，其规划环评应征求上级环保部门的意见。对可能造成跨行政区域不良环境影响的重大开发规划和建设项目，要建立区域环境影响评价联合审查审批制度和信息通报制度。全面推进重点区域、产业园区、重化工基地，以及“两高一资”重点行业的规划环评，省级以上产业集聚区规划应与规划环评同时展开，未通过规划环评的产业园区禁止开工建设。强化和落实规划环评中跟踪监测与后续评价要求。

（二十五）统筹协调区域环境管理。打破行政界限，统一协调和管理区域大气环境、流域水环境，构建“统一规划、统一监测、统一监管、统一评估、统一协调”的区域联防联控工作机制，提升区域污染防治整体水平。建立健全跨区域跨部门联防联控机制，发挥各部门在污染防治中的管理、监测等方面的协调和配合职能。设立国家公益项目专项，开展长江上游和三峡库区环境风险预警和联防联控应急体系研究，建设预警和应急响应工程；研究平原地区和丘陵山区工业园区暴雨径流污染控制与处置方案，开展示范工程建设；研究区域间大气致酸污染物输送的相互影响和酸雨污染控制机制，配套能力建设。